골콘다

Once in Golconda

Foreword copyright © 1999 by Richard Lambert.
Copyright © 1969, 1999(as same as the original text) by John Brooks.
All rights reserved.
Korean translation copyright © 2001 by Greenbee Publishers.
Korean translation rights published by arrangement
with Harold Ober Associates Incorporated through Eric Yang Agency, Seoul.

골콘다
Once in Golconda

존 브룩스 지음 | 이동진 옮김

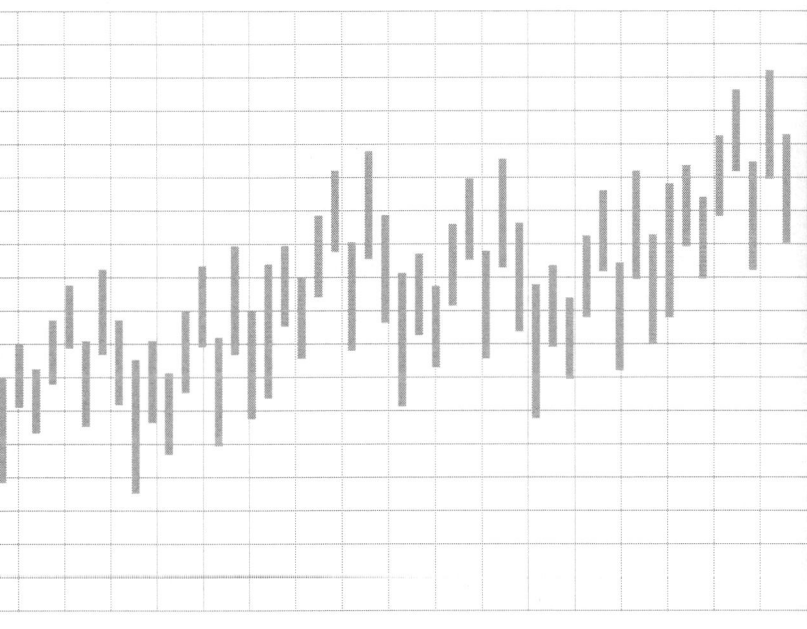

그린비

| 일러두기 |

1. 미국과 우리나라는 증권시장의 거래체계가 다르다. 우리나라에서는 거래가 전산으로 처리되므로 여의도 증권거래소가 비교적 한산한 모습을 보이는 반면, 미국은 아직도 거래소 내의 여러 주문대(Post)에 사람들이 모여 특정 주식들을 직접 거래하고 있다. 이런 주문대가 복잡하게 모여 있는 혼잡한 거래장소를 floor라고 하는데, 여기서는 시장부(市場部)라는 말로 표현했다. 또한 미국의 증권거래소엔 자기 위험으로 거래하는 trader와 거래를 연결시켜주기만 하는 broker, 그리고 어떤 특정 회사의 주식만을 전문으로 처리하는 floor specialist가 있다. 이들은 각각 거래원, 중개인, 시장부 전문가 정도로 옮겼다. 주가의 변동이나 긴급 뉴스를 알려주는 ticker는 시세 표시기로 옮겼다.

2. 증권거래소의 President는 이사장으로 번역했으나, Governor는 이사 대신 위원 정도로 옮겼다. 거래소 내 여러 위원회(Committee)의 Chairman은 의장으로, 그 구성원(Governor)은 그냥 위원이라고 표현했다. 또한 미국 중앙은행인 연방준비제도(Federal Reserve System) 내의 이사회 대표(Chairman of the Board)는 위원장으로, 각 지역 연방준비은행의 President는 총재로, 일반 은행의 President는 행장으로 번역했다. 한편, 회사의 Partner는 굳이 번역하지 않고 그냥 파트너라고 했다.

3. 화폐가치는 물가기준으로 환산해 볼 때, 본문에 나오는 모든 달러 가치에 10배를 곱하면 오늘날의 가치와 거의 비슷해진다. 즉, 위트니가 10만불을 빌리러 다닌 것은 오늘 보면 백만불을 빌리러 다닌 것과 같다고 생각하면 된다. 요즘 환율이 달러당 약 1300원 정도니까, 위트니는 만나는 사람마다 13억을 꿔달라고 한 셈이다.

4. 사람 이름은 원칙적으로 처음 나올 때 한번만 영어를 병기하고 그 다음부터는 한글로만 썼다. 가운데 이름(middle name)은 꼭 필요한 경우가 아니면 생략했다. 영어 이름엔 애칭이 많다. 혼동을 피하기 위해 본문과는 달리 줄곧 원래 이름을 쓰도록 신경썼는데, 경우에 따라 애칭으로 그냥 두기도 했다.

6. 홈 페이지 nyse.com에 의거하여, 뉴욕 증권거래소(New York Stock Exchange, 약칭 NYSE)를 잠깐 소개하면 이렇다. NYSE는 1792년에 창설되어 지역 증권거래소로 운영되어 오다가, 1934년 증권거래 감독위원회에 전국 규모의 증권거래소로 등록을 했다. 1938년까지는 자체적인 집행위원회(Governing Committee)에 의해 감독·관리되어 오다가, 그 해에 처음으로 독립적인 유급 이사장을 선임함과 동시에 33명으로 이루어진 위원회(Board of Governors)를 두었다. 1972년, 위원회를 이사회(Board of Directors)로 바꾸었는데, 이사회는 의장(Chairman) 겸 대표이사(CEO), 그리고 공공기관 대표 12명, 증권업계 대표 12명 등 25명으로 구성된다.

저자의 말

직접적으로든 간접적으로든 이 글에 실린 인용문들은 믿을 만한 출판물이나 아직 생존해 있는 당사자들과 직접 나눈 대화를 통해 얻어진 것들임을 알릴 필요가 있을 것 같다. 다시 말해 그 어느 대화도 내가 꾸며낸 것은 없다. 특히 10장 「일이 커지다」와 11장 「파멸」을 읽을 때는 이 말을 염두에 두면 좋겠다. 이 책과 관련하여 많은 분들이 도움을 주셨다. 그 가운데 특히 아놀드 번하드(Arnold Bernhard), 헨리 빌링즈(Henry Billings), 필립 클래플린(Philip Claflin), 하울랜드 데이비스(Howland Davis), 존 디볼드(John Diebold), 루이스 갈란티에르(Lewis Galantiere), 페리 홀(Perry Hall), 존 헤인즈(John Hanes), 엘리어트 제인웨이(Eliot Janeway), 엘리자베스 제인웨이(Elizabeth Janeway), 헨리 모건(Henry Morgan), 제프리 포터(Jeffrey Potter), E. A. 피어스(E. A. Pierce), 토마스 와쥐(Thomas Waage) 같은 분들께 이 자리를 빌어 감사를 표하고 싶다.

서 문

골콘다(Golconda), 지금은 폐허가 되었지만 누구나 지나가기만 하면 부자가 되었다는 전설을 가진 인도 동남부의 도시. 이제 그 도시의 부(富)는 말라버렸고, 화려하던 건물들도 모두 무너졌으며, 그 영광도 다 사라져 다시는 찾아볼 수 없게 되었다. 상상을 초월하는 부에 대한 전설이 흔히 그렇듯, 한때 번영을 누리던 그런 곳은 지상에서 영원히 사라지고 만다. 물론 예외가 하나 있다. 바로 월가다.

월가, 좁은 의미로는 맨하탄 남쪽에 위치한 골목길 하나의 이름이지만, 넓은 의미로는 세계 금융의 중심으로 동경 및 런던의 금융시장과 어깨를 나란히 하는 곳이다. 골콘다와는 달리 월가는 죽었다가 다시 살아날 수도 있다. 호황 뒤엔 불황이 있고 불황 뒤엔 호황이 있으니, 월가는 쇠퇴하여 길 위에 풀이 무성히 자라는 법이 결코 없다.

이 책은 인간들의 현명함이나, 박력, 독창성, 또는 신념에 대한 찬사이다. 어느 세대에나 모두 다 부자를 꿈꾸는, 돈을 못 벌면 죄악을 저지르는 것같이 느끼는 그런 질풍노도의 시기가 있게 마련이다. 그 때가 되면 투자가들은 앞서 살았던 사람들이 그토록 고통스럽게 터득

했던 교훈을 어느새 잊어버리고, 이번은 그때와는 다르다는 신앙과도 같은 굳센 믿음을 갖게 된다.

경제·경영을 주제로 글을 쓰는 작가 중 가장 세련된 글 솜씨를 자랑하는 이 책의 저자 존 브룩스는 역사상 가장 잘 알려진 금융가의 드라마인 1929년 미국 주식시장의 대폭락과 그 후유증을 운치있는 필치로 완벽하게 그려내고 있다. 이 이야기는 현대를 살아가는 독자들의 감각에 맞는 비유와 우화로 가득 차있다.

1920년대의 대 활황 장세는 실리콘 밸리가 아닌 디트로이트를 근간으로 하는, 당시로서는 매우 새로운 산업의 성장에 힘입은 것이었으며, 그 활황 덕에 업계의 지도자들은 대형 투자은행의 경영자 위치에서 정부의 고위층으로 쉽게 영전하곤 했다. 그 당시의 가장 성공적인 투자는 사실 몇 안 되는 대형회사에 대한 투자였으며, 이런 투자는 새로운 경제의 모형을 제시해 주고 있었다. 1927년 말에 쿨리지 대통령이 말했듯이, 당시 미국은 새로운 번영의 시대에 접어들고 있었다. 투기가 훌륭한 일이 되었으며, 월가 사람들은 만인이 관심을 가진 증권시장에 몸을 담고 있다는 그 단순한 사실 하나만으로도 내부자로서의 마력을 발하고 있었다. 대폭락으로 이런 모든 것이 붕괴되기 전, 월가를 방문했던 예리한 통찰력의 한 영국 언론인은 이런 말을 남겼다. "미국인들은 주식시장에서 기적을 바라고 있는 것 같다. 노력만 하면 무엇이든 이룰 수 있다는 그런 믿음 속에서."

그러고는 1929년의 대폭락이 찾아왔다. 주가는 다음 해에 약간 회복하는 듯했지만 곧 다시 나락으로 빠져들었고, 이후 4반세기 동안 다시는 그 근처에 가볼 수 없었다.

브룩스 이야기의 주인공은 리차드 위트니(Richard Whitney)다. 그는 월가 기존체제의 정상에서 시작하여 싱싱(Sing Sing)이라는 재미난 이름으로 불리는 뉴욕 주립교도소에서 경력을 마친 사람으로, 그의 이야기는 금융가에서 늘상 반복되는 그런 유형의 이야기들 중에서도 가장 극단적인 경우라고 볼 수 있다. 활황 장에는 영웅이 탄생하게 마련인데, 이들은 실수를 해도 멋지게 가려지며, 종종 자신들에게는 일반규정이 적용되지 않는다고 믿게 된다. 특히 그들이 일반 사람들과 격리된 월가라는 좁은 공간에서 일하고 있을 때 그런 사고방식은 더욱 팽배하게 된다. 바로 이럴 때 유혹이 시작되는 것이다.

리차드 위트니는 범죄자가 될 인물은 아니었다. 고고하고 괴팍한 이 친구에겐 강도나 도둑질이란 생각도 못할 끔찍한 일이었을 것이다. 그는 아무런 죄의식도 없이 시장이 활황이 되어 주가만 오르면 모든 게 다 잘 될 거라는 확고한 믿음 속에서 조금씩 조금씩 자기 편리에 따라 규정을 무시하기 시작했으며, 주가가 오르지 않자 규정을 더욱 악용하기 시작했다. 그의 범죄적 행위가 다 드러났을 때도 그의 친구들은 진실을 인정하려 들지 않았다. 어떤 모건은행 고위간부의 말을 빌어보자. "그가 도둑질을 하고 있다고는 상상도 못했고, 아마 무슨 대단한 곤경에 빠진 모양이라고만 생각했습니다."

이 책을 처음 읽은 것은 1970년대였다. 그때는 다우 존즈(Dow Jones) 지수가 1,000 포인트 벽을 못 넘고 안간힘을 쓰던 그런 지루한 장세의 시기였고, 사람들은 채권 발행이나 하러 월가에 고개를 기웃거리던 그런 때였다. 그때, 이 이야기는 내게 스코트 피츠제랄드(Scott Fitzerald)의 소설 『위대한 개츠비』의 주인공들이 엮어내는 그런 멋진 우화같이 느껴졌으며, 브룩스가 멋지게 써낸 1920년의 폭탄테러 사건, 스투츠 자동차 주식 매도작전 등등의 이야기는 내 기억 속에 인상 깊게 남게 되었다.

    이 책 속의 이야기들은 내겐 고대의 유적(遺跡)처럼 느껴졌다. 마치 골콘다에 대한 전설처럼 다시는 반복되지 않을 것 같은 그런 이야기로 말이다. 하지만, 1999년에 다시 읽어보니 꼭 그런 것만도 아닌 듯 싶다.

— 리차드 램버트(Richard Lambert)

옮긴이의 말

이 글이 미국의 독자들에게 처음 선을 보인 것은 1969년, 그러니까 이 글에서 다루고 있는 시대로부터 많게는 50년, 적게는 30년이 지난 때였다. 그리고 후에 서문을 갖추어 개정판을 찍어낸 게 1999년, 초판이 나오고 나서 또 30년이 지난 때였다. 이제 또 그로부터 2년이 지나 이 번역본이 나오게 되었으니 실로 본문의 시기와는 약 80년에서 60년의 시차가 나는 셈이다. 따라서 역사서가 아닌 경제 및 금융서로선 꽤 오래된 고리타분한 이야기일 수도 있겠다. 하지만 「파이낸셜 타임즈」 *Financial Times*의 편집장 리차드 램버트(Richard Lambert)가 1999년에 쓴 서문에서도 말했듯이, 이 책의 이야기는 지금도 꽤 시의적절한 이야기이며, 역사의 교훈을 너무 쉽게 망각하고 두 번 다시 실패하지 않을 것처럼 자신하는 우리들에게 많은 교훈을 준다.

이 책 『골콘다』는 미국에서뿐 아니라 우리나라에서도, 아니 보기에 따라서는 우리나라에서 더욱 절실한 이야기가 아닌가 싶다. 그건 우리 증시가 미국 증시의 영향을 많이 받기 때문만은 아니다. 21세기를 사는 우리에게 익숙한 주가조작이니, 금융 스캔들이니 하는 떠들썩한 사건들의 배후에 돈, 권력, 그리고 명예에 대한 인간의 욕망이 반드시 자리하고 있음을, 20세기 초반 미국에서 실제 일어났던 일련의 사건을 중심으로 이 책이 충실히 보여주고 있기 때문이다.

이 책에는 1929년 주식 대폭락의 과정과 그 이후의 후유증이 생생히 묘사되고 있으며, 모건은행 같은 굴지의 미국계 은행들의 지나간 모습도 나온다. 뿐만 아니라 대공황의 해결사며 2차 대전의 승리자로 잘 알려진 루스벨트 대통령이 공황 초기에 어떤 고뇌를 했는지, 또 케네디 대통령의 아버지가 미국 주식시장에서 어떤 양면적 역할을 했는지도 듣게 되며, 미국 중앙은행의 탄생 배경이나 증권거래법 및 막강한 증권거래 감독위원회가 태어나게 된 우여곡절도 알게 된다.

다만, 70여 년 전 미국사회의 독특한 사회·경제적 배경을 잘 알고 있지 않으면 생소할 수밖에 없는 표현들이 많아 번역하는 데 어려움을 겪었다. 예를 들어 누가 우리나라 1960년대의 사회 분위기 및 경제상황을 재미있게 얘기한다고 하면, 그 당시에 유행한 노래나 책, 영화, 입고 다니던 옷이나 말씨, 물지게를 진 사람이나 배경 그림을 리어카에 싣고 동네를 돌아다니던 사진사들, '채~권' 하고 외치며 동네를 누비던 아저씨들 등을 소개 안 할 리가 없을 테니까. 또한, 그 당시 돈의 가치를 현실감 있게 느낄 수 있도록 옮기는 일도 고민해야 했다. 그 당시 위트니가 형에게 꾸었던 백만불의 가치는 지금의 백만불과는 분명히 다를 테니까. 일러두기에도 밝혔지만 그때와 지금의 화폐가치는 대략 10배쯤 차이가 난다. 이 차이를 염두에 두고 읽으면 되겠다.

여러 사람이 번역을 도왔다. 우선 누구보다도, 여러 관용구의 이해를 도왔던 HSBC 은행의 동료 켄트 프레이저(Kent Fraser)와 독특한 미국식 표현의 이해를 도왔던 HSBC 증권의 조나단 해리스(Jonathan Harris)에게 가장 큰 고마움을 표하고 싶다. 이 두 사람이 아니었으면, 매우 곤란했을 부분들이 많이 있었음을 강조하고 싶다. 또한 당시의 화폐가치를 오늘날의 가치로 환산해 주었을 뿐 아니라 금본위제도에 관련된 내용을 매끄럽게 만들어준 이화여대의 김진호 교수와, 법률용어들을 이해하는 데 많은 도움을 준 법무법인 KCL의 셰인(Shane) 홍 변호사 등에게 이 자리를 빌어 심심한 감사를 표한다. 그리고 증권관계 용어의 번역에 도움을 준 굿모닝(Good Morning) 증권의 김승환 지점장과 메릴 린치(Merrill Lynch) 증권의 이원기 상무, 뉴욕 맨하탄 남부의 자세한 지도를 구해준 H&Q의 최인영 상무, 그 밖에 성공회 관련 명칭을 이해하는 데 도움을 주었던 한국 성공회의 김광준 신부님께도 고마움을 표하고 싶다.

흔히 IMF 위기라고 하는 아시아의 경제위기(Asian Crisis) 이후 우리는 격변의 시기를 보내고 있다. 아직도 구조조정이 마무리되지 않은 채, 금융시장은 내외의 여러 원인으로 불안한 모습을 떨쳐버리지 못하고 있고, 많은 사람들이 고통을 당하고 있다. 위에서도 말했듯, 돈과 명예와 권력을 갖고 싶어하는 욕망은 많든 적든 누구에게나 다 있다. 아무쪼록 이 책을 통해 공직자, 은행원, 주식시장 종사자들, 그리고 개인 투자가들 모두가 이런 인간의 욕망은 사회전체 구성원의 이해관계를 해치지 않는 범위 내에서 허용되어야 함을, 그것이 모두를 위해 바람직한 것임을, 아담 스미스의 '보이지 않는 손'은 그런 자율적 규제하에서만 인간에게 가장 유익한 구실을 하는 것임을 다시 한번 깨닫는 계기가 되었으면 하는 바람이다.

역사 서적만 주로 읽던 내게 이 책을 소개해 주고 격려를 아끼지 않은 굿모닝 투신운용의 오우택 이사와 어려운 와중에도 이 책을 내기로 선뜻 나서준 그린비의 유재건 대표에게도 감사 표시를 잊을 수 없다. 마지막으로, 지난 몇 달 간 주말마다 이 작업에 힘쓸 수 있게 도와준 가족들, 특히 아내 김신영에게 고마움을 표하고 싶다.

— 2001년 여름의 끝무렵에

이동진

차례

폭탄 테러　19

주가 조작　43

금융시장의 귀족들　68

원숭이에 가깝다　99

망가지는 시장　126

백기사 등장하다　164

술에 취한 금본위제　205

워싱턴에서의 시련　241

백기사 낙마하다　277

일이 커지다　301

파멸　326

대단원　351

골콘다

지금은 폐허가 되었지만,
골콘다는 누구든 그곳을 지나가기만 하면
부자가 되었다는 전설을 가진
인도 동남부에 위치한 도시였다.
1, 2차 세계대전 사이의 월가에도
그와 비슷한 전설이 있었다.

폭탄 테러

I

1920년 9월 16일 목요일, 트리니티 성당의 종이 정오를 알린 뒤 몇 초나 지났을까? 맑은 날씨에 기온은 섭씨 20도, 주식시장도 강보합이었던 맨하탄의 상큼한 가을 분위기는 엄청난 위력의 폭발로 인해 아수라장이 되었다. 폭발 지점은 월가(Wall Street)와 브로드 가(Broad Street)가 마주치는 교차로에서 월가 방향 동쪽으로 몇 미터밖에 안 떨어진 곳, 즉 모건은행 건물과 완공된 지 얼마 안 되어 아직 철책으로 막아놓은 시금소(試金所) 사이였다. 미국 금융시장의 중심부인, 아니 지리적으로나 상징적으로나 국제 금융시장의 중심부인 이 곳이 위력적인 폭발로 인해 뉘리끼리한 재에 뒤덮였고, 12층 높이의 차일에까지 불이 붙었으며, 그 근처는 물론 그 곳에서 반 마일 떨어진 곳의 유리창도 다 깨졌고, 주변은 수많은 파편 조각들로 뒤덮였다. 이 폭발로 인해 교차로 동남쪽 모퉁이의 월가 23번지에 있는 위엄있는 모건은행 건물은 곰보마냥 얽게 되었고, 건물 북쪽 유리창이 다 깨졌을 뿐 아니라, 그 깨진 유리 조각들이 일반 은행업무를 보던 1층에 떨어져내려 사람들을 놀라게 했다. 게다가 월가 북쪽의 재무부 부속 건물 옆에 있던 시금소도 충격을 받아 그 앞의 보호철책이 다 휘어졌다. 하지만 이 건물은 워낙 단단한 요새처럼 지어져 내부 피해는 거의 없었다. 월가의 트리니티 성당은 폭발 지점에서 얼마 안 떨어진 알렉산더 해밀튼(Alexander Hamilton : 1755~1804. 미국의 정치가, 정치사상가. 독립전쟁 당시 식민지군에 참가. 조지 워싱턴의 부관으로 활약했고, 건국 후 초대 재무장관이 되었다. 유명한 연방주의자—옮긴이)의 묘지 옆에 있었으므로, 이 폭발은 성당 건물의 기반을 크게 흔들어놓았다. 하지만 기적인지 우연인지 성당 건물은 큰 피해를 입지 않았다. 만일 트리니티 성당의 첨탑이 파손되었더라면, 흉해진 모건은행 건물과 함께 폭발의 상흔은 매우 심각했을 것이다.

교차로 남서쪽 방면으로 브로드 가에 자리잡은 뉴욕 증권거래소에서도 수백 명의 중개인(broker)과 거래원(trader)들이 거래소의 대형 유리창에서 떨어지는 파편을 피해 시장부(floor)의 중앙으로 뛰어드는 사태가 발생했다. 그곳에서 그들은 유리로 된 대형 원형 천장에 깔려 하마터면 대참사를 맞을 뻔 했으나, 다행히도 천장은 내려앉지 않았다. 월가 북서쪽에 위치한 뱅커스 트러스트 은행(Bankers Trust Company)에서는 깨진 유리가 강풍 속의 나뭇잎처럼 날아다녔고, 쇠파편 하나가 은행장 씨워드 프로서(Seward Prosser)의 사무실 창문을 깨고 들어가 그의 머리 옆을 불과 몇 인치 차이로 스쳐갔다.

그러나 모든 사람이 프로서처럼 운이 좋은 건 아니었다. 30여 명이나 되는 사람들이 그 자리에서 즉사하거나 곧 사망했으며, 3백여 명이 중상을 입었는데, 그 중 10명은 얼마 후 죽고 말았다. 하지만 금융가에서 한다 하는 거물들은 모두 프로서처럼 운이 좋았는지 아무도 죽지 않았다. 월가에서 가장 유명한, 아니 바로 월가 그 자체를 상징하는 JP 모건(J. P. Morgan)은 영국에 있는 별장으로 휴가를 갔었고, 폭발 당시 건물 안에 있던 5명의 모건은행 파트너들은 모두 상처 하나 없었으며, 모건의 아들 쥬니우스(Junius)만이 약간의 찰과상을 입었다. 즉사한 30명 중엔 증권회사의 파트너나 은행의 고위 임원은 아무도 없었으며, 그 중 딱 한 사람만 중개인으로 밝혀졌다. 대부분의 피해자는 속기사나 서기, 배달원, 또는 짐꾼 같은 월가의 하급직원들이었으며, 대부분 배가 고파서 정오 1~2분 전에 건물을 나와 일찍 점심을 먹으러 가던 중이었다. 그 가운데 세 명은 여자였고, 네 명은 10대의 어린 심부름꾼이었으며, 25살 먹은 젊은 은행원도 하나 있었고, 68세의 은퇴한 사업가도 있었다. 폭발로 파손된 유가증권의 가치는 대수롭지 않았다. 재산 피해는 약 2~3백만불이었으나, 그 정도는 건물주인이나 보험회사가 쉽게 해결할 수 있었다. 폭발이 어떤 의미를 가졌든 월가의 위력은 변함 없었다.

II

1920년은 월가가 세계의 금융 중심가로 발돋움한 지 6년째 되는 해였다. 월가는 그 당시 별볼일 없는 상태였음에도 불구하고 다른 금융 중심가의 붕괴라는 별로 자랑스럽지 못한 이유로 세계 금융시장의 중심에 서게 되었다. 제1차 세계대전 발발 전의 100년 간은 런던이 세계의 은행으로서 국제금융을 주물렀다. 즉 미국 대기업들은 자금조달을 전부든 일부든 런던이나 아니면 런던의 중개를 통해 유럽에서 해야 했으며, 월가는 미국 국내에서는 꽤 중요한 역할을 했지만 국제간의 거래에서는 미국기업과 런던 간의 중개역할 정도를 할 뿐이었다. 그러던 1914년 8월, 전쟁이 발발한 첫 주에 영국은 파운드에 대한 금 태환을 정지하는 조치를 발표하여 국제금융 시장을 뿌리째 흔들어 놓았다. 이는 금본위제도가 국제금융의 기초였던 당시로서는 마치 포커판에서 사람들에게 그동안 모은 칩에 대해서는 돈을 안 주겠다고 선언한 것이나 마찬가지인 커다란 충격이었다. 마른 하늘에 날벼락 같던 이 조치는 뒤이어 재무성 장관이 발표한 영국의 해외투자 금지령과 함께, 「런던 타임즈」*London Times*가 인정한 것처럼 영국이 "국제금융 시장에서 차지해온 권리를 잠정적으로 포기"하고 영국이 맡아오던 "대부분의 국제금융 역할을 미국에 넘겨주는" 결과를 가져왔다.

당시 미국은 그 역할을 수행할 수 있었을까? 아마도 겨우 간신히 할 수 있었을 것이다. 영국의 금융이 미국시장에서 차지하는 비중이 보통이 아니었기 때문에 런던시장의 퇴장은 마치 전쟁이 필라델피아나 디트로이트에서 일어난 듯 월가에도 큰 타격을 주었다. 전쟁이 시작되던 날, 주가는 정말 욕이 나올 정도로 폭락했으며, 다음날에는 증시가 휴장되었다. 그 때까지 한번도 열흘 이상 휴장해 본 적이 없던 뉴욕 증시였으나 이번 휴장은 거의 9개월이나 계속되었고, 뉴욕의 은행가 역시 거의 심리적인 공황에 빠져들었다. 국제금융의 대차대조표로 볼 때 당시 미국의 기업들은 약 30억불에 달하는 채무자였으며, 유럽의 채권자 대부분이 당시 전쟁에 휩쓸린 나라들의 기관이었기 때문에 당연히 이들은 당장 빚을 갚으라고 요구하기 시작했으며, 전시에는 항상 그렇듯 채무상환을 금으로 해달라고 독촉했다. 한편 놀란 국내의 예금주들도 은행에 뛰어가 돈을 빼가기 시작하자 상황은 급속도로 악화되어 갔다. 전쟁 발발 후 2주 만에 뉴욕의 은행들에서 빠져나간 돈은 마치 1907년의 공황을 연상시킬 정도로 심각한 금액이었다. 그해 가을 미국으로부터 엄청난 양의 금이 캐나다에 있는 영국 구좌로 빠져 나갔다. 국내경기는 충격에서 벗어나지 못하고, 독일의 구축함이 대서양을 위협하는 상황에서 국제무역마저 꽁꽁 얼어붙자 월가는 거의 유령의 집이 되어 버렸다. 은행들은 비틀거리고, 주식시장과 증권회사들은 문을 닫았다. 다만 몇몇 불법적인 중개인들이 거리에서 비공식적으로 거래를 성사시키곤 했지만, 말도 안 되는 가격에 불과 몇 종목만이 띄엄띄엄 거래되는 정도였다. 바로 이것이 새로 등장한 국제금융 중심지의 모습이었다.

그러나 당시 상황은 미국이 계속 주저앉거나 망가져 버리게 두질 않았다. 전쟁을 뒷받침하고 자금지원을 해야 할 입장이었던 월가는 곧 새로운 역할에 적응해가기 시작했다. 1914년 11월, 금의 유출이 좀 멈칫하는가 싶더니, 12월엔 더 이상의 유출이 없었으며, 1915년 1월에는 역으로 금이 유입되기 시작했고, 4월에는 증권거래소가 다시 문을 열었다. 연합국에 대한 미국의 대출이 증가하여 곧 그 금액이 수십억불에 이르렀다. 미국의 수출품에는 당시 최대의 수출품인 전쟁물자뿐 아니라 상당한 양의 식품, 사료, 그리고 목면도 포함되었고, 1917년까지 미국의 무역은 역사상 유례가 없는 성장률을 기록했다. 게다가 유럽 국가들은 전쟁물자 대금으로서뿐 아니라 안전한 금고로서도 뉴욕에 금을 보내게 되었다. 1915년 초, 미국으로 한두 방울 정도 떨어지는가 싶던 금은 1년도 채 못 되어 격류처럼 쏟아져 들어와, 1916년 3월 한 달 동안에만 그 전 해에 받아들인 것과 같은 양의 금이 유입되었다. 마치 하룻밤 사이에 세계의 모든 돈이 어느 한 곳에서 다른 곳으로 다 몰려가는 듯이 보였다. 이 추세는 일시적인 것이 아니었다. 1925년, 드디어 영국이 파운드의 금 태환을 재개했지만 런던의 위상을 과거로 돌려놓기엔 너무 늦었었다.

1920년, 월가에는 런던이 전에 하던 역할을 할 여력이 있었다. 국내에서 채권을 발행하여 마련한 돈으로 1년 반 동안의 전쟁비용을 댔던 미국은 이제 30억불의 채무국에서 30억불의 채권국으로 탈바꿈했고, 재무부는 전세계 금 공급량의 약 1/3에 달하는 금을 보유하고 있었다. 이미 예견되었던 전후의 경기침체는 왔으나 생각보다 심하지는 않았으며, 월가는 전쟁통에 자기도 모르게 생긴 새 고객들을 상대하느라 즐거운 비명을 지르고 있었다. 그들은 바로 전쟁중에 자유채권

(Liberty Bond)이라는 걸 한번 사보고는 이젠 뗄 수 없는 투자의 묘미를 맛본 그런 새로운 부류의 사람들이었다. 월가는 산뜻하게 새로운 세계를 맞이하고 있었지만, 해가 진 런던시장이 과거에 보여주었던 그런 제국주의적 자신감은 아직 없었다. 그리고 그런 자신감의 부족은 그 해 9월 16일 정오에 일어난 폭발 사건에 대한 민감한 반응에서 여실히 드러났다.

III

당연한 얘기겠지만, 폭발 사건에 대한 최초의 반응은 정치사회적인 차원이 아니라 개인적인 차원이었다. 거리의 생존자들은 우선 그 폭발 지점을 피해 혼란스럽게 소리지르며 달아났는데, 그 와중에 시체나 중상자들의 몸에 걸려 넘어지기도 했다. 그리고 몇 분이 지나자, 사람들은 두번째 폭발 가능성에 대한 두려움에서 벗어나 호기심에 싸인 채, 주변 건물들에서 몰려나온 수많은 사람들과 함께 조수처럼 다시 밀려 들어왔다. 5분도 채 안 되어 그 곳에는 만 명이나 되는 사람들이 모였다. 그 사람들의 발치에서 부상자들은 응급치료를 애원했고, 심하게 다친 어떤 소년 심부름꾼은 죽는 순간까지도 자기 일을 다 하려는 듯 유가증권 보따리를 잘 맡아달라고 호소하고는 숨을 거뒀다. 월가 36번지의 슐테 담배가게에서 일하는 점원 한 사람은 1차 대전중 프랑스 전선에서 생긴 습관에 따라 자신의 중절모를 철모인 양 머리에 꽉 눌러 쓰고 주위를 경계하기도 했다. 증권거래소의 이사장은 차분하면서도 빠른 걸음으로(거래소 시장부에서는 뛰지 못하게 되어 있었다) 거래소가 내려다보이는 연단에 올라 종을 쳐서 폭발 후 1분 만에 그날의 거래를 정지시켰다. 폭발 지점에서 약 60미터 떨어진 브로드 가의 길거리였던 뉴욕의 장외거래소는 거래 정지를 알리는 종을 칠

필요도 없었다. 왜냐하면 거리가 군중들로 꽉 차버렸고, 많은 중개인들이 충격을 받거나 상처를 입고는 '금융거래가 무슨 소용이냐, 우선 살고 보자'며 정신이 없었기 때문이다. 경찰과 인근 병원에서 온 의사들이 어렵게 희생자들에게 다가갔으며, 몇 분 뒤에는 거버너 섬에서 연방군대가 도착, 그 일대를 장악하고 차단했다.

가장 많이 파손되어 폭 꺼진 듯한 모건은행의 내부는 깨진 유리에 부서진 책상들, 흩어진 종이 뭉치들, 그리고 마치 예견이나 한 듯 얼마 전에 유리창에 설치해 놓았던 강철망들이(분명히 그 덕에 피해가 줄었지만) 조각조각 휘어져 사방에 널려진 채 엉망진창이 되어 있었다. 모건은행 직원 중 한 명이 그날 죽었고, 또 한 명은 상처가 악화되어 그 다음날 죽었으며, 중상을 입은 직원은 수십 명도 더 되었다. 1층 북쪽 창가 근처의 책상에 앉아 있던 쥬니우스 모건은 폭발의 위력으로 몸이 튕겨져 나가면서 떨어지는 유리에 찔렸다. 언론은 그가 손에 상처를 입었다고 했지만, 아마 이는 당시 언론의 완곡한 표현방식 때문이었을 것이며, 훗날 다른 파트너들은 그가 등에 상처를 입었다고 말했다. 하여간 그는 브로드 가에 있는 병원에서 치료를 받은 뒤, 부상을 모면했다고 쾌활하게 말했다. 모건은행의 또 다른 젊은 직원 윌리엄 유잉(William Ewing)은 순간 의식을 잃었는데, 몇 분 뒤 정신을 차리고 보니 머리가 쓰레기통 속에 들어가 있더라고 당시를 회상하기도 했다.

은행에서 JP 모건 다음으로 높은 선임 파트너인 헨리 데이비슨(Henry Davison)은 마침 그때 건물에 있지 않았으며, 다른 4명의 파트너들은 건물에 있긴 했지만 모두 운이 좋았다. 데이비슨의 뒤를 이어 곧 JP 모건의 오른팔이 될 토마스 라몬트(Thomas Lamont), 얼마 후 멕시코 대사가 되어 정치 지도자의 길을 걷게 될 드와이트 모로우(Dwight Morrow), 국내 문제에 영향력이 컸던 엘리어트 베이콘(Elliot

Bacon), 베이콘의 사돈으로 모건은행의 촉망받는 젊은 파트너이며 월가의 또 다른 스타인 채권 중개인 라차드 위트니(Richard Whitney)의 형이기도 한 조지 위트니(George Whitney)가 바로 그들이다.

　때마침 이 4명은 은행 건물 2층에 있는 JP 모건의 사무실에서 회의를 하던 참이었는데, 그 방 창문들이 모두 서쪽으로 나 있고 북쪽은 창 없는 튼튼한 벽이어서 모두 안전할 수 있었다. 아무도 예견할 수 없었던 폭발이었음을 감안할 때, 그들 모두가 마치 전투중에 안전한 벙커에서 몸을 도사리고 있는 겁많은 장군들처럼 우르르 몰려 있었다 해도 비난받을 일은 결코 아니었다. 하여간 마침 그때, 모로우의 손님으로 그 회의에 참석하고 있던 프랑스 군의 지도자인 어떤 장군에게는 그 상황이 전쟁터를 방불케 하는 것이었는지도 모른다. 폭발음의 진동이 사라지며, 바깥에 연기가 피어 오르고, 사방에 유리조각 깨지는 소리가 들려오자, 장군은 이렇게 물었다. "이런 일이 자주 일어납니까?"

　그날 오후 내내, 경찰과 연방군대는 자원봉사를 나온 약 5백 명의 전역병들과 함께 부상자 응급치료 및 병원호송, 그리고 곧 4만 명으로 늘어나버린 군중들에 대한 질서정리 등으로 눈코 뜰 새가 없었다. 군중들의 대부분은 그날 밤이 되도록 자리를 떠나지 않았다. 아니, 어쩌면 일부는 떠나갔지만 맨하탄 북쪽의 사무원들이 일과를 마치고는 이 북새통을 보려고 내려왔기 때문인지도 몰랐다. 군중들은 불빛 아래에서 파편 제거와 깨진 유리조각 수거 작업을 계속 지켜보았다. 전쟁터를 감도는 무거운 기운이 그날 밤 뉴욕 금융가의 지도자들 마음에 가득했으며, 이런 기운은 그대로 거리의 군중들에게 전파되었다. 그건 한마디로 '내일은 다시 정상영업을 할 것이며, 과격분자는 색출하여 엄격히 다스릴 것이다'라는 공감대였다.

　그 폭발이 어떤 계파인지는 몰라도 과격분자의 소행임을 의심하는 사람은 거의 없었다. 물론 폭발 직전의 일에 대한 증언들이 중구난 방이었기 때문에 확실한 증거가 있는 건 아니었지만. 다만 증인들 모두 11시 55분 경 짙은 밤색의 노쇠한 말이 끄는 낡은 마차가 월가를 따라 지나갔으며, 시금소 건물 앞에 멈추어 섰었다는 데는 의견이 일치했다. 어떤 사람들은 한술 더 떠서 마차 안에 폭발물이 실린 듯한 통이 있는 것을 보았다고도 했지만, 당시 그 근처에 있던 누구도 마차를 몰던 사람을 묘사하거나, 마차가 멈춘 뒤에 어떻게 되었다는 말은 하지 못했다. 이 마차에 대한 증언은 그곳에 남은 물체 즉 말의 찢겨진 살점, 말발굽 두 개, 그리고 마차의 바퀴 축과 그 조각들에 의해 사실이 입증되었다. 하지만 그 어느 증거도 결정적으로 이 폭발이 폭탄에 의한 테러인지, 아니면 단순한 폭발 사고였는지를 밝혀주지는 못했다. 어느 젊은 희생자가 마지막 숨을 몰아쉬며 두퐁(Du Pont)이라고 분명히 표시된 마차가 길을 돌아가는 것을 보았다고 한 증언도 있었는데, 이 말은 곧 이어진 증언들에 의해 신빙성이 더욱 뒷받침되었다. 즉 그들 모두 잘 알려진 폭발물 제조업체의 이름이 표기된 마차를 보았다는 목격담이었다. 누구는 허큘리즈(Hercules), 누구는 디트만(Dittman), 또 누구는 애트나(Aetna) 등등으로 말이다. 그러나 그 마차가 어떤 화약 제조업체에 속한 거라 해도, 그건 당시 시내 여기저기에서 진행되던, 아니 마침 브로드 가와 월가의 교차로에서 남서쪽 방면으로 증권거래소 확장을 위해 진행중이었던 건물파괴 작업에 쓰일 화약이 운반 도중 폭파된 거라는 추론도 가능했다. 하지만 이 추론은 불행히도 이름이 언급된 그 어떤 화약 제조업체도 당시 그 지역에 화약을 실은 마차를 보낸 적이 없다고 통보함에 따라 틀린 것으로 판명되었다. 그리고 두퐁의 대변인은 이에 덧붙여, 목격자들의 빗나간 증언은 아마도 그날 자기네 회사이름이 쓰인 회사 트럭이, 화약이 아닌 염료를 싣고 아침 늦게 월가에서 조금 떨어진 곳을 지나갔기 때문에 생긴 오해인 것 같다고 발표했다.

폭탄에 의한 폭발 가능성은 산산조각난 내리닫이 창의 추(錘) 파편에 근거한 것인데, 그날 피해가 컸고 많은 사상자들이 난 이유도 바로 이 사방으로 퍼져나간 추 파편 때문이었다. 경찰은 현장에서 이 파괴적인 파편 조각을 5백 파운드 이상이나 수거했는데, 순수한 목적으로 화약을 운반하는 차량이라면 이런 정도의 추를 함께 차에 싣고 갈 리 만무했다. 추 파편도 추 파편이지만 '폭탄에 의한 폭발'일 것이라는 추측에 설득력을 더해준 것은 바로 폭발이 일어난 그 장소가 가진 의미였다. 당시의 달아오르는 분위기 탓도 있겠지만 그건 상징적인 의미 이상이었다. 바로 그날, 9억불어치나 되는 금이 25파운드 무게의 작은 금괴 형태로 나무상자에 실려 무장병력의 호송 아래 재무부 부속 건물에 있는 옛 저장소에서 그 옆에 새로 지어진 시금소 건물로 운반되고 있었던 것이다. 작업 인부들은 두 건물 사이의 좁은 골목을 가로지르는 목제 난간을 따라 금을 운반하고 있었으며, 폭발이 일어난 지점은 그 골목의 바로 맞은 편이었다. 우연이었겠지만, 정오가 되자 인부들과 경비원들은 마침 점심시간이라며 이제 막 건물 안에 들어가 철제로 된 문을 닫았던 것이다. 따라서 그들은 구사일생으로 목숨을 건질 수 있었으며, 어디까지나 추측이긴 하지만 미국 재무부에 대한 기상천외한 습격도 막을 수 있었다. 만일 그 금괴들의 전부나 또는 일부라도 도난되었더라면 기발한 소설에서나 읽을 수 있는 그런 금융 혼란이 야기되었을 것이다.

많은 미국인들은 폭력으로 배태된 그런 혼란이 바로 급진파 세력들이 바라는 것임을 믿고 있었다. 이미 1년도 넘게, 미국은 마치 훗날의 맥카시(McCarthy) 선풍에 비유될 만한 급진파 공포에 떨고 있었다. 1920년은 폭탄 하면 급진파 그것도 외국의 급진파를 뜻했으며, 또 급진파 하면 폭탄이 떠오르던 그런 시기였다. 그러나 이 당시가 맥카시

시대와 다른 점은 1919년에는 폭탄들이 다 진짜 폭탄이었다는 것이다. 그 해 4월, 포장을 열면 터지게 되어 있는 폭탄꾸러미가 18명의 고위층에게 전달되었는데, 그 중에는 반(反)노동운동 경력을 가진 시애틀 시장도 있었고, 미국의 이민국 국장도 있었으며, 급진파 지도자 두 명에게 유죄판결을 내린 유명한 판사도 있었다. 또한 미국 법무장관 미첼 팔머(Mitchell Palmer), 노동장관 윌리엄 윌슨(William Wilson)도 그 18명에 포함되어 있었고, 금융계의 두 거물인 존 록커펠러(John Rockefeller)와 JP 모건도 그 명단에서 빠질 수 없는 이름이었다(물론 대부분의 폭탄이 제대로 배달되지 못했는데, 그건 순전히 부족한 우편 요금 때문에 뉴욕 우체국에서 배달이 지연되고 그 과정에서 내용물이 발견되었기 때문이다). 그로부터 며칠 뒤, 투척된 폭탄이나 장치된 폭탄들이 클리블랜드나 필라델피아, 피츠버그, 뉴욕 등지에서 터졌을 뿐 아니라, 정치적 야심이 많은 열성적인 퀘이커 교도로서 급진주의자 소탕에 앞장서던 법무장관 팔머가 자신의 적에 의해 이번엔 우체국을 통하지 않고 직접 폭탄세례를 당했다. 그 결과 워싱턴에 있는 그의 집은 크게 파손되었으나, 폭탄을 던진 사람만 죽었을 뿐 아무도 다치진 않았다. 그 후 팔머는 잘 알려진 형사 윌리엄 플린(William Flynn)과 프랜시스 가반(Francis Garvan)을 각각 급진파 소탕을 전담하는 FBI의 국장 및 부국장에 임명, 본격적으로 이들의 소탕에 나섰다. 이들은 1920년 1월 2일, 치밀하게 계획된 동시다발적인 검거작전을 통해 4천 명 이상의 급진파 혐의자들을 전국 33개 도시에서 현장 체포하는 성과를 거두기도 했다. 국민들은 대부분 이를 환영하고, 팔머를 나라의 구세주로 추앙하기도 했다. 물론 혐의자 대부분이 증거 부족으로 풀려나긴 했지만.

「타임」지의 보도에 의하면, 9월 16일 밤, 연방 및 뉴욕 주와 뉴욕 시 당국은 모두 이 폭발사건이 오랫동안 예고되어온 급진파 폭력행위의 서곡이라는 데 의견이 일치했다고 한다. 이 결론은 전국적인 공감대를 얻어 곧 시카고, 보스턴, 필라델피아 등지의 금융가에 경찰의 비상경계망이 펼쳐졌으며, 도시마다 경찰서 건물이나 귀중품 창고 그리고 유명 인사들이 경찰의 특별보호 대상이 되었다. 한편 뉴욕 매디슨 가에 있는 JP 모건의 자택에는 그가 있든 없든 형사들이 24시간 비상 경비를 서게 되었고, FBI 국장인 플린은 이미 워싱턴에서 급행열차로 뉴욕에 올라와 수사를 독려하고 있었으며, 팔머와 가반도 올라오는 중이라는 소식이 들렸다.

폭발 다음날인 9월 17일, FBI는 그들이 뭔가를 알아냈다고, 아니 이런 범죄에서 흔히 그렇듯이 뭔가 단서가 굴러들어왔다고 밝혔다. 즉 범죄자의 신원을 밝혀줄 정도는 아니었지만, 뉴욕 우체국이 경찰에 신고해 오기를, 브로드 가와 월가의 교차로에서 걸어서 2분 거리에 있는 세다 가(Cedar Street)와 브로드 가의 교차로상의 우체통에서 주소도 안 쓰여 있고 묶여지지도 않은 종이 5장을 발견했다는 것이었다. 종이에는 고무도장을 사용하여 어설프게 더덕더덕 오자(誤字) 투성이로, 그러나 분명히 다음과 같은 내용의 글이 쓰여져 있었다.

명심하라. 우린 더 이상 참을 수 없다.
정치범들을 즉각 석방하라, 그러지 않으면 모두 죽여버리겠다.
—미국 무정부주의 투사들

우체국이 법무부에 알린 바에 의하면, 이 전문은 폭발 당일 오전 우편물 수거 시간인 11시 반과 다음 수거 시간인 11시 58분 사이에 우체통에 넣어졌다고 한다. 전문이 폭발 후가 아니라 바로 직전에 투입된 것으로 보아 무정부주의자들이 다른 사람의 소행에 대해 자신들이 했다고 나서는 것으로 볼 수는 없었다. 더구나 이 문구는 1919년에 발생한 몇몇 폭발사건 때에도 발견된 그런 전문과 거의 동일한 것으로서, 수사의 초점을 흐리게 하려는 의도가 아니라면 이 폭발이 무정부주의자들에 의한 소행이라는 결정적인 증거인 것 같았다. 그러나 그 이전이나 이후의 다른 사건에서도 보여지듯, 대중에 대한 폭력행위는 사람들의 감정을 자극시켜 너무도 분명하거나 논리적으로 맞는 사실을 거부하게 만들어 버리며, 사실상의 범죄를 무시하고 상상 속에서 그들이 바라는 다른 범죄를 창작하게 만든다. 이 경우에도 월가뿐 아니라 미국 국내의 여론은 이 폭발 사건이 무정부주의자의 소행이기를 바란 셈이다. 그러나 그렇다고 해서 그들 모두 이 문제를 대강대강 빨리 결론지을 생각은 없었다. 오히려 사건을 더욱 확대해 반미음모로 몰아가길 원했으며, 결국 열띤 언동으로 모두 다 흥분하기 시작했다.

IV

17일 새벽, 동이 터 오면서 하나 둘 전등불이 꺼지고 월가는 다시 업무에 복귀할 채비를 차렸다. 물론 분위기가 평상시 같진 않았고 무언가 도전적이고 애국적인 분위기가 월가를 가득 채웠다. 앵글로 색슨 성향의 근엄한 월가를 대표하는, 그래서 길 건너 증권거래소의 화려한 분위기와는 대조를 이루던 모건은행 건물은 부서진 창문들 위로 커다란 천막이 드리워졌으며, 은행업무를 보는 1층 홀 위의 천장에는 임시 받침대가 받쳐졌고, 팔 다리 머리 등에 붕대를 감고 다니는 임원들과 성한 한 손으로 타이프를 치거나 계산을 하는 직원들로 그곳은 마치 작업하며 치료를 받는 특수병동같이 느껴졌다. 위험하지 않다는 기술자들의 확인을 거친 후 증권거래소는 그날 정시에 개장했으나, 중개인과 거래인들간에 흔히 주고받는 시시껄렁한 농담 따위는 듣기 힘들었다. 「선」*Sun*지의 보도에 의하면, 그들은 모두 입을 꽉 다문 채

무거운 표정을 짓고 있었다고 한다. 증권회사들은 개장 1시간 전부터 그날의 증권정보를 알리며 손님들이 괜한 걱정을 하지 않게끔 신경을 썼다. 걱정하거나 당황할 일은 없었다. 개장 후 1시간 동안, 주가는 지난 1개월 간 그 어느 때보다도 많은 거래량을 보이며 오름세를 탔고, 어떤 종목들은 10불씩이나 오르기도 했다. 시간이 흐르며 처음의 강세가 유지되자 사람들은 자신감이 붙었고, 어떤 증권회사는 지점고객용 전보를 통해 7월 4일 독립기념일에나 어울릴 듯한 정치적인 어조로 다음과 같은 격앙된 전문을 보냈다.

> 6년이나 계속된 전쟁에서 수백만의 인명이 살상되었습니다. 이 참담한 기반 위에 마음이 비뚤어진 사람이 생겨나 과격한 행동을 옹호하며, 타락한 사람들을 유혹합니다. 우린 이런 자들을 처벌하기는커녕 이들에게 따뜻한 관심을 보여주어 왔습니다. 이들의 배후에는 높은 지위에 있는 옹호자들이 있었으며, 당연히 미국의 금융 중심지에서 생명과 재산을 앗아가려는 시도까지도 벌이게 되었습니다. 이 비열한 음모의 희생자는 생계를 위해 일하는 젊은 남녀들이었습니다. 그래도 우리가 보기엔 시장은 강세 기조를 유지할 것 같습니다. 결국엔 법과 질서가 이길 것이며, 경기도 좋아질 테니까요.

그날 저녁 「선」지는 이 글이 월가의 공감대를 가장 잘 요약했다는 기사를 내보냈다.

우연이랄까, '미국 혁명의 아들들' (Sons of American Revolution ; 미국 독립 당시의 순수한 정신으로 돌아가야 한다는 구호를 외치던 우익보수단체 중의 하나—옮긴이)이 오래 전부터 준비해온 헌법 채택 133주년 기념일 축하 행사가 열리는 날이 바로 그날이었으며, 그래서 정오에 (「타임」지 표현에 따르면 살인의 시각에) 수천 명의 군중들이 폭발로 인해 도로가 푹 패인 재무부 부속건물 앞 조지 워싱턴 동상 주위로 모여들었다. 그리고 그들 모두 가슴에 모자를 댄 채「아메리카」라는 노래를 부른 뒤, 앞에 나선 79사단 준장의 연설을 들었다. "우리 사회에 대한 엄청난 폭력행위가 어제 우리가 서 있는 바로 이곳에서 저질러졌습니다. 우리 미국의 시민들은 이런 짓에 대해 눈을 감고만 있을 겁니까? 난 '노' 라고 얘기하겠습니다. 천만 번이라도 '노' 입니다!"

"노우—" 군중들이 큰소리로 답했다. 장군은 계속 목청을 높였다. "이런 짓을 하는 자들은 머리를 쳐들기만 하면 다 죽여버려야 합니다. 뱀 죽이듯이 말입니다!"

이번엔 군중들이 "예스—"라고 다함께 목소리를 높였고, 예정에는 없었지만 흥분한 군중들 몇몇이 튀어나오더니 다같이 부르게끔 미국 국가를 선창했다. 그날은 월가로서는 꽤 괜찮은 날이었다.

V

폭발이 있은 후 며칠 간 언론과 성직자, 그리고 각종 정치단체들은 이제 '폭력행위'(outrage)라고 불려지기 시작한 그 사건을 두고, 피에 굶주린 무산계급서부터 윌슨 대통령의 행정부에 이르기까지 온갖 사람을 책임자로 몰았다. 뉴욕 시는 범인체포에 필요한 제보에 1만 5천불의 상금을 내걸었으며, 모건은행을 위해 일한다는 번즈(Burns) 사설 형사팀은 그 상금을 5만불로 올렸다. 일요일 아침, 트리니티 성당에 예상 외로 많이 모인 신도들 앞에서 윌리엄 매닝(William Manning) 신부는 이렇게 강론했다. "음모를 꾸민 자들 말고도 우리가 상대해야 할 계층이 또 있습니다. 그들은 바로 지식인이라 자처하며 폭력을 반대한다는 말만 앞세워 자기의 안전만을 도모하려는 자들입니다." 거기 모인 신도들은 틀림없이 모두 고개를 끄덕이며 침울한 분위기로 공감을 표했을 것이다.

　미국 급진파 운동세력의 대변인은 돌아가는 사태가 심상치 않다고 느끼는 듯했다. 가장 막강한 급진파 조직인 '국제노동자협회' 뉴욕지부의 한 간사는 신속히 "수많은 사상자가 난 데 대해서는 안타깝게 생각하지만 우리는 그런 일 아니라도 다른 할 일이 너무 많다"는 성명을 발표해 이 사건과는 무관함을 밝혔다. 러시아어로 발간되는 「러스키 골로스」Russky Golos라는 신문은 폭발 후 며칠도 안 되어 이런 글을 실었다. "18세기에는 신(神)이 없다면 신을 하나 만들어내는 게 어떠냐는 얘기들을 하곤 했다. 20세기에는 폭발 음모가 없다면 그런 음모라도 한번 만들어 보자고 한다. 그리고 사실 그런 음모를 억지로 만들어내고 있다."

　정치적 색깔이 어떻든 그 폭발에 대해 칭찬받을 만한 대응을 보인 사람은 아무도 없었다. 그건 경찰들도 마찬가지여서, 지역경찰이나 연방경찰이나 처음 며칠 동안 한 일이라고는 고작 수많은 혐의자 명단만 내놓은 것이었는데, 이들은 대부분 외국인들로 확실한 알리바이가 있는 사람들이었다. 경찰은 우선 잘 알려진 사회주의운동 지도자인 칼로 트레스카(Carlo Tresca)를 심문했지만 아무 것도 얻어내지 못했다. 다음에는 러시아 출신의 알렉산더 브라일로프스키(Alexander Brailovsky)라는 사람이 용의선상에 올랐는데, 트로츠키와 레닌의 앞잡이로 알려진 그가 폭발 직후 파인 가(Pine Street)와 낫소 가(Nassau Street) 교차로에 서서 다른 세 사람과 이야기를 나누며 게다가 웃기까지 하고 있었다는 어떤 익명의 제보가 있었기 때문이다. 하지만 그는 그날 파인이나 낫소 근처에는 있지 않았다는 알리바이를 입증한 뒤 풀려났다. 얼마 뒤에는 브루클린 출신의 플로리안 젤렌스카(Florean Zelenska)가 체포되었는데, 그는 과격파 서적을 소지하고 있었으며, 허큘리즈 화약회사에서 일한 적도 있는 데다가 9월 16일 아침 불그스

름한 가방을 메고 11시경에 집에서 나갔다는 점이 주목을 끌었다. 하지만 목적지가 그의 일터인 옷 가게였으며, 가방 안에는 점심 도시락이 들어있던 것으로 밝혀졌다. 23일, FBI 국장 플린은 1주일 간의 수사를 정리해서 발표했다. "월가에서는 그 폭발사건이 단순한 사고라고 이야기하는 모양인데, 우리가 보기엔 당치도 않습니다. 우린 화약마차가 길을 잘못 들어섰던 거라는 따위의 소문에 흔들리거나 신경쓰지 않을 겁니다. 이건 분명히 범죄적인 폭력행위임이 틀림없습니다." 그는 잠시 숨을 쉬더니 이렇게 덧붙였다. "정부는 결코 잠을 안 잡니다. 멈출 수가 없죠."

VI

잠도 안 자고 참을성 있게 고생한 수사기관은 그 후 몇 달 동안 카루소니 아바토니 하는 수많은 용의자들을 불러들였으나, 그들 중 어느 누구에게서도 결정적인 증거를 발견하지는 못했다. 몇 가지 단서가 될 만한 것은 있었다. 월가에서 멀지 않은 뉴체임버 가에 가게를 둔 수의사가 찢어져 죽은 말의 발굽이 자기가 판 물건이라고 밝혔으나 사간 사람은 기억하지 못했고, 얼마 뒤엔 엘리자베스 가의 어떤 수의사가 자기가 그 말굽을 만들었으며, 그 말의 주인은 젊고 작은 키에 가슴이 두툼하고 콧수염이 난 시실리인이었는데 당시 무척 급한 일이 있는 것 같았다고 진술했다. 또 어떤 목격자는 폭발 직전에 마차를 보았는데, 그 마부는 유태인인 듯했으며, 마차에서 내려 서쪽 낫소 가 방향으로 황급히 가더니 재무부 부속 건물 뒤쪽으로 사라지더라고 증언했다. 유태인 상인이라는 또 다른 어떤 목격자는 이를 반박하여 그 마차를 몰던 사람은 억센 스코틀랜드 사투리를 썼다고 주장했다. 그 뒤로도 마차를 봤다는 목격자들이 줄줄이 나타나 마부는 어느 나라 사람이고, 종교는 뭐며, 폭발을 피해 사라진 건 어떤 식이었다고 떠들어댔다. 폭발 당시를 꽤 생생하게 묘사해낸 사람 중에는 월가의 지도급 인사도 하나 있었는데, 그는 웨스트 인디즈(West Indies) 무역상사의 사장이던 70대 노인 사무엘 웰링튼(Samuel Wellington)이었다. 그의 설명은 당시 월가에서 받아들여지고 있던 폭발범에 대한 일반적인 추측들을 잘 대변해주는 것이었다. 사건 후 4일 뒤 웰링튼 사장이 경찰에게 밝힌 바에 의하면, 그는 월가 37번지에서 나와 남쪽으로부터 모건 은행 건물의 동쪽 길로 들어서고 있었다. 그때 시각이 정확히 9월 16일 11시 58분이었던 것은, 그가 마침 보도에 올라서자마자 트리니티 성당의 시계를 쳐다보았기 때문이었다. 그때 그는 누군가가 "빨리 튀어, 도망가자!"라고 외치는 소리를 들었고, 곧바로 소리나는 쪽을 돌아보자 맨하탄 동부에서 많이 볼 수 있는 행상인 같은 두 남자가 월가와 윌리엄 가의 교차로에 서서는 누군가에게 주의를 환기시키고 있는 장면을 볼 수 있었다. 그 상대방은 약 60세 가량 되어 보이는 지방질의 남자로서 시금소 앞의 마차 곁에 서 있었다고 웰링튼 사장은 기억했다. 그 극적인 장면은 세 사람이 갑자기 윌리엄 가로 뛰어가더니 북쪽으로 사라지더라는 장면에서 절정에 달했고, 웰링튼 사장이 폭발로 기절해 버리면서 마치 각본에 없던 정전이 된 것처럼 꺼져 버렸다. 그 누구도 이 증언을 확증해 줄 수는 없었지만, 이는 월가에 필요한 바로 그런 증언이었으며, 그 장면을 목격한 뒤 바로 무의식에 빠져들었다는 점 때문에 더욱 신빙성 있게 들렸다. 어쨌거나 범인 색출에 도움이 될 만한 증언은 아니었다.

사실 며칠 간 꽤 그럴듯해 보였던 한 용의자는 시실리인도, 유태인도, 스코틀랜드인도, 뉴욕 시 동부의 행상도, 기름기 흐르는 자도 아닌 중산층의 앵글로색슨계 사람으로서 월가에 꽤 지위 높은 친구들도 갖고 있던 에드윈 피셔(Edwin Fischer)라는 자였다. 그는 42세의 나이로, 시립대학도 나오고, 뉴욕 법대도 다닌 바 있었으며, 세 번이나 뉴욕 시 단식선수권 대회에서 우승한 바 있던 테니스 선수였다. 그는 또 한두 번이나 정신병원을 드나든 전력을 가지고 있었으며, 무엇보다도 폭발이 일어나기 며칠 전 놀랄 정도로 매우 정확하게 그 폭발을 예견했었다. 폭발이 일어나기 2주 전 어느 날 아침, 피셔는 93번가와 암스테르담 가가 만나는 곳에 있던 맨하탄 서부 테니스 클럽에 나타나 관리인인 토마스 델레한티(Thomas Delehanty)와 이야기를 나누었는데, 늘 그렇듯이 잠시 짜증스럽게 월가에 대해 특히 JP 모건에 대해 비난을 퍼붓더니만 다음과 같은 묘한 말을 남겼다. "톰, 비밀이 하나 있는데 말야, 우린 15일날 월가를 폭파시킬 생각이야." 아니 어쩌면 나중에 델레한티가 증언했듯이, 그는 '우리는'이 아니라 '그들은'이라고 했는지도 모른다. 하여간 델레한티는 그 점에 대해서는 확실히 기억하지 못했다. 왜냐하면 델레한티가 보기에 그는 매력 있고, 아는 것도 많으며, 매너도 세련되었지만, 머리가 약간 돈 것 같아서 평소 그가 하는 말을 주의깊게 듣지는 않았기 때문이다. 그리고 1주일쯤 지나서인가 허드슨 지하철에 탔던 어떤 승객은 누가 테니스 라켓을 들고 갑자기 다가서더니 "16일까지는 월가에 얼씬도 말아. 6만 파운드나 되는 화약으로 월가를 날려 버린대"라고 말했었다는 증언을 했는데, 그 사람에 대한 묘사가 피셔의 모습과 일치했다. 이것이 피셔가 날짜를 정확히 맞춘 유일한 경우였는데, 하여간 그후로 폭발사건 때까지 1주일간 그는 계속 그 예언을 되풀이했으며, 시간까지도 꽤 비슷하게 맞추고 있었다. 9월 11일, 그는 토론토에서 월가의 중개인이자 친구인 조지 케틀레지(George Ketledge)에게 다음과 같은 엽서를 보냈다. "살 있었는가? 15일 수요일 3시에 종이 울리자마자 월가를 빠져 나와야 해. 행운을 비네. 에드로부터." 그는 13일에도 비슷한 내용의 엽서를 월가 근처에서 일하는 몇몇 사람들에게 보냈다. 엽서를 받은 사람들은 한달 전까지만 해도 같이 일하던 프랑스 영사관의 고등판무관 레온스 아르노드(Leonce Arnaud)와 피셔의 오랜 친구이자 잘 알려진 보험사업가인 셰파드 호만스(Sheppard Homans) 등이었다. 피셔는 이들에게 9월 15일 오후에 있을 월가의 폭발사고를 경고했으며, 아르노드한테는 자신의 경고에 대한 의심을 풀어주려는 듯 "허튼 소리인지도 몰라"라고 쓰기도 하고, 불길한 어조로 "내가 봐도 불만을 가질 만해"라고 덧붙이기도 했다. 하여간 이들 모두 델레한티나 마찬가지로 그의 말을 흘려들었다.

피셔가 묵으며 엽서를 썼던 토론토의 호텔에서는 그가 "백만장자들은 다 죽일 놈들이야"라고 중얼거리는 소리를 들은 사람도 있었다. 9월 14일에 피셔는 토론토를 떠나 나이아가라 폭포에 도착했고, 바로 폭발이 있던 16일 저녁에는 자기를 찾아온 처남 로버트 포우프(Robert Pope)와 만났다. 포우프는 폭탄에 관한 경고 따위는 전혀 모르고 있었고, 다만 호텔에서 그가 위협적인 말을 떠벌인다는 소식을 전해 듣고는 그가 다시 정신착란에 빠져들었다는 생각에 서둘러 그를 만나러 온 참이었다. 다음날 아침, 포우프는 폭탄에 대해 알게 되었는데, 피셔가 가르쳐주지 않아도 이미 신문 1면에 관련 기사가 대문짝만하게 실렸던 것이다. 어찌 되었든 그는 피셔를 온타리오 주 해밀튼으로 데려가서 그를 당국에 자수시켰다. 어떻게 폭발을 알게 되었냐는 질문에 피셔는 이렇게 대답했다. "나도 잘 몰라요. 하늘에서 날아왔나? 난 언제 무시무시한 일이 일어나는지를 알 수 있어요." 또 그는 월가를 국제적 죄악의 온상이라고 표현하기도 했다. 이상하게도, 정신적으로 말짱한 포우프조차 피셔가 초능력 같은 게 있다고 맞장구치며, 특히 정신이 오락가락할 때 더 잘 맞는다고 하기도 했다.

미국으로의 송환조치를 기다리는 동안 피셔는 해밀튼 감옥에 수감되었는데, 그곳에서 그는 명랑한 모범수였다고 한다. 다음 월요일인 20일에 당국은 그를 뉴욕까지 기차로 이송했는데, 그랜드 센트럴 역에 운집한 수많은 기자들 앞에서 그는 서슴없이 별난 언동을 보여 주었다. 누가 왜 그렇게 옷이 두툼해 보이냐고 묻자 그는 옷을 세 벌이나 입어서 그렇다며, 겉에는 따뜻하게 정장을 두 벌, 그리고 정장 안에는 기회만 있으면 언제든 경기에 임하기 위해 테니스복을 입고 다닌다고 대답했다. 그러고는 역내를 걸어가면서 누군가가 버린 담배꽁초를 세 가치나 주워 주머니에 넣으며 "담배는 안 피우지만 그냥 가지고 있으려구요"라고 너스레를 떨었다(물론 담배꽁초는 경찰이 곧 압수하여 어떤 숨겨진 전갈이라도 있었는지 정밀 수사했지만, 아무것도 발견되지 않았다). 피셔는 경찰에 의해 집중적으로 조사받고 병원에서 검진도 받았는데, 결론은 그가 폭발 사건과는 아무 상관도 없으며 다만 정신이 이상하다는 것이었다. 10월 2일, 그는 애미티빌(Amityville) 정신요양소에 이송되었다가, 두 달 뒤 멀쩡한 모습으로 퇴원했다. 월가에 관한 한 피셔의 일화는 그의 친구 호만스가 남긴 다음과 같은 말로 마무리 지을 수 있다. "피셔와 한 10분 이야기 해보면 그 어떤 음모꾼이라도 그를 음모에 동참시킬 마음은 안 생길 게 분명하죠." 물론 집요하게 계속된 그의 경고가 거의 정확히 맞아떨어졌다는 알 수 없는 우연의 일치 때문에 당시 많은 사람들이 미심쩍어 했으며, 훗날엔 확률 이론가들도 고개를 설레설레 흔들었지만.

피셔는 이 사건과 연루가 되었든 아니든 분명히 정신이상자였다. 하지만 폭탄 우편을 보내던 무정부주의자들 때문에, 아니 좀더 심각하게는 폭탄 위협 그 자체가 자유기업 체제를 해친다는 걱정 때문에 그 폭발을 단순사고로 인정하지 않으려던 많은 사람들도 비논리적이기는 마찬가지였다. 그런 사람들은 경찰이 피셔의 무죄를 밝혀서가 아니라 피셔 같은 정신이상자가 그런 일에 연루되었겠느냐는 생각에 자신들의 편견에 더 맞는 과격파의 음모론을 정설로 받아들이는 사람들이었다. 결국 그들은 피셔보다 나을 것 없는 그런 비논리적인 사람들이었다. 게다가 그들의 이런 자세는 전투에 임하는 분위기를 자아냄으로써 그들이 가진 이해관계를 확고한 신념의 틀로 승화시키는 결과를 낳게 되었다. 그 후 수개월 동안 금융가의 주요 인물들은 대중 앞에 나설 때면 경비원을 대동했으며, 증권거래소에서도 입을 꽉 다문 채 근엄한 모습을 보였고, 중개인들은 점심시간이면 대의를 위해 목숨을 내놓았던 역전의 용사라도 된 듯이 폭발 당시의 경험을 늘어놓곤 했다. 종이 조각을 돈으로 사고 파는 월가 고유의 일은 이제 단순히 생계를 위한 직업이 아니라 조국의 적들을 타도하기 위한 성전의 모습을 띠어갔고, 도덕적인 행위가 되어갔다. 따라서 월가는 자신들이 이익을 내기 위해서뿐만 아니라 뭔가 정의를 위해서 일을 하는 듯한, 위험하면서도 삼삼한 기분을 느끼며 새로운 1920년대를 맞이하고 있었다.

VII

10년이 넘도록 지방경찰과 연방경찰은 다각적이고도 장기간에 걸친 수사를 펼쳤다. 그들은 4천 여 곳이나 되는 대서양 연안의 마구간을 방문 수사해 죽은 말의 소유자를 찾고자 노력했으며, 말발굽에 관한 정보를 얻기 위해 시카고 동쪽에 위치한 모든 대장장이를 방문하기도 했고, 심지어는 대장장이 물류 잡지의 편집자들까지도 조사 대상에 포함시켰다. 또한 내리닫이 창의 추 제조업체나 상인들도 모두 조사하여 쇳조각들의 출처를 알아내려 애썼다. 하나같이 성과가 없었던 이런 모든 노력들은 때때로 범죄를 인정해 잠시 경찰들을 긴장시켰다가는 곧 근거없는 것으로 밝혀지곤 하던 자들 때문에 웃음거리가 되었다. 그런 자들 중 한때 번즈 사설형사팀 직원이기도 했다던 어떤 불평분자는 자기가 범죄에 연루되었다고 했다가 곧 확실한 알리바이를 대며 아니라고 우겨 자신의 전 직장을 혼란에 빠뜨리기도 했다. 1924년에 나타나 자기가 한 짓이라고 자백했던 어떤 자는 알고보니 사건 당시에 멀리 떨어진 교도소에 수감되어 있던 자이기도 했다. 1930년대 후반이 되어서도 뉴욕의 경찰국장은 때때로 젊고 똑똑한 형사에게 이 사건을 맡겨, 혹 새로운 눈으로 보면 뭔가 찾아낼 수 있지 않을까 하는 기대를 가지기도 했다. 그러나 이 사건은 오리무중이었다. 그때즈음이면 이미 해결은 불가능했고, 게다가 월가는 해결해야 할 다른 문제들이 산더미처럼 쌓여 있었다.

　이 책에서 다루게 될 20년에 걸친 기간 내내 이 폭발 사건은 매우 눈에 잘 띄는 극적인 기념비를 남겼다. 그 기념비는 다름아닌 월가 23번지 모건은행 건물의 북쪽 면에 고스란히 남아있는 폭발 흔적이었다. 울퉁불퉁하여 눈에 금방 띄고, 여기저기 1인치씩이나 움푹 패어 마치 달의 분화구를 연상케 하는 이 흔적들은 그 건물 동쪽 끝에서 두 번째로 난 창문 바로 밑에 집중적으로 모여 있었다. 그 흔적이 생긴 배경을 설명해 주는 아무런 팻말도 없었지만, 굳이 팻말이 있을 필요도 없었다. 그 앞에 서서 그걸 쳐다보는 구경꾼들도 있었지만, 사람들은 말로만 듣던 걸 처음 보며 신기해 하는 관광객 대하듯 그저 씩 웃으며 그들 곁을 지나치곤 했다. 왜 그 흔적을 없애지 않았는지는 분명하지 않다. 다른 많은 경우에도 그랬듯이 이번에도 모건은행은 공식적인 언급을 회피했다. 1930년대가 되자, 그 흔적 때문에 모건은행이 옛날 전쟁터에서 받은 훈장을 아직 뽐내는 고루한 퇴역장성처럼 되어버렸다고 말하는 이들도 있었다. 하지만 그 얘기만 나오면 모건은행 사람들은 자연스럽게 놓아두는 게 뭐가 어떠냐고 응답했으며, 어떤 나이든 파트너는 이렇게 말하기도 했다. "괜히 순교자 같은 기분을 내려고 남겨둔 건 아닙니다. 뭐 어때요? 사실 그 큰 건물의 벽을 다시 고치는 것도 보통 일은 아닐 게고 돈도 쓸데없이 많이 들 겁니다. 뿐만 아니라, 그 흔적들은 거기 그냥 남겨두는 게 올바르고 정당한 일입니다."

올바른 일이든 아니든, 그 흔적들은 월가에 영웅적인 순교정신을 일깨워 주었고, 뭔가 대단한 일의 중심에 서 있다는 그런 기분을 주는 데 일조했다. 실은 오늘날까지도 월가는 그렇다.

주가 조작

I

"어떤 면에서 금융가의 투쟁은 전쟁보다 더 격렬하고 무자비하다. 왜냐하면 전쟁에서는 적어도 누가 아군이고 누가 적군인지는 알기 때문이다." 이 말은 1932년, 월가에 아는 사람이 많은 필라델피아의 변호사 윙켈만(B. F. Winkelman)이 1920년대의 주식시장을 돌이켜보며 한 말이다. 월가에 발을 들여놓은 지 얼마 안 되는 몇몇 지방 출신들은 챙 넓은 모자나 두 가지 색을 띤 신발 등의 겉모양으로 쉽게 알아볼 수 있었으나, 월가의 전사들은 언제 어느 부대 어느 특별 팀에 소속되어 있든 항상 거의 비슷한 복장을 하고 있었다. 그리고 그들의 싸움은 한때의 우군이 어느새 배반자가 되어 있을 때 가장 냉혹하고 인정사정 볼 것 없었다. 1920년대는 과도기였다. 나라 전체로도 그랬고, 월가도 그랬으며, 영향력 있는 개인부터 기관들까지 모두 변해가던 그런 시기였다. JP 모건 같은 막강한 은행가나 그의 핵심 파트너들은 아직도 그들의 대출 여부에 따라 기업들의 생사를 좌우할 수 있는 위치에 있었으며, 유명한 강세장 전문가인 듀란트(William Durant)나 유명한 약

시장 전문가 제시 리버모어(Jesse Livermore) 같은 사람들은 그들이 활발하게 움직인다는 소문만으로도 주식시장 전체를 크게 흔들어 놓곤 했다. 하지만 기관들도 무섭게 따라오고 있었다. 월가에서 그 세력과 입지를 키워가며 미국 금융시장의 중심이라 할 수 있는 모건은행을 따라잡으려는 그런 기관은 바로 뉴욕의 증권거래소였다.

사실 1920년대, 갑자기 힘이 커진 증권거래소는 본연의 임무를 원만하게 수행해 나가지도 못하는 상태에서 전무후무하리만큼 심한 자아도취 증세를 보이며 거만한 기분에 빠져 있었다. 거래소의 운영은 아무런 공적 규제 없이 스스로 세운 내부규칙에만 의거하고 있었는데, 그마저도 아무 때고 자기들 편의에 따라 바꿀 수 있었다. 간혹 규정에 의거해 사람들을 처벌하기도 했지만, 그때마다 외부인들에게는 어처구니없는 이유를 대며 아무렇게나 그 경과를 발표하곤 했다. 거래소의 주축 인물들은 훗날 비대해진 대기업들의 최고 운영자들처럼 상대적으로 얼굴이 안 알려져 있었으며, 거래소라는 울타리 안에서 힘과 용기를 얻은 그래서 아마 최초로 조직이 낳은 인간들이라고 불릴 만한 그런 인물들이었다. 이들은 초창기의 조직인들이었으며, 훗날의 조직인들만큼이나 강인하고 공격적이면서도 그들보다 더 개인적인 매력이 있었고, 자기고집도 더 강했으며, 친구들과 어울릴 줄은 알면서도 아무에게나 사근사근하지는 않았다. 또 이들은 사회적 책임의식 같은 건 없는 솔직한 개인주의자들로서, 스스로 인정하듯 남들도 자신들을 신사로 평가해 주기를 원했으며, 대체로 성공배경이 비슷했다. 1920년대 후반, 거래소의 주요 위원회에는 자수 성가한 사람들도 있었고, 지식인들도 있었으며, 서부 출신은 물론 심지어 유태인들도 있었다. 하지만 이들은 모두 그 뿌리를 옛 미국 동부지역에 둔, 품위 있는 배경에서 자라난 그런 인물들이었다. 그들은 뉴잉글랜드 (New England : 미국 동북부 지역 6주의 총칭. 즉 메인, 뉴 햄프셔, 버몬트,

매사추세츠, 로드 아일랜드, 코네티컷을 가리킨다. 이곳들은 초기 정착인들이 유럽에서 건너와 식민지를 개척한 곳이며, 청교도인들의 문화와 전통이 강하게 남아있는 지역이다—옮긴이) 지역의 최고 고등학교를 다니며 세련된 매너를 배우고 운동을 즐기며 좋은 친구들을 사귀었다. 이들은 대학진학을 원하지 않았는데, 월가에 진출하기 위해 대학졸업장이 필요한 게 아니었던 당시로서는 대학진학이 괜한 시간낭비로 여겨졌기 때문이었다. 이들은 겉으로 드러나게 똑똑한 부류는 아니었지만 그래도 꽤 영리한 사람들이었고, 주로 도심지의 사설클럽(private club) 주위에서 맴도는 더할 나위 없이 확실한 속물들이었다. 이들은 예술이나 문학, 음악이나 역사, 또는 세계의 관심사 등에는 놀라운 정도로 문외한이었으며, 그저 일만 즐기는 경제적인 친구들이었다. 이들은 한 점의 부끄럼도 없이 돈에만 집착했고 그걸 숨기려 하지도 않았다. 이들에게는 돈을 더 많이 벌고 사회적으로 더 높은 지위를 얻는 것 외의 다른 야망은 전혀 없었다. 물론 정치적 성향은 보수 반동적이었으며, 정부에 이런저런 요구는 했지만 정부에 참여할 생각은 전혀 없었다 (물론 그런 야심을 가진 부류도 있긴 했지만). 무엇보다 이들은 멋쟁이였으며, 고의로 그런 경우가 아니라면 예의를 벗어나는 일은 하지 않았다. 이들은 변호사들을 위시한 월가의 지식층에게는 멸시를 받곤 했지만, 이런 지식인들과는 달리 새로 월가에 모여들기 시작한 식구들, 즉 시골 벽지에서 오거나 도심 아일랜드(Ireland) 구역의 빈민가에서 온 젊은이들에게는 선망의 대상이 되었다. 그들은 이들의 점잖은 매너를 배우고 싶어했으며, 종종 실제로 도움을 받기도 했다. 이들은 미국사회에서 무언가를 해낼 인물들이었다. 특권층이라고 할 수는 없었지만, 민주주의적인 상류층이라고나 할까?

증권거래소는 이들의 잘난 체 하는 분위기와 이들 상호간의 냉정함이 뒤섞인 그런 철옹성이었지만, 그렇다고 난공불락의 요새는 아니었다. 과거에는 극적인 금융분쟁이 사람과 사람 사이에 일어나는 갈등이었다면, 훗날엔 주로 경제주체와 정부간의 알력으로 바뀔 것이었고, 1920년에는 그런 분쟁이 사람과 기관 사이에 벌어지고 있었다.

그 해 증권거래소에 외롭고 무모하게 도전한 사람은 그 회원 중의 하나였던 알란 라이언(Allan Ryan)이었다. 그의 부친인 토마스 포춘 라이언(Thomas Fortune Ryan)은 버지니아 촌구석의 가난한 스코틀랜드계 아일랜드인 부모 밑에서 태어났다. 그는 볼티모어에서 포목상점을 하다 뉴욕으로 올라와 증권회사의 점원으로 출발, 1880년대 중반에는 사업가 윌리엄 위트니(William Whitney) 밑에서 일하기도 했으며, 한때 그의 사업에 파트너로 동참하기도 했었다. 그러나 그는 이제 몇 명 남지 않은 사라져가는 세대의 사람이었다. 윌리엄 위트니는 그를 미국에서 가장 재치있고 부드러우며 소리 소문 없이 일하는 그런 사람이라고 평했다. 토마스 라이언과 윌리엄 위트니는 말 운송용 화차에서 시작, 뉴욕 시의 대중 교통수단을 하나 둘씩 인수하여, 1904년 위트니가 죽을 당시에는 명의상의 증자(stock-watering)나 독점권 매입 등의 방법으로 '인터보로 급행운송사' (Interborough Rapid Transit Co.)를 사들여 뉴욕 시의 전체 운송수단을 장악했다. 역사기고가인 매튜 존슨(Matthew Johnson)은 나중에 그를 가리켜 "광란의 금융역사상 가장 신속하게 가장 많은 재산을 축적한 사람"이라고 평했다. 1886년만 해도 땡전 한 푼 없던 라이언이 1905년에는 자신의 대변인에 의한 추측만으로도 5천만불의 거부가 되어 있었다. 부드럽고 소리 소문 없는 사람이라 기자들에게도 좀처럼 모습을 드러내지 않았던 라이언은 평생 딱 두 번 기자들과 만났는데, 그 두 번 역시 공식적인 성명서를 간단히 발표하는 자리였다. 그래도 언론은 그를 경외하는 어조로 "찬스에 강한 대단한 기회주의자"라고 묘사했다. 그는 은행, 담배, 철도, 보험, 다이아몬드, 기름, 고무, 석탄, 전기, 타이프라이터까지 사업을 확장해갔으며, 재산을 1억불 이상으로 불렸고, 그 결과 1924년에는 미국에서 열번째 가는 개인소득세 납세자(791,851불)가 되기도 했다. 또한 그는 민주당 및 천주교의 주요 후원자로서, 5번가에 개인성당을 갖춘 대저택을 지었는가 하면 자신의 흉상만 전문적으로 만드는 미술관을 세우기도 했는데, 그 가운데는 로댕이 만든 작품도 세 개나 있었다.

II

이 고전적인 자본주의 약탈자의 아들은 좀 색다른 사람이었다. 그는 몸도 허약했고, 도덕적인 면에도 신경을 썼으며, 기자들과도 잘 떠들어대는 사람이었으나, 부친에게서 불굴의 의지와 자립정신 그리고 무엇보다도 금전적인 조작에 대한 소질을 물려받았다. 아버지와 달리 그는 사립학교 및 조지타운대학 등에서 훌륭한 정식교육을 받았고, 부친의 주선으로 복잡한 금융기법에 대해서도 따로 배울 기회가 있었다. 1915년, 라이언은 아들 알란이 35세가 되자 자신의 증권거래소 회원권을 넘겨주었다. 그리고 3년 뒤 젊은 알란 라이언은 부친 못지않은 대단한 스승을 만나게 되는데, 그는 바로 미국 철강(U. S. Steel)의 유명한 초대 회장이자 훗날 베들레헴 철강(Bethlehem Steel)의 사장이기도 했던 찰스 슈왑(Charles Schwab)이었다. 먼 훗날 슈왑은 이렇게 말했다. "토마스 라이언과 나는 오랜 친구였습니다. 그는 사업에서 은퇴할 당시에 아들 알란을 데려오더니 그 아이가 자신의 희망이라며 내게 지도를 부탁했었죠. 그 이후부터 저는 그 아이를 놀봐수게 되었습니다." 슈왑의 지도편달에 힘입고, 또 자신의 밑천 및 부친의 막대한 재산을 배경으로 라이언과 그가 창업한 라이언 증권회사는 월가에서 만만치 않은 세력으로 부상했다. 경제에 대해서 낙관적인 전망을 갖고 있던 알란은 강력하고 솜씨 좋은 강세장 전문가로 알려지기 시작했으며, 특히 대주(貸株)꾼들(주식을 빌려다가 팔고는 나중에 싸게 되사려는 약세장 전문가들)을 곤경에 빠뜨리는 데 능수능란하면서도 인정사정 없는 기술을 발휘했다. 거래소의 거래량이 그 어느때보다도 컸던 1919년의 대 강세장에서 그는 가장 강력한 매집 세력으로 부상했으며, 그가 사고 있다는 소문만으로도 주가가 올랐다. 한번은 어떤 은행가와 같이 걸으며 자기 재산이 3천만불이나 된다고 흘리기도 한 알란은 석유, 섬유, 화학, 사탕, 제조장비 등 여러 산업에 손을 댔는데, 그 중에서도 가장 큰 투자대상은 유명한 베어캣(Bearcat)라는 차를 생산하던 스투츠(Stutz) 자동차 회사였다. 알란은 이 회사의 지배권을 가질 정도로 주식을 사 모으더니 1916년에는 마침내 회사의 사장이 되었다.

　　1920년 초, 채 40도 안 된 나이의 알란은 눈에 띄는 콧수염과, 뭔가를 탐색하려는 듯하면서도 연민에 찬 눈빛을 가진 다소 딱딱한 사람이었다. 그는 부인과 아이들과 함께 머리 힐(Murray Hill)에 있는 대저택에 살고 있었으며, 경마를 즐기는 것 이외엔 보수적인 금융인다운 생활을 하고 있다고 알려졌다. 그의 스투츠 회사는 수많은 종류의 비슷한 차들이 쏟아져 나오던 그 치열한 경쟁 속에서도 잘 운영되고 있었다. 회사의 주력상품인 베어캣트는 사람이 거의 바퀴 축 위에 누워 있어야 할 만큼 납작하고 매끄러운 차로, 곧 너구리가죽 코트나 휴대용 보온병 못지않게 젊은이들에게 인기를 끌게 될 스포츠카였다. 스투츠사는 이외에도 본네트가 길고 값은 비싸지만 점잖아 보이는 가족용 승용차도 생산했는데, 이 차의 광고 슬로건은 "길 위에 이보다 나은 차는 없다"였다. 라이언은 1920년 스투츠 회사의 순이익을 대략 5백만불쯤으로 내다보았다. 전반적으로 보아 라이언의 인생은 중단없는 성공의 연속이었지만, 아버지와의 단 한 번의 쓰디쓴 다툼은 계속 그에게 오점으로 남아 있었다. 1917년 10월, 토마스 라이언은 알란을 낳은 부인이 죽자 2주도 채 안 되어 재혼을 했는데, 월가와 상류사회에 떠도는 뒷이야기에 의하면, 바로 이 일 때문에 부자 사이가 틀어졌다고 한다. 물론 아버지고 아들이고 긍정도 부정도 하지 않았지만, 1920년 초에는 적어도 둘이 서로 말도 하지 않는 사이라는 것만은 분명한 사실이었다.

그 해 1월, 회사 공장 시찰차 인디아나폴리스에 가던 중 라이언은 독감에 걸려 2주 간 병원신세를 졌다. 그는 오래 전부터 호흡기가 약해 그의 아버지는 그가 어릴 때 혹시 폐렴이 있는가 해서 덴버의 요양소에 보낸 적도 있었으며, 한때는 치료가 안 된다며 낙담하기도 했었다. 그 당시에도 여러 차례에 걸쳐 친구들은 그에게 사업에서 손을 떼거나 아니면 열광적인 주식투기만이라도 그만두라고 충고했다. 하지만 그는 몸이 약해질수록, 주위에서 뭐라고 하면 할수록 더욱 일에 빠져들었다. 그는 뉴욕에 돌아오자마자 독감으로 인한 폐렴 때문에 고생하면서도 2월 한 달 동안 사태가 심상치 않게 돌아가고 있다는 걸 느꼈다. 연초에 100불 하던 스투츠 주가가 1월 내내 꾸준히 오르더니, 2월 2일엔 120불에서 급상승해 134불까지 뛰었는데, 바로 이때 라이언은 주가가 너무 많이 올랐다고 여긴 투기꾼들이 조직적인 공매도를 시작한다는 이야기를 듣게 되었다. 나중에 알려진 일이지만 이 '매도공략'(Bear Raid)의 공략자들 중에는 증권거래소의 유력한 회원들도 포함되어 있었다. 이들은 모두 라이언과는 가깝다고 볼 수 없는 사람들로, 가끔 거래소의 점심식당이나 시장부(floor)에서 만나면 가벼운 농담 정도나 주고받는 그런 관계였다. 그늘은 스투츠 주식을 팔아버리는 과정에서 자칫 회사를 망가뜨리거나 라이언에게 큰 재산 손해를 끼칠 수도 있었다. 아니면 반대로 그들 자신이 큰 손해를 입을 수도 있었다. 어쨌든 어느 경우에나 적대자들은 서로 좋게 지내며 싸움중이든 그 이후든 항상 농담도 하고 장난도 치는 게 보통이었다. 그게 바로 규칙이었으니까.

라이언은 경험상으로나 기질상으로 매도공략을 맞상대하여 분쇄할 만한 최적의 인물이었다. 병상에서 일어난 그는 월가로 돌아가 그의 싸움을 시작했다. 그는 매도로 나온 모든 스투츠 주식을 값을 올리며 사들여 공매도꾼들을 점진적으로 꽉 조여가겠다는 작전을 세웠다. 물론 이들은 주식을 빌려서 팔았기 때문에 빌린 주식을 다시 채워넣기 위해 결국엔 그 주식을 다시 사들여야만 하는 입장이었다. 라이언은 작전을 실행하기 위해 엄청난 현금이 필요했으며, 따라서 개인이나 은행에서 큰 돈을 빌려야만 했다. 이런 차입의 담보는 라이언 자신 및 가족의 재산이었는데, 1921년 체이스 내셔널(Chase National) 은행의 행장(1920년 당시에는 부행장)은 월가 기자 클라렌스 배론(Clarence Barron)에게 "맡긴 물건이 부인의 모피든 뭐든 그에게 150만불 이상 빌려준 적은 없어요"라고 말하기도 했다.

라이언은 처음엔 실패했다. 대주꾼들이 얼마나 무지막지하게 팔아댔던지 백방으로 뛰어다니며 노력했지만 좀처럼 하락세를 막아낼 수 없었다. 3월 초가 되자 스투츠의 주가는 다시 100불 가까이로 하락했다. 하지만 시간이 지나면서 라이언의 작전은 효력을 나타내기 시작했다. 3월 24일 오전장, 스투츠의 주가는 245불을 기록했는데, 그날 마감 때는 282불을 기록했고, 1주일 뒤엔 무려 391불로 수직 상승했다. 이렇게 주가가 놀라운 점프를 하는 사이 라이언과 그의 회사 및 그의 가족들을 제외한 모든 스투츠의 주주들이 주식을 팔아 이익을 남겼는데, 그런 매물들은 주문이 나가자마자 라이언이 다 채갔다. 한편 부풀어 난 스투츠의 가격은 대주꾼들에겐 더할 나위 없는 좋은 기회로 여겨져 그들의 세력도 불어났으며, 라이언은 이들의 물량도 다 받아주었다. 3월 말, 이들은 라이언에게 스투츠 주식을 대여받아 그 주식을 라이언에게 다시 파는 형국이 되었다. 라이언 외에는 그 주식을 소유한 사람이 따로 없었기 때문이다. 승리에 대한 확신이 선 라이언은 기쁜 마음으로 주식을 빌려주고는 그 주식을 다시 사들였다. 그리고 3월 말, 주가가 391불로 마감하며 그의 승리를 알려주는 듯했다. 이젠 대주꾼들이 라이언을 너무 과소평가했음이 분명히 드러났다. 그들은 모두 힘이 딸렸으며, 그들에게 남은 선택은 라이언에게 빌린 주식을 갚기 위해 그가 부르는 값으로 주식을 다시 사서 엄청난 손실을 보든가 아니면 직업상의 불명예를 당하며 계약위반으로 형무소에 가든가 둘 중 하나였다. 이제 몸도 훨씬 좋아진 라이언은 월가에서 흔히 매점(Corner)이라고 부르는 그런 작전에 성공한 것이었다.

3월 31일, 이런 상황에서 정말 묘한 일이 일어났다. 그 당시에 주식을 대여해줄 수 있는 사람은 라이언뿐이었으므로 사실 라이언은 대주꾼들이 대부분 누구인지, 즉 그들이 바로 자신처럼 거래소의 회원이라는 것을 잘 알고 있었다. 3월 31일 아침, 그는 스투츠 주가의 과도한 변동에 대해 설명을 해달라는 요청을 받고 거래소의 윤리위원회(Business Conduct Committee)에 출석했다. 이 자리에서 그는 바로 자기 앞에 앉아 있는 대주꾼들 가운데 일부인 몇몇 위원들에게 똑같은 질문을 던질 수도 있었다. 하지만 그 자리에서 그는 스투츠 주식의 공급부족은 자신과 자신의 가족이 주식을 전부 가지고 있기 때문이며, 게다가 서류상의 잘못으로 사실상 발행된 주식 수보다 더 많이 보유하고 있는 것처럼 되어 있다고 증언하는 데 그쳤다. 그리고 대주꾼들과 정산할 조건을 제시했는데, 물론 이때 그들 중 일부가 바로 자기 앞에 앉아 있는 사람들이라는 티는 전혀 내지 않았다. 그의 소신은 주낭 750불에 주식을 팔겠다는 것이었다.

그 자리에 있던 대주꾼들은 라이언의 제안에 얼굴이 하얗게 질릴 지경이었다. 이 가격이면 주당 적게는 350불에서 많게는 650불까지 손해를 보게 될 것인데, 그 가운데는 수백 주 이상 대주친 사람도 있었기 때문이다. 아무튼 라이언에게는 그럴 권리가 있었으며, 대주꾼들은 스스로 자기 무덤을 판 셈이었다. 게다가 매점에 성공한 사람은 이론적으로는 무한대로 값을 부를 수 있었으므로 아무 숫자라도 정해주기만 하면 그건 바겐세일 가격이라 할 만했다. 성공적인 매도공략의 결과가 회사 및 주주들의 파멸을 가져오듯, 성공적인 매도방어의 결과는 바로 이런 매점이었으며, 패배자에게 남은 일은 자비를 호소하는 것뿐이었다. 그 어느 경우에나 바람직한 건 아니지만 그 당시 거래소 규정에 의하면 그 둘 다 불가능한 건 아니었다. 1901년의 북태평양 철도(Northern Pacific Railroad)에 대한 매점의 경우에도 그랬듯이, 과거에도 매점은 상당한 사회적 문제를 일으켰지만 언제나 패배한 대주꾼들이 승자가 제시한 가격에 정산하는 것으로 결말이 났고, 이에 대해 거래소가 개입한 적은 없었다. 금융가의 전쟁에는 잔인성을 줄이기 위한 제네바 협약 같은 제도적 장치가 없었던 것이다. 그러나 이번의 경우 피정복자들은 자비를 호소할 마음이 없음을 곧 보여주었는데, 바로 그날 오후 윤리위원회는 규정위원회(Law Committee)의 지지를 배경으로 마치 곤경에 빠져 있는 사람이 자신들이 아니라 라이언인 것처럼 역공세를 펴기 시작했다. 즉 이러저러한 이유로 스투츠 주식을 거래소에서 상장 폐지시키겠다고 으름장을 놓았던 것이다. 이렇게 되면 편리하게 거래할 시장이 없어진다는 치명적인 타격을 받게 됨을 알면서도, 라이언은 만일 그렇게 된다면 정산가격이 750불이 아니라 1,000불이 될 거라고 응수했다. 이런 위협적인 말들이 오고간 후에 위원회는 종료했으며, 두 위원회는 회의의 결과를 최종 상부기구인 집행위원회(Governing Committee)에 보고했다. 회의가 끝나고 그날 거래가 끝날 때까지의 30분 사이에 심상치 않은 일이 또 터졌다. 대주꾼의 일부로 이번 일에 연루된 거래소 회원 몇몇이 라이언에 의해 매점된 걸 잘 알고도 그에게 주식을 더 빌려가 추가로 대주를 침으로써 더욱더 매점되는 실수를 범했던 것이다. 하지만 이런 자살행위는 장 종료 직후에 집행위원회가 스투츠 주식의 거래를 무기한 즉각 정지하기로 의결한 것이 알려지면서 조금은 덜 멍청해 보였다. 어떤 기자가 거래소의 관행이나 규정상 이건 말이 안 된다고 하자 거래소 대변인은 우쭐하여 대답했다. "거래소는 뭐든지 할 수 있어요."

III

이리하여 거대한 부채를 부담스럽게 안고 있던 상황에서 쉽게 거래할 수 있는 시장마저 빼앗긴 라이언 역시 막다른 골목으로 내몰리게 되었지만, 아직 그는 매점에 성공한 위치에 있었다. 라이언이 자기가 빌려준 주식의 상환을 요구하면 대주꾼들은 무슨 수를 쓰든 곧바로 그 주식을 내놓아야만 했다. 게다가 이제 그가 유일한 주주였던 스투츠 자동차회사는 아직 베어캣 같은 도로상에 더 나은 경쟁제품이 없는 차들을 만들어내며 영업이익도 많이 내고 있었다. 법률자문도 받고 작전도 수립하느라 라이언은 며칠 동안 집에 틀어박혀 있었는데, 그 사이에 이제 스투츠 주식 얘기는 월가의 주요한, 아니 거의 유일한 화제가 되어 있었다. 사람들의 관심은 과연 대주꾼들이 누구냐는 데 있었다. 어떤 사람들은 증거도 없이 알란 라이언의 부친 토마스 라이언도 그 중의 한 사람이며, 아들의 파멸을 유도함으로써 둘 사이의 갈등을 해결하려 한다고 떠들어대기도 했다. 또 어떤 사람들은 그 주역이 슈왑이라고도 했는데, 적어도 이 주장은 며칠 뒤 라이언이 아무 잡음 없이 슈왑이 경영하는 베들레헴 철강의 임원에 재임명되자 곧 일축되었다(훗날 슈왑은 어느 만찬에서 자기가 스투츠 회사에 대해 아무렇지도 않게 한두 마디 떠든 험담이 어떤 입 가벼운 여자를 통해 라이언에게 전해지며 둘 사이가 약간 어색해졌던 적은 있으나, 그렇다고 자신이 스투츠 주식을 대주칠 정도는 아니었으며 오히려 자신은 라이언에게 스투츠 주가 방어를 위해 1백만불 가량을 빌려준 적도 있다고 회고했다). 또 다른 설에 의하면 이 모든 게 금융가의 거물들 사이에 가끔 있는 사냥놀이 같은 사소한 5만불짜리 내기에서 시작되었다고 했다. 거래소의 대변인은 라이언이 주식을 개인적으로 빌려간 사람들의 이름을 밝히지 않는 월가의 비밀규정을 지키리라 확신하며 황당한 얘기를 사실인 양 떠들어대기도 했다. 즉 얼굴색 하나 바꾸지 않고 대부분의 대주꾼들이 지방에 사는 중산층 투자가들이라고 발표했던 것이다. 전쟁이 끝난 후 2년 사이에 이제 막 주식시장에 대해 알게 된 미국의 중산층 아줌마와 아저씨들이 어느새 대주 같은 복잡한 기법을 배워 마치 전문적인 증권투자가들처럼 행세할 수 있었을까? 그의 주장은 좀처럼 믿기 힘들어 아무도 반응을 보이지 않았다.

    4월 5일, 거래소는 규정위원회를 통해 라이언과의 계약이 무효라고 선언했다. "거래소는 스투츠 주식을 취득하지 못해 생기는 주식반환 불능 상태를 계약위반이라고 보지 않습니다"라고 한 위원회의 발표는 그 단 한마디로 거래소의 기초가 되는 원칙을 백지화했는데, 거래소는 이에 그치지 않고 라이언이 이 조치를 받아들이지 않는다면 법정에 가는 수밖에 없을 거라고까지 덧붙였다. 그래봐야 소용 없을 거라는 걸 강조하듯, 어떤 거래소 회원은 지난 128년 간의 역사 중 거래소의 판결이 법정에서 뒤집어진 예는 딱 두 번밖에 없었다는 이야기도 언론에 흘렸다. 물론 그들이 제시한 식으로는 아니었지만 라이언은 이런 도전을 기꺼이 받아들였다. 그 다음날 거래소 이사들에게 상대방 못지 않은 거만한 논조로 최후통첩을 보냈던 것이다. 아마 일부러 그랬겠지만 그는 쾌활한 목소리로 그 전날 거래소의 제안을 무시하며 자신의 주식대차 계약이 유효하다는 전제하에 정산조건을 제시했는데, 무엇보다도 자기가 일일이 대주꾼들과 상대하지 않게끔 거래소가 대주친 회원들을 대변하여 자신과 협상해 줄 것과 주식을 곧바로 재상장시킬 것을 요구했다. 거래소는 이에 대해 굳이 응답하지 않았다.

이제는 라이언이 파멸하든가 아니면 거래소가 자신의 얼굴에 먹칠을 하게 되든가 둘 중 하나였다. 따라서 변호사들이 나설 차례였다. '도스 파소스 형제(Dos Passos Brothers) 법률사무소'는 거래소 제반 관련규정의 전문가였는데, 애매한 근거를 대며 라이언의 계약이 아마 이행되기 힘들 것이라는 견해를 내놓았다. 대주꾼들을 변호하기 위한 보호위원회(Protective Committee)가 구성되고, 법률자문을 위해 찰스 휴즈(Charles Hughes)가 고용되었는데, 그는 4년 전에 간발의 차로 대통령 선거에서 떨어졌던 인물이었다. 라이언은 '스탠치필드와 레비(Stanchfield & Levy) 법률사무소'라는 상대적으로 덜 알려진 변호사 회사를 택했다. 4월 9일, 보호위원회의 의장인 찰스 모르스(Charles Morse)는 "우리는 주식 반환 계약이 무효라고 주장합니다. 여름 내내 걸리더라도 이 입장을 고수하여 싸울 생각입니다"라고 발표했다. 이에 대해 사흘 뒤 라이언은 모르스보다는 도전적인 언사를 자제하면서 "싸움은 아직 시작하지도 않았다"라고 맞섰다. 이제 이 분쟁은 금융가의 연예가 중계 소식이 되었다. 사람들은 증권회사의 시세 표시기(ticker)로 발표되는 소식들을 통해 누가 마지막으로 무슨 말을 했나 관심을 가지며 자기 입맛에 따라 환호하거나 박수를 치기도 하고, 아니면 야유를 퍼붓기도 했다. 사실 스투츠 사건은 하나의 고도의 드라마였다. 근저에서 쉽게 볼 수 있는 중개인 이상의 내단한 인물이 아니었던 라이언은 어느새 미국 내에서 가장 강력한 금융기관에 단신으로 도전하는 개혁주의자 또는 영웅의 위치에 올라서 있었다.

4월 13일, 라이언은 전면전을 감행했다. 정오 무렵 그는 거래소의 비서실을 찾아가 사퇴서와 함께 장문의 경위서를 제출했는데, 그 경위서에서 그는 이렇게 주장했다. "거래소가 거래소에 대해서만 책임을 다하고, 거래소의 편리에 따라 그때그때 규정과 규제를 만들어 내고, 금전적 이해관계를 맺고 있는 사람들이 거래소를 위한 판단을 내리게 만드는 한, 난 자긍심을 가지고 계속 회원 노릇을 할 생각은 없습니다." 하지만 그의 사직은 양심선언이기에 앞서 의도적인 작전의 일환이었다. 이제 거래소는 그에게 자신들의 규정을 강요할 수도 없었고, 더구나 라이언의 견해에 따르면 그는 월가의 관행으로부터도 자유로워진 셈이었다. 그날 저녁 라이언은 모 기자에게 넌지시 자신으로부터 주식을 빌려간, 그래서 매점에 걸려든 거래소 회원 9명의 이름을 흘려주었다. 이들 9명은 월가 외부에서는 잘 알려진 사람들이 아니었지만 거래소의 주춧돌이나 다름없는 중심인물들이었으며, 그 중 상당수가 라이언을 심판한 위원회의 위원이었다. 다음날 그 명단이 발표되자 이들은 거래소의 불문률이 어겨진 데 대하여 충격을 받았으나, 곧 자신들이 스투츠 주식을 대주친 사실을 완강히 부인했으며, 다만 고객들의 요청에 의해 그랬을 수는 있다고 얼버무렸다. 하지만 고객의 이름으로 대주를 쳤다 해도 계약을 이행해야 할 의무는 마찬가지였으므로, 이건 하나마나한 웃기는 이야기였다.

    그 점에서 점수를 깎인 것 외에도 이들 기존 세력은 그날 두 가지 손해를 더 보았다. 라이언의 폭로 내용에 분개한 사람들은 주정부 차원에서건 연방정부 차원에서건 거래소에 대한 정부의 규제가 필요한지 검토해야 한다고 주장하기 시작했으며, 이런 규제야말로 거래소의 많은 관계자들이 가장 피했으면 하고 바라던 것이었다. 한편, 9명의 이름이 공개된 「월드」World지엔 동시에 토마스 포춘 라이언에 관한 기사도 한두 줄 등장했는데, 그는 그때까지 스투츠 사건과 관련해서 이상하다 싶을 정도로 언론에 언급되지 않았었다. 「월드」지는 출처를 밝히지 않은 채 "그는 아들의 투지에 경탄해 하고 있으며, 힘 닿는 데까지 이 분쟁에서 아들을 도울 것"이라는 내용의 기사를 실었다. 이것이 사실이라면, 즉 가족의 불화가 사라지고 그 백전노인의 헤아릴 수 없는 술수와 셀 수 없이 많은 재산이 아들을 위해서 쓰여진다면, 거래소와 이제 흔들리기 시작한 그 중심 회원들은 벌벌 떨 이유가 또 생긴 셈이었다.

사실 거래소는 불안해 하는 조짐을 보였다. 이틀 뒤 거래소는 자신들의 행위를 정당화하는 공들인 성명을 발표했다. 그들은 스투츠 주식을 거래정지시킨 것은 매점으로 인한 가격의 급변에 따라 일반 대중들이 손해를 볼 가능성을 차단하기 위해 내린 조치였다고 설명하며, 그 조치가 대주친 사람들의 편을 들기 위한 것이란 말은 사실이 아니라고 덧붙였다. 또한 라이언의 주식대여에 관해서는 무효라는 그전의 입장에서 약간 후퇴하여, 지금의 문제와 주식대여는 아무 상관이 없으며 대여주식의 반환 건은 전적으로 당사자들 간에 해결할 문제라고 밝혔다. 이 성명은 자축하는 어조로 다음과 같이 끝을 맺었다. "거래소의 집행위원회 위원들은 스투츠 주식에 관한 모든 의사결정이 거래소와 일반 대중의 이해관계에 가장 도움이 되는 방향으로 내려졌음을 확신하고 있습니다."

이제 라이언에게는 대여해준 주식의 상환요청을 통해 덫을 잡아채는 일만 남아 있었다. 자기한테 다 팔린 뒤라 뻔한 얘기였지만, 상환이 안 된다면 거래소의 규칙에 따라 자기매입(Buy-In)을 할 권리가 있었다. 즉 어떤 또 다른 바보가 다시 대주를 치지만 않는다면, 이제 자기한테 주식을 빌려간 사람들을 위해 자기 마음대로 어떤 값에는 자기 주식을 사고 팔아, 불행한 차입자들에게 그 비용을 떨구기만 하면 되었던 것이다. 시장 관행상, 그것이 바로 대주와 매점의 결과였다. 물론 이는 계약이 무효가 아니라는 전제하에서였지만, 이 점에 관해서도 보호위원회는 4월 20일에 암묵적으로 패배를 인정하고, 가격 합의를 위해 공정한 중재를 받아들일 준비가 되어 있다는 발표를 했던 것이다(이때 즈음이면 보호위원회도 거래소에 있는 58개의 증권회사를 통해 스투츠 주식 5,500주가 대주된 상태임을 인정하고 있었는데, 이는 완곡하게 축소된 숫자이긴 했지만 사실관계를 인정했다는 점이 중요했다). 그리하여 양측이 다 받아들일 만한 중재위원회가 구성되었다. 그 위원들 대부분은 라이언이 매점작전을 펴기 위해 수백만불을 빌려온 은행의 대표들로서 이 일에 당연히 이해관계가 있었으나, 이들은 곧 이 일로 이름이 오르내리는 것을 꺼려 모호한 태도를 취하며 사임하고 말았다. 라이언은 중재결과를 기다리며 자기매입을 연기하고 있었으나 아무 성과없이 날짜만 지나자 점점 차분함을 잃게 되었고, 마침내 최종기한을 발표하였다. 그는 "난 참을성 있게 많은 날들을 기다려왔다"면서 4월 24일 아침 정각 10시에 자신의 주식을 자기매입하겠다고 선언했다. 라이언은 스스로 하게 될 이 흥미로운 거래를 어느 시장을 통해 할 계획이었을까? 길거리의 장외시장에서는 회원자격이라는 게 달리 없었고, 다만 브로드 가에 나타나기만 하면 되는 거였으며, 거래는 어떤 상황이건 가능했다. 가격은 얼마가 될 것인가? 라이언은 입을 다물고 있었다. 23일, 보호위원회는 협상을 하기 위해 열심히 뛰어다녔지만 아무 소용이 없었다.

4월 24일은 토요일이었다. 그 당시 월가에서는 아직 토요일에도 오전장이 있었으며 2차대전이 끝나고도 한참 동안이나 그랬다. 그 운명적인 아침, 브로드 가는 라이언이 대주꾼들과 벌인 싸움에서 그들에게 마지막 결정타를 먹이는 걸 보러 몰려든 중개인들과 그 밖에 금융에 관심있는 사람들로 발 디딜 틈이 없었다. 그 대주꾼들이 바로 거래소의 지배계층이었다는 사실로 인해 그 학살극이 더욱더 입맛을 돋우게 된 것도 숨길 수 없는 사실이었다. 거리가 내려다 보이는 사무실

창가에 평소처럼 앉아서 거리에 있는 중개인들로부터 수신호를 통해 주문을 받는 사무원들은 흥분하여 창 밖을 내다보느라 밖으로 떨어질 것만 같았다. 한편 근처에 있는 외부와 차단된 법률사무실에서는 보호위원회가 마지막으로 항복하는 문제를 신중하게 고민하고 있었다. 대령 출신인 존 프렌티스(John Prentiss)는 이성적인 판단력 덕에 그 위원회에서 비공식적인 지도자 역할을 하고 있었는데, 거기 모인 대주꾼들에게 이젠 라이언에게 비난을 던질 때는 지났고, 금융가에서 설 자리를 잃지 않으려면 10시까지 몇 분 남지도 않은 지금이라도 라이언과 빨리 협상을 해야 한다고 설득했다. 얼마 간의 긴장된 순간이 지나가고, 그의 주장이 힘을 얻었다. 그리하여 보호위원회에 58명의 대주꾼 전부를 대신할 대표권이 주어지고 누군가의 기민한 제안으로 종이를 돌려 모두 자기가 생각하는 적절한 협상가격을 써내기로 했다. 그렇게 모아진 숫자의 평균이 구해지자 위원회 의장 모르스는 위원회가 협상준비를 끝냈음을 알렸다. 위원회의 대표단이 브로드웨이 111번지에 있는 라이언 회사에 도착한 때는 9시 40분이었다. 라이언 회사의 안내 아가씨가 순진하게 물었다. "어느 분을 만나러 오셨습니까?" 대표단이 대답하자 그들은 라이언에게 안내되었고, 그들은 모든 대주꾼들을 대신하여 550불이라는 정산가격을 제시한다고 라이언에게 말했다. 라이언은 지체없이 이를 받아들였고, 곧 주식의 자기매입을 취소했다. 10시 2분 전, 퇴역대령 프렌티스는 라이언의 사무실을 나와 밖에 모인 기자들에게 다음과 같이 발표했다. "스투츠 주식 건은 해결이 되었습니다. 정산가는 주당 550불입니다."

한판의 넛신 구경거리를 놓친 브로드 가의 구경꾼들을 제외하고는 모두 기뻐하는 것 같았다. 값이 750불이나 1,000불에는 못 미쳤으나 모두들 라이언이 대주꾼들 및 거래소에 대해 대단한 승리를 거뒀다고 입을 모았다. 여하튼 이 매점으로 그가 번 돈은 적게 잡아도 110

만불은 더 되어 보였다. 그리고 그는 아직도 스투츠의 사실상 유일한 대주주였다. 라이언은 프렌티스에 대해 "아무리 힘든 때라도 변함없는 기지와 뛰어난 판단력을 지니고 있는 분이며, 항상 예의바른 분"이라는 찬사를 표하고는 버지니아 주 핫 스프링즈(Hot Springs)로 떠났다. 라이언이 번 돈 만큼 잃었을 대주꾼들도 더 이상의 비난을 삼갔다. 그들의 대표인 모르스는 이렇게 말했을 뿐이었다. "스투츠 주식에 관한 논쟁은 종결되었다. 우린 그 일의 결말을 냈다."

IV

하지만 모두 다 만족할 수는 없었으며, 논쟁도 아직 끝난 건 아니었다. 라이언의 은행 빚은 대부분 가을 이전에 만기가 돌아왔는데, 매점에서 생긴 이득의 몇 배가 넘는 큰 액수였다. 가장 쉬운 방법은 스투츠 주식을 팔아 돈을 마련하는 것이었지만 거래소에 상장되지 않은 주식을 쉽게 팔 수는 없었으며, 만일 경제 상황이 안 좋아지기라도 하면 전혀 안 팔릴지도 모르는 일이었다. 분쟁조정 후 그는 곧 조언자인 슈왑에게 이제 그의 재산이 평가상으로 거의 아버지의 재산에 맞먹는 1억 불에 달한다고 자랑했는데, 아마 라이언은 슈왑이 성경에 나오는 달란트의 비유에서처럼 "잘 했다. 충실하게 일을 했구나"라고 칭찬해 주길 바랬는지도 모른다. 만일 그랬다면 그는 실망했을 것이다. 슈왑이 그에게 "그건 스투츠 주가가 1,000불이라면 가능한 얘기지. 헌데 그 가격이나 아니 그 비슷한 가격에라도 팔 수는 있는 건가?" 하고 비판적인 어조로 대꾸했기 때문이다. 라이언은 할 말이 없었다.

거래소도 묵묵히 모욕을 당하고 끝낼 생각은 없었으며, 아직 라이언에게 볼 일이 남아 있었다. 5월 내내 거래소가 라이언 및 그 사건을 재조사한다는 소문이 무성했다. 한번은 라이언도 기자 클라렌스 배런에게 어떤 불이익을 당하더라도 다시는 거래소의 회원이 되지 않을 생각이며 이단적이긴 하나 예언하는 듯한 말투로 자기가 보기엔 거래소가 정부의 규제를 받아야 할 것 같다고 말해, 라이언 자신 역시 아직 그때의 적개심이 사라지지 않았음을 보여주기도 했다. 한편 거래소는 라이언에게 10만불이 생기는 일인 그의 회원권을 파는 일도 질질 끌고 있었다. 그러던 6월 초, 거래소는 갑자기 지난 4월 라이언이 제출한 사퇴서가 아직 수리되지 않았다고 발표했는데, 이런 발표를 한 이유는 며칠 뒤에야 드러났다. 즉 집행위원회가 아직 회원인 라이언이 정당하고 공평한 거래 원칙을 위반한 행위를 했다며 비난하는 결의를 채택한 것이었다. 구체적으로 위원회는 라이언이 스투츠 주가를 가공 조작함으로써 주식을 대여받은 사람들에게서 과도하고 터무니없는 금액을 착취했다고 주장했다. 이 사건은 라이언 자신이 스스로를 변호하게 될 비공개 청문회를 통해 판정이 내려지게 되었으며, 결국 거래소는 라이언을 쫓아내기 위해 그의 사퇴서 수리를 거부한 셈이었다.

이에 대해 라이언은 전에는 정산가에 대해 알 바 아니라던 거래소가 이제와서 그것이 과도하다느니 터무니없다느니 하는 사실에 대해서는 굳이 아무런 지적도 하지 않았으며, 대신에 자신에 대한 비난은 말도 안 되는 얘기라고 분명히 못박은 다음 예정된 청문회의 형식이나 심문 위원들의 저의에 대해서 이렇게 공격을 가하기 시작했다. "당신들 위원회의 과거나 현재의 행동들을 미화하기 위한 그런 불공정한 청문회에 나를 들러리나 희생양으로 바치는 그런 일은 죄송하지만 사양하겠습니다. 잘잘못에 대한 결정은 이미 내려져 있고, 내가 능장하기만 하면 바로 정식으로 그 결정이 통과될 것이며, 벌칙도 곧 발표될 겁니다. 하지만 거래소가 우리나라 산업기반의 주춧돌이란 걸 나만큼 잘 아는 사람도 없을 뿐더러 거래소의 이상과 전통에 나만큼

경의를 표하는 사람도 없습니다. 또한 이 위대한 기관이 이런 꼴이 되어 개인들 몇몇의 사적인 복수를 위해 그 힘을 빌려주고 있다는 사실에 나만큼 안타까워 하는 사람도 없을 겁니다. 정말로 안타깝고 슬픈 광경이 아니라 할 수 없습니다." 청문회는 예정대로 열렸다. 물론 청문회를 거부한 피고가 없는 상태로. 5시간에 걸친 토론 끝에 집행위원회는 라이언을 규칙위반으로 판정하고 거래소에서 축출할 것을 만장일치로 결의했다. 그 다음날 아침, 거래소를 구경하러 온 관람객들이 다 빠져나간 뒤 연단에서 그 결정이 발표되자 거래소 시장부에는 침묵이 흘렀다. 라이언은 "별 중요한 일도 아니죠. 난 신경 안 써요"라고 내뱉고는 자기 사무실을 떠났다. 기자들에 의하면 그는 자마이카에 있는 경마장으로 떠났다고 한다.

하지만 라이언에겐 신경 쓸 일들이 따로 있었다. 여름 내내 그의 채권은행들은 그에게 대출금을 갚으라고 독촉했으며, 스투츠 말고도 그가 중점투자한 여러 주식들, 예를 들면 콘티넨탈 사탕(Continental Candy), 시카고 뉴마틱 공구(Chicago Pneumatic Tool), 그리고 헤이든 화학(Hayden Chemical) 등이 다 이유를 알 수 없게도 가파르게 값이 빠져, 마치 그의 적들인 대주꾼들이 다시 그를 조이는 것만 같았다. 심지어 그 중 어떤 주식은 새로 발행된 물량이 나오던 날, 주가가 왕창 빠지기도 했다. 뭔가 마수가 뻗쳐오는 게 분명했다. 이와 동시에 국가 경제가 침체에 빠져들면서 그가 당면한 문제는 악화되기에 이르렀다. 소비자들이 급등한 물가에 항의하기 시작, 작업복 모임이니 옛 옷 입기 운동 등이 조직되었고, 자금 순환이 빡빡해지는가 싶더니 몇몇 대형 은행들이 유동성을 메우기에 급급한 모습을 보였고, 세계 무역고도 거의 전쟁 당시의 정체 상태로 돌아갔으며, 무엇보다도 라이언에게 타격이 된 것은 주가가 전반적으로 하락하기 시작해 그 해 말엔 4월 당시 거래소에 상장된 주식 가치의 1/3이 공중에 날아가 버렸던 것이다. 금융시장의 신(神)이 이젠 라이언의 적들 편에 서 있었다.

8월, 라이언은 거래소의 이사장과 집행위원회를 상대로 명예훼손으로 백만불을 요구하는 소송을 걸었으며, 이때 다시 한번 집행위원회 위원들 중 스투츠 주식을 대주쳤던 사람들의 이름을 밝혔다. 거래소는 즉각 그 사람들이 라이언을 판결한 심의회에 참석하지 않았다고 응수했으나, 그 결과 결국 그 사람들이 모두 스투츠 주가에 관련이 있음을 인정한 꼴이 되었다. 이 소송은 라이언으로서는 '명예회복을 위해서'라기보다는 '돈을 구하기 위한 방편'이라고 보는 게 옳을 것이다. 하지만 그는 백만불은커녕, 얼마 안 되는 회원권 값도 못 받고 있었다. 거래소는 그 해 7월에 그의 회원권을 9만 8천불에 팔았으면서도 11월이 되어서도 기술적인 이유를 핑계삼아 돈을 지불하지 않고 있었다. 한편 은행들의 빚 독촉은 더욱 심해졌으며, 그가 곧 파산할 거라는 소문이 돌았다. 11월, 조지 웰란(George Whelan)은 기자 클라렌스 배론에게 이렇게 귀뜸했다. "알란 라이언은 이제 끝장이야." 배론의 또 다른 제보자인 보스턴의 한 중개인은 그래도 조금 희망적으로 "그가 아직 못 갚은 돈이 1천 4백만불이나 되지만, 라이언은 자신이 힘든 지경인 걸 이미 30일 동안이나 알고 있었죠. 이제 뭐 고분고분 은행들 말을 들어야겠죠"라고 했다.

이런 상황으로 볼 때 그럴 리는 없겠지만 라이언이 아버지에게 도움을 청하지 않는다면, 은행들이 대신 나설 것 같았다. 11월 어느 날, 체이스(Chase) 은행과 개런티 트러스트(Guaranty Trust) 은행 등을 포함한 라이언의 채권단 은행들이 보낸 대표가 라이언의 부친에게 접근하기 위한 간접적인 시도로 그의 오랜 친구이자 동업자였던 조지 웰란을 접촉했지만, 웰란은 격려하는 말 대신 그들의 행동을 다음과 같이 꼬집었다. "당신들이 알란 라이언에게 돈을 빌려줄 때는 부자간이 얘기도 않는 사이라는 걸 알고도 그런 거니, 이제 와서 그 친구 아버지에게 얘기한들 무슨 소용이 있겠소?" 이 일은 토마스 라이언이 개런티 트러스트 은행의 대주주이고, 웰란의 말처럼 아들과 말도 하지 않는 대치 상황에서 그 은행의 보스였다는 사실 때문에 더욱 복잡한 양상을 띠게 되었다. 즉 그 해 초 그는 소극적인 방법이긴 해도 아들에 대한 거액의 대출에 거부의사를 표하지 않음으로 해서 아들을 도운 셈이었으며, 아마 그런 정도로 자기 할 일은 다 했다고 생각하는지도 몰랐다. 그가 아들을 구하기 위해 자신의 돈을 쓸 것 같은 기미는 전혀 보이지 않았으며, 그 전에도 그런 적은 없었던 것 같다.

거래소에 있는 알란 라이언의 적들은 이제 드디어 라이언이 꼼짝없이 막다른 골목에 몰렸다는 걸 알게 되었다. 이제 그들은 가만히 앉아서 은행들이 죄인을 처형하는 걸 보기만 하면 됐다. 11월 말, 은행들은 라이언 건을 처리하기 위한 위원회를 결성했다고 발표했다. 은행들은 아직 라이언이 수백만불 정도의 여유는 있을 거라고 본다면서 돈을 다 돌려받을 수 있을 것으로 조심스럽게 내다봤지만, 사실 그들은 돈 받기가 힘들 거라는 걸 누구보다도 잘 알고 있었다. 지난 20개월 동안, 신용도 바닥에 떨어졌고, 이름만 빼고는 사실상 파산 상태였던 라이언은 희망도 없는 모험을 해온 셈이었다. 오직 슈왑만이 아직 그의 편에 서서 할 수 있는 만큼 조언을 해주고 있었다. 통화감사 장관(Controller of the Currency)이자 뉴욕 은행들에 대한, 특히 그들의 대출관행에 대한 노련한 비평가인 존 윌리엄즈(John Williams)의 힘을 얻어보려던 라이언의 노력도 수포로 돌아갔다. 은행들은 적어도 라이언이 돈을 빌려주었던 자기들에게 호의를 가지고 있을 줄 알았다면서 섭섭함을 감추지 않았다. 체이스 은행의 행장은 어떻게 사람이 그럴 수가 있느냐고 격노하면서 체이스는 돈 장사로서가 아니라 사회적인 책임의 일환으로서 은행일을 하고 있다고 열을 올렸다. 라이언은 지난 1912년 푸조 위원회(Pujo Committee ; 1910년, 상원의 은행 및 통화

위원회에서 기업체 자금 조달에 관해 조사하기 위해 열었던 청문회. 그 조사관의 이름을 따서 푸조 위원회라 칭했다—옮긴이)에서 법률자문을 맡기도 했던 사무엘 운터마이어(Samuel Untermyer)를 변호사로 기용했으며, 정치권에서의 우호세력을 얻기 위해서인지 아니면 그의 신용을 회복하기 위해서인지 모르지만 하여간 4만불을 모아 민주당 전국위원회에 기부하기도 했다. 하지만 이 모든 것이 다 소용없었다. 1922년 7월 21일, 그는 32,435,477불의 부채에 대해 자산은 643,533불밖에 안 된다며 파산선고를 신청했다. 그리고 나서 그가 어떤 홀가분한 기분을 느꼈는지는 몰라도, 하여간 이는 미국 역사상 가장 대규모의 파산이었다. 나중에 더 조사한 결과 부채가 이보다는 좀 적은 것으로 판명되긴 했지만.

폭탄을 맞은 집처럼 파산선고는 관심이 있는 사람이든 없는 사람이든 모두에게 비참하면서도 놀랍게도 파산한 사람들의 망가진 사생활을 한순간에 낱낱이 다 드러낸다. 라이언의 부채 목록을 한번 보자. 아이들 옷값 157.75불, 귀금속 값 3,260.25불, 등록금 60.36불, 식료품 값 768.68불, 책값 134.08불, 몬타우크(Montauk) 클럽회비 13.75불, 연극공연 티켓값 207.80불, 콜만 두 퐁(Coleman du Pont)에게 빌린 돈 66,000불, 찰스 슈왑에게 빌린 돈 1백만불 중 아직 못 갚은 30만불, 해리 위트니(Harry Whitney)에게 빌린 돈 1백만불 이상, 체이스 내셔널 은행에 350만불, 개런티 트러스트 은행에 866만불, 이젠 은행들이 뭘 걱정했었는지 누구나 알 만했다.

사실 라이언의 상황은 그 파산서류가 보여준 것만큼 비관적인 것은 아니었다. 왜냐하면 그 서류상으로는 대출에 대한 담보로 은행에 맡겨진 약 13만 5천 주나 되는 라이언 명의의 스투츠 주식이 아무 가치가 없는 것으로 평가되었기 때문이었다. 이 주식은 일반 경매에서 처분될 예정이었고, 라이언이 파산을 면할 수 있는 유일한 희망은 그

가격이 잘 매겨질 가능성이었다. 개런티 트러스트 은행의 변호사 알렌 워드웰(Allen Wardwell)은 경매가 있기 며칠 전 스투츠 주식이 주당 50불에만 결정되어도 라이언은 파산을 면할 수 있을 거라고 했다가, 나중에 주당 60불로 정정하기도 했다. 하여간 이 난리 굿이 시작되기 전인 1920년 초의 가격인 주당 100불만 된다면 라이언은 안전할 게 분명했다. 하지만 이건 모두 헛된 꿈이었다. 1921년, 스투츠는 장외시장에서 50불 내지 100불에 거래되었으나, 그의 파산과 이에 따른 여파로 완전히 폭락에 폭락을 거듭, 7월 중순에는 겨우 5불밖에 안 되었다. 정신 나간 거부나 되어야 13만 5천 주나 되는 주식을 주당 100불, 아니 60불, 아니 50불에라도 사자고 할 터였다.

경매는 8월 2일, 베시 가(Vesey Street)에 있는 거래소 판매실에서 열렸는데, 스투츠는 개런티 트러스트 은행의 부행장에 의해 주당 20불의 가격에 팔렸다. 다음 날, 그 매수는 슈왑의 부탁에 의한 것이었음이 밝혀졌다. 이제는 슈왑이 스투츠의 주인이 된 것이었다. 그리하여 은행들은 대출금의 일부를 회수할 수 있었으며, 라이언의 파산이 공인되었고, 또 대주꾼들의 복수가 이루어진 셈이었으며, 거래소는 다시 힘과 체면을 되찾았다. 그러나 10년 뒤, 라이언만큼이나 비장한 마음으로 거래소에 도전하게 될 상대는 한 사람이 아니었다. 그 상대는 엄청난 다수의 지지를 받는 연방정부가 될 것이었다.

V

슈왑은 자동차 경영에서는 철강에서 보여준 만큼의 실력을 발휘하지 못했다. 스투츠의 자동차들은 속도 측정에서 계속 기록을 갱신하긴 했지만 회사의 경영 수지는 거의 매년 적자였다. 1920년대 자동차 산업이 호황을 누릴 때도 스투츠 회사는 별 재미를 보지 못했다. 한때 인기가 좋았던 1인용 좌석의 뚜껑이 열리는 자동차 베이캐트는 이미 1920년 이후 생산이 중단된 상태였다. 1932년, 회사는 식료품을 나르는 4륜차 하나로 생산을 축소했으며, 슈왑 사망 1년 전, 그리고 라이언의 사망 2년 전이던 1938년 조용히 문을 닫았다.

경매가 열릴 당시, 라이언이 재기할 수 있겠냐는 질문을 받은 슈왑은 "그러기를 바라죠. 난 그럴 수 있다고 봐요"라고 응답한 바 있었다. 하지만 몇 번에 걸친 시도에도 불구하고 라이언은 결코 재기하지 못했다. 그의 유일한 희망이랄 수 있는 월가 경기에서의 새로운 승부수는 아버지의 의중에 달려 있었다. 금융시장에서는 사기꾼 같은 인물이기도 했지만 여러 자선 사업을 통해 알 수 있듯이 토마스 포춘 라이언은 그 누구보다도 관대한 마음을 가진 사람이었으니까. 하지만 1928년 11월 그가 세상을 떠난 뒤 발표된 유언에 의하면 그의 막대한 재산은 알란의 아들들을 포함한(하지만 알란은 제외한) 다른 유족들에게 남겨졌다. 알란 자신은 유언에 딱 두 번 언급되었는데, 그 하나는 다른 두 유족 다음으로 자신의 예술 소장품을 살 수 있는 권리를 준다는 것이었고, 또 하나는 "내 아들 알란 라이언에게 하얀 진주로 된 내 셔츠 장식단추를 준다"는 것이었다.

금융시장의 귀족들

I

장면을 바꾸어 보자. 1921년 가을, 경제는 60일 만에 역전되는 형세였다. 전후의 경기침체가 갑자기 끝나버리고 좀더 지속적이며 새로운 호황이 자리를 잡은 것이다. 경제 지표들이 모두 한 방향으로 청신호를 보내기 시작해 1921년을 기점으로 재할인율이 전후 최고 7퍼센트에서 1924년 3퍼센트에 이르기까지 꾸준히 내려가, 경기회복을 주도한 연방준비제도(Federal Reserve System ; 이후 약칭 연준. 1913년 연방준비법에 의해 태어난 중앙은행제도. 12개의 지역 연방준비은행 및 워싱턴에 있는 연방준비이사회로 이루어져 있다. 각 지방 연준은행의 총재들도 나름대로 목소리를 내지만 뉴욕 연준은 금융가의 중심이자 공개시장 조작이 여기를 통해 이루어지 때문에 그 목소리가 가장 크다. 우리에게 잘 알려진 알란 그린스팬Alan Greenspan은 워싱턴에 있는 연준 이사회의 의장이다—옮긴이)를 기쁘게 했다. 재할인율은 은행이나 다른 사금융의 이자율에 영향을 줌으로써 대기업부터 담보대출이 필요한 주택구매자에 이르기까지 모든 경제주체에게 자금대출을 쉽거나 어렵게 만든다. 따라서

1921년부터 시작된 이런 극적인 금리하락은 경기확장 및 위험한 투자를 일으키는 동시에 투기나 무모한 소비를 불러일으키기도 했다. 자유기업 정신의 꽃이랄까 아니면 잡초랄까, 이런 모든 것들이 전후 초기에 급속히 피어나다가 1921년 가을에는 잠시 꺾이는 듯 싶더니 그 이후 1920년대를 통틀어, 걷잡을 수 없을 정도의 엄청난 파고로 커지게 된다. 한편 경제계의 오랜 거두로서, 1921년 장관에 취임하기 위해 무려 51개나 되는 미국 대기업들의 이사직을 그만두어야 했던 앤드루 멜론(Andrew Mellon)이 이끄는 미국 재무부는 화끈하고 짜임새 있는 법인세 감면 혜택을 통해 기업들에게 자신감과 함께 많은 이익을 안겨주었다.

경기는 남북전쟁 이후 철도산업이 보여준 호황 이래 유례가 없는 장밋빛 성장으로 나라 구석구석에 영향을 미쳤는데, 그 새로운 호황의 견인차는 철도보다 더 새로운 교통 수단인 자동차였다. 1921년과 1923년 사이에 승용차의 연 생산규모는 150만 대 이하에서 360만 대를 상회하는 수준으로 급증했으며, 도로를 달리는 자동차 수는 1천 50만 대에서 1천 510만 대로 폭증했다. 1920년대 후반이 되면 이 숫자는 2천 7백만 대에 육박할 것이었으며, 자동차 산업은 미국 제조업 임금의 거의 1/10을 차지하게 되고, 제조상품의 가치로 봐도 1/10을 넘게 될 것이었다. 1920년대의 자동차 주식은 1950년대의 전자 주식과 같은 것이었다. 이 호황이 계속되는 사이, GM이나 피셔 바디(Fisher Body), 듀퐁(Du Pont)이나 엘로우 캡(Yellow Cab) 같은 회사들은 '호황의 4두마차' 라 불려지기도 했으며, 월가에서는 증시 전체를 GM의 제품이라고 농담하기도 했다.

(물론 누구나 다 이런 번영을 누린 건 아니었다. 전쟁 당시의 대규모 수출시장이 막힌 데다가 정부의 보조도 없이 무모한 대량생산을 해대던 농부들은 극심한 곤경에 빠져 있었다. 농산물의 평균가격은 1920년에서 21년 사이

에만 반값으로 하락했으며, 1927년이 되어서야 겨우 그 일부를 만회할 수 있었다. 또 농부들의 개인소득은 1919년에서 21년 사이에만 62퍼센트나 감소했는데, 미국 농가의 역사상 유례없던 이런 참담한 몰락의 결과, 주택담보대출금을 갚지 못하는 농부들과 또 그런 대출을 해준 지방 은행들의 파산이 늘었다. 1923년에서 29년에 이르는 대번영의 시기중에도 미국 내의 은행들은 하루 평균 2개 꼴로 꾸준히 파산했다. 노동자들의 경우 1920년대를 통틀어 약 1/3이 연평균 2천불을 벌었지만, 1/5은 연소득이 1천불도 안 되었다. 하지만 빈곤층 구제 방안은 형편 없는 상태로, 아직 연방 차원의 농산물 가격 보조제도조차 없던 시절이었다.)

따라서 1923년 8월 2일, 하딩(Harding) 대통령의 사망으로 인해 칼빈 쿨리지(Calvin Coolidge)가 대통령직을 승계하기 한참 전부터 나중에 쿨리지 호황이라 불려질 경기팽창은 이미 진행되고 있었으며, 1920년대를 상징하게 될 많은 일들이 벌어지고 있었다. 1920년 1월부터 실시되었던 금주령은 사실상 이미 흐지부지된 상태였고(1920년 사상 최저를 기록했던 알코올 중독사망률은 이미 과거 수준을 회복했었다), 무허가 술집이 곳곳에 들어서 있었다. 그 당시 출판되었던 싱클레어 루이스(Sinclair Lewis)의 소설 『배비트』*Babbitt*에 나오는 독선적이고 속물근성을 가진 중산층 실업가의 모습이 업계 여기저기에 퍼져 있었다. 그런가 하면 새 이민법이 제정되어, 고개를 쳐들기 시작한 자국보호주의 물결에 따라 이민제한 정책이 취해졌다. 이제 기업가 정신에 의해 이끌어져 가는 나라답게, 정부에 대한 경쟁적인 입장에서 제동을 거는 기관으로 다름아닌 월가가 등장하게 되었다. 그 생리와 정신, 그리고 그 주요 인물들 및 계층적 구조 등으로만 봐도, 월가는 보통 훌륭한 정치가를 모시고 있는 나라의 수도에서나 기대할 수 있는 그런 멋진 위용을 갖추고 있었으며, 그런 모습으로 대중들 앞에 부상하고 있었다.

II

보통 잭(Jack)이라는 애칭으로 불렸던 JP 모건 2세(J. P. Morgan the Younger, 이후 JP 모건)는 선한 눈에 흰 콧수염과 검은 눈썹, 영국 신사의 멋과 태도를 지닌 월가 지도자의 상징이자 월가 그 자체였다. 월가의 한 구석, 폭탄세례를 받은 바로 그 건물에 있는 모건은행은 그런 지도자가 머무는 성곽 같았다. 연방준비제도가 통과된 1913년은 잭의 부친인 피어폰트 모건(Pierpont Morgan)이 사망하던 해이며, 연준의 탄생과 더불어 모건은행이 사실상 맡아오고 있던 중앙은행 역할을 끝내던 해였다. 게다가 유보이익을 이용, 사업확장을 꾀할 수 있는 거대한 회사들의 출현은 모건은행이 업체들에게 가지고 있던 돈줄의 힘을 빼앗아 버리는 결과를 가져오기도 했다. 한편 전쟁으로 말미암아 유럽이 황폐해진 덕에 모건은행은 국제업무를 더욱 확장했으며, 1920년에는 두퐁과 합작으로 새로 등장한 거대 기업 GM의 지배권을 확보함으로써 아직 금융계의 구세력인 모건은행이 미국 내에서 민첩한 사업수완을 유지하고 있음을 보여주었다. 하지만 1920년대에 모건은행이 월가에 군림할 수 있었던 기반은 금전적인 것뿐만은 아니었다. 모건은행은 품위를 지켰으며, 금융가의 대법원이었고, 어떤 면에서는 금융가의 양심 그 자체였다.

모건은행의 품격은 JP 모건 자신과 그가 선택한 파트너들에 의해 만들어졌으며, 이들은 바로 은행의 축소판이나 마찬가지였다. 1889년 하버드를 졸업한 뒤, 3년도 채 안 되어 부친의 사업 파트너가 되었으며, 부친이 죽자 수많은 재산과 함께 은행 경영을 물려받은 JP 모건은 그런 운명으로 태어난 사람이었다. 그는 처음부터 품위와 책임감을 중요시했는데, 적어도 그에게 이 두 가지 덕목은 세속적인 청교도정신이자 계급의식이었으며, 19세기 말 미국 신교도신앙이 낳은 신성한 독선주의 그 자체였다. 부친이 그랬던 것처럼 그 역시 파트너들에게까지는 아니더라도 적어도 직원들에겐 이혼을 금했으며, 부친의 주장에 따라 일반 신용대출의 근거는 돈이나 재산의 다소가 아니라 인격이라는 입장을 고수했고, 1912년의 푸조 위원회 이전에도 이미 경영철학을 종교와 접목시키고 있었다. 피어폰트 모건은 똑똑한 머리보다는 인격을 중요시한다는 걸 감추지 않았었는데, 그의 아들 잭은 이를 약간 다르게 표현한 잘 알려진 이런 격언을 남겼다. "열심히 일하고 정직하라. 약속도 잘 지킬 것이며, 할 수 있는 한 남을 도우라. 그리고 공평하라." 잭도 부친처럼 카이사르의 것은 카이사르에게 하느님의 것은 하느님에게 돌린다는 식의 생각에는 반대였으며, 감상에 젖어 차라리 사람을 너무 믿어 돈을 잃고 말지, 사람을 불신하여 돈을 벌지는 않겠다고 말하기도 했다. 하지만 그의 파트너인 토마스 라몬트가 한 다음의 말도 들어둘 만하다. "JP 모건은 부친의 신속하고 예리한 사고력을 잘 물려받았을 뿐 아니라 그에 덧붙여 부친보다 더 침착한 판단력까지 갖추었다." 곱게 자라고 대중 앞에 나타나길 싫어한 JP 모건이었으나, 한편으로 용기 있고 힘도 세서 1915년엔 총 두 자루와 폭탄을 들고 글렌 코브(Glen Cove)에 있는 그의 저택에 침입한 자를 주먹으로 때려 잡은 경력도 있었다. 돈 많은 아마추어 예술 애호가라기보다는 일에 몰두하는 직업 전사였던 그였지만, 은행업에 관한 그의 태도에는 아직도 세련된 귀족들만의 아마추어적인 자세가 엿보였다. 일부러 그랬는지도 모르겠지만, JP 모건이나 그의 파트너들은 결코 증권거래소에 가는 일이 없이 외부의 증권회사에게 그들이 거래소에서 할 일을 대리케 했다(증권거래소란 훌륭한 기능을 수행하는 반드시 있어야 할 기관이었지만, 모건은행이 가까이 할 곳은 아니었다고나 할까?). JP 모건은 은행경영의 내용도 내용이지만 항상 그 품위에 신경을 곤두세웠다. 언젠가는 상원의 어느 위원회에서 한 자문이 그의 증언 내용을 다시 읽어주면서 혹시 고치고 싶은 부분이 있냐고 묻자 그는 간단히 이렇게 대답했다. "내가 좀 더듬었던 부분을 잘라냈으면 좋겠습니다. 이런 식의 조사에는 익숙하질 않아서요."

때로는 JP 모건과 그의 은행이 금전이나 금전적인 일을 경멸하고 있는 것이 아닌가 싶을 정도였다. 그들은 자신들이 단순한 돈 장사가 아니라(사실 그렇긴 했지만) 금융가의 정치인이라 자부하고 있었다(그것 역시도 사실이었다). 하지만 아무리 그들이 정치적인 수완이 있다 해도, 그들이 정부에 대해 가지고 있는 뿌리깊은 제퍼슨주의(지방분권주의—옮긴이) 내지 아담 스미스주의(자유방임주의—옮긴이)적인 부정적 시각 때문에, 자신들이 정부와 한편에 서 있다는 그 어떤 암시도 그들에겐 용서할 수 없는 실언으로 받아들여지곤 했다. 1차 대전 발발 당시 해롤드 니콜슨(Harold Nicolson)이란 사람이 "모건은행은 개인기업이라기보다는 거의 정부의 한 부처가 된 것 같다"라고 쓴 원고를 발표 전에 보내오자, 모건은 그 원고 위에다 다음과 같이 써서 니콜슨에게 돌려 보냈다. "기사를 고쳐달라고 할 권리는 없지만, 우리가 마치 정부 산하의 한 부처로 전락한 것처럼 비춰질까 두렵습니다." 은행업에 종사하는 사람들을 약간 무시하는 경향이 있던 니콜슨의 입장에서는 자신이 모건은행을 추켜세웠던 거라고 생각했겠지만, 그는 모건의 자부심을 계산에 넣지 못했던 것이다. 남을 칭찬하는 일이라도 그 대상이 자존심 강한 고위층일 땐 위험이 따르는 법이다. 모건은행의 파트너들은 JP 모건보다도 더 심각하게 이를 받아들여, 그 모욕적인 글은 다르게 바뀌는 걸로 결말이 났다.

다른 어떤 일면을 가지고 있는 이 파트너늘은 미국 금융시장에서 가장 전문적이고 가장 영향력 있는 클럽의 회원인 셈이었다. 월가 23번지 2층에 있는 그들의 개인 사무실만 봐도 벽난로, 안락의자, 푹신푹신한 소파 등이 잘 갖추어져 있어, 편안한 여가를 즐길 수 있는 클럽 분위기를 자아냈다. 만일 어떤 역사가들의 주장대로 월가의 신사적인 전통이 남북전쟁중에 상처를 입었다고 인정해도, 그 전통은 모건가(家)에서는 변함없이 지켜지고 있었다. 파트너들 역시 JP 모건의 성품 연장선상에 있는, 아니 그의 성품을 더 멋지게 장식해 주는 인물들이었다. JP 모건과 마찬가지로 그들 역시 앵글로색슨적이었으며(파트너인 라몬트는 1차 대전중에 "우리 은행은 그 어느 때고 중립적이었던 적이 없죠. 도대체 어떻게 해야 중립적이 되는지를 아예 몰라요"라고 말한 적도 있었다), 사실이든 억지로 꾸몄든 세속에 물들지 않은 태도를 가진 공화주의자들이었다. 그들 모두 옛 미국풍의 신교도들, 즉 미국 뉴잉글랜드 지방의 옛 상인 출신들로서 이제 상류층의 지위에 오른 자들이었고, 다른 부류의 사람들이나 다른 종파를 받아들이지 않았다. 그들이 보스나 은행에 대해 가진 강력한 충성심은 때때로 역겨울 정도였으며, 또 그들을 대단치 않게 보는 사람들에겐 우스울 정도로 편협한 것이었다(1912년 푸조 위원회에서 과거 모건은행이 취했던 행위 중 어떤 것이 정당했었다고 보느냐는 질문에 당시의 어떤 파트너는 감정을 주체 못하는 듯한 태도로 "우리 은행이 왜 그렇게 했는지는 모르겠지만 만일 그렇게 했다면 그건 분명히 정당한 일이었을 것입니다"라고 말했다. 이 말은 한 세대가 지난 뒤 같은 생각을 가진 모건은행의 또 다른 파트너에 의해 다시 한번 반복될 것이었다). 1차 대전 바로 전까지만 해도 파트너의 자격은 달리 자질만 갖추면, 대학졸업장과는 무관했었고, 따라서 '자수성가'라는 미국의 꿈이 이루어질 수도 있었다. 사실 그들은 사회적으로나 이념적으로 꽤 동질적인 사람들이었지만, 또 다른 한편으로 그들은 하나의 사회적 유형이라기보다는 원시적인 혈족 공동체를 바탕으로 한 물리적 집단이었다. 그들은 보통 큰 키에 홀쭉한 몸매였으며, 잘 생긴 얼굴에 백색의 피부를 가지고 있었고, 숱 많은 머리카락은 일찌감치 하얗게 변해갔었다. 20세기가 될 당시에도 월가에서는 '만일 천사들이 내려와 인간들 사이에서 부인을 얻는다면, 그 결과 모건은행의 파트너들이 태어날 거다'라는 말이 돌 정도였는데, 꼭 비꼬는 말만은 아니었다. 개나 말의 희귀 품종들이 그러하듯 모건은행의 파트너들도 어떤 후광을 가진 듯했다. 그리고 그들이 마음속에 그리고 있는 자신들의 역할을 수행하는 데 이 후광은 꼭 필요한 것이었다. 성공한 상인들이나 그들의 후계자들이 사회적 지도자로 추앙받던 시절, 그들은 자신들이 그런 후계자가 아니라 그 사회를 현명하게 이끌어나갈 운명을 타고난 사람들인 듯 행동했다. 한마디로 그들은 미국의 귀족사회를 만들어가고 있었던 것이다.

헨리 데이비슨(Henry Davison)은 펜실바니아 출신의 어떤 쟁기 판매원의 아들이었다. 그는 대학 졸업장도 없었지만, 고인이 된 피어폰트 모건의 마지막 측근이었으며, 그가 사망하던 1922년 직전까지도 정력적으로 경영에 참여했던, 모건가의 후광을 그대로 보여주는 인물이었다. 또한 그는 전쟁중에 미국의 적십자사 총재로서 모건식 경영방식의 단면을 보여주는 일화를 남겼다. 디트로이트에서 열린 적십자 기금 모으기 대회에서 그가 연설하던 중 관중들 사이에서 불손하고 귀에 거슬리는 목소리가 튀어나왔다. "기금으로 모인 그 수많은 돈을 가지고 모건은행은 뭘 합니까?" 갑자기 정적이 흘렀다. 데이비슨도 말을 멈추고 잠시 침묵이 흐르게 한 뒤, "그게 정말 정당한 질문이라고 생각합니까?"라고 물었다. 질문했던 사람이 활기찬 목소리로 그렇다고 답했다. 이제 데이비슨이 대답할 차례였다. "알겠습니다. 그러면 이런 말씀을 드리지요. 이 기금과 모건은행의 관련성은 모건은행의 파트너들이 백만불을 헌금했다는 것과 이 기금 중 단 1센트도 모건은행에는 맡기지 않는다는 것, 이 두 가지뿐입니다." 그때까지 겸손의 미덕으로 발표하지 않았던 건지, 아니면 이런 절호의 기회를 노려 발표를 안해왔던 건지는 알 수 없었으나, 하여간 이로써 그는 그날의 대회를 성공적으로 이끌어 열광적인 환호와 함께 많은 성금을 거둘 수 있었다. 성공과 정의로움의 결합, 바로 이것이 모건은행의 파트너가 하는 일이었다. 인색한 사람들이 '유리한 기회만을 노린다'고 비난할 만한 부분이 있다 하더라도, 그 역시 미국적 신교도정신에 뿌리를 둔 것이었다. 조금 놀랍기도 하면서 흥미로운 건, 훗날 데이비슨의 동료인 토마스 라몬트가 그날 일어난 일에 대해서 데이비슨이 더 그럴듯하게 꾸며대지 않고 순진하게 있는 그대로 얘기한 것이 놀라왔다고 말했다는 사실이다.

라몬트는 1920년대 모건은행의 파트너들 가운데 가장 중요한 사람이었으며, 데이비슨의 사후엔 관례적으로 보스인 JP 모건의 대변인 역할을 맡기도 했다. 사람들은 "모건씨가 라몬트씨에게 말하면 라몬트씨가 대중들에게 그 얘기를 전한다"라고들 말했다. 모건은행의 파트너들 중 가장 잘생긴 얼굴에 가장 귀족적인 품위를 지녔던 그는 때때로 '존경할 만한 영혼을 가진 사람'으로 불려지기도 했다. 미국에서 그 시대를 살아간 수많은 다른 실력자들처럼 그는 뉴욕 주 클래버랙(Claverack)에서 목회를 하는 가난한 감리교 목사의 아들로 태어나, 카드놀이나 춤, 하다못해 일요일 밤에 거리를 걷는 것조차 죄악이라고 배우며 자랐다. 하버드를 마친 후 그는 뉴욕으로 가 경력을 쌓았고, 1911년 40세의 나이로 모건은행의 파트너가 되었으며, 1920년대에는 은행의 두뇌로 여겨졌다. 그는 또한 은행의 대변인이었을 뿐 아니라 외교특사의 역할도 수행하여 중국, 일본, 이집트 등지로 바쁘게 날아다니며 대출계약을 맺거나 금융에 관한 조언을 했다. 1920년대, 페르디난드 룬드버그(Ferdinand Lundberg) 기자가 '라몬트는 막강한 실세이며, 수많은 확고부동한 최종결정에 그 누구보다도 큰 영향을 미친 사람이다'라고 쓰게 된 배경에는, 그가 대단한 개인적 역량의 소유자라는 것뿐 아니라 후버 대통령 재임중 백악관과 친밀한 관계를 유지했다는 사실도 있었다. 그는 재산을 모으긴 했어도 돈만 아는 그런 천박한 부자는 아니었으며, 오히려 하버드대나 엑시터(Exeter) 고등학교 같은 저명한 교육기관에 기부할 줄도 아는 사람이었다. 그런 존경할 만한 영혼을 가진 그가 자신의 경력에 대해 약간의 아쉬움이 있었다면, 남몰래 글 쓰는 직업을 희망했다는 점이었을 것이다. 그는 신문기자로 출발했었으며, 주위에 항상 글 쓰는 친구들이 있었고, 문학잡지 등에도 후원을 아끼지 않았다. 더구나 그는 잠시 뉴욕의 신문인 「이브닝 포스트」*Evening Post*지를 소유하려 한 적도 있었다. 그의 모범적인 성품에서 딱 하나 약점을 찾아낸다면, 그건 모건은행 사람들의 일반적인 결함이라 할 수 있는 자기중심적인 감상주의였다. 라몬트는 파트너였던 데이비슨에 대한 전기를 쓰며 단조로울 정도로 찬사만 늘어놓았는데, 그 전기 가운데 고인이 된 피어폰트 모건에 대해 개인적으로 잘 알지도 못하면서 글을 써댄 작가들을 신랄하게 비판하는 구절이 있었다. 그는 그 비판 뒤에 발랄한 어조로 "모건씨는 신문기자나 잡지 기고가들을 만나려 한 적이 없습니다"라고 덧붙였다. 사실 이런 말들은 훌륭한 은행가에게서 나온 냉정한 글이라고 보긴 힘들다. 피어폰트 모건의 성격에 대해 정확히 짚고 넘어가려는 목적으로 라몬트는, 그가 모건은행의 파트너로서 처음 일을 시작하던 1911년의 어느날 모건씨가 중산층 고객 3만 명의 예금을 예치하고 있던 뉴욕의 어떤 은행이 파산지경에 이르렀다는 소식을 접하고는 "이런 사람들은 도와줘야 해"라고 하면서 즉각 아무 조건 없이 그 예금을 전액 보장해 주기로 했다는 에피소드를 전하기도 했다. 라몬트는 모건씨가 돈이 얼마가 들든 어려운 사람들은 도와야 한다는 그런 비범한 생각을 가지고 있었음을 알리고 싶을 뿐이라고 말했다.

 모건가(家)는 그 예금을 전액 보장한 결과 20만불이나 손해보고 말았다. 선하고 좋은 일이었다. 하지만 감정도 별로 없고 인류평등주의와는 거리가 먼 피어폰트 모건이 정말 "이런 사람들은 도와줘야 해"라고 말했었을까? 사회역사가이자 피어폰트 모건에 대한 열렬한 찬미가인 프레데릭 알렌(Frederick Allen)조차 그 이야긴 믿지 않았으며, 모건에 대해 관심을 가진 다른 사람들도 그가 그런 말을 했을 가능성은 징기스칸이 그런 말을 남겼을 가능성과 비슷할 정도라고 입을 모았다. 셰익스피어에 의하면, 마르쿠스 안토니우스는 위대한 선배 정치가인 시저의 장례식 때 "가난한 자들이 울 때 시저도 눈물을 흘렸다"고 말했다고 한다. 하지만 조문객들이 그 얘기를 말 그대로 받아들였을 리는 만무하다.

1920년대를 풍미한, 좀더 수수께끼 같으면서 독특한 점이 많았던 또 하나의 인물은 드와이트 모로우(Dwight Morrow)였다. 그는 젊은 시절 재산에 대한 혐오감이 극에 달해 장래에 모건은행의 파트너가 되기에는 어울리지 않을 사람이었는데, 당시 그는 부자가 되는 악몽에 시달려 비명을 지르며 깨곤 했다고 한다. 모로우는 젊은 변호사 시절엔 뉴욕 법정의 평범한 생활이 자신에게 안 맞는다며 10만불만 벌면 은퇴하여 역사를 가르치겠다고 아내에게 얘기하곤 했었다. 하지만 그는 40세가 되던 1914년, 법정을 떠나 모건은행의 파트너가 되어 부를 축적하기 시작했다. 그리고 1925년 경에는 과거의 악몽이 실현된 것이 분명해 보였는지, 월가를 떠나 좀 고상한 환경으로 옮기고 싶어 했다. 그는 결국 새 정착지를 공직에서 찾아 멕시코 대사가 되었고, 대학동기인 칼빈 쿨리지를 위해 뒤에서 조언을 하기도 했으며, 그가 사망하던 1931년 한 해 전까지 뉴저지 주의 상원의원으로 활약했다. 하지만 그가 바라던 마음의 평화는 찾지 못했다.

해롤드 니콜슨이 쓴 모로우의 전기는 존경스럽고 고결한 모건가(家)에 바치는 덤덤하고 감상적인 찬미가라고 할 만하다. 하지만 나중에 니콜슨이 다시 발표한 일기장에 쓰여진 다음의 고백과는 매우 놀라운 차이가 있다. "변화무쌍한 인물이다. 그에게는 어느 면에서 광기가 있다. 인간이 아닌 듯한, 비정상이라 할 만한 그는 성자 같은 마음씨뿐 아니라 범죄자 같은 성격도 지녔다." 이 고백이 담긴 일기는 니콜슨이 모로우의 전기를 집필하던 중에 쓴 것이었다(이 전기에 대해서는 니콜슨 자신도 나중에 혹평을 한 바 있다). 자신이 존경하는 모로우씨에 대해 지나치게 상투적으로 진부하게 표현했다며 항의를 해온 어느 여성에 대해 니콜슨은 그의 일기에 다음과 같은 글을 남겼다. "난 이렇게 말하고 싶었다. 당신도 알다시피 이건 다 엉터리야. 드와이트 모로우는 술을 너무 많이 마시다가 죽어버린 영악하고 이기적인 야심가일 뿐이라구."

그 정도는 속임수 잘 쓰는 니콜슨이 슬쩍 글로 남긴 거짓말일 수도 있다. 하여간 그건 니콜슨이 그런 여자들에게 하고 싶은 말이었고, 아마 책에도 쓰고 싶었을 수는 있다. 특히 월가에서도 그랬듯이 니콜슨도 일반 대중들처럼 모건 파트너들의 변함없는 정직성을 폄하하여, 그들을 점잔 빼는 위선자로 묘사하고 싶어했다. 모로우는 예측할 수 없는 변화무쌍한 인물이었다. 월가 23번지 귀족들의 신사 같은 모습 뒤로 아무도 상상 못할 새로운 차원의 깊이와 모순을 내포한 그런 인물이었던 것이다. 그들은 과연 솔직담백한 사람들이었을까? 아니면 그냥 그렇게 보이고 싶었을 뿐 사실은 잘난 체하는 부자들이었던 걸까? 물론 우리들 대부분이 그렇듯이 그들에게도 그런 양면은 다 있었다. 순조롭게 자리잡은 사람들이 호사를 부려 순진한 체 할 수 있다면, 그들은 그런 거짓된 순진함을 자신들의 무기로 사용할 수도 있었다. 클래버랙의 초라한 교회 출신인 라몬트는 20년 뒤에도 피어폰트 모건이 가난한 은행 고객들을 위해 슬피 우는 소리를 들은 적이 있다고 믿고 있었다. 마찬가지로, 우리도 모로우가 재산을 싫어하고 경멸했다는 걸 굳이 의심할 건 없겠다. 바로 모건은행의 그 천재성 때문에 아니

어쩌면 그 도덕적인 위용으로 인해, 아둔하고 의심하기 좋아하는 월가가 매혹될 수 있었고, 모건은행의 전성기 때나 지금까지도 아직 모건가 인물들에 대한 궁금증이 쉽게 풀리고 있지 않은지도 모른다.

III

모건은행에서 길을 따라 내려가면, 거리상으로는 가까웠지만 사회적으로는 현격한 차이가 있던 월가에서 두번째로 막강한 힘을 가진 쿤 로엡 은행(Kuhn, Loeb & Company, 이후 약칭 쿤 로엡)이 있었다. 모건은행보다 4년 먼저 설립된 이 은행은 독일계 유태인들이 세운 J&W 셀리그만(J&W Seligman), 리만 브러더즈(Lehman Brothers), 골드만 삭스(Goldman Sachs)처럼 남북전쟁 후에 등장한 최초의 투자은행(investment bank)이었다. 급성장한 모건가(家)가 그 투자은행들의 반열에 끼어들자 쿤 로엡은 시장 우위를 확보하기 위한 경쟁에 돌입했고, 그 경쟁은 20세기 초반 북태평양 철도(Northern Pacific Railroad)의 지배권 확보를 위한 난투극에서 극에 달하게 된다. 모건과 제임스 힐(James Hill)이 한편에 서고, 쿤 로엡과 E. H. 해리만(Harriman)이 다른 한편에 선 대단한 한판 승부였다. 그 이후, 두 은행은 정전에 합의했으며, 때로는 새 은행이 이들의 투자 영역에 끼어들지 못하게 담합하기도 했다. 그리고 점차 묵시적으로 그들은 그 영역 내에서도 선을 그어, 공업과 공익산업은 모건은행이 맡고, 철도산업은 쿤 로엡이 맡기로 했다. 1920년대 초반, 쿤 로엡의 사업은 모건에 비해 적어도 동등하거나 아니면 더 컸지만, 그 명성이나 영향력은 모건에 훨씬 못 미쳤다. 그런 면에서 보이지는 않지만 어쩔 수 없던 국수주의와 양키주의 내진 신교도주의에 대항해 이를 극복할 수 있는 힘이 쿤 로엡에는 없었다. 월가 23번지의 모건가 인물들은 바로 이런 면을 구체적으로 상징하고 있었으며, 그것을 잘 이용해 장사를 할 줄도 알았다.

하지만 쿤 로엡도 잘 다듬어진 그들만의 우월감을 간직하고 있었다. 해롤드 메디나(Harold Medina) 판사가 훗날 그들을 평했듯이, 그들은 모두 혈연관계나 결혼으로 맺어진 그들만의 고유한 관계에서 나오는 '고귀하고 멋진 특성'을 가지고 있었으며, 따라서 그들의 영업수완도 고상하고 남다른 면이 있었다. 가족관계가 없는 첫번째 파트너가 영입된 것은 1911년이 되어서였는데, 1920년대 초에는 영업이 날로 확장되어 조직이 커졌음에도 그들은 아직 가족경영체제를 유지하고 있었으며, 파트너는 모두 합해 겨우 4명뿐이었다. 수석 파트너인 오토 칸(Otto Kahn)은 그들의 기본적인 영업 윤리관을 '진열장에 전시된 운영방침'(show-window policy)이라 표현하며, 다음과 같은 말로 설명했다. "우리는 절대로 고객에게 찾아가 우리와 장사하자고 요청하지 않습니다. 오히려 우린 우리의 평판을 진열장에 전시해 놓고 고객들이 그걸 보고 찾아오게 만들죠. 이게 바로 우리의 특징입니다. 우린 고객들을 따라다니지 않아요. 너무 뻐긴다고 할지도 모르지만, 하여간 우린 그렇게 안합니다." 그뿐만이 아니었다. 그들은 고객들이 공손하게 은행에 찾아와도 가격을 갖고 다른 은행과 경쟁하지 않는다는 걸 명예롭게 생각했으며, 또 쿤 로엡이 다른 은행으로부터 고객을 빼앗아 오게 될 가능성이 있는 경우에는 고객을 받아들이지 않았다. 흥미롭고 사회발전의 측면에서도 아주 중요한 점이긴 하지만, 칸이 자랑스럽게 여기던 바로 이런 방침 때문에 쿤 로엡 은행은 연방정부와 말썽을 빚게 되었다. 정부의 입장은 경쟁자로부터 고객을 빼앗으려 하지 않는 선 닝백이 사유교역을 막는 불법직인 음모나 마찬가지라는 것이었다. 이것은 신사 같은 가치관이 행정상의 민주주의적 가치와 정면으로 충돌한 경우였다.

쿤 로엡을 일으키고 거의 반세기 동안이나 이끌어왔던 제이콥 쉬프(Jacob Schiff)는 1920년 가을, 월가의 폭발사건 이후 며칠 뒤 사망했다(물론 그 때문에 죽은 것은 아니었다). 새로 등장한 중심 인물 오토 칸은 그보다 훨씬 더 독특한 사람으로, 단연코 미국이 낳은 최대의 예술 후원가였다. "난 내가 모은 재산에 대해 속죄를 해야 한다"던 그의 말마따나 그는 드와이트 모로우를 악몽에 시달리게 했던 것과 똑같은 죄의식을 합리화하고, 도덕적인 차원으로 승화시켰다. 모건가의 전통적인 미국인들은 재산에 대해 속죄하는 대신 그 부를 정당화하기 위해 성급하게 힘들고 추상적인 일들을 추진하곤 했는데, 칸의 속죄방법도 역시 독특했다. 모건은행 사람들은 희귀한 서적들을 모아놓고 문학가들과 어울릴 수 있는 사람들로서, 청교도 전통에 따라 인쇄물을 경건하게 여겼으며, 극장은 죄악시했고, 공연예술은 더 말할 것도 없었다. 이에 비해 만하임(Mannheim, 독일의 남부지방에 있는 도시—옮긴이)에서 자란 오토 칸은 음악에 젖은 유럽풍의 화려한 분위기에 익숙했다. 토마스 라몬트가 「이브닝 포스트」지를 사려 하거나 주말 문학 평론지에 자금지원을 했다면, 오토 칸은 메트로폴리탄 오페라 회사를 사들였고, 토스카니니(Toscanini)와 가티 카사자(Gatti-Casazza)를 초청해 오페라의 황금시대를 열었는데, 매년 자기 돈으로 그 적자를 메꾸어 갔으며, 그가 사망하던 1931년까지도 그는 그 오페라 회사의 대주주이자 사장이었다. 오토 칸은 미국 청중들에게 러시아의 발레단과 파리 국립음악회 교향악단을 소개하는 한편, 많은 박물관에 그림과 돈을 기부했고, 많은 예술학교와 오페라단 및 연극 공연들을 후원했으며, 흑인 예술인들을 위한 상금도 적립했다. 그리고 무뚝뚝하고 단조로운 피어폰트 모건조차 자기보다 인정머리 없다며 싫어한 E. H. 해리만에 대해 다음과 같은 찬사를 남기기도 했다. "그는 정복자의 천재성을 가지고 있다. 어려움을 이겨낸 힘과 강철 같은 의지, 대단한 결단력, 그리고 불굴의 용기, 이런 것들이 오늘의 그를 있게 했다."

오토 칸과 JP 모건은 둘 다 1867년 생으로서 1920년대에 인생의 절정을 맞이하고 있었으며, 월가에서는 비교대상으로 자주 회자되었다. 둘 다 품행에 신경을 쓰며, 자신들의 자선행위를 감추었고, 공개적으로 앵글로색슨적이었다. 하지만 모건의 생활방식이 활기차고 외향적이며 매우 강인한 데 비해, 칸은 온실의 화분 같은 고귀하고 약한 면을 강조했다. 모건이 시골 부호들이 가진 미약한 반지성주의를 표방한 데 반해, 칸은 철저히 지성파요 도회적이었다. 모건의 영국식 액센트가 영국에 산 적도 있고, 자주 가기도 하는 미국인에게서 들을 수 있는 것이었다면, 칸의 영국식 액센트는 젊은 시절 런던의 은행에서 일할 때 얻은 영국 시민권을 평생 간직한 진정한 영국인의 것이었다. 모건이 사무실에서 근엄하기로 유명한 반면, 칸은 자기 사무실에서 노래를 부르곤 했다. 당시 그들의 세계에서 가장 명성이 높았던 그 두 사람은 서로 동맹관계이자 적대관계였다. 존경과 냉소를 섞은 미묘한 감정으로 서로를 대하는 그런 사이였다고나 할까?

IV

가치가 가격이라는 드러나는 형태로 표현되는 금융계에서는, 사회의 다른 곳에서라면 숨겨지고, 혼동되고, 완곡하게 표현될 만한 일들이 종종 명쾌하게 드러나게 된다. 월가에서는 기독교인들과 유태인들의 관계가 바로 그런 예의 하나이다. 19세기 중반 독일에서 이주해온 유태인들이 월가로 몰려들 때부터 어느 정도 공공연했던 유태인 배척주의는 희생양이 필요한 공황시기에 더욱 심해지곤 했다. 월가에서는 개인적인 매력도 없고 직업상으로도 엄청난 사기꾼 기질을 가졌던 제이 굴드(Jay Gould ; 1864~1923, 미국의 철도사업가로 사기꾼 기질을 가지고 각종 투기에 뛰어들었다. 이 책의 '술에 취한 금본위제' 편 참조—옮긴이)

를 샤일록(Shylock ; 셰익스피어의 작품 「베니스의 상인」에 나오는 악덕한 유태인 상인—옮긴이)의 후손이라고 수근거렸으며, 헨리 아담스(Henry Adams ; 1838~1918, 미국의 역사학자, 미국의 6대 대통령인 존 아담스의 증손자—옮긴이)조차 그를 난해한 유태인이라고 묘사했다. 하지만 제이 굴드의 조상은 1646년에 코네티컷(Connecticut)에 정착한 이주민들 중 하나였으며, 아마 그 가운데 유태인은 한 명도 없었을 것이다. 서로 화해하기 전까지 피어폰트 모건이 쿤 로엡에 가졌던 적대감정은 종교적 편견이라기보다는 직업적인 경쟁의식이었지만, 종교적인 면이 전혀 없다고는 할 수 없었다. 앤드루 카네기는 궁극적으로 미국 철강(U. S. Steel)의 설립을 이루어낼 거래에서 모건을 이긴 후(아니면, 이겼다고 생각한 후) 의기양양하게 말했다. "피어폰트는 월가의 유태인들을 항상 이겨왔기 때문에 무엇이든 할 수 있다고 느끼죠. 하지만 유태인을 이길 수 있는 건 양키지만, 양키를 이길 수 있는 건 스코틀랜드인입니다(철강왕 카네기는 스코틀랜드 출신이었다—옮긴이)." 카네기나 모건이 유태인의 민족성이나 자신들의 우월감에 대해 가볍게 얘기하는 모습은 당시 미국 사회의 한 단면을 그대로 보여준다. 하긴 모건이 유태인 경쟁자들에게 느낀 존경심은 조금 색다른 것이기도 했다. 모건에겐 그들이 자신과 한번 겨뤄볼 만한 경쟁자로 느껴졌으며, 북태평양 철도 건 이후 모건은 뭐든지 할 수 있다는 생각에서 조금 후퇴해 있었다. 제이콥 쉬프와 그 은행을 자신과 동등한 경쟁자로 받아들임으로써 모건은 마지 못해서라고는 하지만 월가의 유태인을 미국의 체제 안으로 포용하는 결과를 낳았다. 이때는 아직 미국의 다른 분야에서 유태인들이 비슷한 지위에 올라가기 훨씬 전인 20세기가 막 시작하던 시기였다.

  모건과 쿤 로엡 사이의 오래된 정전협정은 1920년대의 월가에 유태인과의 관계에 대한 기본틀을 마련해 주었다. 물론 유태인들을 금융사업의 기성체제 안에 받아들였다는 것이 그들을 사회적으로 인정했다는 의미는 아니었다. 1900년에 그랬던 것처럼 1925년에도 아직 모건가 양키들의 모임이나 응접실에서는 제 아무리 교양이 넘치고 성공을 했다 해도 유태인들은 사절이었다(물론 예외가 없진 않았다. 예외에 속한 이들은 몇몇 영국식 이름을 가진 기독교화된 유태인들로, 당시 지도적 위치의 신교도들에 의해 전적으로 인정받던 사람들이었다). 피어폰트 모건은 예언자인 척 하는 예의 그 유명한 말투로 퉁명스럽게 이런 말을 했었다. "장사는 아무하고나 해도, 요트는 신사들하고만 타야 해." 누군가는 신사의 정의가 뭐냐에 달려있다고 덧붙일지도 모르지만, 하여간 교양 있고 성공한 월가의 유태인들이 이런 사회적인 제약으로 인해 좌절했다는 증거는 어디에서도 볼 수 없다.

하지만 여기에는 더욱 심각한 일면이 있었다. 역설적인 얘기지만 유태인 출신의 몇 사람이 월가에서도 권력의 최중심부에서 최고의 자리에 오르게 되는 성공을 거두자, 이는 다른 유태인들이 그들을 본받고자 월가에 진출하는 계기가 된 한편으로 이들의 진입을 막고자 하는 욕구도 강렬해지게 되었던 것이다. 이들의 진입을 막으려는 사람들은 모험정신을 가진 성공적인 외인부대에 대해 점점 커져가는 두려움과 혐오감으로 가능한 한 모든 면에서 그들을 소외시켰다. 따라서 이미 미국의 유태인 인구가 20년 전에 비해 2~3배 늘어나 있던 1920년대에 대부분의 월가 법률회사에는 유태인들이 전혀 고용될 수 없었으며, 대형 은행들에서도 십중팔구 그와 비슷한 현상이 벌어지고 있었다(사실은 오늘날에도 일부 그런 은행들이 있다). 어떤 추산에 의하면 주식중개업에서는 60퍼센트나 되는 회사가 철저한 반유태인 고용방침을 고수하고 있었으며, 고객들이 대부분 유태인인 15퍼센트 정도의 회사에서나 유태인을 환영한 정도였고, 나머지 25퍼센트는 별다른 편견이 없었다고 한다. 증권거래소에서도 유태인들이 유력한 위치에 발을 들이지 못하도록 비공식적인 할당방침이 있었던 것은 다 알려진 일이었다. 월가나 그 주위의 건물들 중에는 유태인들에게 임대하지 않는 곳도 있었으며, 이런 상황들이 치열한 사업상의 경쟁관계와 연관이 있음은 분명했지만, 또 어느 정도는 당시의 사회 분위기 때문이기도 했다. 우량 기업들이 유태인 고용 및 승진에 명목상의 겉치레만 보이던 그런 사회, 휴양지의 호텔들이 공개적으로 유태인 출입을 금한다는 광고를 내걸던 그런 사회, 뉴욕 아니 다른 어디에서도 유태인은 아파트 소유자가 유태인인 집도 임대하기 힘들던 그런 사회가 당시 미국 사회였다. 당시는 유태인 집주인들이 같은 유태인을 자기 명의의 아파트에서 살 수 없게 만드는 걸 하나도 이상하게 여기지 않던 분위기였던 것이다.

마지막으로, 월가의 유태인과 기독교인의 관계가 가진 양면성을 가장 극적으로 보여주는 일화가 하나 있다. 1915년 5월 7일, 독일 잠수함에 의해 아일랜드 연해에서 여객선 루시타니아(Lusitania) 호가 침몰되어 수많은 미국인들이 수장되던 그날 아침, 모건은행의 중역실로 흰 턱수염을 가진 쿤 로엡의 총수 제이콥 쉬프가 찾아오자, JP 자신을 포함하여 모든 파트너들의 얼굴이 굳어졌다. 당시 쿤 로엡과 제이콥 등은 출생 및 오래된 영업관계 등으로 인해 독일과 관련이 있는 것으로 의심받고 있었다. 물론 실제로는 그들 모두(특히 쉬프가) 전적으로 연합군 측에 동조하고 있었음에도 불구하고 말이었다(다만 연합군이 유태인 학살 전력이 있는 러시아의 짜르 정부에 원조를 하지 않는다는 걸 전제조건으로 달긴 했지만). 평소와 어울리지 않는 수줍은 동작으로 쉬프는 모건에게 다가가 이런 매우 불행한 불법적 행위에 대해 유감을 표했다. 모건은 그저 퉁명스럽게 대꾸하고는 휙 돌아섰다. 자신의 막강한 부친이 유일하게 필적할 만한 상대라고 인정했던 인물에게 그렇게 한 것이었다. 쉬프는 멋적은 모습으로 방을 나갔다.

어색한 침묵이 흐른 뒤 모건이 파트너들에게 물었다. "내가 좀 심했었군. 사과를 해야겠지?" 침묵이 더 흘러, 견디기 힘들어졌다. 얼마 후 드와이트 모로우가 종이에 뭐라고 끄적거리더니 모건에게 건네주었다. 모건이 읽었다. "당신을 위해서가 아니라 당신의 명예를 위해서입니다. 아, 이스라엘이여(『구약성경』의 한 구절—옮긴이)!" 모건은 동의한다는 뜻으로 머리를 끄덕이고는 모자를 집어 들고 쉬프에게 사과하기 위해 쿤 로엡 은행으로 떠나갔다.

이 애매모호한 등장과 잔인한 냉대, 곧 이은 후회, 그리고 거의 무의식적으로 이 모든 걸 종교적인 문제로 바꿔버린 성경 구절의 인용, 마지막으로 별도움이 안 되었을 때늦은 사과. 이런 모든 것들은 과거에 묶인 월가 사람들이 전후를 지나 1920년대까지도 가지고 가게 될 감정적 경쟁관계를 잘 보여주는 일화라고 하겠다.

V

몇몇 오래된 난공불락의 독일-유태계 투자은행을 제외하고는, 월가의 기존체제는 쿤 로엡 쪽보다는 모건 쪽에 뚜렷이 중심을 두고 있었다. 사회역사가 알렌은 1920년대에 가장 유력한 월가 인물 50명의 명단을 작성한 적이 있는데, 그들 모두 눈에 띄는 공통점이 있었다. 그 중엔 서부나 중서부에서 태어난 사람들도 많았지만, 하버드 출신이 11명, 예일 출신이 4명, 코넬과 앰허스트(Amherst) 출신이 각각 3명으로 대부분 동부의 전통적인 교육을 받은 사람들이었다. 싱클레어 루이스의 『배비트』가 유행하던 그 시절, 월가의 인물들은 다른 어떤 사업의 기업총수들보다도 복장이나 매너가 신사다웠다. 알렌의 지적에 따르면 월가는 예의범절의 거리였으며, 예의를 잘 갖추거나 아니면 그런 흉내라도 잘 내야 장사를 제대로 할 수 있는 곳이었다. 그 명단의

50명 중 약 1/4이 금융계의 상류층 가정에서 태어난 사람들이었으며, 그 위치에 올라오기까지 따로 노력을 해야 했던 사람들도 시끄럽고 눈에 띄는 독불장군이 아니라 그런 금융계 분위기를 가장 잘 흉내냈던 사람들이었다. 그들 대부분이 맨하탄의 동북부에 살고 있었으며 (그들 중 겨우 4명만이 겨울에 교외에서 시내로 통근했다), 뉴저지나 롱아일랜드의 북부 해안에 전원 주택을 소유해, 거기에서 골프도 치고 경마용 말도 기르고, 뱃놀이도 즐겼다(반 이상이 요트를 가지고 있었다). 또한 그들은 대부분 시내에 있는 메트로폴리탄 클럽의 회원이었고, 교외로 나가서는 파이핑 락 클럽(Piping Rock Club)의 회원이기도 했다. 업무 외로 하는 일은 주로 대학이나 다른 교육기관의 재산관리인 역할이었으며, 예술이나 사회개혁 운동과는 거리를 멀리했다. 50명 중 반 정도만이 공개적으로 종교단체에 속해 있었으며, 그 경우에도 대부분이 그냥 명목상이거나 의례적인 정도였다. 사회학자라면 종교에 관한 한 그들을 '냉담한 신교도' 정도로 구분하는 데 전혀 어려움이 없었을 것이다. 50명 중 7명만이 유태인이었으며(그 중 6명이 투자은행에 몸 담고 있었다), 로마 카톨릭 신자는 분명히 그보다 더 적은 숫자였다. 1920년대 말기까지 카톨릭 교도는 금융계 상류층에서 유태인들보다도 더 엄격히 배제되었다. 물론 앞으로 보겠지만 카톨릭 교도들도 그들 나름대로의 세력을 형성하게 된다.

당시는 월가가 미국 내의 똑똑한 젊은이들을 불러모으던 시기였다. 명문대학을 나온 수재들이 월가에 와서 변호사도 하고 은행가도 되어 돈을 벌었고, 그게 아니면 공직이나 정치방면으로라도 자기 경력을 쌓아갔다. 같은 학교 출신 중 좀 떨어지는 친구들은 부자집에 태어난 운동 선수들이나 난봉꾼들이었다. 그들은 태도도 깔끔하고 사회적으로도 여유가 있었으나, 지적인 관심은 별로 없이 게을렀다. 이들 역시 월가에 들어왔다. 그게 자연스럽기도 했고, 또 그들에게는 돈 벌기에 제일 편한 곳이기도 했기 때문이다. 옥스포드나 케임브리지를 나와 런던의 금융가에 뛰어들던 어떤 부유층 자식들은 꾸밈없이 말했다. "런던에서 돈 버는 데는 재치가 별로 필요 없죠." 사실이 그랬다. 그것은 1920년대에 똑똑한 젊은이들이 하버드나 예일이나 프린스튼을 나온 뒤 월가에 들어가 채권판매 영업을 할 때도 마찬가지였다. 당시를 잘 묘사하고 있는 소설 『위대한 개츠비』*The Great Gatsby*에 등장하는 젊은 예일대 졸업생 닉 캐러웨이(『위대한 개츠비』의 주인공. 그는 서부를 떠나 뉴욕에 와서 주식 중개인이 되지만, 돈을 벌지는 못한 채 주위에서 졸부가 된 사람들을 많이 보고 실망, 결국 서부로 돌아간다—옮긴이)는 이렇게 말했다. "내가 아는 애들은 다 채권영업을 하고 있어요. 이거면 총각 한 명 살아가는 데는 아무 문제 없죠. 우리의 아저씨나 아주머니들이 마치 사립고등학교 진학을 상담할 때처럼 채권투자 얘기를 하다가 결국 '그래, 한번 사보자'라구 하실테니까요." 정말 그랬다. 닉 캐러웨이 같은 친구들은 채권판매 영업에서는 재치보다도 개인적인 인맥이 비결이란 걸 알게 되었다. 그들에게 필요한 건 좋은 고객들이었고, 그런 고객이란 친척도 될 수 있었고, 고등학교나 대학에서 만난 부자집 아이들이 될 수도 있었다. 닉 캐러웨이가 그랬듯이, 이들도 영업시간을 대수롭게 여기지 않았다. 오히려 그들은 저녁 때 뉴저지나 롱아일랜드에서 벌어지는 기나긴 파티에서 눈이 반짝거렸고, 새벽 3~4시까지 놀다가 출근 전에 잠시 눈을 붙였으며, 낮에는 시내에서 졸기가 일쑤였다. 특권층이거나 아니거나 또 그 이전이나 이후에나, 이 당시 월가의 젊은 친구들처럼 인생에서 일보다 여가에 중점을 둔 미국인들은 없었을 것이다.

한편 가문이나 성장배경, 출신학교 등과는 무관하게 값이 출렁거리는 주식시장에서는 중개업무 경쟁이 채권에서보다 더 치열했지만, 여기서도 역시 이런 인맥은 중요했다. 주식거래에 있어서 성공비결은 독점적인 정보였는데, 이런 정보의 유출은 비공식적이긴 해도 조심스럽게 사회적 친분관계를 통해 이루어졌다. 메트로폴리탄 클럽에서 흘러나온 정보도 있었고, 링크스 클럽에서 새나온 정보도 있었으며, 하버드-예일-프린스튼 모임에서 얻을 수 있는 정보도 있었고, 윌리엄스와 앰허스트 모임에서 얻는 정보도 있었다. 그리고 그들은 이런 정보를 마피아 단원들이 동료를 배반하여 경찰에 신고하는 일이 없듯이, 그 영역 밖의 사람들에게는 알리지 않고 자기들끼리만 공유했다.

그렇다면 이런 친분관계는 배타적일 뿐 아니라 좀 음침하기도 하고 흥미롭지도 못하다고 해야 할까? 게다가 이들은 그 특수관계를 영구히 하려는 성향이 있지 않은가? 어느 정도는 맞는 말이었다. 『위대한 개츠비』에서 캐러웨이는 자수성가한 제이 개츠비(『위대한 개츠비』의 주인공. 원래는 가난했으나, 군 복무를 마친 뒤 톰 뷰캐넌과 결혼해버린 옛 애인을 되찾기 위해 불법적인 방법을 통해 돈을 벌었다—옮긴이)에게 "다 썩은 놈들이야. 그놈들 다 모아도 너 하나만 못하다구"라고 말하며 사회적 신분상승이라는 아메리칸 드림을 다시 한번 확인시켜주었다. 하지만 그 외에도 다른 것이 있었다. 이 나태하지만 세련된 부유층 자식들 주위에는 진짜 귀족층이 있었던 것이다. 미국에서 가장 뛰어나고 애국심 있는 사람들은 아직 워싱턴이나 학교보다는 월가에서 더 찾기 쉬웠다. 그 당시 풀튼 가(Fulton Street) 남쪽에 있는 월가에서 일한다는 건 당장은 아니라도 머지 않은 장래에 유명하게 될 인사를 만날 수 있는 기회였다. 자기가 직접 그런 사람이 될 가능성도 있었지만. 나라를 이끌어가는 인사들을 배출하는 곳이 바로 돈 거래에 전념하는 곳이라는 사실이 이상하게 보일지도 모르지만, 그럼에도 불구하고 그 인사들의 지도력에 한 치의 흔들림도 없었다는 건 놀라운 일이다.

그렇다면 한번 1920년대 중반 월가에서 활발히 금융계에 종사하던, 이미 금융계 밖에서도 널리 알려져 있었거나 아니면 곧 그렇게 될 몇몇 사람들의 면모를 살펴보자.

찰스 휴즈(Charles Hughes)와 헨리 스팀슨(Henry Stimson)은 연배로나 명예로 보나 모자랄 것 없는 노련한 정치가로서 앞으로 더 많은 수명과 더 많은 영예, 그리고 더 막중한 책임을 누리게 될 인물들이었다. 이들 둘 다 월가에 사무실을 두고 금융계 밖에서도 활동하는 변호사들이었다. 1925년에 63세가 된 휴즈는 대통령에도 당선될 뻔한 인물이었으며, 어떤 면으로 봐도 대통령인 쿨리지의 존재에도 불구하고 미국의 1등 시민이라 불릴 만한 사람이었다. 그는 과거 대법원의 배석 판사(Associate Justice)였으며, 당시 4년 간의 국무장관 역할을 끝낸 뒤였고, 5년 뒤엔 다시 월가를 떠나 법원으로 돌아가 대법원장이 될 터였다. 60세에 가깝던 스팀슨은 과거 태프트 대통령 시절 육군성 장관이었으며, 얼마 후 곧 후버 대통령의 국무장관이 될 사람이었다. 한참 뒤에 그는 육군성으로 돌아와 일본에 원자탄을 투하하는 결정을 하는 데 중요한 역할을 하게 된다. 훗날 노년에 짊어지게 될 무서운 정신적 부담을 아직 모를 수밖에 없던 1925년의 그는 활기차게 월가를 거닐며 합병이나 부동산거래, 아니면 이혼 건 등을 머릿속에 생각하고 있었다.

50대의 인물들 중에는 라몬트와 모로우 이외에 그들과 마찬가지로 기존체제를 신봉하는 사람이 한 명 더 있었다. 그는 웨스트 버지니아 주 태생으로 법률자문회사에 소속된 변호사였으며, 1924년 공화당의 쿨리지에게 대통령 선거에서 패한 뒤 다시 월가로 돌아온 보수적인 민주당원 존 데이비스(John Davis)였다. 1925년 당시 아직 40대로서 월가에 수로 봄 담고 있던 인물로는 1917년부터 3년 간 재무성 차관을 지낸 바 있는 변호사이자 모건의 파트너인 러셀 레핑웰(Russell Leffingwell)과 가족들이 운영하던 유명한 투자은행 리만 브러더즈의 현직 임원이던 허버트 리만(Herbert Lehman)이 있었다. 리만은 40대의 기수로서 곧 뉴욕 주의 민주당 주지사가 되더니 얼마 후 상원의원까지 올라갔다. 그 당시 금융계에서 이들보다는 덜 유명했지만, 40대의 변호사로서 월가 52번지에 사무실을 가지고 있던 한 인물도 빼놓을 수 없다. 그는 해군성 차관을 지낸 바 있었으나 건강이 악화되어 은퇴한 상태였으며, 결국 발을 절게 되었다. 하지만 그는 재기에 성공해 10년 뒤에는 그 누구보다도 월가의 가장 무서운 적수가 되었다. 알 만한 사람들은 짐작하겠지만, 그는 바로 프랭클린 루스벨트(Franklin D. Roosevelt)였다.

1925년 당시 월가의 30대 기수로는 존 덜레스(John Dulles)가 있었는데, 그의 이름이 뜨고는 있었지만, 특별히 선구자적인 변호사는 아니었다. 또한 애버렐 해리만(Averell Harriman)은 리만처럼 자기 가족이 경영하는 은행의 파트너로 활약하고 있었으며, 제임스 포레스탈(James Forrestal)과 페르디난드 에버스타트(Ferdinand Eberstadt)는 둘 다 딜론 리드 은행(Dillion, Read & Company)에서 부상하던 젊은 기수들이었다. 이들 외에도 브루클린(Brooklyn) 출신의 시드니 와인버그(Sidney Weinberg)가 있었다. 골드만 삭스 은행의 사무실 점원으로 출발한 그는 이제 증권거래소의 새 회원이 되어 있었고, 장차 포드(Ford)가의 주요 자문역과 수많은 우량기업의 임원이 될 인물이었다. 그리고 또 한 사람, 조세프 케네디(Joseph Kennedy)는 공격적인 주식투기꾼으로서 1년 전에 보스턴을 떠나 월가에 뛰어들었는데, 이후 어떤 식으로든 약 40년에 걸쳐 미국 사회의 한가운데에 있게 될 사람이었다.

전체적으로 봤을 때 이들은 그 이후 월가에서는 다시 보기 힘들게 된 그런 눈부신 별들이었다. 하지만 그 당시 월가의 젊은 인물들—20세기에 막 접어들 때 태어난 사람들로서 1925년에는 아직 젖비린내 나는 애송이였다— 중에는 나중에 공직생활로 이름을 떨친 사람은 찾아보기 힘들다. 그 이유는 추론하기 어렵지 않다. 그 세대들의 금융계 경력은 그들이 어쩔 수 없었던 상황변화로 인해 일찌감치 좌절되었으며, 게다가 그후에 곧 연방정부의 성격이 급격하게 아니 아마도 영원히 바뀌었기 때문이었다. 민주당이든 공화당이든 1932년 이후의 정부는 임명직에 쓸 재주있는 인물들을 금융계보다는 학계나 실업계에서 찾게 될 것이었다. 정치가를 배태하는 양성소로서 월가가 하던 역할은 어느새 아무도 모르게 막바지에 달해 있었다.

하지만 우린 그 나름대로 공인으로서 활약하게 될 두 젊은이를 빼놓을 수 없다.

제임스 워버그(James Warburg)는 재치있고 원기양성하며 쾌활한 젊은이로서, 월가의 거물 은행인 쿤 로엡의 파트너이자 종종 미국 연방준비제도의 아버지라 불리우는 폴 워버그(Paul Warburg)의 아들이었으며, 1920년대 중반에 나타난 가장 영리하고 가장 흥미로운 젊은 은행가 중 하나였다. 1896년 독일에서 태어난 그는 양 대륙을 오가며 독어와 영어를 자유로이 구사할 수 있게 되었고, 하버드에서의 성적과 생활이 모두 우수했으며, 전쟁중에는 미 해군에서 고물 비행기를 몰기도 했다. 그리고 어느새 쿤 로엡의 상업은행 자회사인 국제어음은행(International Acceptance Bank)의 수석 부행장직에까지 올랐다. 물론 그의 부친이 그 은행을 설립했던 것도 사실이었지만, 그를 아는 사람이면 그가 부친의 후원 없이도 그 자리에 오를 만한 인물이라는 데 이의를 제기할 수 없었다. 불과 스물다섯 살의 나이에 그는 허버트 후버(Herbert Hoover) 대통령으로부터 상무부 차관 자리를 제안받기도 했었으나, 그가 자신의 나이가 너무 어리나며 사설한 경력도 있었던 것이다. 게다가 그는 보통 인물이 아니었다. 신중한 전문금융인이면서도 예술과 연예계에 대한 흥미와 인맥이 피상적인 수준을 넘어서 있었으며, 그 자신 누드화를 그리는 아마추어 화가이기도 했고, 때로는 그 유명한 알공퀸 모임(Algonquin Group ; 1910년대 신문 기고가들, 수필가들, 드라마 비평가들이 뉴욕의 알공퀸 호텔에서 정기적으로 만나 시사 풍자를 하면서 유명해진 모임. 모임은 1920~30년대에도 계속되었으며, 매주 금요일마다 같은 호텔에서 만나 친분을 나누었다—옮긴이)과 포커를 치기도 했다(그 결과 그들도 은행계를 더욱 경외하는 눈으로 바라보게 되었을 게 틀림없다). 그리고 맨하탄 동부 70번가에 있는 그의 집은 조지 거쉰(George Gershwin)이라든가 지그문트 롬베르그(Sigmund Romberg ; 「황태자의 첫사랑」Student Prince, 「유람선」Show Boat 등을 쓴 미국의 극작가—옮긴이) 등이 수시로 드나드는 예술가들의 응접실 같은 곳이었다. 정말이지 그는 예술과 연예계에 종사하는 전문가라고 할 만했다. 그는 또 작품도 발표한 시인이었는데, 기념 삼아 자비로 출판해 본 그런 수준이 아니었다. 게다가 그는 대중들 사이에 인기를 끌던 몇몇 유행가의 가사를 쓰기도 했다. 누구도 그가 또 어느 쪽으로 관심을 가지고 무엇을 할지는 알 수 없었다. 하지만 누구나 그의 앞길이 창창하다는 데 대해서는 의심하지 않았다.

워버그보다는 한두 살 많은 나이로 1925년에 이미 30대 중반이었던 리차드 위트니(Richard Whitney)는 워버그와는 완전히 다른 종류의 인물로서 역시 성공 가도를 달리는 젊은이였다. 사실 그가 눈에 띄게 성공을 거둔 것은 놀랄 일도 아니었다. 그는 확실한 인맥을 갖고 있었으며, 미국 내에서 최고의 교육을 받았을 뿐 아니라, 지도자 기질을 타고 난 인물이었다. 그는 20세기로 접어들던 당시 제왕처럼 군림했고, 토마스 포춘 라이언의 파트너이기도 했던 윌리엄 위트니와는 아무 관련도 없는 집에서 태어났다. 리차드 위트니는 17세기에 메이플라워(Mayflower) 호의 뒤를 따라 아르벨라(Arbella) 호를 타고 건너와 매사추세츠에 정착한 사람들의 후예였으며, 보스턴 지방의 한 은행장의 아들로서 과거에 모건은행 파트너였던 사람의 조카이기도 했다. 그는 그로튼(Groton ; 미국 매사추세츠 주에 있는 동부의 사립 명문고등학교—옮긴이)에서 야구팀의 주장이자, 미식축구팀의 주장대행이기도 했고, 학교 연극의 연출도 맡았으며, 학교에서 가장 무서운 학생 대표이기도 했다. 수십 년 뒤에도 여전히 교장이었던 엔디코트 피버디(Endicott Peabody) 목사는 그를 가장 아끼던 학생으로 기억하고 있었다. 하버드에서는 학과성적이 뛰어나진 않았는데, 훗날 그는 지적 추구에는 큰 관심이 없었다며, 사실에 입각한 역사 같은 과목을 주로 즐겼다고 기억을 더듬었다. 다만 위트니는 조정경기팀에서 노를 젓기도 했고, 당연히 포슬리안 클럽(Porcellian Club)에도 가입되었으며, 학교 일에 얼마나 열성을 보였던지 여러 해가 지난 뒤에도 학창시절의 교우를 만나면 그가 누구든 그의 이름, 가운데 이름, 성 등을 다 기억해내어 그들을 놀라게 하고 즐겁게 해주곤 했다.

하버드를 마친 뒤 그는 보스턴의 증권회사에서 1년 간 근무하다 월가에 진출, 1912년엔 증권거래소 회원권을 샀으며, 1916년에는 채권을 전문으로 하는 리차드 위트니 회사(Richard Whitney & Company)라는 자신의 증권회사를 차렸다. 한편, 그의 형 조지(역시 그로튼과 하버드를 나왔으며, 포슬리안 클럽 회원이었다)는 모건은행 파트너의 딸과 결혼하더니, 1919년엔 모건은행에서 가장 눈에 띄는 젊은 파트너 중의 한 사람이 되었다. 리차드는 월가에서 명망있는 클럽인 유니온 리그 클럽(Union League Club)의 전임 회장이자 한때 피어폰트 모건과 동업을 하기도 했던 사람의 딸과 결혼했다. 이런 모든 여건하에서 리차드 위트니는 자연스럽게 모건은행의 중개인이 되었다. 모건은행의 파트너들은 증권거래소에서 할 서래가 있을 때도 괴팍하나 싶을 정도로 직접 나서기를 싫어했으므로(회원권이 있었으니, 직접 할 수 있었는데도 말이다) 이때마다 리차드가 나서서 일을 대신해 주었다. 다시 말해 월가 23번지의 신(神)들이 건너편 거리에 있는 세속인들의 시장에 등장할 땐 딕 위트니(Dick은 Richard의 애칭—옮긴이)라는 형상으로 나타났던 것이다.

그것은 보통 형상이 아니었다. 위트니는 당연히 이 딕에 영향력도 커지고 힘도 생겼지만, 사실 그에게는 사람들로 하여금 자기를 주목하게 만드는 자신만의 비결도 있었다. 그의 지위가 몇 년 뒤엔 닉 캐러웨이와 비슷해지긴 했지만 그는 사실 캐러웨이보다는 『위대한 개츠비』의 또 다른 주인공인 거만한 속물 톰 뷰캐넌(『위대한 개츠비』에 나오는 여피 같은 인물. 개츠비가 1차 대전 때 유럽전선에 나가 복무하던 틈을 타 자신의 돈을 무기로 개츠비의 첫사랑을 빼앗아 결혼한다—옮긴이)을 더 닮았다. 큰 키에 근육질의 단련된 체격을 가진 그는 군살도 없었고, 옷차림도 항상 말끔했으며, 당당한 체구를 가진 미남이었다. 정장을 입고 업무보는 것을 좋아하던 그의 모습에서는 과연 월가에서 남을 위압할 수 있는 당당함이 느껴졌다. 그는 자기보다 사회적으로 아래라고 여겨지는 사람들에게도(사실 대부분의 사람들이 그랬다) 자기만의 우쭐한 방식으로 사실에 입각해 공평하게 대할 줄 알았으며, 또한 자신이 그들을 어떻게 여기고 있다는 것까지도 분명히 느끼게 해주었다. 다시 말해 그는 사람들을 자기와 동등하게 대해주는 척 하면서 기분을 띄워주는 동시에 사실은 그들이 그렇지 않다는 걸 상기시켜 주는 골목대장 같은 심보를 가진 사람이었다. 하여간 이런 잘난 체 하는 태도에도 불구하고 그에게는 온갖 종류의 영업상의 친구들이 생겼으며, 그는 다른 많은 회사들과 달리 반유태적인 고용원칙을 내세우진 않았다. 그는 뉴욕에 있는 대저택에 살며, 뉴저지 주의 파 힐즈(Far Hills) 근처에 5백 에이커나 되는 넓은 땅을 소유했는데, 거기에서 사냥개를 몰며 사냥도 즐기고, 최고급 아이셔(Ayrshire) 소들을 기르며, 집안 일을 돌보는 사람들 외에도 소 치는 사람, 말 돌보는 사람, 말 타는 기수 등등 12명이나 되는 일꾼을 거느리고 살았다.

이것이 월가에서 새로 부상하던 두 사람의 삶이었다. 대체로 보아 한 사람은 쿤 로엡 부류였고, 다른 한 사람은 모건 부류였다.

VI

월가의 끝에는 고딕식 첨탑이 마치 세속에 물든 수도승의 모자 끝처럼 삐죽 솟아 나오고, 녹색빛 묘지터엔 해밀턴의 뼈가 안치된 것으로도 잘 알려진 트리니티 성당이 자리잡고 있다. 그 자리터에 어울리게 트리니티 성당은 미국 성공회 소속이었으며, 재산도 많았다(1920년대 후반에 공개된 명세서에 의하면 대부분이 부동산인 교회의 자산은 약 1천 400만불이나 되었고, 비용과 세금을 제하고도 투자에서 생기는 연간 소득만 70만불이 넘었으며, 1에이커 정도 되는 교회의 땅값은 대략 4천만불로 추산되었다). "트리니티 성당은 이제 더 높은 건물들에 둘러싸여 있습니다. 그 중에는 세상에서 가장 높다는 건물도 있습니다." 트리니티 성당의 담당신부로 있다가 훗날 주교가 된 매닝(Manning) 신부의 후임으로 1921년에 부임한 칼렙 스테트슨(Caleb Stetson) 신부가 1920년대 말 『교구 연감』에 남긴 글이다. 신부의 글을 직접 읽어보자.

여기에 오면 탐욕과 재물의 신들이 마치 굶주린 늑대들처럼 도사리며 이 주위에 유일하게 남은 공터를 차지하려는 듯한 느낌이 듭니다. 물질주의의 대신전 가운데 있는 유일한 영혼의 공간이라고나 할까요? 하지만 이 성당은 미국이 태어나기 오래 전에 이미 세워진 건물이며, 월가가 인디안과 야수들의 공격에 대비하여 세워신 벽(Wall)이었던 시설에도 있었던 그런 유서 깊은 건물입니다.

그리고 이에 덧붙여 변함 없이 성당을 찾는 사람들은 중부 유럽

출신의 바다 사람들이었고, 드문드문 그리스인이나 아르메니아인, 시리아인들도 드나들었는데, 주위에 새 사무실 건물이 들어서면서 이런 주변 입주자들의 숫자가 줄어들자, 단골 교인들의 숫자도 5천명 아래로 줄었다고 밝혔다. 항상 그렇듯이 주일 미사에는 이런 얼마 안 되는 주변 입주자(대부분이 로마 카톨릭 신자)들이 아닌 맨하탄 북부의 주택가에 사는 사람들이 모여들었다. 교회 주위는 전도 대상 지역이었다. 그리고 스테트슨 신부가 분석했듯이 전도는 주위에 사는 사람들만이 아닌 셀 수 없을 정도로 많은 월가의 근로자들도 대상으로 해야만 했다. 월가를 이루는 사람들이며, 매일 아침마다 물질주의의 신전에 들어와 일하고 밤이 되면 빠져나가는 바로 그 사람들 말이다. 평일 정오가 되면 트리니티 성당에서는 맨하탄 남쪽의 근로자들을 위한 30분짜리 미사가 있었으며, 그때 담당신부나 보좌신부들 중 한 사람이 나와 금전거래에 빠져 흥분하는 사람들에게 영혼의 일을 상기시켜 주곤 했다. 트리니티 성당의 전도사였던 윌리엄 윌킨슨(William Wilkinson) 신부는 점심 때마다 거리에 있는 어떤 자리에 올라가 대중들에게 직접 짧은 강론을 하기도 했다. 이 야외강론은 경건하게 경청되지는 않았지만 많은 사람들이 귀를 기울이곤 했다. 오히려 참가 인원은 교회 안이 더 적었다.

여기에는 이유가 있었다. 월가에서는 문제가 생긴 사람만이 성당 안에 들어간다는 말이 있었기 때문이다. 기도를 해야 할 급한 용무란 곤란한 일이 생겼거나, 신용이 손상된 신호라는 얘기였다. "존즈 아냐? 저 친구 안 됐구만. 트리니티에 들어가는 거 봐! 돈을 말아먹은 모양이지?" 뭐 이런 식이었다. 트리니티가 바빠질 날은 아직 더 있어야 했다.

원숭이에 가깝다

I

1920년대 말의 어느 봄날, 오래 전부터 계속되어온 일이긴 하지만 어떤 사람들이 은밀히 만나 돈 벌 궁리를 쑥덕였다. 그들이 택한 방법은 그 당시에 가장 인기있는 주식 중의 하나였던 미국 라디오 회사(Radio Corporation of America, 약칭 RCA)의 주가를 조작하는 것이었다. 각자의 변호사들을 통해 법률검토도 거친 공식적인 파트너 협정에 따라 그들은 백만 주를 가지고 작전에 임하기로 했는데, 그 당시 시가로 9천만불에 해당하는 상당한 금액이었다. 그리고 그들이 꽤 많은 수수료를 지불하고 이 작전을 맡긴 거래소의 회원은 마이클 미한(Michael Meehan)이었다. 그는 거래소 시장부에서 라디오 주식을 전문으로 하는 중개인으로서 그런 주가조작을 하기에 가장 좋은 위치에 있던 사람이었다.

그들의 작전이 시작될 때 라디오 회사의 주가는 90불이었다. 일반 투자가들을 속이기 위해 조심스럽게 꾸며낸 갖가지 작전을 동원, 미한은 며칠 만에 수천 명의 순진한 투자가를 끌어들여 주가를 109불까지 올렸다. 이 시점에서 그 작전팀은 주식을 처분했고, 일반인들이 아직 그 주식을 들고 있는 사이 값은 다시 87불까지 하락하고 말았다. 작전 시작부터 이때까지 꼭 1주일이 걸렸는데, 미한은 이 기간 중 작전수행에 도움을 준 동료들과 함께 수고비 명목으로 50만불을 챙겼다. 작전에 참여했던 사람들은 1주일 동안 그냥 사무실에 앉아 만족스럽게 시세 표시기를 통해 미한의 솜씨를 지켜보기만 하면 되었으며, 그 결과 5백만불에 가까운 이득을 나누어 가질 수 있었다.

당시 이런 일들은 불법은 아니었지만, 20세기에 접어들며 미국에서 한때 횡행하던 신용사기와 비교해 볼 때 방법적으로 별 차이가 없었다. 결국 드러내놓고 하는 도둑질은 아니었더라도 분명히 고도의 지능과 정신적인 민첩함을 필요로 하는, 그러나 폭력은 개입되지 않는 그런 도둑질이었다.

하지만 라디오 작전에 참여한 세력들은 옐로우 키드 와일(Yellow Kid Weil ; 1875?~1976, 미국 역사상 가장 잘 알려진 사기꾼. 본명은 조세프 와일. 뛰어난 머리로 은행문서위조 등을 통해 당시의 어설픈 도회지 사람들을 속여먹었지만, 로빈 후드처럼 가난한 사람들을 위한 따뜻한 일화도 많이 남겼다. 만화의 주인공인 옐로우 키드를 무척 좋아해, 그런 별명이 붙었다─옮긴이) 같은 유명한 사기꾼들은 아니었고, 오히려 돈 많고 신분이 높은 미국인들로서 명성도 있고 어디 가나 존경 받던 그런 지도적인 계층이었다. 그 작전팀의 몇 사람만 예를 들어보면 다음과 같다. 크라이슬러 회사의 창립자이자 대표였던 월터 크라이슬러(Walter Chrysler), 강철업계의 대부 찰스 슈왑(Charles Schwab), RCA 사장의 부인 데이비드 사노프(David Sarnoff) 여사, 존 락커펠러(John Rockefeller)의 조카인 퍼시 락커펠러(Percy Rockefeller), 「월드」지의 유명한 편집장 허버트 스워프(Herbert Swope), 민주당 전국의장 존 라스콥(John Raskob) 등등.

II

투기(speculation)란 손해볼 위험에도 불구하고 이득을 목적으로 거래(trading)를 하는 것으로서, 1602년 암스테르담에 주식시장이 처음 생긴 이래 모든 증권거래소에서 항상 계속되어온 일이었다. 따라서 그 누구도 놀랄 일은 아니었다. 본질적으로 증권거래소는 경마장이나 도박장처럼 금전적인 위험을 내포한 매체이며, 더구나 상품의 가치를 표시하는 종이 조각에 대한 투기가 아닌, 상품 자체에 대한 투기야 1602년 전에도 이미 오래 전부터 행해지던 것이었다. 왜 투기에 뛰어드느냐는 질문에 대부분의 사람들은 그것이 인간의 모험적인 본성이나 욕심이라는 본능 또는 위험 자체를 즐기는 성향 때문이라고 대답한다. 하지만 영국의 사회학자인 엘리아스 카네티(Elias Canetti)는 다음과 같은 훨씬 더 멋드러지고 독창적인 설명을 갖다 붙였다.

> 거래(trading)의 본질은 어떤 걸 내주고 다른 걸 받고자 하는 데 있다. 한 손에는 상대를 유혹할 물건을 꽉 쥐고, 다른 한 손은 가지고 싶은 물건을 잡으려 뻗친다. 그 물건을 잡기 전엔 절대로 쥐고 있는 걸 놓지 않으며, 그 물건을 잡는 순간 쥐고 있는 걸 놓아준다. 잘못하면 둘 다 놓칠 테니까. 거래원(trader)도 거래중에 긴장을 한 채 상대방의 숫자를 쳐다본다. 거래에서 얻게 되는 심오한 즐거움은 바로 이런 태고적부터의 거래 동작이 숫자화되어 나타나는 데 있다. 오늘날까지도 인간이 원숭이와 가장 비슷한 면이 있다면, 그것은 바로 거래행위라고 볼 수 있다.

1920년대 말, 월가에서는 투기의 강도와 교묘함이 심해지고 있었고, 일반인들도 전무후무할 정도로 투기에 대거 참여하고 있었다. 하지만 그들 중 누구도 자신이 나무에서 나무로 옮겨 다니는 반(半)인간

반(半)원숭이인 조상들의 몸 동작을 반복하는 것이라고는 생각하지 못했다. 이는 투기행위를 설명하거나 옹호하는 사람들도 마찬가지였다. 이런 사람들의 중심은 뉴욕 증권거래소였는데, 이들은 감상적인 어조로 투기하는 사람들을 독창적이고, 인간적이며, 거의 초인간적인 업적을 수행하고 있는 것으로 추켜세웠다. 거래소에서 일하는 어느 경제학자는 이런 말을 남겼다. "세상의 모든 사람들이 투기를 손가락질 해도 미국인들은 그럴 입장이 못 된다. 직업적인 개혁주의자들이 하는 것이 바로 투기 외엔 아무것도 아니기 때문이다. 미국 대륙도 이사벨라 여왕의 왕관보석을 담보로 겨우 빌릴 수 있었던 대출금으로 경비를 마련해 떠났던 탐험대에 의해 발견된 것이었다. 신비에 쌓인 지팡구(Zipangu ; 마르코 폴로가 엄청난 금이 있는 것으로 묘사한 나라, 즉 일본Japan의 엉터리 서양식 발음—옮긴이)를 찾을 생각으로 알지도 못하는 외국인에게 돈을 빌려주는 일은 어떤 말로 표현을 해봐도 '보수적인 투자'라고는 정의할 수 없다." 투기꾼들조차도 이런 식의 말은 너무 과장되어 어색했을지도 모른다. 하여간 프린스튼의 경제학자 조세프 로렌스(Joseph Lawrence)는 그 말을 듣고 이렇게 대꾸했다. "증권거래소는 사람들의 필요를 충족시키는 개별 기업들의 가치를 가장 현명하고 정확하게 판단하는 곳이다. 따라서 여기에는 미국에서 가장 똑똑하다는 사람들이 다 모여들 가능성이 크다."

하지만 무제한의 투기에 대한 비판도 많았다. 미국의 경제가 활황이어서 기업들의 장사가 잘 되던 때라 이들의 목소리는 작았고 그 숫자도 적긴 했지만, 그들은 위와 같은 견해의 근거가 빈약하다고 따지며, 미국의 발전에 투기가 한 역할은 없다고 주장했다. 그리고 한 걸음 더 나아가 그 도덕성에 대한 문제도 동시에 제기하기 시작했다. 그들의 주장에 따르면 투기는 근본적으로 공평한 경기 원칙에 어긋나는 것이었다. 모건과 해리만의 경쟁, 또는 알란 라이언과 거래소 사이의 알력 등에서도 보여지듯, 이전 월가의 대결 양상은 대부분 비슷한 무기를 가진 내부자들간에 일어난 충돌이었다. 하지만 이젠 처음으로 다수의 대중들이 투기에 뛰어들고 있었던 것이다. 문제는 지방에 있으면서 신문의 금융기사나 주식 시세 표시기만 쳐다보며 뭔가 정보를 얻으려는 사람들이 박식한 월가의 전문가들의 상대가 될 수 있느냐 하는 것이었다. 존 플린(John Flynn)은 몇 년 뒤에 이렇게 말했다. "투기는 3~4천 명 정도 되는 내부자들과 50만 명에 달하는 외부인들이 완전히 불평등한 조건으로 벌이는 도박이다. 외부인들이 겨우 자기 카드를 볼까말까 하는 상태에서 전문가들은 자기 카드뿐 아니라 남의 카드까지도 다 읽고 있는 셈이다."

　이 논쟁은 주로 투기가 도박(gambling)이냐 아니냐 하는 정의에 대한 입씨름이 되곤 했다. 거래소의 입장은 당연히 아니라는 쪽이었는데, 이 주장엔 그 나름대로의 근거가 있었다. 도박에 붙어다니는 도덕적인 비평은 차치하고라도, 뉴욕 주에서는 도박이 불법이었고 도박에서 생긴 빚은 억지로 받을 수도 없었다. 따라서 만일 투기가 도박이라고 판정된다면 거래소는 곧 그 기능을 상실하게 될 판이었다. 월가의 지도자들은 공개석상에서는 논리적으로 따지기보다 단호한 주장을 통해 이 논쟁에 임했다. 그래서 투기와 도박이 다른 점을 설명해 달라는 요구를 받은 거래소의 수석 대변인은 이렇게 대답했다고 한다. "투기는 좋은 겁니다. 이 나라도 투기 때문에 세우게 된 거죠. 하지만 도박은 나쁜 겁니다."

　월가의 내부자들이 거래소의 묵인하에 일반인들의 주머니를 털던 수뇐 방식은 라디오 삭전에서와 같은 그런 공동자금(stock pool)을 결성하는 것이었다. 이런 공동자금에 의한 주가조작의 장점은 간편하다는 데 있었다. 즉 거래소의 시세 표시기를 통해 사실이 아닌 그럴듯한 수치를 보여주어 일반인들을 속이면 그만이었다. 지금도 그렇지만 주식의 시세 표시기는 새로운 소식이나 거래가 있을 때마다 주식종목을 나타내는 약자와 함께 그 종목의 가격과 거래량만을 표시해 주었다. 따라서 시세 표시기는 모든 투기꾼에게 어느 순간에 어떤 일이 벌어지는지를 알려주는 중요한 정보 수단이었으므로, 약삭빠른 대형 투기꾼들은 이 표시기만을 이용하여 수많은 돈을 벌기도 했다. 시세 표시기는 또 월가의 내부 및 외부에 똑같은 정보를 내보내는 공평한 정보원이었다. '시세 표시기는 절대로 거짓말 안한다'는 것이 잘 속는 사람들의 일반적인 믿음이었다. 하지만 시세 표시기는 사실 거짓 조작될 여지가 있었다. 시세 표시기는 거래가 있을 때마다 충실하고 공평하게 그 수치를 나타내주기는 하지만, 그런 거래들의 본질과 순서는 그 거래를 하는 사람들에 의해 조정될 수 있었던 것이다. 그리하여 그 표시기를 쳐다보는 순진한 사람들을 자극하여 금덩어리같이 보이는 것을 사도록 만들 수 있었다.

공동자금에 출자하는 자본가들은 우선 목적에 맞는 주식을 골라야 했다. 물론 그런 주식은 일반인들에게 멋진 매력을 가지고 있어야 했고, 손쉽게 조작할 수 있도록 거래되는 주식의 숫자가 적어야 했다. 그들은 일단 그런 주식을 고르고 나면 몇 주나 몇 달에 걸쳐 티 나지 않게 사 모아 물량을 대량 확보했다. 아니면 때로는 이런 공동자금에 출자하기 마련인 회사의 경영진을 꾀어 그들에게 3개월이나 6개월 등의 일정 기간 내에 언제든 현재 가격으로 일정량을 살 수 있는 옵션을 얻어내기도 했다. 그리고 가능하면 공동자금의 파트너까지는 아니더라도, 거래소에서 그 주식을 전문으로 매매하는 사람(specialist)을 자기 편으로 끌어들였다. 전문가는 그 주식에 관한 많은 거래에 중개인으로서든 거래인으로서든 참여하여 앞서 플린이 비유한 것처럼 자기 손아귀에 주식을 사거나 팔 주문을 다 쥐고 있었으므로 결국 포커판에 있는 모든 사람들의 카드를 다 읽게 될 것이었다. 마지막으로 이들 공동자금 출자자들은 자금관리자(pool manager)라는 주가조작 전문가를 작전의 중심인물로 고용했다. 라디오 주식의 경우처럼 위의 전문가가 이 역할을 맡을 수도 있었다. 여기까지 오면 준비는 끝난다.

출자자를 대표하여 이 자금관리자는 중개인의 자격으로 어떤 특이한 유형은 보이지 않으면서도 수시로 이 주식을 사고 팔기 시작한다. 종종 그는 출자자들과 그 친척들 사이에도 거래를 시켰는데, 이런 가짜 주식거래는 결과적으로 주가가 약간씩 오를 수 있도록 조심스럽게 조작된다. 투기꾼들의 용어를 빌면 회전이 늘며 상승하는 모양으로 거래가 이루어지게 되고, 그런 거래들이 일어날 때마다 시세 표시기에 나타나면서 이를 지켜보는 사람들의 시선을 끌게 되는 것이다. 그리하여 사람들은 이 주식에 관심을 갖게 되며 이걸로 돈을 한번 벌어보자는 욕심이 생기게 된다. 열심히 시세 표시기를 주시하던 사람들은 이제 서서히 주식을 사기 시작하는데, 처음엔 조심스럽게 주저주저 하지만 거래량이 늘고 가격이 더 오르면 더욱 과감해지게 된다. 여기까지 오면 자금관리자의 작전은 더욱 섬세해지기 시작한다. 어떤 날에 갑자기 매도에 열중하여 일부러 혼란을 일으키다가 일반인들이 이제 먹을 게 없나 보다 하고 떠나려는 찰나, 다시 강력하게 매집을 시작해 나온 물건들을 싹쓸이 해간다. 마지막으로 아주 치밀한 작전 속에 이제 주가가 스스로의 힘으로 올라가게 만든다. 즉 일반인들이 사실상 그 작전의 주동이 되어 가격을 올리며 사들이면 더 이상 자금관리자의 도움 없이도 주가가 치솟는 단계에 들어간다. 이 즈음 되면 흔히 '플러그를 뺀다' 라고 표현하는 작전의 마지막 단계가 시작된다. 매수를 시작할 때와는 널리 매우 소심하게 주식을 팔기 시작하는 것이다. 물론 가격이 떨어지는데, 처음에는 서서히 빠지다가 이들의 매도 주문이 불어나면서 큰 폭으로 하락하게 되고, 일반 투자가들이 알아차리기도 전에 하락은 어느새 폭락이 되어버린다. 그리고 공동자금

출자자들이 큰 폭의 이득을 남기고 갖고 있는 주식을 다 팔아버린 사이, 일반 투자가들은 바람 빠진 풍선 같은 주식을 들고 남아 있게 되는 것이다. 이런 성공적인 청룡열차 타기가 끝날 때면, 주가는 보통 작전 시작 당시의 수준으로 돌아가 있고, 출자자들은 이익금을 나눈 뒤 각자 집으로 돌아가면 그만이었다.

자금관리자들은 그 나름대로의 이유를 대며 자신들을 예술가라고 자부했다. 그들 사이에도 급이 나뉘어 있어, 한다하는 최고급 관리자들에게 멸시 당하는 몇몇 저급한 관리자들은 자신들이 조작하는 주식을 증권회사 정보지에 추천하기도 하고, 의도적으로 가짜 정보를 흘리거나 신문 기자들을 매수하여 유리한 기사를 쓰게 하는 편법을 동원하기도 했다. 이 정도가 되면 신용사기극에서 폭력을 쓰는 꼴이나 마찬가지였다. 하지만 단수 높은 신용사기꾼이 폭력 사용을 기피하듯, 최고의 자금관리자들도 이런 점잖지 못한 방법은 경멸했다. 그들이 즐겨 쓴 수단은 시세 표시기였으며, 그들은 시세 표시기만 가지고도 대중들에게 자기들이 원하는 효과를 느끼게 하는 자신들의 재주에 긍지를 느꼈다. 만일 시세 표시기의 예술가들 중 누구라도 프린스튼대의 조세프 로렌스 교수가 거래소를 가리켜 미국 지성의 보물창고라고 한 그 '투기찬미론'을 읽었다면(아무도 그럴 리는 없었겠지만), 그 교수가 누굴 지칭하고 있는지 공감하며 옳은 말이라고 고개를 끄덕였을 것이다. 바로 자기들이 그런 미국의 지성이라고 말이다.

실제로 앞서 말한 라디오 공동자금 말고, 1928년 3월에 라디오 주식에 뛰어든 공동자금은 단 나흘 만에 주가를 61불이나 올려놓은 바 있었으며, 같은 해 말 허드슨 자동차 주식에 덤벼든 비교적 작은 규모의 공동자금은 어떤 한 출자자에게 105,467.29불을 수익으로 남겼는데(공동자금에 관여한 중개인이 송금확인서에 적어넣은 액수였으니, 정확한 숫자였을 것이다), 그 출자자는 가짜로 회사 명의를 하나 사용했지만 실은 체이스 내셔널 은행(Chase National Bank)의 행장이었다고 한다. 이외에도 1929년 초에 아나콘다 카퍼(Anaconda Copper)에 손을 댄 공동자금에는 존경받는 은행 중 하나인 내셔널 씨티 은행(National City Bank)의 행장이 참가해 큰 수익을 남겼는데, 그는 당시 아나콘다 주식의 광고주이기도 했다는 등 이런 유의 이야기는 무수히 많았다.

돈 많고 권력 있는 사람들이 자금과 기술을 몰래 동원해서, 돈 좀 쉽게 벌어보고자 주식시장에 뛰어든 생활고에 찌든 일반 서민들과 심지어는 이들보다 더 가난한 구두닦이 소년이나 신문배달원 같은 사람들을 이용해 한몫 챙긴다니, 너무 손쉽고 정당하지 못한 일처럼 보일 것이다. 글쎄… 그들에게도 위험한 요소가 없었던 건 아니었다. 때로는 순진한 대중들이 말을 잘 안 듣는 바람에 작전이 실패해 돈을 잃는 경우도 있었으니까. 또 그들에게 스포츠맨 같은 정정당당한 면이 없었던 것도 아니다. 따라서 이런 공동자금 운영이 꼭 신용사기만을 위한 것이라고는 할 수 없었다. 1929년의 라디오 주가조작에서 보여지듯, 거기에는 사냥의 매력 같은 것도 있었던 것이다. 그건 혈통 좋은 말을 탄 우아한 복장의 사교계 명사들이 훈련 받은 사냥개들을 몰고 아무것도 모르는 여우나 토끼를 궁지에 몰아 넣는 그런 사냥이었다. 살륙은 목적이 아니었으며, 중요한 건 그 사냥의 의식이었고, 또한 그 사냥에 초청받아 참여함으로써 생기는 사회적 지위였다. 공동자금의 출자자들은 모두 깔끔한 사냥꾼들이었으며, 사회적으로는 지위가 낮지만 기술적인 면에서는 유능했던 자금관리자들은 훈련된 사냥개라 할 수 있었다. 물론 사냥감은 일반 투자자들이었다. "손쉽게 빨리 돈을 벌 수 있다는 것, 선생터의 스릴을 맛볼 수 있다는 것, 사냥의 매력 등이 사업가들로 하여금 공동자금 운영에 참가하게 만들었다. 또 멋진 모임에 끼어보는 기쁨, 대담한 계획에 참여한다는 매력, 선택받은 단체의 일원이라는 사회적인 분위기 등도 빼놓을 수 없는 공동자금 운영의 매력이다"라고 한 관측자는 말했다.

다시 말해 사실상 공동자금 운영의 목적에 불법적인 것은 하나도 없었다. '주가조작'이라는 폐해는 범죄처벌에 대한 옛날 법률 개념상 매점매석(원문에는 'engrossing, forestalling, regrating'이라고 쓰여 있다. 모두 옛 영국법상의 용어들로서, 각각 상품을 사모아 독점적인 위치에서 비싸게 팔기, 정상적인 거래나 도로의 통행 등을 방해하는 행위, 상품을 사서 바로 그곳 혹은 4마일 반경 내에 있는 다른 시장에서 비싼 값에 파는 행위를 뜻하지만 여기에서는 편의상 '매점매석'으로 번역했다—옮긴이)이라는 개념과 통한다. 하지만 이 매점매석이란 범죄개념은 미국에서는 없어진 지 오래였고, 주가조작이 이런 관습법상 사기인가 하는 문제는 적어도 1930년대 이전에는 아직 논쟁의 여지가 있었다. 증권거래소 같은 월가 당국에서는 반대의견이라고 해봤자 별볼일 없었으며, 또 쉽게 잠재워졌다. 주가변동을 위장하기 위해 자기가 사고 파는 거래인 위장매매(Wash Sales)는 뉴욕 주의 법으로나 거래소 규정으로도 금지되어 있었으나, 그들은 그들끼리의 엉터리 거래를 함으로써 규정은 어기지 않은 채 목적을 달성했다. 거래소의 전문가들은 거래소 규정에 의해 공동자금 운영에 참여하는 것이 금지되어 있었으나, 자기들 부인의 이름으로 아무 문제 없이 주문을 낼 수 있었다. 공동자금 자체에 이의를 걸고 나오는 사람은 아무도 없었다. 나중에 거래소 이사장은 1928년의 아나콘다 공동자금과 1929년의 라디오 공동자금을 조사한 바 문제될 게 아무것도 없었다고 밝혔다. 조작된 것이 아니라면 어떻게 1929년에 라디오 주식이 그렇게 널뛰듯 할 수 있었겠느냐는 질문에 그는 어리둥절한 목소리로 라디오 주식이 좀 묘한 주식이라고만 대답했다.

그럼 그 당시 정부에서는 이걸 탐탁지 않게 여겼을까? 1928년 이전에는 전혀 그런 기미가 없었다. 쿨리지 대통령 및 거래 예찬론자인 재무장관 앤드루 멜론은 규제받지 않는 주식투기가 국가경제 발전에 더할 나위 없는 축복이라는 견해를 가지고 있었다. 경기가 후퇴할 것 같다거나 비관적으로 보이는 어떤 신호에도 이 두 사람은 서둘러 공공연히 낙관론을 펼쳐댔고, 그러면 주식시장이 다시 회복되곤 했다. 쿨리지는 딱 한 번, 그것도 일시적으로 규제가 도움이 될 수도 있겠다는 생각을 해본 것 같다. 하버드대 교수였던 윌리엄 리플리(William Ripley)는 공동자금을 구체적으로 명시하진 않았지만 1927년 「중심가와 월가」Main Street and Wall Street라는 논문을 통해 기업들이 주주를, 또 주가조작자들이 투자가들을 기만하는 데 쓰는 수많은 기법들을 자세히 파헤쳤다. 리플리 교수의 글을 직접 읽어보자. "우선은 문제를 인식하는 것이 필요하다. 난 이런 일들이 옳지 않다고 확신한다. 집이 무너질 염려는 물론 없지만 여기저기에서 수상한 잡음이 들린다. 벽 속엔 쥐들이 들끓고, 목재엔 벌레들이 구멍을 내기 시작했다." 쿨리지는 리플리 교수를 백악관으로 초청, 뭔가 문제가 있다는 데 공감한다는 듯 때로 고개를 끄덕이며 그의 말을 경청했다. 그의 말이 끝나자, 쿨리지 대통령은 입에서 시가를 빼 들고는 몸을 가까이 기울여 물었다. "그러면 지금 우리가 할 수 있는 일은 무엇입니까?" 리플리 교수가 현행법하에서는 이에 관해 대통령에게 아무런 권한이 없다고 하자, 쿨리지는 몸을 다시 뒤로 젖히며 안도의 한숨을 푹 쉬었다. 그럼 뭐 신경 쓸 일도 아니겠다는 생각을 하면서 말이다.

일반 대중들도 마치 카지노의 룰렛 게임에서 누가 더블 제로(double zero : 룰렛 게임에서 제로 하나에 돈을 거는 게 아니라, 제로 둘이 나와야 먹겠다는 베팅. 나올 가능성은 훨씬 작지만, 먹으면 크게 먹겠다는 작전—옮긴이)에 돈을 걸든 말든 상관하지 않듯이, 공동자금에 대해서도 반대하는 목소리는 별로 없었다. 오히려 그들은 공동자금 같은 작전을 반겼는데, 잘만 하면 자기들도 재미를 볼 수 있었기 때문이다. 손해는 다른 사람이 볼 거고 나는 돈을 벌 수 있을 거라는 심보였다고나 할까? 공동자금 관리자들의 영향력하에 있지 않았던 정직한 시장 정보지들은 증권회사 손님들에게 오늘 2시에 GM이나 라디오 주식이 매집될 거라는 정보를 흘렸다. 그러면 손님들은 그 의미를 알아채고 그런 큰 세력과 함께 움직여 돈을 좀 벌어보겠다고 그 주식을 사들였다. 그리고 그들 중 정말 똑똑한 몇몇 사람들은 냉정한 머리와 뛰어난 자제심으로 주가에서 플러그가 빠지기 전에 어느 정도의 이득만 보고 나오기도 했다. 초창기엔 철저한 보안 속에 작전을 수행하던 공동자금 관리자들도 결국 공동자금에 대한 정보에 목말라 하는 대중들의 욕구를 이용할 줄 알게 되어, 공동자금이 활동을 개시한다는 말만 슬쩍 흘려도 일은 절반은 이루어진 것이나 다름없게 되었다. 그러다 마침내 신문들이 공동자금의 운영을 스포츠 경기 다루듯 보도하는 지경에까지 이르렀다. 「월 스트리트 저널」은 정보의 출처는 밝히지 않은 채, '공동자금'(pool)이란 단어를 굳이 피하면서 라디오 공동자금에 대한 기사를 매일 실어 주가 변동을 설명했다. 물론 알 만한 사람들은 다 뻔히 그 애긴 줄 알고 읽었다. 작전이 끝난 다음날인 3월 21일, 그 저널은 솔직하고 정확한 논조로 이런 기사를 실었다. "백만 주나 되는 라디오 주식의 공동자금이 출자자들에게 5점의 이익을 남기고 마감되었다." 5점(point), 다시 말해 5백만불이란 돈이 일반 투자자들의 주머니에서 빠져 나왔다는 말이었다. 일반인들은 이미 주가조작 작전에 능숙히 훈련되어 있었다. 자기 무덤을 파는 그런 작전에.

따라서 사기꾼들과 사기 당하는 사람들, 그리고 증권 관계당국을 포함한 모든 공동자금 관계자들이 마치 7월 4일의 독립기념 축하행사를 보듯이 공동자금 운영을 당연한 걸로 치부하던 당시에는 이것이 사실은 나쁜 짓이라고 결론 내려지려면 그들 모두에게 대단히 엄격한 자기반성이 필요했을 것이다. 하지만 그럼에도 불구하고, 크라이슬러나 락카펠러나 슈왑이나, 민주당 전국의장이나, 그리고 뉴욕의 주요 은행 은행장들이 다 옐로우 키드 와일과 심정적으로는 사촌지간이었던 건 아니었을까? 이런 상황이 바로 1928년과 1929년 사이의 사회 분위기였다.

III

1920년대의 전문투기꾼이나 주가조작꾼들이 서로에게, 일반 투자가들에게, 그리고 국가경제에 어떤 영향을 미쳤는가에 관해서는 많은 글들이 발표되어 왔다. 하지만 여기서는 당시의 주인공들 이야기에만 초점을 둔 만큼, 우린 주로 그들이 서로에게 미친 영향에 대해서만 다루어 보기로 하자.

그들 가운데 흑막에 가려진 인물이었던 제시 리버모어(Jesse Livermore)는 1920년 경에 주식시장을 이끄는 주인공이었을 뿐 아니라 역사적으로도 큰 인물로 성장해 있었다. 당시 그는 40대였는데도 부드럽고 혈색 좋은 얼굴과 윤기나는 금발을 유지해 대학생같이 보였다. 리버모어는 20세기 초반에 시골을 떠나 도시에 온 뒤 주식 거래에서 타고난 솜씨와 열정을 발견, 부자가 된 그야말로 입지전적인 인물이었다. 그의 출생(1877년) 당시에는 미국의 선각자들이 자신의 인생 행로를 거의 종교적인 차원으로 승화시켜 설교한 적도 있었는데, 리버모어는 바로 그런 행로를 걸은 성공작이었다. 그는 이미 10대 초반의 나이에 다니던 학교와 매사추세츠에 있는 아버지의 농장을 떠나 보스턴에 갔다. 그리고 1890년대 여러 도시에서 성업중이던 무허가 중개소에서 자신의 재주를 발견했다. 허풍뿐인 투기꾼들을 상대로 상품에 투기를 하게 하고 장부에 장난을 쳐 투기꾼에게 손해를 입히는 식으로 이 중개소들은 뻔뻔스런 소규모의 절도행각을 벌이곤 했는데, 당시 미국은 자유 기업정신이란 이름으로 이런 행위들을 눈 감아 주었다. 아직 변성기도 되지 않았던 리버모어는 거의 즉각적으로 돌아가는 형편을 파악하고 자신이 투기꾼이 되어 그 업소들을 이용해 먹게 된다. 단기적인 상품 가격 움직임에 대한 그의 판단은 신비할 정도로 정확했기 때문에 얼마 가지 않아 무허가 중개소들은 그에게 이익금 지불을 거부하거나, 아예 그와 거래를 하지 않으려 했다. 열다섯 살의 나이에 그는 이미 남들이 다 알아주는 전문가가 되어버려, 투기를 계속하기 위해서 가명을 쓰고 변장을 했지만 보통은 금방 들통이 났다. 그리하여 너무 빠른 성공 때문에 앞길이 막힌 그는 20세기로 들어서기 바로 직전에 더 큰 물에서 놀기 위해 월가로 진출했다. 익숙지 못한 환경으로 인해 처음에는 실패도 맛보았지만, 그는 곧 새로운 상황을 파악했고 육감에 의존하여 1906년 샌프란시스코에 지진이 일어나기 직전 유니온 퍼시픽(Union Pacific) 주식을 대주쳐서 큰 돈을 모았다. 그리고 1907년으로 이어진 금융공황 때 그는 적시에 대규모 대주작전을 펼쳐 나갔는데, 당시 그의 대주작전이 얼마나 시장을 교란했던지 한번은 피어폰트 모건이 직접 대리인을 보내 30세밖에 안 된 그 건방진 젊은이에게 좀 진정하라고 부탁한 적도 있었다고 한다. 리버모어는 그 다음 해엔 면화를 매점하다가 큰 돈을 잃었으나, 그 후 10년 동안 흥망성쇠를 거듭한 끝에 1차 대전 후에 찾아온 불경기 때 다시 절묘하게 대주를 쳐 막대한 재산을 모았다. 그는 이런 국가적 경제 파탄의 상황에서 친 세번째 대주 작전에서 큰 돈을 벌었다는 점과 그래서 사람들에게 증오대상이 될 정도로 잘 알려지게 되었다는 점 때문에 마음이 편치는 않았다. 하지만 파는 행위도 사는 행위만큼이나 합법적인 거래가 아닐까? 파는 사람이 없다면 어떻게 시장이 형성될 것인가? 그리고 그걸 인정한다면 윤리적이니 뭐니 하는 얘기가 끼어들 이유가 뭐람? 그를 비난하는 사람들도 공언하는 바이지만, 주식시장이라는 제도를 인정하는 한 그에겐 아무런 거리낄 게 없었다.

 1920년대, 시장의 보이지 않은 마법사가 된 리버모어는 두려움과 질시의 대상이었으며, 그의 전화는 도청되었다. 종종 투자자들이 어떻게 해달라고 호소해 오기도 했지만, 그의 얼굴을 보기는 쉽지 않았다. 시장이 강세일 때는 리버모어가 사고 있으며 매집을 시작했다는 소문이 신문에도 나올 정도였고, 시장이 약세일 때는 그가 자신의 장기인 대주작전을 펴고 있다는 얘기가 곧 돌았다. 이런 소문들은 때로는 맞았고, 때로는 틀렸다. 그는 누구의 말도 듣지 않고 스스로의 판단으로 비밀리에 혼자 움직이는 사람이었다. 물론 1920년대 초반, 다른 사람들을 위해 공동자금을 관리해준 적도 있었지만 자신이 직접 그런 자금에 출자하지는 않았으며, 자신의 거래에 있어서는 누구와도 함께 행동하지 않았다. 1920년대 후반, 그의 작전본부였던 5번가에 있는 비밀스런 사무실에는 마치 증권회사 사무실처럼 수십 대의 전화와 젊은 직원들이 매분마다 새로 정리하는 가격 표시판이 구비되어 있었을 뿐 아니라 즉각적으로 정보를 전해줄 고도의 숙련된 통계전문가들도 대기하고 있었다. 수위들이나 승강기 운전자들은 그런 사무실은 없다고 대답하게끔 교육받았고, 전화 회사조차도 그의 사무실 전화번호를 물으면 등록된 번호가 없다고 대답했다. 이 모든 것이 오로지 리버모어 한 사람의 주식투자를 위한 도구들이었다!

 따라서 리버모어의 전설은 불어만 갔다. 하지만 리버모어는 사실에만 관심이 있고, 돈 버는 데만 온 신경을 곤두세우던 사람이었으므로 자신에 관한 전설을 의도적으로 만들었다고는 볼 수 없다. 그에게 전설이란 어울리지 않았다. 때때로 그는 금융시장을 하나의 게임이라고 말하면서 거기에서 생기는 이익을 얘기할 때, 다른 사람들처럼 자유기업 정신이니 개인주의니 하는 따위의 진부한 표현 대신 돈을 빼내오는 것(taking money out)이라고 진솔하고 솔직하게 표현했다. 자신의 주가조작이나 시세 표시기에 주식을 자꾸 등장시키기 위한 주식 자전거래 등에 대해서도 주저하지 않고 말했는데, 그의 철칙에 의하면 주가조작은 고의적인 허위표현이 아닌 다음에야 주식시장의 기본원칙에 위배되지는 않는다는 것이었다. 물론 그 자신이 고의로 그런 짓을 할 리는 없었다.

그는 여가를 즐길 때도 일에서 벗어나지 못했다. 요트와 멋진 차, 지방 여기저기에 사 둔 근사한 부동산들, 매혹적인 여자들도 여럿 있었지만, 팜 비치(Palm Beach)에서든 칸느(Cannes ; 프랑스 남부해안의 휴양도시—옮긴이)에서든, 어떤 예감이 들면 가까운 전화기나 증권회사로 달려갔으며, 곧 휴가를 중단하고 자신의 유일한 안식처인 월가로 돌아갔다. 그는 도회적인 품위를 갖추지 못했으나, 갖추려고 노력하지도 않았다. 어떤 형태든 문화나 교양은 그에겐 맞지 않았기 때문이다. 그는 이런 말을 즐겨 했다. "어떤 주식거래원이 발자크(Balzac ; 『인간 희극』으로 유명한 프랑스의 소설가—옮긴이)를 어떻게 생각하냐는 질문을 받고 뭐라고 한 줄 알아? '난 장외주식은 거래 안 해' 라고 했대." 아마 그 거래원은 리버모어 자신이었는지도 모른다. 그는 종교에도 관심이 없었으나, 딱 한 번 그에게도 뉴잉글랜드 출신답게 전통적인 칼뱅주의의 면모가 있음을 보여준 적이 있다. 친구에게 자신의 투자 실패담을 말하며 다음과 같은 말을 덧붙였던 것이다. "아마 신께서 날 벌 주시려고 그랬던 모양이야." 물론 이 말의 의미는 그가 성공할 때는 신의 가호가 있었음을 암시하는 것이었다.

이 고집스럽고 단순한 인물을 얘기할 때, 좀 낙담이 되는 건 왜일까? 그의 주식에 대한 과도한 열정이 파괴적인 장애증세로 보이기 때문일까? 아니면 혹시 그가 바로 유럽의 지식인들이 상상하는 거인에 가까운 현실적인 미국인의 표상이기 때문일까? 그것도 아니면 그가 기분 좋지 못한 방식으로 미국인의 꿈을 이루었기 때문일까? 그러나 우린 그를 동정하지 않을 수 없다. 왜냐하면 우리는 자신의 행동을 굳이 감추려 하지 않았던 그를 위선자라 부를 수는 없어도, 언젠가 그의 영혼이 나타나 우리를 그렇게 부를지도 모르기 때문이다.

그 이외에도 경제적으로나 사회적으로 다양한 배경을 가진 투기꾼들이 부자가 되려는 야망을 가지고 골콘다에 몰려들었다. 그들 중에는 서부에서 자동차 사업을 때려치우고 온 사람들도 있었고, 시카고의 곡물시장에서 놀다 온 사람들도 있었다. 윌리엄 듀란트(William Durant)는 남북전쟁 당시 미시간 주지사의 손자로서 GM의 창시자였다. 그 당시에 그는 자리에서 물러난 지 오래되었고, 1925년까지 주식시장에서 세 번은 돈을 크게 벌고 두 번은 크게 잃기도 했다. 그리고 곡물시장에서 정확하고 칼 같은 작전을 통해 떼돈을 벌었던 아서 커튼(Arthur Cutten)은 골수 중부 출신들이 대부분 그렇듯 뉴욕을 혐오했지만, 1925년에는 월가에 와서 새로운 도전을 하기도 했다. 하지만 이렇게 색다른 배경의 다양한 사람들 중 가장 응집력이 강하고, 사회적인 현상으로도 가장 흥미로웠던 집단은 바로 동부 도시들마다 널려 있던 빈민가에서 자라난 아일랜드 사람들이었다.

IV

아일랜드인들은 신교도든 유태인이든 나이든 월가의 지도급 인사들이면 오랫동안 모두 한 목소리로 천민 취급하던 바로 그런 부류였다. 물론 더 이상 그런 계급은 아니었지만, 대도시의 정치세력 및 민주당과 연합해 금주령에도 반대하던 아일랜드인들은 그들의 영웅인 알프레드 스미스(Alfred Smith)란 인물을 발견하게 되었다. 종교적인 색채까지 띠면서 그를 패배하게 만든 1928년도의 대통령 선거는 미국의 신교도 사회가 아직 그런 아일랜드 세력의 출현을 얼마나 달가워하지 않는지를 적나라하게 보여주었다. 월가의 아일랜드인들은 모건이나 쿤 로엡의 파트너가 되는 일은 꿈도 꿀 수 없었고, 대신에 아일랜드 전통과 카톨릭 신앙을 소중히 여기며 그들의 그런 특성을 살려 기존 세력에 함께 대항했고, 조롱을 당하면서도 도전을 멈추지 않았다. 그들이 월가에서 가장 손쉽게 시작할 수 있는 일은 주식 투기였고, 그들은 거기에 빠져들었다.

아일랜드인들은 완고한 리버모어나 금주령을 후원하던 듀란트, 또는 코 안경을 걸치고 옷깃을 세운 채 엄격한 생활을 하는 커튼 같은 사람들에게서는 찾아볼 수 없는 그런 멋과 유머와 왕성한 혈기를 월가에 불어넣었다. 그들은 보통 자신들을 높게 평가하거나 재미있다고 여긴 기득권 계층의 친절한 은혜에 힘입어서 월가에 들어설 수 있었다. 라디오 공동자금 작전에서 중추적인 역할을 했던 마이클 미한은 1917년에는 연극표 중개상이었는데, 그는 이때 모건이나 리만 또는 골드만 삭스 등의 파트너 및 임원들에게 인기 좋은 브로드웨이 연극에서 최상의 복도자리를 얻어주곤 했다. 땅딸하고 붉은 얼굴에 고압적인 자세이긴 했지만 미한은 이들의 마음에 들게 되었고, 그들 중 몇몇의 도움을 받아 장외 주식시장의 중개인 자리를 얻을 수 있었다. 그는 그 일을 잘 해냈고, 몇 년 뒤에는 거래소로 자리를 옮겨 승승장구하더니 10년 만에 그의 회사는 거래소 회원권을 8개나 보유하게 되었다. 또 그는 알프레드 스미스(Alfred Smith)나 존 라스콥(John Raskob) 같은 민주당 실력자들과도 가까워졌고, 그의 사무실 벽은 가죽으로 장정된 세익스피어의 책들로 가득 차게 되었다. 그래도 그는 여전히 떠들썩하고 예의가 없었지만, 모건이나 리만, 골드만 삭스 등은 전과 다름없이 그에게 매료되어 있었다. 미한은 대서양 횡단 여객선인 브레멘(Bremen)이나 베렝가리아(Berengaria) 같은 배 위에 자신의 증권사 지점을 운영하기도 했다. 때때로 미한과 그의 동료들은 강세장이나 약세장 냄새를 맡으면 한번 해먹을 생각으로 거래소에 다같이 몰려가 군단처럼 입장하기도 했다. 배당금도 못 주는 상태였던 라디오 회사의 주가를 1928년의 최저가 85.25불에서 1929년의 최고가 549불까지 끌어올리는 과정에서, 그는 1920년대를 통틀어 가장 기가 막히고 가장 수치스러운 주가조작에 성공했다. 어떤 사람들은 대중들로 하여금 주식을 사랑하게 만들고, 또 2차 대전 후 불어닥칠 대중적인 자본주의의 기반을 닦는 데 미한만큼 공헌을 한 사람도 없을 것이라고 말했다.

친구들에게 벤이란 애칭으로 불리던 버나드 스미스(Bernard Smith)는 20세기에 접어들던 무렵, 뉴욕의 서쪽 끝 50번가에 있는 허름한 아일랜드인 구역에서 자라났다. 그는 학교를 중퇴한 뒤 신문도 팔고, 각지를 유랑하기도 하고, 자동차 영업사원도 해보다 결국 증권회사에 사무직 자리를 얻었으며, 곧 회사의 돈 많은 신교도 고객들과 친해지게 되었다. 고객들은 금방 그의 진가를 알아보았다. 그는 세련미라곤 없었지만, 언제나 장난과 농담을 즐겼다. 좀 작은 키에 넓은 어깨와 푸른 눈, 그리고 켈트족다운 얼굴을 가진 스미스는 1차 대전 후 사무실 관리자로 증권회사에 복귀, 상류사회의 사람들을 잘 구슬려 그들의 호감을 사는 데 귀신 같은 재주를 보였다. 1926년, 그가 거래소 회원권을 얻도록 후원해준 사람도 명문가 출신의 중개인이었으며, 영업사원 시절 만난 적이 있던 퍼시 락카펠러(Percy Rockefeller)는 어느새 그의 변함없는 친구이자 각종 공동자금에 같이 참여하는 사이가 되어 있었다. 스미스는 1928년과 1929년에 있던 대규모 공동자금 작선에 여러 번 참여했으며, 그 가운데 몇몇 공동자금은 직접 관리자가 되기도 했다. 하지만 그는 그런 매수 공동자금을 통해 돈을 벌긴 했어도, 사실 마음속으로는 매수보다 매도에 더 끌리는 사람이었다. 그는 1926년에 일시적으로 있었던 약세장에서 매수편에 가담했다가 재산을 몽땅 날린 이후 그 쓰라린 경험을 잊지 못했다. 술과 담배 근처에도 안 가는, 아니 맥주나 포도주, 차나 커피까지도 입에 대지 않는 청교도적인 사람이었던 벤 스미스는, 냉철한 혜안으로 쿨리지 대통령 시절의 떠들썩한 경기회복 속에 숨겨진 허구를 꿰뚫어 보았다. 그는 자신을 부자로 만들어 주는 그런 종이 조각(주식)을 경멸하고 있었음이 분명하다. 마치 자기에게 도움을 주긴 했지만, 호황을 틈타 재미 보며 폼 잡고 다니는 수완 좋은 인간들을 경멸하듯이 말이다. 그는 아직 상대적으로 덜 알려져 있었으나, 그의 전성기는 이제 시작일 뿐이었다.

보스턴 출신으로 벤 스미스와 같은 해에 태어나 비슷한 환경에서 자랐으나 그보다 좀더 일찍 명성과 부를 얻었던 조세프 케네디(Joseph Kennedy)는 야심이 더 컸으며, 좀더 변화무쌍했고, 아마도 더 몰인정한 사람이었던 것 같다. 게다가 그는 스미스와는 달리 아직 드러나지는 않았지만, 기존체제에 대한 지지성향이 있었다. 그는 보스턴에 있는 증권회사를 박차고 나온 뒤, 1922년에 자기 회사를 차렸는데, 사무실 안에 '은행가 조세프 케네디'라고 멋지게 써 붙였다. 그리고 그는 곧 과감한 주가조작꾼으로 명성을 날리기 시작했다. 1924년 존 헤르츠(John Hertz)가 시카고를 중심으로 운영하던 택시회사 옐로우 캡(Yellow Cab)이 주주들의 재정 상태를 위협할 정도의 심한 매도공략을 당하게 되었을 때, 케네디가 나서서 주가 방어의 책임을 맡은 적이 있었다. 헤르츠는 매수 공동자금을 모으기 시작했고, 케네디는 보스턴을 출발, 뉴욕의 월도프 아스토리아 호텔 내에 시세 표시기와 수많은 전화기를 갖춘 방에 숙소를 정하고는 그 공동자금을 훌륭하게 관리해 매도꾼들을 무찌르고 주가의 하락을 방지했다. 이때 어찌나 그의 방어전이 성공적이었던지, 한 달 만에 공동자금의 원금을 다 돌려주었을 뿐 아니라 자신도 상당한 사례금을 챙겼다. 몇 달 뒤 옐로우 캡의 주가가 다시 급락하자, 이번엔 케네디가 매도공략에 나선 것이 아널까 의심한 헤르츠가 케네디를 만나면 얼굴에 주먹을 날리겠다고 별렀다. 하지만 그 주먹 한방은 결국 날리지 못했으며, 매도의 주도자가 케네디라는 것도 밝혀내지 못했다. 케네디의 회고록을 쓴 바 있던 리차드 웰란(Richard Whelan)은 이렇게 말했다. "전혀 가능성이 없다고 볼 수는 없지요." 1926년, 케네디는 자신의 아이들(그 중에는 9살 된 존 F. 케네디와 아직 돌도 안 된 로버트 케네디도 있었다)을 데리고 아내와 함께 맨하탄 북쪽 리버데일(Riverdale)로 이사하여, 장거리 출퇴근을 하지 않고도 월가를 드나들 수 있게 되었다. 그는 1920년대 후반의 몇 년 동안 월가의 중심인물로서 특히 영화 관련 주식들을 전문으로 거래했다.

스미스는 삶에서 남들과 평형을 이루기 위해 돈을 원한 반면, 케네디는 돈은 당연하게 생각했으며 오히려 눈높이를 권력에 맞췄다. 기술과 몰인정함 외에도 그의 최대 무기는 웰란이 표현한 바대로, 보기 드문 사회 적응력이었다. 그 덕에 그는 미한이나 스미스하고도 잘 어울렸고, 월가의 지도층 인사나 거만한 기업체 중역과도 편안한 관계를 유지할 수 있었다. 아일랜드 사람이라면 경찰이나 소방관, 정치모리배 아니면 술집 지배인 정도로만 생각하던 적대적인 월가의 분위기에서 아일랜드인은 보통 근면하고 머리가 잘 돌아가야 그래도 한자리 할 수 있었지만, 케네디는 이들과 달랐던 것이다. 하지만 케네디에게도 한계는 있었다. 1929년 초, 그는 월가에서 잘 알려진 인물이 되어 있었고, 너무 무모한 공동자금 운영에서는 한발 떨어져 있는 현명함을 보이기도 하여 좋은 평판을 얻고 있었다. 그러던 어느날, 케네디는 월가 23번지를 찾아가 아무렇지도 않게 JP 보선에게 면회를 신청했는데, 평소 마음속에 두고 있던 방문이었음이 분명했다. 그는 냉대를 참지 못하는 빈틈없는 사람이었으므로 아마도 이제 자신의 영향력이 꽤 커졌으니, 모건도 자신을 만나고 싶어할 거라 믿었던 것 같다.

그게 아니면, 적어도 자기 정도 되는 사람을 문전박대하진 못할 거라 생각했는지도 모른다. 하지만 이번엔 그도 잘못 짚었다. 모건은 지금 바빠서 만날 수가 없다는 대답을 전해왔다.

V

한편, 월가의 중추였던 닉 캐러웨이 같은 부류들은 기분이 떨떠름해지고 있었다. 이들은 좋은 집안에서 자라고 좋은 교육을 받았으며, 또 당연히 월가에 진출했을 뿐 아니라 얼마 뒤엔 월가 및 정가에서도 이름을 떨치게 될 그런 젊은이들이었다. 이들이 시큰둥해진 건 사회의 하류층에서 온 투기꾼들이 대규모로 자행하는 주식시장 분탕질 때문에 자신들의 위치가 위협받고 있어서가 아니었다. 오히려 그런 투기꾼들의 쉬운 성공이나 갑작스레 달라진 영업환경 때문에, 또 자신들만이 할 수 있다고 생각했던 일을 그렇게 누구나 할 수 있다는 걸 깨달았기 때문에 이들의 삶이 달라지고 있었다.

 그리하여 이 젊은이들의 태도가 변하고 있었다. 미국의 창시자들이 만들어 놓은 전통적인 분위기 속에서 이들은 모든 방면에서 아마추어는 되는 다재다능한 사람으로 교육을 받았었다. 사교 모임에서는 일과 관련된 얘기는 금물이었고, 특히 여자들과는 더 그러했다. 하지만 이젠 여자들이 언제나 그런 일 얘기를, 아니 일이라기보다는 주식시장 얘기를 꺼내고 있었다. 1920년대 초반, 바뀌어진 사회 분위기로 인해 성에 관한 이야기가 종종 대화의 화제가 된 적도 있었지만, 이젠 그런 성적인 농담 같은 것은 따분한 주제가 되어 있었으며, 다른 종류의 갑작스런 사회변화로 인해 성에 못지 않게 흥미롭고 새로운 주제가 등장하게 되었다. 주식시장에 대한 대화는 이제 더 이상 남성들만의 전유물이 아니었다. 증권회사들은 따로 공간을 마련하여 수십만이나 되는 여성 투기꾼들이 남자들의 시선에 신경 쓰지 않고 시세 표시기를 쳐다보며 투자상담을 할 수 있도록 배려했다. 흔히들 하는 말처럼 만일 여자들에게 정말 상습적인 도박 기질이 있다면, 적어도 여성해방 덕에 그들은 이제 말로나 행동으로 드러내놓고 그런 열정을 분출하게 된 셈이었다. 월가의 젊은 기사들은 이 여자 손님들을 상담해주고 투기를 도왔다. 모든 여자들이 라디오 주가나 철강 주가, 또는 아나콘다 주가 얘기를 하고 싶어하는 마당에 이들이 어떻게 저녁식사 자리에서 전통적인 여성에 맞는 주제를 꺼낼 수 있었겠는가? 그럴 수는 없었다. 젊은 중개인들이 일 얘기라면서 눈치 보며 겨우 꺼내던 그런 화제가 어느새 갑자기 인기 있는 모두의 대화가 되어 있었다.

이런 현상은 격이 낮은 술집에서나 고급 상류사회에서나 다 마찬가지였다. 뉴욕에 막 도착한 어떤 눈치 빠른 영국인 특파원은 훗날 이런 글을 썼다. "처음에야 금주령이나 헤밍웨이 아니면 새로 선보이던 에어컨 얘기, 아니면 음악이나 경마 같은 게 화제가 될 것이다. 하지만 결국엔 모든 화제가 주식얘기로 흘러가게 되고, 그땐 대화가 아주 진지해진다." 사교모임의 대화에 있어서 미국의 전통이랄 수 있는 세련된 아마추어 정신은 일시적으로 사라지고 말았다.

시장 얘기 그 자체보다 더 위험한 것은 월가의 젊은 친구들이 가지고 있는 점증하는 확신감이었다. 한 사람을 예로 들어보자. 편의상 그를 리즈(Leeds)라고 하자. 리즈는 뉴잉글랜드 지방의 목사 집안 자손으로서 교회에서 성장했으며, 하버드를 나온 뒤 전쟁 때는 공군에서 복무했고, 제대한 다음 주식중개업에 뛰어들었다. 그는 겸손하고 솔직한, 매력있는 젊은이로서 곧 자기의 실력을 발휘했다. 그의 숙모, 이모들과 하버드 동문들이 그에게 돈을 맡기기 시작했는데, 처음에는 찔끔찔끔 들어오던 투자자금이 시장에 불이 붙자 더 큰 규모로 늘어나게 되었고, 리즈는 그들 모두에게 새로 솟아오르는 금융가의 별이 되었다. 1920년대에 계속된 주식시장의 활황 속에서 그는 더욱 많은 돈을 벌었다. 물론 언제나 손님들을 위해서만. 주식거래에서 생기는 수수료를 챙기지 않았다는 게 아니라, 성장과정에서 배운 대로 또한 양심에 따라 그는 항상 자신이 내린 판단의 혜택을 고객에게 우선적으로 돌렸다. 안 그러는 중개인도 있었겠지만(물론이다!), 그는 이것을 철칙으로 삼았고, 익살맞은 목소리로 자신을 낮추면서 이렇게 설명했다. "난 술 안 마시는 바텐더가 좋거든요." 그는 그런 식으로 자신의 타고난 양심을 달래고 만족시켰다. 그는 마음속으로 직업이란 곧 사회에 대한 봉사라는 생각을 가지고 성경 말씀대로 열심히 일에 임했던 것이다. 그러나 그는 고객들을 위해 돈을 많이 벌수록 자신의 대단한 재능을 더욱 확신하게 되었고, 그 재능을 과대포장하게 되었다.

물론 다른 중개인들도 다 그 나름대로 각자의 고객에게 많은 이득을 안겨주고 있었다. 사실 상당히 오랫동안 그러지 않기가 더 힘들었던 그런 굉장한 활황 장이었다. 주식투자에 성공한 사람들은, 이게 다 자신들이 비범한 통찰력을 가진 덕분이라고 믿고 있었다. 심지어 전문가들조차도 말이다. 이제 리즈의 친구나 고객들도 점잖던 그가 조금씩 조금씩 거만해지는 걸 느낄 수 있었다. 태도가 점점 더 거만해지고, 어떤 때는 술도 과하게 취하는 그를 쳐다보며 이제 주위 사람들은 그가 과대망상증에 빠졌다고 여기게 되었다. 주식시장의 열기가 광신에 가깝던 그 당시, 그는 자신이 마치 고위 성직자나 된 듯한 착각에 빠졌고, 사람이 변해버렸다. 자신에 대해 점차 관대해지기 시작하자 행동의 기준이 허물어졌고, 자신에 대한 통제력이 사라졌다. 누가 봐도 이제 그는 과거의 리즈가 아니었다. 사람들은 셰익스피어의 시 귀절을 인용했다. "산천이 망가지니, 먹잇감도 없어진다." 아마 거기에 덧붙여 이렇게 얘기하고 싶었는지도 모른다. "돈을 벌고 나면, 사람도 타락한다."

하지만 물론 모든 사람들이 다 돈을 벌 수는 없었다. 시장에 참여한 사람들의 사정도 마찬가지여서, 주식시장 활황에 얽힌 무수한 얘기들이 돌았다. 실망담에, 후회담에, 저질적인 비난에, 그리고 나말고 남들만 돈 버는 데서 생기는 배아픔 등등. 누구나 무엇에 도취하거나 얼렁뚱땅 과신하게 되면 그 반대결과가 반드시 있다는 걸 잊기 쉽다. 주식시장에는 사는 사람이 있는 만큼 파는 사람도 있다. 값이 올라 재미 본 매수자가 있다면 그만큼 이득 볼 기회를 날린 매도자가 있기 마련이며, 사람들은 자기들이 아직 들고 있는 주식값보다, 팔아버린 주식값을 더 자세히 쳐다보기 마련이다. 따라서 사람들은 현실보다는 환상 속에 빠져들기 쉽고, 앞으로의 행동을 계획하기보다는 지나간 행동을 정당화하기를 좋아한다. 사람들은 다 그렇다. 1926년이나 1928년에 시장을 빠져 나온 사람들을 생각해보자. 그들은 1929년 내내 주식시장을 쳐다볼 때마다 자신의 바보 같은 조심성 때문에 손에 다 들어왔던 대박의 기회를 놓쳤다며 안타까워 했을 게 뻔하다.

게다가 브루스 바튼(Bruce Barton)이나 존 라스콥 같은 사람들이 라디오 방송이나 잡지 등을 통해 주식을 파는 행위가(다시 말해 미국을 대주치는 행위가) 바보 같은 짓일 뿐 아니라 비애국적이고, 또 어쩌면 비기독교적인 짓일지도 모른다고까지 떠들어댄다고 해서 미리 팔았던 사람들의 기분이 누그러졌을 리가 없다(바튼은 그의 저서『아무도 모르는 사람』에서 예수를 첫번째 사업가에 비견하며, 예수가 남긴 비유들은 시대를 막론하고 가장 강력한 광고 문안들이었다고 썼는데, 이 책은 쿨리지 재임기간 중 가장 잘 팔린 베스트 셀러가 되었다). 기회를 놓쳐버린 사람들의 골난 기분은 돈을 번 사람들이 떠들어대는 흥청망청하는 소리와 마찬가지로 그 당시 미국 사회의 분위기를 만들어가는 한 요소였다. 부동산이나 연말결산을 전문으로 하던 똑똑한 변호사 바니 윙켈만(Barnie Winkelman)의 말을 들어보자. "금융시장의 게임에서 감정에 얽매이지 않고, 손해나 이득을 점잖게 빨리 받아들일 줄 아는 사람들도 몇 있긴 하다. 그러나 보통 사람들은 그러기가 쉽지 않다. 사고 파는 일엔 미련과 후회가 걷잡을 수 없이 따라다니기 마련이다. 대부분의 사람들은 자기가 받을 수 있었던 최고가격 아래에서 주식이나 부동산을 팔고 나면, 평생 그 생각을 하며 애통해 하게 된다." 활황 장을 놓친 그래서 더 이상 쳐다볼 게 없어진 사람들 중엔 어서 폭락 장세가 와 자신들의 지나간 판단이 옳게 되고, 남이 돈 버는 것을 더 이상 배 아파하지 않게 되기를 바라는 사람들이 많이 있었다. 당시의 사회 분위기는 이렇듯 둘로 나누어진 대칭적인 것이었다.

1929년 미국에 와서 느낀 바를 요약한 영국인 클로드 칵번(Claud Cockburn)은 미국 사회를 극단적인 물질주의라고 표현하지는 않았다. 하지만 그는 묘하고 이상한 분위기 속에 뭔가 비극적이고 고상하기까지 한 점을 발견했다면서, 다음과 같이 덧붙였다. "본질적으로 옛 미국의 꿈이 이루어지는 것이었다. 미국인들이 주식시장 활황에 대해 가지고 있는 태도란 바로 기적에 대한 믿음, 열심히 하면 멋진 일을 이룰 수 있다는 바로 그런 믿음이었다." 하지만 불과 몇 년 전, 또 다른 명석한 영국인인 경제학자 케인즈(Keynes)는 미국인에 대한 얘기는 아니었지만, 훌륭하고 책임감 있는 사람들이 과도한 투기로 인해 어떻게 변할 수 있는가에 대해 부정적인 어조로 다음과 같이 말한 바 있었다.

재산의 가치가 빠른 속도로 오락가락하게 되면 사람들은 보수적인 감각을 잃게 되고, 정상 영업을 통해 얻는 적지만 영속적인 이득보다는 순간에 얻을 수 있는 더 큰 이득에 대해 많이 생각하게 된다. 그의 사업이나 일이 앞으로 어떻게 될지는 중요하지 않게 되고, 어떻게 손쉽게 돈을 번 뒤 빠져 나올까 하는 데만 정신이 집중된다. 힘들게 번 것도 아니고, 자신이 구상하여 벌거나 실수로 번 것도 아니지만, 한번 큰 돈을 벌게 되면 그 돈은 쉽게 놓칠 수 없다. 이런 충동으로 인해 그는 항상 잠재적인 불안 속에서 살게 되며, 사회에서 자신이 필요한 사람이라는 자신감을 잃게 된다. 그 누구보다도 존경과 칭찬을 받을 만하던, 그리고 사회의 필요한 구성원이던 그가 이제는 자신이 보기에도 반쯤은 죄의식을 가질 정도로 사리사욕에 혈안이 된 소인배가 되어버리고 만다.

1928년과 1929년, 월가에는 이런 반쯤의 죄의식과 그 근본원인이 된 과도한 주식투기가 고위층에까지도 폭 넓게 퍼져가고 있었다.

망가지는 시장

I

금융가의 거장들이 가장 이상적으로 여기는 공개 발표는 대서양 횡단 여객선 위에서의 기자회견이었다. 그 당시 월가의 유명인사들 사이에는 사업 겸 휴가 겸 해서 여름에 유럽에 다녀오는 것이 유행이었는데, 여객기가 없던 당시의 유일한 교통수단은 여객선이었다. 승객명단에 나타난 유명인사의 이름은 일반인들에게 그 인물의 행방을 알려주는 유일한 정보였으며, 이런 정보는 언제나 기자들의 관심사항이었다. 따라서 9월의 노동절까지도 뉴욕을 후끈 달구어 놓을 여름의 열기가 서서히 스며들 즈음인 매년 6월이나 7월이면, 뉴욕 허드슨 강 입구의 부두는 떠나가는 큰 배들의 고동소리가 요란하게 들렸고, 신문기자들은 승객명단에서 모건은행 파트너들이나 증권거래소 관계자들, 또는 잘 알려진 공동자금 관리자들의 이름을 골라내, 배가 떠나기 바로 전 갑판에 올라가 연필과 종이를 들고 그들에게 다가갔다.

명사들은 면담을 거절하거나 그냥 호화스런 객실에서 편안하게 휴식을 취하고 있을 수도 있었지만 대체로 그렇게 하지 않았으며, 오히려 어떤 공개적인 발표를 하려는 의도를 가지고, 출발이나 도착 날짜를 그에 맞추어 잡기도 했다. 이런 경우 언론에서는 꼭 '매우 드문 기회'라고 써 주기를 잊지 않았다. 이들은 승선했다는 사실이 다 알려졌기 때문에 어쩔 수 없이 예의상 회견에 임한다는 듯 행동하긴 했지만, 사실은 이미 신중하게 준비된 말을 머릿속에 잘 넣어둔 채 배에 오르기 마련이었다. 이들은 금융계의 전통에 따라 겉으로는 과묵했고, 만나기 힘든 사람이라는 티를 냈으며, 위엄을 갖추고 신비스럽게 보이기까지 했지만, 사실은 그런 기회를 이용하여 자기가 하고 싶은 말을 다 했다.

그리하여 매년 초여름이나 초가을, 신문은 쉽게 만나기 힘든 유명인들의 이런 매우 드문 회견내용으로 가득차곤 했으며, 때로는 이에 따라 시장이 요동을 치기도 했다. 여객선은 미국 금융계 거장들의 행렬이었다. 이런 실력자들이 유럽으로 떠나고 나면, 미국시장은 그들의 희망 섞인 말에 미소 지으며 "잘 다녀오십시오"라고 응수하는 격이었다. 그들이 영국 남부의 사우스앰튼(Southampton)이나 프랑스 북부의 르 아브르(Le Havre)에 도착하고 나서 또 뭐라고 하면, 시장은 또 "브라보" 하고 환성을 외쳤으며, 그들을 태운 거대한 수송선이 다시 뉴욕으로 올 때면 윙켈만이 표현한 대로 요란한 환영의 박수갈채가 증권거래소 시장부를 흔들어 놓을 정도였다.

1926년 7월 31일 토요일 자정 무렵에 여객선 올림픽 호가 다음날 아침 일찍 출항하기 전 잠을 자두기 위해 막 승선했던 모건의 파트너 토마스 코크란은 기자들에게 면담을 허락했다. 그리고 그 면담 기사는 다음 주 월요일 정오가 막 지나서 다우 손즈의 금융 뉴스를 통해 월가 및 전국의 은행과 증권회사에 전달되었는데, 다른 무엇보다도 다음과 같은 말이 눈길을 끌었다. "GM의 현재 주가는 싸 보입니다. 적어도 100불은 더 올라가야 할 것 같고, 또 그렇게 될 겁니다."

다우 존즈 뉴스판을 쳐다보던 많은 사람들은 다시 한번 눈을 비비고 그 기사를 읽지 않을 수 없었다. 한때 주가에 대한 의견을 묻는 질문에 대해 JP 모건 1세(즉, 피어폰트 모건)는 "주가요? 오르락내리락 하겠지요"라는 멋진 대답으로 얼버무린 적이 있었다. 그러나 이젠 시대가 변했다고나 할까? 월가 23번지 금융의 황실을 대표하는 목소리가 수치스럽게도 어떤 특정 종목의 주가를 몇 불까지 지적하며 선전하고 있었다. 이건 마치 증권회사에서 전화영업하는 사람이 실적을 올리려고 선전하는 식이 아닌가? 그의 그런 발언만 가지고도 정말 어안이 벙벙할 정도였으며, 사실 나중에 「뉴욕 타임즈」가 보도했듯이 월가에서 이런 적은 한 번도 없었다. 하지만 그뿐만이 아니었다. 코크란은 잘 알려진 바대로 GM의 내부자로서, GM사와는 신탁에 준하는 관계(준신탁관계quasi-fiduciary relationship ; 신탁관계란 타인을 위하여 재산을 신탁으로 보유, 관리하는 수탁자가 타인과 가지게 되는 관계로서, 재산을 관리함에 있어 신뢰와 호의를 가질 의무가 있다. 준신탁관계란 그런 신탁의무를 가진 듯 보이긴 하지만, 엄격하게 신탁관계는 아닌 경우로 변호사와 고객의 관계, 의사와 환자의 관계가 그 대표적인 예라 할 수 있겠다. 여기서는 주거래은행과 고객 간의 관계를 준신탁관계로 표현한 것이다—옮긴이)에 있었다. 모건은행은 GM의 주거래은행이었으며, 회사에 대한 지분도 상당했고, 모건은행의 파트너들 중에는 GM의 임원을 겸하고 있는 사람도 있었다. 바로 얼마 전, GM의 이사회가 열렸고, 모건은행의 파트너들은 언제나 긴밀히 서로 연락을 취하고 있다는 걸 생각해보면, 코크란은 GM의 이사회에서 어떤 얘기가 오갔는지를 뻔하게 알고 있었을 것이다. 따라서 그의 말은 모건가(家)에서 쓰는 점잖은 말은 아니지만 흔히 말하는 마구간 정보(feedbox tip ; 경마장 마구간에서 일하는 사람이 말의 상태에 대해 전하는 비밀 정보—옮긴이)였다.

코크란의 기사가 나간 지 불과 몇 분 만에 거래소의 중개인들과

거래인들 반 이상이 GM이 거래되는 곳으로 몰려들었으며, 그날에만 25만 주 이상이 거래되면서 주식값이 189.5불에서 201불로 뛰었다. 그리고 그 다음날도 비슷한 현상이 계속되어, 그 열기 때문에 다른 주식들은 거의 잊혀진 가운데 주가는 12.5불이 더 올랐다. 수요일, 수천 마일이나 떨어진 바다에서 항해중이었지만 이런 난리법석에 대한 소식을 전해 듣고 있던 코크란은 그가 회견에서 한 말을 부분적으로만 부정했다. 즉 그는 '주가 움직임에 관한 내 의견을 발표하도록 허가한 적이 없다'면서, 그 점 말고는 달리 회견내용에 대해 부정하지 않았던 것이다. 월가에서는 상황을 곧 간파했다. 그날 밤 배에 탔던 기자가 모건 파트너들의 오래된 규칙을 위반한 것이었다. 다시 말해, 모건 파트너들의 말은 다른 왕족들이나 대통령들과 마찬가지로 그들이 특별히 허락하지 않는 한 직접 인용되지 않는 게 관례였던 것이다. 바다 한가운데에서 전해진 코크란의 말은 다른 파트너들 앞에서 그의 체면을 살려주긴 했지만, 코크란 자신이나 모건은행의 묘한 행동을 시원하게 설명해 주지는 못했다. 그가 뭘 허락하고 뭘 허락하지 않았든 간에, 그는 파트너들의 명백한 동의하에 노골적으로 자신들의 이해관계가 얽힌 주식을 크게 선전한 셈이었다.

다음날도 GM 주가가 계속 치솟는 가운데,「월 스트리트 저널」은 코크란의 솔직함을 칭찬하며, 기업의 내부자가 자신에게 유리한 내부자 정보를 혼자만 알고 있지 않고, 일반 투자가들과 함께 나눈다는 것은 공공의 이익을 먼저 생각하는 훌륭한 발상이라고 추켜세웠다. 하지만 이건 좀 심한 결론이었다. 코크란이 어떤 기업기밀을 공개했다 치더라고(그러지도 않았지만), 그가 택한 공개방법은 무분별하게 자기 잇속만 차리는 주가조작에 가까운 수준이었고, 응당 기업의 정보공개는 내부자와의 회견을 통해서가 아니라 기업의 공식적인 발표를 통해 이루어져야 했다. 그리고 그의 진술은 틀린 게 아니었다는 것이 곧 드러났다. 8월 12일, GM은 6억불 어치나 되는 50퍼센트 주식배당을 발표했으며, 주가는 계속 최고가를 갱신했던 것이다. 따라서 코크란의 말을 믿고 주식을 산 사람들은 돈 방석에 앉게 되었다. 코크란 같은 내부자가 다 독식할 수 있었을 그런 돈을 여럿이 나누어 가진 셈이니 그 점에서는 코크란이 대중의 편에 서 있었다고 할 수도 있었다. 하지만 이 사건에는 더 중요한 의미가 있었다. 즉 모건은행이 그때까지 지켜오던 모습을 탈피했다는 것이다. 어쩌면 그때 딱 한 번, 그것도 부분적으로는 기자의 무지 혹은 배신 때문에 모건은행도 과열된 투자 분위기에 휩쓸려 과대선전 및 도덕적 해이에 일조했던 건지도 모르지만.

일이 망가지고 있다. 중심을 유지할 수가 없다.
이 세상이 완전한 무질서 속에 빠지고 있다.

— 예이츠의 시 「두번째 도래」 *The Second Coming* 중에서

II

1927년엔 시장이 눈에 띄게 망가지고 있지는 않았다. 오히려 그 해는 활황이 본격적으로 진행되던 때였다. 코크란의 선상회견이 있은 지 1년 만에 다우 존즈 산업지수는 회견 당시보다 50퍼센트 이상 올라 있었다. 그 해 5월, 찰스 린드버그(Charles Lindbergh)의 대서양 횡단은 우선 항공 관련 주가를 올려놓기도 했지만, 무엇보다도 삶에 대한 무한한 가능성, 특히 미국이란 나라의 가능성을 다시금 일깨워주어 전국적으로 사람들이 들뜨게 되었고, 그 결과 주식시장의 분위기도 심리적으로 크게 호전될 수 있었다. 그 이전에 그런 활황 장은 미국뿐 아니라 다른 어떤 나라에서도 없었지만, 이제 미국에서 그런 장을 보게 될 터였다. 경기 호황 역시 그냥 허황된 희망이나 환상은 아니었다.

1927년 말, 약간의 후퇴 조짐이 있긴 했지만 대체적으로 경기는 좋았으며, 이를 배경으로 주식시장도 견고한 모습을 유지할 수 있었다. 바로 그 경기 호황에 자신의 이름까지 붙게 된 쿨리지 대통령이 1927년 11월 17일에 한 말을 들어보면, 그 당시의 분위기를 파악하는 데 도움이 된다. "미국은 이제 새로운 번영의 시대로 접어들고 있습니다." 그랬다. 미국은 이제 새 시대를 맞이하고 있었으며, 새 시대는 영속적인 번영을 의미했다. 호황과 불황을 오가던 과거의 경기순환은 이제 끝나고, 미국인들의 부와 예금이 지속적으로 늘어가는, 따라서 주가는 계속 오르기만 해야 할 그런 새로운 번영의 시대가 오고 있었다.

걱정거리는 딱 한 가지였다. 주식시장의 활황에 편승하여 재미 보려는 사람들이 많아질수록 그만큼 자금의 차입도 늘어만 갔던 것이다. 사람들은 증권회사에서 돈을 빌렸다. 이들 증권회사는 신용으로 주식을 매입하는 것을 허락, 아니 사실상 유도했는데, 때로는 10~20퍼센트의 현금만 가지고도 주식을 살 수 있게 해주었다. 물론 이들 증권회사는 콜(call) 시장이라 불리우던 단기자금시장을 통해 은행에서 이런 자금을 마련했다. 이미 수년 간 계속되어온 시장관행이었으나, 이제 증권회사에 대한 은행의 여신은 놀라울 정도로 급증했고, 월가의 신용구조가 불안정해 보이기 시작했다. 물론 이런 신용상황도 전혀 예견 못한 바는 아니었고, 이를 통제할 체계도 갖추어져 있었다. 1913년 미국의회가 연방준비제도라 불리우는 중앙은행을 세워 통화의 안정을 꾀하고 대통령으로부터도 정치적으로 간섭 받지 않게 했던 것은, 사실 대출에 대한 기준금리를 정하고 은행들의 여유자금 규모를 조정하는 기능을 통해 시장 전체의 신용공여를 통제하려는 데 그 주목적이 있었다.

1927년, 연준은 경제의 규제자로서 흔히 할인율이라 하는 기준금리를 올려 은행들의 여유자금을 흡수해감으로써 급증하는 주식시장의 신용대출에 제동을 걸 만도 했다. 그런데 연준은 그와 정반대 되는 조치를 취했다. 7월 27일에 열린 유명한, 아니 악명 높은 회의에서 연준의 책임자들은 돈 빌리는 걸 더 어렵게 하기는커녕 오히려 더 쉽게 만들어 버렸다. 이건 마치 폭동이 일어날 듯한 분위기에서 경찰이 거리에 모인 사람들에게 총을 나누어 주는 격이었고, 이 결정은 그 이후에 일어난 여러 가지 유쾌하지 못한 일들에 대한 원인으로 지적되는 결과를 낳았다. 왜 이런 일이 벌어졌는가를 이해하려면 우선 1920년대 월가에서 그야말로 제왕이자 철학자 같던 당시 연준의 실력자에 대해 살펴 보아야 한다.

그의 이름은 벤자민 스트롱(Benjamin Strong)이었으며, 뉴욕 연준의 총재였는데, 아마 연준 역사상 가장 헌신적인 중앙은행가였을 것이다. 그는 모건은행의 파트너 상(像)이라 할 만큼 큰 키에, 큰 코와 매정한 눈을 가진 잘생긴 얼굴이었으나, 속으로는 자기만의 번뇌와 좋지 못한 건강에 시달리고 있었으며, 철저하게 자기중심적인 사람이었다. 1872년 허드슨 강 상류의 한 마을에서 태어난 그는 오래된 양키 상인가문 출신이었으나, 부유하게 자라지는 못했다. 프린스튼대학에 가고 싶었으나 가지 못했으며, 16세에 월가에서 일을 시작했다. 1898년에 결혼하여 이미 아이를 넷이나 둔 가장이었던 그는 가족들과 함께 뉴욕 교외의 잉글우드(Englewood)로 이사했다. 그 동네는 당시 모건 파트너들의 합동 거주지역 같은 곳이었으며, 그는 거기에서 헨리 데이비슨, 토마스 라몬트, 그리고 얼마 뒤엔 드와이트 모로우 같은 큰 인물들을 만나 가까이 지내게 되었다. 별다른 일만 일어나지 않는다면 그도 머지 않아 모건의 파트너가 될 게 뻔했다. 1900년, 그는 잉글우드 병원의 재정을 담당하게 되었는데, 그보다 5살 연상인 데이비슨은 당시 그 병원의 병원장이었다. 1904년, 데이비슨은 그를 뱅커스 트러스트 은행(Bankers Trust Company)에 영입했고, 1909년에는 부행장으로 승진시켰는데, 그 전임자는 다름아닌 토마스 라몬트였다. 누가 봐도 그는 월가 23번지 모건은행으로 가는 마차에 타고 있었다. 그러나 별다른 일이 일어나고 말았다. 1913년 연방준비제도가 탄생하고 (1907년에 있던 공황에 대한 뒤늦은 보완책이라고 할 만한 조치였다), 그 창시자 가운데 두 명의 주요 인물인 헨리 데이비슨과 쿤 로엡 은행의 폴 워버그는 데이비슨이 키워온 벤자민 스트롱을 연준의 뉴욕 은행 총재로 지목했던 것이다(놀라운 일은 아니었지만 재미나게도 경제상황이 규제가 필요한 시점에 왔다는 데 이론이 없던 당시, 모건은행과 쿤 로엡 은행 같은 금융가의 대부들이 바로 그 규제 기관의 수장을 결정하고 있었다). 처음에 스트롱은 거절했다. 그는 데이비슨이나 워버그와 마찬가지로 의회에 의해 만들어진 그리하여 워싱턴에 있는 이사회에 의해 지역 연방은행들이 통제 받는 그런 골격의 제도를 반대했기 때문이다. 대부분의 월가 사람들처럼 스트롱은 그 누가 아니라고 해도 그런 모양새는 정치적인 영향을 받기 마련이라고 느꼈으며, 그들은 영란은행(Bank of England)의 모형에 따라 뉴욕에 본부를 두는 단 하나의 중앙은행을 선호했다. 하지만 데이비슨이나 워버그의 집요한 설득 때문에 스트롱도 어쩔 수 없이 동의할 수밖에 없었다. 1914년, 그는 새로 설립된 뉴욕 연방준비은행의 총재가 되었다.

하지만 그의 인생은 불행하고 불안정했을 뿐 아니라, 그 강도가 점점 더 심해질 운명이었다. 1905년, 그의 부인이 자살 하더니(그 뒤 데이비슨이 스트롱의 아이들을 자기 집으로 데려다 키웠다), 1916년에는 재혼한 부인마저 그를 버리고 떠났으며, 그 해에 그는 폐결핵에 걸리고 말았다. 그 해는 소설 『마의 산』(*Magic Mountain* ; 독일의 소설가이자 수필가인 토마스 만Thomas Mann의 소설. 알프스 산 속에 있는 폐결핵 환자들의 요양소를 중심으로 사람들의 심리 및 애정을 섬세하게 다룬 작품. 그의 아내가 요양소에 몇 달 동안 있던 걸 계기로 1912년에 쓰기 시작했으나, 1차 대전의 영향으로 1924년에 완성, 출판되었다 — 옮긴이)이 집필되던 시대로서 폐결핵은 아직 '하얀 질병'이라는 별명으로 불리우는 공포의 난치병이었다. 그의 허파에서 시작된 병은 나중에 후두로 번지더니, 그 이후 12년 간 1/3 이상의 시간을 업무에서 떠나 있게 만들었다. 그 12년은 그의 일생을 통해 가장 중요했던 시기였다. 하지만 그의 생각은 한번도 일을 떠나본 적이 없었다. 정신적 혹은 육체적으로 피곤한 만큼 그는 더욱 일에 열중했으며, 그는 요양소에 있거나 따뜻한 곳에서 휴가중일 때도 쉬지 않고 은행 동료들에게 '법령'에 가까운 전갈들을 보내곤 해, 마치 다른 할 일이 없어 중앙은행 일에만 매달리는 듯 보이기도 했다. 그가 특히 뚝심을 가지고 밀어붙인 작업은 뉴욕의 연방준비은행을 연방준비제도 구조상 가장 중요한 중심 부분으로 만드는 일이었다. 이것은 원칙적으로 의회가 반대하는 것이긴 했지만, 연방준비은행을 그가 생각하는 모습의 은행으로 만드는 일이었다.

그는 원하던 바를 대부분 성취했다. 그건 뉴욕의 연준이 다른 나라의 경우에서도 그렇듯이, 미국의 자금시장 중심에 위치하고 있다는 편리한 이유도 있었지만, 그의 강한 성격 때문이기도 했으며, 워싱턴에 앉아있는 연준 이사회의 초기 의장들이 다 별 자격도 없이 정치적인 이유만으로 뽑힌 사람들이기 때문이기도 했다. 예를 들면, 1927년 당시의 이사회 의장은 오하이오 주 출신으로서 은행 경력 하나 없이 오직 하딩 전 대통령의 후광으로 임명된 사람이었던 반면, 당시 스트롱은 이미 금융계에서 그리스 신화나 셰익스피어 연극에 나오는 주인공 같은 인물로 부각되어 있었다. 물론 병색이 짙어 자주 자리를 비우긴 했지만 은행가 및 지도자로서 그가 가진 자질과 영향력 덕에 그는 병석에서도 사실상 연준의 독재자였다. 연준은 바로 벤 스트롱을 의미했으며, 스트롱 없는 연준은 존재하지 않았다. 당시 그의 관심은 유럽 경제의 부흥과, 이를 위해 미국의 통화정책을 조정하는 데 있었다.

아마 그런 열정 뒤에는 무엇보다도 외롭게 살던 그가 영란은행의 총재인 몬타구 노만(Montagu Norman)과 나누었던 깊은 우정이 깔려 있었는지도 모른다.

이유가 무엇이든 간에, 1차 대전 발발 후 몇 년 동안 스트롱은 통화정책의 국제적인 협력관계에 지칠 줄 모르고 신경을 곤두세웠다. 이는 국제연합이 비효율적으로 시도하던 그런 관료적이고 공식적인 차원의 것이 아니라, 훨씬 더 기발하고 은밀한 고도의 방법을 통해, 드러나지 않게 세계 주요 강대국 중앙은행 총재들이 최고급 술과 음식을 나누며 은근히 만들어내는 그런 협력관계였다. 그가 흠모하던 모건은행 파트너들과 마찬가지로 영국 귀족 체질이었던 스트롱은, 영국이 1925년 과거 4.86불 기준의 금본위제도로 회귀하는 데 결정적인 영향을 준 것 같다. 이는 과감했지만 무모한 평가절상으로서, 경제상황을 제대로 반영했다기보다는 지나가버린 위대한 영국의 영광에 대한 향수 때문에 시행된 것이었다. 이 조치를 가능케 한 두 가지 힘 가운데 연준이 영국에 대해 2억불을 차관해 준 것은 스트롱의 힘이었고, 모건은행이 영국에 1억불을 빌려준 것도 스트롱의 입김이 작용한 것이었다. 하지만 1927년, 스트롱은 국내에서 압력에 시달리고 있었다. 상무장관 허버트 후버(Herbert Hoover)가 은밀히 이끄는 워싱턴의 일각에서는 재할인금리 인상과 긴축통화정책을 통해 주식시장에서의 투기를 막자는 주장을 펴고 있었다. 이런 정책은 스트롱의 맹방인 유럽의 중앙은행들을 곤혹스럽게 할 수 있었다. 특히 유럽의 금이 미국으로 빠져나가는 걸 막아 위험에 노출된 파운드화를 방어하려고 당시 뉴욕을 방문해 금리인하 로비를 하고 있던 영란은행 총재 노만에겐 매우 당황스러운 주장이었다. 이 문제에 관한 한 미국 내의 관리들의 생각은 제각각이었다. 사실 1927년 여름 내내 드러나지 않고 계속되었던 이 논쟁은 동문서답의 대표적인 경우였다. 조심스럽게 움직이던 후버는 투기 억제를 건의했고, 쿨리지는 후버로부터 연준에 압력을 넣어 금리를 올리라는 조언을 듣긴 했으나, 평소의 그답게 연준이 행정부에서 독립되었다는 핑계를 대며 아무 조치도 취하지 않았다. 한편, 기업들의 입장에 주로 서 있던 재무장관 멜론은 기업들의 사업확장을 위해 계속 금리를 낮게 유지하자는 편이었다. 반면, 몇몇 상원의원들은 사실 연준의 정책으로 인해 모든 자금이 월가로 흘러들어가 이미 어려워진 미국의 농가를 더욱 곤경에 빠뜨리고 있다고 불만의 목소리를 높이고 있었다.

스트롱은 이들에 대해선 신경도 안 썼다. 그는 새 시대의 사람도 아니었으며, 쿨리지나 멜론의 말만 곧이 곧대로 실천하는 그런 핫바지도 아니었다. 오히려 그는 그 나름대로 미국이 금리를 낮게 가져가야 금이 유럽에서 미국으로 유출되지 않는다는 고정관념을 가지고 있었다. 이는 미국 내에서 물가상승압력을 없앤다는 목적 외에 유럽의 경제를 지원한다는 측면도 있었다. 그리고 점차 그 두번째 이유가 그의 생각을 지배하게 되었다. 다른 중앙은행 총재들처럼 스트롱은 경제에 관한 한 국수주의자로서 이해가 엇갈릴 때는 미국의 이해를 가장 앞세울 수 있는 사람이었다. 하지만 미국의 이해관계가 뭔지에 대해 혼란이 있던 당시, 그는 영국 및 노만과의 유대관계에 의해 움직이고 있었다. 스트롱이 노스 캐롤라이나에서 요양하고 있던 그 해 봄, 연준은 정책을 정하지 못한 채 흔들리고 있었다. 그가 조금 차도를 보이며 돌아오던 여름에 연준은 다시 방향을 잡고 행동을 개시했다. 8월, 대부분의 지방 연방준비은행에서 재할인금리가 갑자기 4퍼센트에서 3.5퍼센트로 낮추어진 것이다. 유럽이 처한 곤경에 대해 큰 관심이 있을 리 없던 미국 중부의 캔자스 시티에 위치한 지방 연준의 총재는 왜 금리를 낮추었냐는 질문에 "벤이 원해서죠"라고 대답하기도 했다. 다만 시카고에 있는 연준만이 금리인하에 동참하지 않았는데, 그 은행은 아무리 이사회의 희망사항이라고 해도 조치를 직접 요구받기 전엔 무조건 따르지 않아도 되는 지방 연준의 특권을 이유로 내걸었다. 9월 초, 이사회는 스트롱의 부탁에 의해 전례에 없이 시카고의 연준에 금리인하를 요구했고, 시카고도 금리를 낮출 수밖에 없었다. 힘에서 승리한 스트롱에겐 내부의 불협화음이 결과로 남게 되었다. 이사회의 투표는 4:3으로 팽팽했었는데, 이는 그의 지도력이 흔들리기 시작했음을 보여주는 것이었다. 그러나 그는 아직도 지도자였으며, 그가 원하는 바들을 이룰 수 있었다.

그 다음은 잘 알려진 대로였다. 주식시장은 폭등했고, 신용대출은 급증했다. 1928년 1월 초의 발표에 의하면, 1927년 중에 투기꾼들에 대한 증권회사의 대출이 32.9억불에서 44.3억불로 늘어났는데 한 해 동안 그렇게 많이 늘어난 적은 없었다. 이때 쿨리지가 나서서 그 정도는 특별히 우려할 만한 것은 아니라고까지 하자, 월가조차도 어안이 벙벙했다. 1928년 3월은 공동자금 작전이 최고조에 이른 때였다. 그 3월은 또한 뉴욕에서 캐딜락(Cadillac)의 판매가 최고 기록을 달성했던 달이기도 했다. 3월 27일, 엄청난 양의 주식거래가 이전의 모든 거래소 기록을 무색하게 만들었으며, 이런 현상은 4월과 5월 내내 계속되었다. 5월 중순, 거래소의 1일 거래량이 너무 많아져 월가의 사무실들은 따스한 봄날 저녁 늦게까지 불을 켜놓아야 했으며, 월가에서 가까운 브루클린 하이츠(Brooklyn Heights)에 있는 세인트 조지 호텔에는 밤마다 예상치 못한 손님들이 들이닥치곤 했는데, 이들은 모두 밤늦게까지 일하다가 집에 가지 못한 금융가의 직원들이었다. 거래소에서 일하는 의사는 엄청난 업무량에 비해 신경쇠약에 걸린 식원은 없다면서 "모두 다 돈을 벌고 있잖아요"라고 비꼬듯 한마디 했다.

스트롱은 다시 런던에 있었다. 병이 도진 것이었다. 이제는 걷잡을 수 없긴 했어도 그는 친구 노만이 곁에 있어 좋았다. 하지만 연준에 대한 그의 통솔력은 결국 줄어들고 있었고, 다만 그 당시엔 파운드화와 유럽경제가 다시 힘을 얻는 듯이 보였기 때문에, 그는 그 전 해에 금리를 인하한 결정이 목적을 달성했다는 것에 만족하고 있었다. 하지만 그는 월가에서 날아온 소식들을 접하며 분명히 자문하고 있었을 것이다. 그 대신 무슨 대가를 치룬 걸까? 그리고 앞으로 또 어떤 대가를 치루게 될까?

III

월가의 강세장이 어제 폭락하여 세계 곳곳에 파편이 튀었다. 장내에서 거래되는 주식들은 23.5불씩이나 빠진 것도 있고, 장외거래에서는 150불까지 떨어진 것도 있다. 어제의 시장은 소란하고 흥분이 가시질 않았으며, 일반 투자가들은 어떤 가격에든 주식을 팔려고 하는 모습이 역력했다. 개인들의 투자손실은 어마어마했으며, 작은 규모로 하는 수많은 거래원들은 돈을 몽땅 까먹었다. 매도는 전국적인 규모로, 아닌게 아니라 미국 내 모든 곳에서 다 매도주문이 나오는 것 같았다.

이런 기사를 실은 신문은 과장 없는 보도로 잘 알려진 「뉴욕 타임즈」였다. 이날은 1928년 6월 13일이었다. 다시 강조하지만, 1928년이었다. 이 폭락의 원인이 될 어떤 눈에 띌 만한 사건을 굳이 찾는다면, 그건 공화당 전당대회였는데, 그 대회를 통해 그 동안의 활황 장을 이끌어오던 쿨리지가 대통령 선거에 재출마하지 못하게 되었기 때문이다. 하지만 굳이 또 그 때문은 아니라고 한다면, 아마 뭔가 딴 이유가 있었을 게다. 이젠 시장이 폭락하기 위해 어떤 이유가 필요한 게 아니라, 그저 핑계면 족할 그런 순간에 다다른 것이라고나 할까.

그 폭락은 얼마 가지 않았고, 그 충격도 그리 심하진 않았다. 6월

12일의 손실은 불과 며칠 만에 다 회복되었으며, 이를 바탕으로 시장은 다시 그 어느 때보다도 힘찬 기운을 자랑하며 새로운 고가를 달성하기 시작했다. 8월, 다우 존즈 산업지수는 6월 중의 최저 수준보다 20퍼센트나 올라있었는데, 이것은 전 해 11월보다 50퍼센트나 높은 수준이었다. 결국 이 폭락은 경기호황이라는 엔진이 한번 기침을 한 것이었고, 다시 그 전의 규칙적인 기계음을 내기 시작한 것이었다. 그렇다면 그 기침은 무슨 의미였을까 하는 의문이 생긴다. 잠시 쉬고 기계를 공장에 보내 점검 받아 볼 때가 된 걸까? 월가뿐 아니라 미국 전체가 이 문제에 관해 의견이 갈라졌다. 지금 냉정하게 뒤돌아보면 그때 누가 현명하게 앞을 내다보고 있었는지, 아니 운이 좋았던 건지, 또 반면에 누가 망상을 가지고 있었는지, 아니 운이 없었던 건지는 너무나 자명하다.

    1928년 초, 일단의 상원의원들이 점증하는 증권회사의 대출과 주식투기에 대해 강도높게 비난했다. 그들은 농민의 입장에서 대중의 이익을 제일로 하는 노선이었으며, 미국 사회에 이미 오래 뿌리박은 그런 가치관을 내세우고 있었다. 즉, 월가의 상어들이 나라의 돈을 다 끌어모아 생산에 종사하고 있는 농민들의 부를 앗아간다는 논리였다. 놀랄 일도 아니지만, 이 상원의원들은 대부분 옛 국경지대 혹은 인구의 대부분이 농업에 종사하는 중부지역, 예를 들면 아이다호, 아이오와, 캔자스, 오클라호마 등지에서 온 의원들이었다. 이런 지방에서는 대부분의 사람들이 초창기 미국의 분위기를 간직하고 있었으며, 많은 사람들이 해 뜰 때 일어나 일을 시작하고, 해 지면 일을 마치는 그런 농부들이었다. 또 금주령뿐 아니라 더 완고한 다른 청교도적 원칙도 지켜지던 그런 곳이었으며, 동부의 해안 도시들 특히 뉴욕 같은 곳을 불법이 판치고 이국적인 문화를 가진 방탕한 주식도박이 성행하는 그런 곳으로 쳐다보는 사람들이었다. "이런 갈등은 이해관계의 상충에서 오는 것인데, 결국 돈 많고, 교양 있고, 보수적인 동부의 해안 정착민들과 가난하고, 무지하며, 급진적인 중부의 개척자들 사이에 상존하는 도덕적이고 지적인 반감에 그 근본원인이 있다. 청교도적인 감각을 가진 시골 농부들은 자기네 같이 정직한 사람들은 이마에 땀을 흘리며 일해도 겨우 먹고 사는데, 어떤 남녀들은 놀고 먹으면서도 쉽게 돈을 벌고 있다는 사실에 분개하고 있다." 누군가 했던 이 말은 물론 그 당시의 분위기를 회화적으로 단순하게 묘사한 데 불과하다. 사실 미국 초창기 뉴잉글랜드 지방의 엄격한 청교도 농부들 역시 지독한 도박꾼들이었으며, 이들이 산 복권 덕에 독립전쟁 경비가 충당된 적도 있었고, 또 1920년대의 많은 주식 투기꾼이 배운 것 없는 사람들이었으며, 보수적이지도 않았고, 게다가 동부의 해안도시 출신들도 아니었다. 하여간 1928년 2월에서 3월에 열린 증권회사 대출에 관한 상원의 청문회는 여러 증인들이 나와 황금만능주의적인 주가조작꾼들을 비난하고, 이들이 농민들에게 어떤 피해를 입혔는지에 대해 열띤 목소리로 떠들어 댐으로써 이 문제를 양극화시키는 데 일조를 했다. 그 결과 청문회 이후로 마치 동부는 주식시장의 활황을 좋아하고 부추키는 것으로, 서부는 그걸 두려워하고 의심하며 싫어하는 것처럼 널리 인식되기에 이르렀다. 쿨리지와 멜론 같은 부류의 사람들이 있음에도 불구하고, 1928년부터 이미 미국은 주식시장에 관한 목소리가 일치하지 않고 있었다. 몇 년 후에 터져 나올 주식시장에 대한 독설은 갑자기 나온 게 아니었던 것이다.

바로 월가의 상징이었던 돈 많고, 교양 있고, 보수적인 동부에서도 의견은 나뉘고 있었다. 물론 증권거래소는 아니었다. 거래소 당국은 한결 같은 목소리로 거래소의 주요한 활동 중 하나이자 바로 그 번영의 원천이던 주식투기를 전폭적으로 지지했음은 말할 나위도 없다. 하지만 거래소와 거래한 투자은행들, 예를 들면 강력하고 획일적인 모건이나 쿤 로엡 같은 은행 내부에서는 조심스럽게 의견이 갈리고 있었다. 모건은행의 경우, 토마스 라몬트는 철저히 새로운 시대의 인물로서 주식시장의 모든 활동은 건전한 것이라고 믿었던 반면, 러셀 레핑웰 같은 파트너는 공개적으로 주식투기에 비판적인 입장이었다. 쿤 로엡은행의 경우, 오토 칸은 활황 장세를 진심으로 지지할 뿐 아니라 그 자신이 상당한 투자를 하고 있던 반면, 그의 가까운 동료인 폴 워버그는 1928년에서 29년 사이에 투기를 억제하지 않으면 대폭락이 올 거라는 예측을 계속하여 후일 카산드라(Cassandra ; '트로이의 목마 신화'에 나오는 여자 예언자—옮긴이)라는 평판까지 얻게 되었다.

연준의 이사회도 이 문제에 관해 크게 분열하고 있었음이 시카고 연방은행에 대한 조치에서 찬반이 엇비슷하게 나온 것으로 인해 처음으로 드러났다. 1928년, 정치적인 압력과 악화된 건강으로 스트롱의 추진력이 약해진 결과, 연준은 점진적으로 금리정책을 긴축으로 바꾸기 시작했다. 연준은 3번에 걸쳐 재할인 금리를 3.5퍼센트에서 5퍼센트까지 인상하는 동시에 연준이 보유하고 있는 정부채권을 유례없는 규모로 매각하기 시작, 은행권으로부터 여유자금을 흡수했다. 1928년 초만 해도 연준은 그 전 해 스트롱의 팽창정책하에서 사들인 정부채를 6.2억불이나 들고 있었는데, 1년 남짓 지난 1929년 초에는 꾸준한 채권매각의 결과로 그 보유규모가 1.5억불로 크게 감소했다. 런던에서 요양중이던 스트롱은 이런 놀라운 정책의 전환에 아무런 역할도 하지 못했는데, 오히려 이런 조치들을 반겼거나, 아니면 적어도 그냥 봐주고 있는 게 분명했다. 그는 5월에 보낸 전문을 통해 5퍼센트의 재할인율을 바람직하다고 말한 것으로 알려지고 있다. 그렇다면 그는 자신이 바로 한 해 전에 내린 결정이 틀린 것을 인정하고 그것을 고치고 싶어한 걸까? 아니면 상황이 이제 달라진 것을—즉 파운드, 프랑, 마르크의 가치가 안정되었으며 국내의 주식시장 투기가 지금의 가장 큰 걱정거리라는 것을— 인식했다고 해야 할까? 그것도 아니면, 그가 이제 너무 몸이 아프고 지쳐서, 더 이상 싸울 힘이 없어진 걸까? 어느 것이 맞는지는 알 수가 없다. 스트롱에게 자신의 행동을 설명할 수 있는 운명이 주어지지 않았기 때문이다.

연준의 새로운 금리정책 효과는 1928년 하반기부터 느낄 수 있었으며, 1929년 초가 되면서 매우 확실한 변화를 가져왔다. 전국적으로 금리가 인상되었으며, 이에 동반하여 고금리하에서 일어나는 고전적인 현상이 벌어졌다. 건설 공사가 중단되었고, 지방 정부들의 자금조달 계획이 연기되었으며, 중소기업들은 자금을 마련하지 못해 허덕이기 시작했다. 하지만 새 금리정책의 주요 목적이었던 주식시장의 투기는 모기 한 마리가 날아다니며 귀찮게 하는 정도로 아무 상관 없이 계속 열기를 띠었다. 1928년 하반기의 활황중엔 증권회사의 대출금액이 15억불이나 또 증가했는데, 이는 스트롱이 돈을 풀던 해인 1927년 1년 간의 증가액수보다도 많은 숫자였다. 한마디로 말해, 새로운 금리정책은 분명히 어처구니 없는 실패였다. 물론 증권회사로부터의 자금차입은 이제 8~9퍼센트의 이자를 지불해야 했고, 1929년 초에는 12퍼센트 이상으로까지 올라갔지만, 8퍼센트든 12퍼센트든 한 달이나 1주일 만에도 100퍼센트 수익을 기대하는 남녀에게 이건 별문제가 될 수 없었다. 전통적인 자금압박 수단은 이제 너무 늦게 사용된 관계로 소용이 없었다. 투기라는 세균은 그런 약으로는 잡을 수 없는 단계에 와 있었다.

게다가 내과의사라고 할 수 있는 연준은 의회로부터 신용주식투자의 최저 현금비율을 조절할 수 있는 그런 과감하고 새로운 권한을 부여받기 위한 노력이라도 기울일 수 있었겠지만, 당시에는 지도자 없이 표류하고 있었다. 스트롱은 이제 죽음을 눈 앞에 두고 있었다. 8월에 유럽에서 귀국한 뒤, 그는 의사로부터 당장 일을 그만두라는 경고를 받고, 연준 이사회 및 뉴욕의 연준에 사표를 제출했지만, 일단 사직서는 반려되었다. 9월, 편지를 통해 그에게서 형편을 들은 몬타구 노만은 다음과 같은 감동적인 회신을 보냈다. "오랜 친구에게, 인생이란 참 힘들고도 잔인하다. 하지만, 우리 둘의 인생도 지난 10여년 간 참 대단한 것이었다. 우리들에게 무슨 일이 일어나든, 우리가 어디에서 살게 되든, 우린 지난 그 세월을 따로 떼어 놓거나 무시할 수 없다. 신의 가호가 있기를. 언제나 변함 없는 우정으로." 스트롱은 그 해 10월 뉴욕에서 마지막 희망을 건 수술을 받은 후 죽었다.

신이시여, 벤 스트롱을 축복해 주소서. 뒤돌아보면 그는 후버 대통령으로부터 '살인보다 더 나쁜 죄악을 저지른 사람'이라고 비난 받게 될 운명이었으며, 금융사를 다루는 학자들로부터는 곧 이어 터진 주식시장 대폭락의 주범으로 낙인 찍히게 된다. 그러나 그는 그를 비난하고 다닌 사람들 대부분보다 좋은 사람이었으며, 오히려 자신의 비극적인 병세 및 운명에 의해 저주 받았다고 해야 맞을 것이다. 그가 1년만 더 살았어도 그는 국내 상황에 신경을 곤두세웠을 것이고, 강력한 지도력을 발휘해 늦지 않게 일을 잘 수습했을 것이다. 하지만 사실 많은 위대한 인물들이 그러하듯, 그가 떠나고 난 뒤에는 힘의 공백과 함께 허약하고 분열된, 앞날을 내다보지 못하는 그런 연준이 남았을 뿐이었다. 따라서 붕괴를 감당할 여력이 그 어느 때보다도 없던 바로 그런 순간에 시장은 망가지고 말았다.

IV

1929년 초에 뉴욕의 은행가가 돈을 버는 방법은 무엇이었을까? 간단했다. 단기자금시장에 10~12퍼센트에 돈을 풀고, 원하면 언제나 연준에서 5퍼센트에 빌려오면 됐으니까. 그 두 거래가 다 그렇게 너무도 간단하고 평범한 것으로, 특별한 독창적인 생각이 필요하지도 않았으며, 사실상 아무 위험도 없었고, 2월 초부터 연준 이사회에서 공식적으로 그런 거래를 비난하긴 했지만 아무도 막을 수 없었다. 군주제도 하의 왕족들처럼 은행가들도 그냥 은행이 존재한다는 것만으로도 많은 돈을 벌고 있었다. 자두나무가 자라 이제 흔들기만 하면 자두를 떨어뜨려주고 있었다. 이런 현상은 사람들이나 정부에게 은행가들이 왕족처럼 대우 받아도 된다는 어떤 공감대가 형성되어 있어서가 아니라, 그냥 부주의나 실수로 벌어지고 있었다. 하지만 당시의 사회분위기가 이와 많이 다르지 않았던 데 그 주요 원인이 있었다는 점을 주목해 볼 만하다.

구체적으로 말하면, 그 상황은 다음과 같이 전개되었다. 연준의 긴축노력에도 불구하고 투기가 계속되고 1929년 1월 중에는 더욱 가속도가 붙는 가운데 그 달에만 주가지수가 또 20~30포인트 더 올랐으며, 증권회사의 대출금도 2.6억불이나 더 늘었다. 2월 2일, 연준은 금리인상 및 채권매각으로 효과를 보는 데 명백히 실패하자, 흔히 '직접적인 행동' 또는 '도덕적인 권고'라고 불리는 방법을 택해 "연방준비법안은 연준의 돈이 투기적인 신용공여에 이용될 것으로는 예견하지 않았다"는 공개발표를 했다. 다시 말해, 당분간은 제발 좀 자두나무를 흔들지 말라는 호소였다. 오랫동안 당연히 이루어지던 관행을 갑자기 금지하는 일이 사실상 매우 힘든 것임은 분명했다. 연준은 은행가들의 양심에 호소하고 있었다. 아니면 연준이 그 당시에 힘도 없고 동요하고 있긴 했지만, 그냥 단순히 체면이나 차리고 빌라도(Pilate : 「신약성서」에 나오는 로마의 유대총독. 유대군중 및 바리사이파들의 청에 못 이겨 예수에게 십자가형을 내린 후, 물을 가져오게 해 손을 씻고는 자신의 책임은 아니라고 했다—옮긴이)처럼 책임회피나 하려는 것이었을까? 연준은 분명히 원하는 바를 얻기 위해 노력하는 모습을 보이지 않고 있었는데, 그러다 사흘 뒤엔 다음과 같은 발표를 했다. "지방의 연준들이 관련되지만 않는다면, 은행들의 대출관행에 대해 관여할 의도는 없다." 그리고 또 1주일 뒤에는 각 은행들에게 명령이라기보단 거의 호소에 가까운 어조로, "이젠 은행들이 나서서 자금이 투기에 쓰이는 걸 최대한 막을 때가 되었다"라고 은행들의 의무를 강조했다.

여하간에 투기는 멈출 줄을 몰랐다. 연준은행들의 자금뿐 아니라, 이젠 높은 금리에 매력을 느낀 기업들의 여유자금이나 동양의 거부들 돈까지도 동원되어 투기를 돕고 있었다. 하지만 연준의 계속된 노력의 결과, 3월 중에 소규모의 폭락이라 할 만한 가파른 주가 하락이 있었으며, 3월 26일에는 신용대출 자금을 마련하느라 대출금리가 12퍼센트에서 20퍼센트까지 치솟기도 했다. 그러자 은행가들 중 지도적인 위치에 있던 거대한 내셔널 시티(National City) 은행의 행장인 찰스 미첼(Charles Mitchell)이 앞에 나서서 연준의 경고를 뻔히 무시한 채, 지금 자기 은행에 뉴욕 연준은행에서 빌려온 자금 2천만불이 준비되어 있으니, 투기자금용으로 언제라도 대출받으라고 발표했다. 반란이 성공하여 자금압박이 곧 풀렸으며, 공포가 사라졌고, 단기금리는 다시 15퍼센트로 하락했고, 주식시장도 다시 오르기 시작했다. 하룻밤 사이에 이 반란의 선동자 미첼은 전국적인 영웅이 되어 있었다. 쿨리지를 대신한 호황의 후원자가 된 셈이었다. 상처 입고 모욕 당한 연준은 감히 미첼에게 어떤 조치도 취하지 못하고, 시무룩하게 침묵을 지킬 따름이었다. 또 한 번 패배한 꼴이었다.

이제 은행들은 죄책감을 느낄 필요도 없이 자두나무를 무지막지하게 흔들어댔다. 정부가 간섭하다 굴욕을 당하고 신용을 잃었으므로 이젠 막 가는 거였다. 이런 상황하에서, 권위 있고 보수적이라 할 수 있는 그런 주요 은행가들은 티 안 내고 조용히 손 쉽게 들어오는 돈을 챙겼다. 그들은 이런 신바람 나는 영업환경을 감사하며, 운동이나 문화생활을 즐기고, 관심 있는 책이라도 읽고 있으면 됐다. 그러나 그들 대부분은 정력적으로 일하는 자수성가형으로, 자란 배경이나 기질적으로도 그런 여가를 즐길 만한 여유가 없는 사람들이었다. 그들은 쉴 줄 모르는 사람들이었으며, 당시의 제도나 새 시대 분위기 덕에, 몇몇 전통 깊은 모건은행이나 쿤 로엡 은행 같은 곳을 제외하고는, 그 어디에서나 최고 경영진의 자리에 오를 수 있었다. 이런 그들에게는 뭔가 할 일이 있어야만 했으며, 그들은 그런 일들을 찾아낼 줄도 알았다.

V

연준을 그렇게 멋지게 한방 먹인 찰스 미첼은 호황을 계기로, 은행의 전통적인 이미지 즉 사람들의 재산과 전통적인 가치를 지켜주는 파수꾼이라는 이미지를 파괴하는 데 큰 공헌을 한 사람이었다. 체구도 크고, 어깨도 넓어 맘 좋은 아저씨처럼 보이는 그는 감수성보다는 힘을 나타내 주는 뚜렷한 턱과 체형을 가진 타고난 영업인(salesman)이었다. 미국에서 가장 큰 상업은행을 경영하던 사람이었지만, 그가 보기에 은행에서 가장 중요한 일은 대출이나 예금 업무가 아니라, 주식을 포함한 유가증권을 매매하는 일이었다. 은행가라면 채권은 몰라도 주식은 아무리 좋은 회사의 것이라도 조심스럽게 봐야 하는 게 원칙이던 시절, 이런 그의 발상 자체부터가 전통과는 거리가 멀었다. 미첼은 이런 이단적인 행동에서 한 걸음 내지 두 걸음 더 나아가, 흔히들 하듯 가만히 앉아 손님이 유가증권에 대해 문의하러 오기를 기다린 게 아니라, 상품을 팔러 다니기까지 했다. 그는 여기저기 고객을 찾아다녔으며, 필요에 따라 고객들에게 자신이 팔러다니는 상품을 강요하기도 했다. 물론 은행은 법적으로 유가증권 거래를 할 수 없게 되어 있었으나, 미첼의 은행은 당시 다른 은행들과 마찬가지로 유가증권 전문 계열회사(security affiliate)를 세우는 방식으로 쉽게 이 제약을 벗어날 수 있었으며, 때로는 그 직원들을 전부 은행 직원으로 메꾸기도 했고, 비은행이라는 지위를 이용해 마음대로 유가증권 시장에 뛰어들어 장사를 했다. 따라서 누군가가 이런 유가증권 계열회사를 '법률상의 웃음거리'라고 비웃자, 많은 사람들이 이에 동감했다.

미첼과 내셔널 시티 은행, 그리고 그 계열회사가 택한 방법은 전례가 없던 것으로서, 미첼은 유가증권을 다른 여타의 금융상품과 다를 바 없다고 간주했고 그렇게 영업을 했다. 전국 여러 도시에 사무실을 두고, 영업사원들을 배치하여 마치 신발이나 머리기름을 팔 듯이 유가증권을 거래시켰다. 그리고 영업사원들간에 경쟁을 유발하기 위해 거래 실적에 따라 점수를 주고 상금을 내리는 방식도 도입했다. 예를 들어 제네럴 밀즈(General Mills) 보통주를 1주 팔면 1점, 미주리-캔자스-텍사스 우선주 1주를 팔면 4점, 이런 식이었다. 미첼은 자신의 영업방식에 대해 너무도 솔직했으며, 유가증권 거래를 제조업의 다른 상품 거래와 하나도 다를 바가 없는 것처럼 얘기하곤 했다. 언젠가 그는 이렇게 말했다. "우리 조직의 일부는, 아니 사실 상당수는 대중들을 위해 그리고 다른 제조업 생산 분야를 분석하기 위해 적절한 장기적인 신용을 만들어 가는 일에 박차를 가하고 있습니다." 물론 그가 말한 제조상품은 한 개당 몇 백, 몇 천불의 가격이 붙은 종이 조각이었으며, 그 가격조차도 꼭 지켜진다고 볼 수 없는 희망 섞인 약속이나 마찬가지인 것이었다. 미첼의 공장에서 나오는 제품들 중에는 값이 오르락내리락하기로 악명 높은 외국의 정부채권도 많이 있었는데, 1927년 토마스 라몬트는 "이건 뭐 미국의 은행이나 기업들이 거의 숙기살기로 외국의 정부채를 파는 데 경쟁이 붙었다"며 예리하게 한마디 쏴붙였다.

하지만 모건은행에서 나온 비난 따위에 미첼이 아랑곳할 리가 없었다. 얼마 후 내셔널 시티 은행은 페루 공화국에서 발행한 두 종류의 채권을 팔았는데, 이것들이 나중에는 터무니없는 헐값이 돼, 그후 수년 간 헐값이 된 유가증권은 '페루 채권' 이라 불렸다. 이 즈음, 미첼의 관심과 노력은 주식으로 옮겨갔다. 1929년, 그의 계열사는 매우 투기적인 주식인 아나콘다 카퍼(Anaconda Copper)를 백만 주 이상이나 팔아제꼈으며, 그의 은행인 내셔널 시티의 주식도 백만 주 넘게 거래시켰다. 그의 계열사는 거래소에서 움직이는 공동자금에도 이미 마구잡이로 참여하고 있었다. 다시 말해 일반인들의 예금을 가지고 아찔한 주식투기에 뛰어들고 있었던 것이다. 게다가 내셔널 시티 은행에 잔고가 있던 사람들에게 그 돈을 빼내 지금 자기들이 사들이고 있는 주식을 사라고 권유하기까지 했으며, 2만 5천불밖에 안 되는 수수한 연봉을 받던 미첼 자신도 이사회에 압력을 넣어 인센티브 보너스를 두둑하게 타내, 1929년 상반기에 그의 개인소득은 백만불이 넘기도 했다. 은행들이 전통적으로 자제해오던 모든 것들이 다 우습게 무시되고 있었으며, 은행의 새 행보를 가로막는 장애물들이 다 제거되는 중이었다. 또한 이제 그 장애물을 무너뜨리는 사람이 비난 받는 게 아니라 돈도 벌고 사람들의 칭송도 받고 있었다. 중서부 농업도시에 있는 어떤 은행가를 한번 상상해 보자. 할아버지나 아버지 때부터의 원칙대로 그는 주식투기를 피하며 조심스럽게 주택담보대출에 치중했지만, 고객돈을 관리하는 은행의 입장에서 적극적인 영업행위는 적절하지 못하다는 믿음 때문에 여기저기 다니며 대출권유를 하지는 않았다. 또한 그는 자기 상여금 얘기가 나온다 싶으면, 양심에 따라 이사회실 근처에도 가지 않을 그런 사람일 게 뻔하다. 그런 은행가는 찰스 미첼의 행동을 어떻게 생각할까? 그는 틀림없이 상당한 혼란을 겪을 것이다. '세상이 미친 게 아닐까' 어리둥절해 하면서도 자신은 시대에 뒤떨어지고 혼자만 착한 척하는 바보라고 여길지도 모른다.

이런 미첼과 미국에서 두번째로 큰 상업은행인 체이스 내셔널 은행의 행장인 알버트 위긴(Albert Wiggin)은 확연히 대조되는 인물이었다. 미첼보다 9살이 더 많은 위긴은 그처럼 보스턴 근방의 평범한 집안에서 자라났다. 두 사람은 모두 성공적인 미국 금융가들에게 공통적으로 발견되는 독특한 고전적인 특성이 있었다(환경적인 장애라고나 할까?). 목사의 아들이었던 위긴이나 대학을 나오기까지 스스로 돈을 벌어야만 했던 미첼, 이 둘은 모두 아주 밑바닥부터 금융생활을 시작했지만, 위긴은 43세, 미첼은 44세라는 젊은 나이에 각각 대형 은행의 행장이 되었다. 둘 다 약고 공격적이었으며, 한 목표를 향해 매진하는 형으로서, 그 목적 이외의 다른 것에는 전혀 관심이 없는 사람들이었다. 하지만 두 사람은 기질 면에서는 정반대였다. 미첼은 입담이 좋고 세련된 흥행사 같은 유머 감각도 있던 반면, 위긴은 말이 없고 학자 같은 태도를 지켰다. 물론 위긴 역시 법률상의 헛점인 증권업 관계사를 설립하긴 했지만. 은행의 운영에 있어서도 위긴은 미첼에 비해 더 전통적인 모습을 보였다. 그러나 개인 자금 거래에 관한 한 위긴은 미첼보다 훨씬 더 과감했다. 미첼은 눈에 띄는 자신의 행동이 다 은행주주들의 이해를 위한 것임을 입증할 수 있었으며, 따라서 그 모든 것이 은행을 위한 충정에서 나온 거라고 주장할 근거가 있었다. 하지만 위긴은 그렇지 못했다. 은행이 그의 지도력에 대한 보상으로 1년에 27만 5천불을 지불하고 있었지만, 그는 은행이 손해를 보더라도 자신이 이득을 볼 수 있는 경우가 생기면 주저하지 않았다.

 1928년, 은행의 외부감사는 위긴이 '은행의 방침을 좌지우지하는 한편 월가에서 가장 인기있는 은행가'라고 평가했다. 그러나 바로 한 해 전, 이 인기 좋은 독재자는 감사나 그 누구에게도 알리지 않고, 그리고 법을 어기지는 않으며, 몇 개의 개인회사를 설립해 자신의 실체를 드러내지 않은 채 세금을 최대한 절약하면서 개인적인 주식투기에 빠져 들었다. 이 방법을 통해 그는 괄목할 만한 성공을 거두었으며, 여러 공동자금에 출자하기도 했다. 하지만 그의 가장 큰 즐거움은 그가 가장 잘 아는 은행 즉 자신이 행장으로 있는 체이스 내셔널의 주식에 대한 투기였다. 사실 어느 법인이든 최고경영자 역시 그 회사의 주주들이 고용한 종업원에 불과했으므로, 위긴이 자기 은행 주식에 투기를 한다는 건 본질적으로 보면 그의 고용인에게 손해를 입히며 돈을 벌려는 것이나 진배 없었다. 1927년에서 1929년 사이에 그는 체이스 내셔널 주식 투기를 통해 몇 백만불이나 되는 돈을 벌었는데, 어찌나 신중하고 능수능란하게 거래를 했던지 주주들에게 욕을 먹는 일이 전혀 없었다.

그리고 그는 여기에서 한 발 더 나아갔다. 영리한 그는 1929년 7월부터 전반적인 장세, 특히 체이스 내셔널 은행의 주가를 부정적으로 전망하고, 개인회사 구좌를 통해 4만 2천 주나 되는 체이스 내셔널 주식을 대주쳤다. 따라서 그는 자기가 이끌고 있는 회사가 망가져야만 자신이 큰 돈을 벌게 되는 아주 묘한 입장에 서게 되었다. 보통의 회사들은 직원들이 회사일에 최선을 다하게 하려고 직원들에게 회사 주식을 보유하게끔 장려하는데, 자기 은행의 주식을 대주친 위긴은 회사를 위해 가장 형편 없는 노력을 해야 할 이유를 스스로에게 만들어 준 꼴이었다. 이래도 법적으로는 아무 문제가 없었다. 그가 이런 일을 너무나 아무렇지도 않게 뻔뻔하게 해서인지, 이런 걸 법으로 금지하자는 얘기조차 나온 적이 없었다. 더구나 그 시점도 아주 기가 막혔다. 그 해 11월, 그가 구좌를 정리했을 땐 이미 위긴이 예견한 대로 시장은 폭락한 뒤였고, 그는 4백만불이 넘는 이익을 취할 수 있었기 때문이다. 그런데도 그후 수년 간 그걸 문제 삼는 사람은 아무도 없었고, 위긴이 은퇴하는 1932년에 은행의 이사회는 그에게 아첨이라도 하듯 그 동안의 헤아릴 수 없는 노고에 보답하는 거라며 연간 10만불씩의 연금을 평생 동안 지급할 것을 만장일치로 결의하기도 했다.

　이 정도에서 끝내도록 하자. 이 지면뿐 아니라 다른 데서도 미첼과 위긴은 너무도 많이 희극화되어 왔다. 분명히 미첼은 당시 은행가들 중 가장 공격적인 사람이라 할 수는 없으며, 위긴 역시 가장 위선적인 사람이라고 못박을 수는 없다. 그들은 다만 가장 눈에 띄게 행동했을 따름이다. 위긴은 자신의 직감에 따라 행동했던 거였으며, 다만 그에게는 감정적인 갈등을 살짝 속여넘길 수 있는 능력이 있었을 뿐이다. 그는 훗날 실감나게 1929년의 주식시장을 하늘이 자기에게 내린 선물이라 표현했으며, 죽는 날까지 체이스 내셔널 주식을 대주었던 일은 하늘에 한 점 부끄럼 없는, 아무 문제가 안 되는 것으로 생각했다. 사람들은 그 시대 사조의 희생자들이 되기 마련이지만, 이 두 사람은 오래된 상업은행의 구습을 붕괴시키는 데 크게 일조한 그런 시대정신의 반영이요, 창조자들이었다.

VI

이러저러한 많은 얘기들이 만들어진 건 나중 일이었다. 1929년 여름, 월가는 평온함과 광란이 뒤섞여 있었다. 주가 평균치는 최고기록을 갱신하며 계속 상승하고 있었고, 반대파들은 잠시 참패당한 상태였으며, 신망있는 지도자들이 기분전환 삼아 하는 투기들도 아직 공개되지 않은 채 계속되고 있었다. 지난 일을 다 알고 있는 지금에 와서도 사실 그 여름을 제대로 보기란 쉽지 않다. 현재의 세대들, 그리고 아마 앞으로 올 세대들도 완선하시 못한 옛날 필름이나 축음기 같은 걸로는 1920년대의 참 모습이나 그 묘한 분위기를 제대로 보기 어려울 것이다. 그 이전 시대는 녹음이나 활동사진으로 남겨진 기록이 거의 없는 반면, 그 이후 시대는 거의 완벽하게 보존되어 있다. 1920년대는 그 중간지대로 어중간한 때였다고 할 수 있다. 그래서 리차드 에이브든(Richard Avedon)이 말했듯, 여성들이 움직이는 모습에서 그 시대의 독특한 단면을 찾을 수 있다면, 우리의 지식은 1920년대에 관해서는 단절된 상태다. 흔히 1929년 당시의 사람들은 우스꽝스런 광대 같았고, 헛소리나 하고 다녔을 거라 생각한다. 하지만 잘 생각해 보자. 1929년 8월로 돌아가서 그 당시의 참 모습을 모자이크화처럼 꿰맞추어 보자.

8월은 전통적으로 월가의 휴가철이었다. 가장 열광적인 주식투기꾼도 산으로 바다로 떠나, 노동절이 있는 9월 초에 새로 시작할 거래를 기다리며 슬쩍 휴식을 취하는 그런 시기였다. 하지만 그 해 8월은 달랐다. 아무도 월가를 떠나지 않은 덕에 거래량은 8월 수치로는 최고를 기록했으며, 그 해 월 중 거래량의 최고치에도 근접하는 수준이었다. 미국 전역에서 50만 명이 넘는 투자자들이 신용으로, 또 비슷한 수의 사람들이 현금으로 주식투자에 열을 올리고 있었다. 황금의 나라 월가의 날씨는 다행히 예상 외로 선선하고 건조했다. 단골들만 남아있던 게 아니라, 새로운 투자자들도 수없이 몰려들었다. 수많은 남녀들이 증권회사 고객상담실에 앉거나 서서 시세판에 쓰여진 신나는 가격행진을 바라보는 짭짤한 재미를 위해 휴가를 포기하거나, 심지어 아예 생업을 포기하고 있었다. 이들은 일찌감치 증권회사에 도착해 '아침 소식' 에 나와 있는 정보를 읽었다. 그날 어떤 주식이 얼마나 오를 것이고, 어떤 주식이 공동자금에 의해 그날 몇 시에 매집될 것이며, 또 어떤 회사에 곧 좋은 소식이 있을 거라는 등등 모두 자신감에 찬 전망들이었다. 거래소 개장시간이 되면 월가, 나소 가(Nassau Street), 브로드 가 및 브로드웨이와 파인 가(Pine Street) 등에 산재한 고객상담실이 미어터졌고, 설 자리도 마땅치 않았으며, 심지어 시세판이 잘 보이는 자리에는 프리미엄도 붙어 있었다. 하지만 그렇게 북적거리는데도 모두 그 현장에 있어야 할 필요를 느끼고 있었다. 뭔가 대단한 일에 참여하고 있다는 느낌, 지금 월가에 있다는 그 자체만으로도 내부자가 된 듯한 느낌, 그래서 다른 곳에서 주식을 지켜보는 사람들보다 조금이라도 유리할 것 같은 그런 느낌들을 가지고 있었던 것이다. 다른 곳에서 주식을 지켜본다고? 이발사, 자가용 운전기사, 택시기사들은 손님들이 혹시 흘릴지 모르는 한두 마디 정보에 귀를 쫑긋 세우고 있었다. 그리고 주요 고객들이나 거물들도 바 하버(Bar Harbor)나 뉴포트(Newport)나 사우스앰튼(Southampton)(모두 미국 뉴잉글랜드 지역의 해변 휴양지—옮긴이)이나 캣스킬 마운틴(Catskill Mountain ; 뉴욕 주에 있는 휴양지—옮긴이) 등지로 억지 휴가를 간 갔어도 마음은 콩밭에 가있어, 햇빛 드는 자리에 앉아 쉬고 있는 게 아니라 그런 휴양지에 있는 어떤 사무실에 하루종일 틀어박혀 증시 움직임에 촉각을 곤두세우고 있었다. 주요 여름 휴양지마다 증권회사 지점이 갑자기 들어서기 시작한 건 놀랄 일도 아니었으며, 여름 내내 이런 지점들과 본점 간의 전화선에 불이 났다.

월가에 몰려드는 많은 사람들이 이제 갈 데까지 가고 있었다. 5만 불이니 10만불이니 아니면 20만불이니 하는 이득을 마음 속에 꿈꾸며 직장도 팽개치고, 비싼 집도 미리 사놓고, 자기나 부인을 위해 밍크 코트도 사고, 누워서 떡먹기인 신나는 주식투자를 하며 편안하고 풍족한 삶을 즐길 작정이었다. 게다가 그들은 월가에 온 지는 얼마 안 되지만 이미 월가에 대해 상당한 소속감도 느끼고 있었다. 모건은행 건물에 나 있는 상처가 마치 그들 자신의 상처 같았고, 트리니티 성당 마당의 해밀튼 묘소도 마치 그늘의 것인 듯 느끼고 있었다. 이제 그늘의 삶이 변하고 있었다고나 할까? 그리고 원하면 그 소속감을 구체화할 방법도 있었다. 변화를 가장 거부하는 단체라 할 수 있는 도심지의 사설 클럽들마저도 월가에서는 민주적으로 변해갔다. 6개월도 안 된 각종 오찬모임들이 사방에서 생겨나, 고급스럽고 멋진 카페에서부터 싸구려 선술집까지 어느 곳에서 모였든 모두 증시에 대한 얘기로 꽃을 피웠다. 이런 모임들은 누구나 아는 사람만 있으면 회비를 내고 언제든 가입할 수 있었다.

점심시간이 되면 월가는 온 거리가 사람들로 가득 찼다. 물론 아침이나 오후의 거래시간 중에도 거리는 사람들로 메워졌고, 사람들은 여기저기 새로 들어서는 건물의 공사장 소음 때문에 목청을 높여가며 떠들어댔다. 그러나 정오가 되면 거리에 차가 지나다닐 수 없을 정도로 사람들이 붙어났다. 그리고 공사장 인부들도 점심을 먹느라 공사장 소음도 훨씬 줄어들었다. 사람들이 소근거리는 소리와 발자국 소리만이 들리는 이 조용한 분위기가 베니스를 생각나게 한다고 영국에서 온 어떤 방문객은 말했다. 그는 그런 분위기에서 '야만적인 흥분감'을 감지했지만, 월가를 이해하지 못하는 외부인으로서 고독감과 놀라움을 느꼈다. 그를 안내하던 미국인 친구가 월가 및 미국의 경영제도에 대해 차분히 설명해 주다가 갑자기 뜬금없이 "아무리 그래도, 이건 정말 믿기 힘들어"라고 했지만, 그의 기분은 여전히 회복되지 않았다.

하루종일, 그리고 저녁 늦게까지 말에서 말이 꼬리를 물고 이어졌다. 누구는 대박이 터졌다는 둥, 누구는 곧 터질 거라는 둥 대부분이 그런 대박에 관한 얘기들이었다. 물론 낭패 본 이야기는 없었다. 봄에 있던 폭락은 이제 지나간 일이었다. 증권회사의 대출이 그 어느 때보다 빠른 속도로 증가하고 있었지만, 이젠 그것도 긍정적으로 받아들여지고 있었다. 긴축정책도 물 건너간 상태였고, 금융기관간의 단기자금은 적절하게 6~7퍼센트 정도의 수준에서 안정되어 있었다. 평균주가는 3월 달의 최저치보다 34퍼센트나 올라 있었고, 1928년 초에 비하면 76퍼센트나 상승해 있었다. 8월 9일, 뉴욕의 연준이 할인율을

6퍼센트로 인상했으나 아무런 관심도 끌지 못했으며, 게다가 연준은 이제 놀림거리에 불과했다. 시장에는 끊임없이 새로운 투자신탁회사 설립 얘기가 나돌았고, 지난 1월 이후 생긴 블루 리지 앨리개니(Blue Ridge & Alleghany)며, 셰난도아 유나이티드(Shenandoah & United Corporation) 등의 수많은 투신들이 운영하는 주식의 시가가 15억불에 이른다는 식의 화제가 만발했다. 이 회사들은 직원이 대여섯 명밖에 안 되는 서류상의 회사로서, 차입에 의한 투자(leverage) 효과를 이용해 대박을 터뜨릴 수 있는 구조로 짜여져 있었다. 그리고 주식거래에 혈안이 되어 있어 일부 인사들로부터 경영이 취약하고 과도한 투기를 일삼는다고 지적받기도 하던 그런 회사들이었다. 하지만 꼭 그렇게 지적받을 이유가 있었을까? 앨리개니나 유나이티드나 다 보수파의 본류라 할 수 있는 모건은행이 후원을 한 투자회사가 아니었던가? 앨리개니의 공모가는 2월에 20불이었는데, 8월에는 56불까지 올라 있었고, 유나이티드의 공모가는 1월에 25불이었는데, 8월에는 73불에 거래되고 있었다. 존 라스콥(John Raskob)은 8월에 발간된 여성지에 '모두 부자가 되자'라는 제목의 글을 기고, 한 달에 15불씩만 절약하여 주식에 잘 투자하면 20년 뒤에 꿈꾸던 부자가 될 수 있다는 선전을 하기도 했으며, 마치 상장된 회사들이 하듯 증권거래소도 그 회원들에게 주식배당금을 주어 회원권 1구좌당 1/4씩을 얹어주기까지 했다. 회원들은 잘 먹어서 살이 쪄 이제는 한 사람당 1.25개씩의 좌석(seat ; 회원권을 의미하는 seat와 같은 단어 — 옮긴이)이 필요하게 되었다는 농담도 돌았다.

돈이 왕이라지만, 또 다른 것도 있었다. 그 당시는 냉정한 계산이 아닌 마법에 의지하던 혼란의 시기였다. 아폴론의 시대라기보다는 디오니소스의 시대였다고나 할까? 모두들 기업 실적과 배당금에 대한 이야기보다는 운과 기회에 대한 이야기에 관심이 있었으며, 그들이 산으로 바다로 떠나가지 않고 일에 매달린 것은 일을 중요시하는 청교도적인 정신 때문이 아니라 더 만족스런 삶을 살기 위해 일생일대의 기회를 놓치지 않겠다는 쾌락주의적 발상 때문이었다. 마치 그들은 주식시장을 돈 벌 기회를 잡는 곳이 아니라 행복할 수 있는 기회를 잡는 곳으로 믿는 듯했다.

8월 17일, 프랑스 호와 베렝가리아 호가 각각 하나는 동쪽으로, 또 하나는 서쪽으로 대서양 횡단길에 올랐다. 두 선박 모두 선상에 증권회사 시설을 갖추어 승객들이 바다 위에서도 주식을 거래하는 데 전혀 지장이 없도록 만들어졌다. 6일 뒤 베렝가리아 호가 뉴욕에 도착했을 때, 승객들은 항해하는 내내 주식상황판이 있는 1등 갑판이 꽉 차는 바람에 많은 사람들이 직접 주식상황판을 보지 못하고 가격 변동 상황만을 전해듣는 데 만족해야 했다는 이야기를 전했다. 같은 주, 프린스튼대학의 저명한 경제학자 조세프 로렌스(Joseph Lawrence)는 새로운 저서 『월가와 워싱턴』*Wall Street and Washington*을 발표했는데, 그는 이 책에서 연준이 괜히 월가에 간섭하고 있다고 지적해 월가를 더욱 즐겁게 해주었다(책의 내용은 '입에 발린 말을 잘 하는 의회의 미치광이들이 순박한 투자가들을 인정사정없이 협박하고 있다'라는 식이었다). 그는 또 주식시장에 대한 규제를 강화해야 한다는 사람들은 분명히 철저한 청교도들일 뿐 아니라 금주령을 옹호하는 그런 부류의 사람들일 거라고 주장하기도 했다. 이런 얘기는 바로 상황판을 보는 사람들이 반길 수 있는 그런 격려사로, 연구실에만 틀어박혀 있는 저명한 학자에게서 나온 말씀이라 더욱 그들을 신바람나게 했다. 8월이 끝나갈 무렵, 증권거래소는 일상적인 토요일 거래를 한 차례 쉬고 노동절인 월요일까지 사흘 간 휴장하겠다고 발표했다. 그것도 신나는 일이었다. 「타임」지에도 나온 얘기지만, 그 해 가을엔 수많은 공동자금이 결성되어 주식이 더욱 뛸 거라는 소문이 무성했고, 어떤 증권회사는 5개나 되는 그런 공동자금에서 참가요청을 받은 걸로 알려지기도 했다. 한편 철도회사 중 선두주자인 4개 회사, 즉 산타 페(Santa Fe), 유니온 퍼시픽(Union Pacific), 체사피크 오하이오(Chesapeake & Ohio), 그리고 노포크 웨스턴(Norfolk & Western)의 주식은 모두 경쟁이라도 하듯 주가가 3백불로 가는 상승 열차를 타고 있었다. 이들 주가가 3백불이 될 것을 의심하는 사람은 아무도 없었으며, 다만 어떤 주식이 먼저 목적지에 다다르냐가 관심의 대상일 뿐이었다.

그리하여 누구든 예약권을 확보할 수만 있다면(보스턴행 열차나 비행기나 다 예약이 꽉 차 있었다), 주말 사흘 간 아무런 걱정 근심 없이 다리를 쭉 뻗고 쉴 수 있었다.

VII

사실 폭락은 믿기 힘들 정도로 천천히 진행되었다. 얼마나 서서히 진행되었는지 폭락이 일어나는지도 모르고 있던 사람들이 많았으며, 또한 아직 폭락이 본격적으로 진행되지 않은 상태인데도 자기들은 이미 폭락을 경험했고, 다행히도 살아남았다고 믿는 사람들도 있었다.

하여간 주식시장은 한꺼번에 폭락하진 않았다. 시장의 많은 종목들이 이미 1년 이상 침체된 상태였다. 사실 1929년의 활황 장세는 매우 제한적인 일부 종목의 상승에 힘 입은 것으로, 구체적으로는 다우존즈나 「뉴욕 타임즈」의 지수 계산에 포함되는 몇몇 종목들의 활황 덕이었다. 또한 그 활황은 가장 잘 알려진 회사들의 주가 상승 덕이었다. 신문들은 매일 이 회사들에 대한 기사를 실었고, 증권회사 고객상담실의 단골들도 하루종일 이 회사들에 관한 얘기로 시간 가는 줄 몰랐다. 그러나 이 투자가들만큼 많은 수의 다른 투자가들이 관심을 갖고 있던 다른 주식들은 전혀 재미를 보지 못하던 그런 활황 장이었다. 사실 1929년 내내 주식시장의 대부분은 침체되어 있었지만, 평균지수의 상승은 굉장한 구경거리였다. 하지만 1929년, 셀라니즈(Celanese)의 9월 중 최고가 66불은 1927년 최고가 118불에 턱 없이 못 미쳤으며, 클루에트 피바디(Cluett, Peabody)의 9월 중 최고가 46불 역시 1928년도의 최고가 110불에 비해 반도 못 미치는 것이었다. 이런 예를 몇 가지만 더 나열해 보자. 뉴욕 조선(New York Shipbuilding)의 9월 최고가 27불, 1925년 최고가 88불. 펩시 콜라(Pepsi-Cola)의 9월 최고가 10불, 1928년 최고가 19불. 필립 모리스(Philip Morris)의 9월 최고가 12불, 1927년 최고가 41불.

잘 알려진 주식으로만 나열한다 해도 이 리스트는 꽤 길어질 수 있었다. 특히 자동차 주식은 업종 전체에 걸쳐 침체에 빠져 있었다. 가장 잘 알려진 주식들이 사상 최대의 호황을 누렸다는 그때에도 허드슨(Hudson)이나 헙(Hupp), 그레이엄 페이지(Graham paige) 등은 최고치로부터 각각 25퍼센트, 43퍼센트, 55퍼센트씩이나 추락한 채였다. 하긴 1920년대를 통틀어 호황의 대명사가 되었던 GM의 주가만 해도 최고가에서 10퍼센트 이상 하락한 상태였다. 일반적으로 1929년 가을엔 모든 주식이 천장을 뚫고 최고치를 치고 있었다는 인식을 갖고 있지만, 이는 사람들이 꾸며낸 얘기가 얼마나 강력한 힘을 발휘하는지를 잘 보여주는 것이다.

그러나 지난 3년 동안 일부 종목에서 느껴지지 않을 정도로 느리게 추락이 진행되곤 있었다지만, 주가의 평균지수가 이후 4반세기 동안 다시 구경도 못할 최고치를 기록했던 1929년 9월 3일 화요일에는 어느 누구도 '추락'에 대해 신경쓰지 않았다. 그날은 바로 노동절 휴일 다음날로서, 전통적으로 또 다른 활기찬 장을 예고하는, 아니 거의 새해 첫날과도 같은 그런 날이었다. 그날 뉴욕은 섭씨 약 35도의 기록적인 기온과 높은 습도로 무더웠지만, 군중들은 시내의 고객상담실로 꾸역꾸역 모여들었고, 9월 중 일거래량의 최고치를 갱신했다. 그리하여 증기탕 속에 있는 듯한 더위 속에서 1920년대의 주식시장은 어떤 업적을 이룩했는지 알지도 못한 채, 에베레스트산의 정상에 등정한 것이었다. 그 다음날 주가는 떠들썩할 정도는 아니었지만, 전반적으로 하락했다. 「타임」지는 유명한 금융담당 편집장 알렉산더 노이즈(Alexander Noyes)가 썼을 게 분명한 그날의 장세분석을 통해 술이 확 깨는 다음의 글을 실었다. "지난 한 주 동안 가격의 상승속도는 너무 가팔랐으며, 단기금융시장의 상태와 너무 무관하게 오르기만 했다. 따라서 주가상승에 대한 확신을 가진 투기꾼들조차도 이젠 조심스러워질 정도이다." 그 다음날인 9월 5일에는 훗날 '뱁슨의 폭락'(Babson Break)이라 불리게 된 묘한 일이 벌어졌다. 로저 뱁슨(Roger Babson)은 월가에서 멀리 떨어진 곳에서 일하는 금융상담가로 그때까지 잘 알려지지도 않았고, 따라서 별 영향력도 없던 인물이었다. 이런 그가 흔히 있는 뉴잉글랜드 지방의 금융 오찬모임에서 청중들에게 이런 말을 던졌다. "저는 작년 이맘 때에도 했던 말을 똑같이 다시 하고자 합니다. 바로 머지 않아 폭락장세가 올 거라는 말입니다." 뱁슨의 말이 내포하고 있듯이 그의 지나간 경고들은 단호히 무시되었으며, 사실 그 때문에 그는 일반적으로 머저리 취급을 받고 있었다. 그날은 금융뉴스도 느릿느릿하기만 해서 뱁슨의 말은 오후 2시가 되어서야 다우존스 금융소식판에 떠서 전국의 증권회사에 퍼져나갔다. 그러자 시장은 한순간의 지체도 없이 곤두박질 치기 시작했다. 장이 마감되기 전 1시간 동안 2백만 주나 거래되는 가운데, 미국 철강(U. S. Steel)의 주가가 9불, 웨스팅하우스(Westinghouse)의 주가가 7불이나 떨어지는 폭락장이 연출되었다. 사소한 원인이 발단이 되어 엄청난 결과가 나타난 셈이었는데, 아무리 봐도 너무 과도한 폭락이었다.

이는 뭔가를 예시하는 사건이었으며, 사람들에게도 곧 그렇게 인식되었다. '뱁슨의 폭락'이 일어나자 한달 전만 해도 아무도 얘기하지 않던 '대폭락'(crash)이란 말이 갑자기 월가에서 공공연히 나돌았다. 보수적인 집단에서는 며칠 지나지도 않아, 곧 들이닥칠 대폭락이 끝없이 계속된 활황 장세의 한 국면일 뿐이라면서 당연히 받아들여야 한다는 입장을 보이기도 했다. 물론 새 시대의 선두주자인 예일대학의 어빙 피셔(Irving Fisher) 교수 같은 사람은 즉각 격렬한 논조로 뱁슨을 비난하고 나섰지만, 5일 뒤 「타임」지의 노이즈는 무시무시한 대폭락이 올 가능성이 아직 있다면서, 매우 불안한 어조의 사설을 썼다. 「타임」지는 그 당시의 상황을 갑자기 공황이 찾아왔던 1907년과 비슷하다고 평하면서, 다만 지금은 그때와 달리 연방준비제도도 생겼고, 투자신탁들도 설립되어 있으므로 필요한 시기에 이들이 나서면 시장을 안정시키는 데 일조하지 않겠냐는 말을 덧붙였다. 한편 주식시장은 불규칙한 행보로 미끄러져 가더니, 9월 24일에도 또 한 번의 큰 폭락이 있었다. 이 폭락은 어떤 특별한 이유도 없이 일어났었기 때문에 '불가사의한 하락'(mysterious decline)으로 불려졌다.

    월가의 10월은 비관적이면서도 차분한 분위기로 시작되었다. 음산한 가운데서도 증권회사의 대출은 늘어만 갔는데, 이는 많은 사람들이 아직도 주식시장에 찾아들고 있다는 증거였다. 그런데 왜 이들의 신규 매수는 값을 더 상승시키지 못했을까? 아니면 혹시 이들이 대주라도 치고 있는 걸까? 어느새 대규모의 매도 공동자금이 결성되었다는 소문이 돌더니, 제시 리버모어가 그 주동으로 지목되었다. 그러나 곧 그가 나서서 부인하자, 장세가 회복되어 모두 한숨을 돌릴 수 있었다. 10월 9일, 평균주가는 대략 9월 중순의 수준으로 돌아와 있었다. 10월 15일, 강세장 예언자인 내셔널 시티 은행의 찰스 미첼이 독일을 떠나 뉴욕으로 향하는 대서양 횡단 선박의 갑판 의자에 앉아서 한 마디 던졌다. "주식시장은 지금 전체적으로 보아 건실합니다." 어빙 피셔도 이에 뒤질세라 한 마디 했는데, 이 말은 곧 유명해져 그의 이름과 함께 역사에 길이길이 남게 될 것이었다. "주식값이 이제 고원에 올라왔지만, 앞으로 빠질 것 같지는 않습니다." 물론 모두 다 이런 낙관적인 발언들을 믿었던 건 아니었다. 미첼이나 피셔는 이미 맨날 뻔한 얘기만 하는 사람들로 낙인이 찍혀 있었고, 항상 반복되는 그들의 견해는 별다른 반향을 일으킬 수 없었다. 하지만 그래도 그 덕인지 시장은 거의 1주일 동안 견고한 모습을 보였다. 그러다가 19일에 다시 주저앉고 말았는데, 토요일 오전장 거래로는 사상 두번째로 많은 거래량을 기록하며, 2시간 만에 엄청난 손실을 안겨 주었다.

21일 월요일이 되자, 이젠 누가 봐도 전형적인 주식시장의 연쇄반응 현상이 일어나 시장을 망가뜨리고 있었다. 즉 주가가 하락하자 신용고객들에게 더 많은 증거금이 요구되었고, 그 요구에 부응하지 못 하거나 하기 싫은 고객들은 강제로 주식을 팔 수밖에 없었으며, 이로 인해 주가의 하락은 더욱 가속화되었고, 이에 따라 다시 더 많은 증거금이 고객들에게 청구되었다. 사람들은 1907년의 공황 때처럼 막강한 은행들이 중심이 되어 시장을 받치기 위한 공동보조를 취할 거라는 기대를 하기 시작했다. 「타임」지의 노이즈는 이렇게 썼다. "현재 월가의 사람들은 어쨌거나 모두 현실을 파악하고 있는 것 같다. 현란한 구호들이나 있지도 않은 가공의 정치적인 경제 같은 말을 다 버린 것 같다." 이 글의 의미는 분명했다. 제 정신을 찾기 시작했다는 것이다. 새 시대는 이제 과거의 일이 되었으며, 고객상담실도 좀 덜 북적댔고, 8월 한 달 동안 월가를 꽉 채웠던 수많은 초심 투자자들 대부분이 낙담한 채 다시 직장으로, 과거의 삶으로 돌아가고 있었다. 새 시대의 나팔이 아직 울리고는 있었지만, 그것은 고별사 같은 힘없는 나팔 소리였다. 피셔는 이런 폭락을 신용 투기를 하는 소수의 과격파를 떨어내는 조정과정일 뿐이라고 일축했으며, 미첼은 뉴욕에 도착한 뒤 간단히 '주가가 너무 많이 빠져버렸다' 고만 말했다. 그리고 바로 그날, 주가는 시세 표시기의 거래기록 송신이 1시간 41분이나 늦어질 정도로 혼란한 거래 속에 무섭게 하락했다. 하지만 바로 다음날인 22일 화요일, 시장은 또다시 크게 반등했다.

그리하여 23일 수요일, 뉴욕은 맑고 온화한 가을날을 맞이했다. 이날 중서부 지방은 날씨가 안 좋아 때 이른 눈과 진눈깨비로 혼잡했다. 이런 불순한 날씨도 마치 헤이스팅즈 전투(The Battle of Hastings ; 영국 동남부의 이스트 서섹스East Sussex에 있는 헤이스팅즈라는 곳에서 1066년 노르망디공 윌리엄1세와 영국왕 해럴드가 싸운 전투. 윌리엄이 승리하여, 영국에 노르만 왕조를 창시하게 된다—옮긴이)가 있던 날의 빛나는 햇살처럼, 그날의 사건과 함께 나름의 이유를 가지고 역사에 남게 되었다. 주가의 하락은 일찌감치 뉴욕에서 시작되었다. 그런데, 중서부의 폭풍우로 인해 많은 전화와 전신이 불통되자 그 이후 폐장시간까지 미국 대부분의 지역에서는 시장의 변화에 대해 추측과 소문만이 난무했다. 사람들은 공포에 휩싸였으며, 이런 분위기는 곧 확산되었다. 그날의 거래량 637만 4,960주는 역사상 두번째로 많은 것이었으며, 폭락한 주식 중엔 96불이나 하락한 아담즈 고속(Adams Express), 20불이 하락한 제네럴 일렉트릭(General Electric), 43불이 하락한 오티스 엘리베이터(Otis Elevator), 그리고 35불이 떨어진 웨스팅하우스 등도 포함되어 있었다. 이런 폭락을 설명할 만한 별다른 이유도 없었지만, 전처럼 '불가사의한 하락' 운운하는 사람은 아무도 없었다.

지금 보면 흥미로울 수도 있는 불운이 그 당시 또 하나 있었다. 그 불운은 그날 증권거래소의 부이사장이 시장부에 없었던 것이다. 그는 41세의 나이로 거래소에서 새롭게 부상하던 리차드 위트니(Richard Whitney)였다. 위트니는 거래소 이사장 해리 시몬즈(Harry Simmons)가 신혼여행으로 거래소를 떠나고 없던 그 당시 거래소의 대리이사장직을 맡았었고, 이름도 잘 알려져 있었으며, 영향력과 지도력을 겸비한 사람으로 평판이 나 있었다. 그 해 3월 후버 대통령이 주식투기에 대해 거래소의 대표와 상의하고 싶어했을 때도 백악관으로 초청된 인물은 시몬즈가 아니라 위트니였다. 10월 23일 수요일은 뉴저지의 파힐즈(Far Hills)에서 사냥클럽 에섹스 폭스 하운드(Essex Fox Hound) 주최로 열린 경마행사 기간 가운데 가장 중요한 날이었다. 위트니는 바로 이날의 행사를 책임진 간사 중 하나로 사회의 저명인사들과 어깨를 나란히 한 채, 미국 내에서 가장 멋진 경마대회였을 하루를 즐기고 있었다. 그날 경마에서 '얼룩 이쁜이'(Speckled Beauty)와 '청혼'(Proposal)이란 이름의 말 두 마리가 거의 동시에 결승점에 들어오는 바람에 심판관들이 판정을 내리지 못하자 규칙에 따라 행사장의 간사들에게 결정이 의뢰되었는데, 위트니는 또 다른 간사와 협의해 동시 도착을 선언했다. 그리고 말들이 젖은 잔디에 미끄러져 기수들이 낙마해 말 주인들간에 어떤 기수의 실수냐를 놓고 설전이 벌어졌을 때도 간사들이 중재해야 했다. 경마대회의 이런저런 일들로 위트니에겐 나름대로 바쁜 하루였던 것이다. 물론 앞으로 바빠질 날들에 비하면 아무 것도 아니었지만.

그날 밤, 산더미 같은 증거금 청구 사태가 발생해 월가에 검은 그림자를 드리웠다. 하지만 월가의 사람들은 이제 막 폭락을 끝냈으니, 다시 상승할 거라고 생각하고 있었다. 머지 않아 돈을 다 날린 사람들의 숫자가 수천 명에서 수만 명으로 불어날 것을 모르는 채, 또한 거래량이 6백만 주 정도가 아니라 거의 1천 3백만 주에 이르게 되어 그 다음 날이 '암흑의 목요일'(Black Thursday)이라는 이름으로 누고누고 불려지게 될 것도 모르는 채….

백기사 등장하다

I

트리니티 성당의 관할신부는 1930년의 성당 '사목(司牧) 보고서'에 이런 글을 남겼다.

지난 한 해 동안 많은 어려움이 있었습니다. 실직으로 인해 고통 받는 많은 사람들에게 우리 성당이 어떻게 위로와 도움을 줄 수 있을까 하는 것이 가장 중요한 문제였습니다. 자선 및 사회봉사 분야의 전문가들과 상의한 뒤, 저는 우리 성당이 지역 주민들을 위해 봉사해야 한다는 결론을 내렸고, 교구 위원회에서도 많은 지원을 해주셨습니다. 그리고 저는 우리 교구 내의 가난한 사람들을 위한 기금 설립을 위해 성금을 호소하기도 했습니다. 그 결과 도움을 받았거나 어려움에서 벗어난 많은 사람들을 이 자리에서 공개적으로 밝힐 수는 없습니다. 이런 역경의 시기엔 인간 본성의 가장 좋은 면과 가장 나쁜 면이 동시에 드러납니다. 저로서는 올해에 사람들이 위안과 용기를 얻으러 성당을 찾아오고 있다는 사실이 기쁠 따름입니다.

이어서 신부는 주일미사에 참석하는 사람도 많아졌을 뿐더러, 주중의 점심미사 참석자도 눈에 띄게 많아졌다고 덧붙이며, 금융가의 사람들에게 위안과 용기를 주기 위해 성당 차원에서 새로운 방안을 마련했다고 썼다. 그 방안이란 주중 매일 11시 반에서 1시 반 사이에 성당 입구 바로 안에 성직자 한 사람이 자리잡고 앉아 고민상담을 받는 것이었다. 그의 글을 계속 읽어보자.

우리가 그 곳에 앉아 있으면서 듣게 된 여러 가지 문제와 고통거리들을 다 말해드릴 수만 있다면, 아마 목자가 하는 일의 가치를 깨달으실 수 있을 겁니다. 우리가 알지도 못하고 또 우리를 알 리도 없는 수많은 사람들이 자기가 사는 동네의 성직자들과는 상의하기 힘든 많은 고민거리들을 전혀 알지 못하는 우리에게 기꺼이 털어놓았으며, 우린 대부분의 경우 익명을 지켜주며 최선을 다해 상의해 주었습니다.

이 새로운 형태의 사목 활동은 1930년대에 매우 인기를 끌어 점심시간이면 종종 트리니티 성당 입구엔 상의도 하고 위안도 받기 위해 줄 서 있는 사람들을 볼 수 있었다. 영혼의 양식을 얻기 위한 줄이었다고 할까?
트리니티 성당에서 자주 부르던 노래 「이끄소서, 부디 빛을 비추소서」에는 이런 귀절이 있었다.

난 화려한 날을 좋아했지요. 두렵긴 해도 자만심에 차 있었지요.
시난 날들은 잊읍시다.

화려한 날은 이미 끝이 났고, 월가 사람들을 트리니티 성당으로부터 멀리 떼어 놓았던 그들의 자만심도 무너져 버린 상태였다.

II

대폭락이 시작된 첫날인 10월 24일, 소위 말하는 암흑의 목요일에 미국을 방문중이던 영국의 언론인 클로드 캭번(Claud Cockburn)은 그리니치 빌리지(Greenwich Village)에 위치한 유서 깊은 라파이에트 호텔에 머물고 있었는데, 그는 그날 아침 호텔 식당에서 미국인 친구와 식사를 하다가 놀라운 상황을 목격하게 되었다. 그의 친구가 마음을 놓지 못한 채 자꾸 의자에서 일어나 식당 한 구석에 있던 시세 표시기를 쳐다봤던 것이다. 아직 개장시간도 안 되어 시세 표시기엔 아무 표시도 없었는데 말이다. 국내 상황에 초연한 외국인이 가질 수 있는 통찰력 때문이었을까? 캭번은 수년 뒤에 글로 남겼듯이, 그날이 보통 날이 아니고 뭔가 오래 기억될 만한 날이 될 것임을 직감했다. 캭번의 표현에 의하면, 런던의 사회 분위기를 한번 바꾸려면 대규모 공습 정도는 있어야 하지만 뉴욕은 그렇지 않았다. 런던에 비해 뉴욕은 훨씬 외부로 열려진 사회였던 것이다. 그날 느즈막한 아침에, 이미 시세 표시기를 통해 슬프고도 놀라운 대폭락이 전해지고 있던 월가를 향해 걸어가던 캭번은, 어느새 자신도 모르게 같은 방향으로 소리 없이 몰려가는 군중들 속에 섞여 있음을 알게 되었다. 월가에는 이미 수많은 사람들이 모여 있었다. 정적이 감도는 가운데 속삭임이라고밖엔 할 수 없는 중얼중얼하는 소리만이 낮게 깔려 있었으며, 때로 현실 같지 않은 미친 듯한 웃음소리가 간간히 터져나오기도 했다(그날 정오 즈음 월가와 브로드가의 건너편에 있는 재무부 부속건물을 찍은 사진들에서는 계단에 서서 무슨 단체사진이라도 찍는 듯 덤덤한 눈빛으로 앞을 쳐다보고 있는 사람들의 모습을 찾아볼 수 있다. 그들의 얼굴에서는 흥분감도 광란도 후회의 빛도 찾아볼 수 없다. 그들의 눈빛은 마치 낚시줄에 잡혀 낚시꾼 옆의 통발 속에 눕혀진 물고기들의 눈빛 같았다).

칵번은 그날 월가의 주요 인물 가운데 하나인 에드가 스파이어(Edgar Speyer)의 저택에서 점심식사 약속이 있었다. 스파이어는 영국의 귀족이었는데(그는 옛 영국의 에드워드 왕 시대 귀족의 후예로 에드가 경이자 영국 추밀원의 고문관이었다), 지금은 미국인이 되어 가장 유서깊고 권위 있는 어떤 독일계 유태인의 금융기관에서 파트너로 일하고 있는 백만장자였다. 스파이어 부부는 워싱턴 스퀘어 북쪽에 위치한 아름다운 그리스 복고풍 양식의 저택에 살고 있었다. 빨간색 벽돌로 된 그 저택은 중국에서 수입한 눈부신 그림들과 도자기들로 가득찬, 교양과 우아함이 극치를 이루는 곳이었다. 점심식사는 중년쯤 되어 보이는 영국인 집사의 감독 아래 젊은 영국인 하인이 시중을 드는 가운데 부드럽게 진행되고 있었으며, 화제는 주식시장이 아니라 최근에 작품을 발표한 시인들이었다(스파이어 부인도 그 시인들 중 한 사람이었다). 그런데 갑자기 부엌으로 연결된 복도에서 쿵쾅거리는 소리와 소란스런 목소리가 들려왔고, 얼마 안 있어 식당문의 손잡이가 천천히 돌려지는가 싶더니 문이 빼끔히 열렸다. 분명히 문 바깥에서 뭔가 이상한 일이 벌어지고 있었다. 잠시 후 집사와 하인이 양고기를 가지고 들어올 때, 칵번은 각기 다른 연령층의 하녀 너댓 명이 문 밖 복도에서 흥분된 표정으로 서 있는 걸 볼 수 있었다. 양고기 요리를 내놓은 뒤 집사와 하인은 부엌으로 돌아갔고, 소란한 소리가 조금 더 계속되더니, 어떤 여자가 날카로운 목소리로 "들어가시라구요. 아니면…" 하는 말이 들렸다. 여기서부터는 칵번의 말을 직접 인용해 보자.

그런 뒤 쾅 하고 문이 열리며 나지 뒤에서 누가 심하게 밀어버린 듯 얼굴이 붉어진 집사가 뛰어 들어왔다. 그는 문을 닫더니 최대한 침착한 태도로 스파이어씨에게 다가가 죄송해 하는 듯한 낮은 목소리로 잠시 나와주실 것을 간청했다. 놀라움을 감추지 못한 채 그 말을 들은 스파이어씨는 잠시 주저한 뒤 그와 함께 식당을 떠났다. 그리고 눈 깜짝할 사이에 약간 실망한 얼굴로 돌아와서는 결례를 용서해 달라고 말했다. 그의 설명에 따르면, 부엌에도 하인들만이 보는 시세 표시기가 있으며, 모두 엄청나게 주식투자에 빠져든 상태라는 것이었다.

그러고 나서 스파이어는 점심식사도 채 못 끝내고 식당을 나갔으며, 그의 부인과 손님들은 혼란한 마음으로 식사를 하는 둥 마는 둥 마쳤다(독자들도 짐작했겠지만, 스파이어의 하인들은 부엌에서 주가 대폭락을 쳐다보며, 누군가 주인에게 알려야 한다고 격론이 벌어졌던 것이다. 그들도 그들이었지만, 주인인 스파이어가 어마어마하게 주식에 투자하고 있는 걸 다들 알고 있었으니까—옮긴이). 엉망이 된 점심은 스파이어의 사교에 오점을 남기고 만다. 아마 풍류와 예절, 그리고 환대를 무엇보다 중요시하는 스파이어에게 있어서 그날의 점심식사가 일생일대에 딱 한 번인 원칙위반이었을 것이다. 각번은 그제서야 대폭락이 무엇을 의미하는지를 실감할 수 있었다. 장부상으로만 존재하던 이익이 날라가면서 이와 함께 사람들의 삶이 무너지고 있었다.

하지만 '암흑의 목요일'은 서곡에 불과했다. 엄청난 거래속도를 따라갈 수 없던 시세 표시기는 그날 저녁 7시가 넘어서야 겨우 3시에 끝났던 거래의 기록을 마칠 수 있었다. 은행가들이 모여 시장을 지지하기 위한 모임을 구성했는가 하면, 후버 대통령은 '미국의 기본 산업은 견실하고 순조로운 기반 위에 있다'라는 담화를 금요일에 발표하기도 했다. 그리고 금요일과 토요일 이틀에 걸쳐 시장은 상승세로 돌아섰으나, 다음 주 월요일에는 다시 하락하기 시작해 화요일인 29일은 증권거래소 사상 최악의 날이 되었다. 대학살은 이미 어느 누구의 손으로도 막을 길이 없었으며, 전국적인 경기침체가 시작되었다. 수요일에는 존 락커펠러(John Rockefeller)가 나서서 시장에 자신감을 불어넣어 주기 위해 이렇게 말했다. "저와 제 아들은 지난 며칠 동안 튼튼한 회사 주식을 사들였습니다." 발표가 있은 후 시장은 또 한번 짧게 회복되는가 싶더니 다시 하락이 재개되었고, 날이 갈수록 그 강도가 심해져 월가의 기능을 거의 마비시키고 말았다. 11월 13일, 주가가 그 해의 바닥을 쳤을 때는 9월 당시 상장 주식의 시가 8백억불 중 3백억불이 꺼지고 없었다. 제시 리버모어는 "계속 이런 식으로 갈 수는 없다"라고 말했는데, 1929년에 국한시킨다면 그의 말은 맞았다. 하지만 1929년은 비극의 1막일 뿐이었다.

12월이 되자 월가에는 위기가 지속될 것 같은, 어두움이 깊어갈 것만 같은 분위기가 짙게 깔렸다. 날씨가 따뜻한 날, 월가에서 사무실 창문을 열어놓고 있으면 거래소 밖에 매일 모여있는 군중들의 낮은 신음소리가 들려오곤 했다. 훗날, 당시 월가에 사무실이 있던 어떤 사람은 그때를 이렇게 회상했다. "그 소리는 거래시간 내내 계속되었고, 정오 경에는 최고조에 달했죠. 성나거나 미쳐서 날뛰는 그런 소리는 아니었지만, 오히려 그렇지 않은 게 더 섬뜩하게 느껴졌습니다. 그건 그리스 풍의 비가(悲歌) 같은, 아무런 희망 없이 단조롭게 깔리는 저음이었어요. 정말 사람 마음을 영 심란하게 만들곤 했죠." 사람들은 이제 희생양을 찾기 시작했다. 지난 여름에서 가을에 걸쳐 있던 주식 사기 건에 대한 비난이나 고발이 매일 쌓여갔다. 게다가 월가의 여러 구성요소들, 즉 사설중개소의 약세장 연출자들, 공동자금 운영, 옵션거래 중개인들, 아니 하다 못해 시세 표시기가 너무 느리다는 주장까지, 줄줄이 폭락의 원인으로 지목되기에 이르렀다. 한편 지진의 진통이 이제 뉴욕에서 전국으로, 선세계로 퍼져나갔다. 러시아인들은 사본주의가 썩고 있으며 망할 운명에 처해 있다는 자신들의 주장이 맞았다며 손뼉을 치고 있었다. 뉴욕 전철에서는 슬프게 흐느끼는 여인들의 모습이 자주 눈에 띄었다. 미국 전역에 빵 배급을 받는 줄이 생길 정도는 아니었지만, 주식을 사기 위해 대출 받느라 담보로 걸었던 평생의 사업이나 오랫동안 부어온 보험료증서들이 다 날라가 버렸고, 젊은이들은 돈이 없어 대학진학의 꿈을 버려야 했다. 생활양식이 변하고 있었다. 물론 이런 변화를 좋게 본 사람도 있었다. 한 영업사원의 말을 인용하는 거라며 에드윈 르페브르(Edwin Lefevre)는 이렇게 말했다. "미국 어디를 가든지, 인구가 1만 명이 넘는 도시면 나이트 클럽 하나 정도는 다 있죠. 지난 1년 반 동안 난 그런 도시들을 수없이 다니며 영업을 했어요. 그리고 내가 만난 사람들 중 십중팔구는 다 생애최고의 나날을 보내고 있었죠. 아직 현금화 되지도 않은 주식시장의 평가이득만을 가지고 말이에요. 이들은 실제로 있지도 않은 재산을 가지고 부자가 된 듯 사는 못된 습관을 가지고 있었어요."

그러나 주식시장에 관련된 사람들 중 진짜 부자들, 그 중에서도 특히 보수적인 부자들은 손해를 가장 적게 보고 있었다. 적어도 그때까지는 말이다. 월가의 선두주자들 역시 손해는 보았으나 큰일 날 정도는 아니었으며, 특히 JP 모건이나 토마스 라몬트, 그리고 그 외의 다른 파트너들은 불평할 수준도 못 되었다. 그 해 초에 벌어들인 은행의 수익이 폭락으로 인한 손실을 상회하여, 1929년 전체로 보았을 때는 모건은행과 그 관련사 드렉셀(Drexel)이 2천 7백만불이나 되는 순이익을 보았던 것이다. 노익장 조지 베이커(George Baker)는 「뉴욕타임즈」에 1천 5백만불이나 손해를 봤다고 털어놨지만, 풍문에 의하면 그는 대폭락이 절정에 달할 무렵에 의사의 충고도 무시한 채 월가로 달려가며 "난 지난 60년 동안 시장이 공포에 빠질 때마다 돈을 벌었어. 이번 장도 놓칠 수 없지"라고 했다고 한다. 오토 칸 역시 큰 손해를 본 것으로 알려졌지만, 그의 우아한 생활은 하나도 변함이 없었다. 예술분야에 대한 후원금, 관광명소처럼 잘 알려진 콜드 스프링 하버(Cold Spring Harbor ; 뉴욕 주 롱아일랜드 북쪽의 한 해변—옮긴이)의 대저택, 그리고 부동산 등등 어느 것에도 변화는 없었다.

존경받는 사람이든 아니든 철저한 투기꾼들은 나름대로의 운수와 취향에 따라 승부가 갈렸는데, 공격적인 매수꾼들이 가장 큰 손해를 본 건 당연한 일이었다. 중서부에서 결성되어 '돈 잘 버는 아이들'이란 애칭으로 불리던 공동자금의 운영자 윌리엄 듀란트는 중개인이 정보를 잘못 줘서 7만 5천불이나 손해를 봤다며 곧 고소를 할 예정이라고 했는데, 이건 마치 경찰에 붙잡힌 도둑이 망 보던 한패를 욕하는 꼴이었다. 청렴한 공동자금 참여자인 아서 커튼(Arthur Cutten)은 자기 고향의 인구 2만 명 중 많은 사람들이 자기의 말을 믿고 주식투자를 했다가 전부 해서 3백만불이나 되는 돈을 날린 걸 알게 되자, 자기도 개인적으로 큰 손해를 봤다는 얘기를 하지 않을 수 없었다. 자칭 내셔널 시티 은행의 제조업자인 미첼은 10월 28일에 시작된 무시무시한 1주일 동안 1천 2백만불이나 되는 돈을 빌려 내셔널 시티의 주가를 받치려고 했으나 실패하고 말았다. 그는 절망에 빠진 가운데 꿍꿍이수작을 벌이다가 세금포탈에 연루되어 결국 기소되기도 했다.

다른 한편, 자신이 다니는 은행의 주식을 대주치던 체이스 은행의 위긴은 이 대폭락을 틈타, 아니 대폭락의 결과로 4백만불도 더 되는 돈을 챙겼다. 폭락 초반에 일시적으로 장을 낙관했던 제시 리버모어는 그 유명한 통찰력을 잃지 않고 장세를 다시 판단해 늦지 않은 때에 방향을 바꿔 가볍게 백만장자가 됐다. 라디오 공동자금의 마이클 미한과 그가 운영하는 여객선상의 증권회사도 역시 재미를 봤다.

III

월가 인물들 중 관심 끌 만한 사람은 이외에도 4명이 더 있다. 그 중 벤 스미스는 전국적으로 알려진 악당이었다. 거칠고 농담하기 좋아하는 이 아일랜드인은 그 당시 이미 거물 중의 거물로서 좀처럼 만나기가 힘든 사람이었다. 그를 만나려는 기자들은 1주일 이상 기다렸다가 스미스나 그의 비서도 아니고 그의 홍보담당자에게서 면담이 가능하다고 연락을 받는 게 보통이었다. 그러나 스미스의 새로운 명성은 그의 재산 자체가 아닌, 그가 재산을 모으게 된 방식에 대한 소문에서 생겼다. 그리고 그는 굳이 이런 소문들을 부정하지 않았다.

그 역시 1929년 여름, 당시의 분위기에 휩싸여 주식 매수 쪽에 섰다가 처음 폭락이 시작될 때 큰 손해를 보았다. 하지만 그는 곧 깨달았다. 그때까지의 활황 장이 모두 새빨간 거짓말이며, 이제 모든 게 현실로 돌아가고 있다는 것을. 잘 알려진 바대로 그가 월가나 미국에 어떤 인연도 없다는 사실이 그에게 유리하게 작용하고 있었다. 다시 말해, 학연이나 지연 따위에 얽매이지 않은 덕에 그는 현실을 직시할 수 있었던 것이다. 누군가 말했듯 그는 자유인(free soul)이었다. 사실 한때, 그도 '신시대 경제'라는 신화에 말려들어가 그런 기분으로 투자를 했고 큰 손해를 보기도 했으나, 이제 그는 신화를 다 떨쳐버릴 수 있었다. 사실 그에게 '신시대'는 일종의 저버린 신앙과도 같은 것이었다. 다만 대중심리라는 물결로 인해 자신의 판단력과 믿음에 반하여 약해진 모습이 되어 일시적으로 받아들여야 했던 그런 신앙이 아니었을까? 스미스가 모건이나 쿤 로엡이나 멜론이나 후버 등에 대해 가진 진정한 태도는 언제나 '엿 먹어라' 혹은 그보다 더 약하지 않을 강도 높은 거부감이었다. 그리고 이제 그의 견해가 맞다는 게 입증되고 있었다. 사실 그에게 미국이란 무엇이었던가? 미국에서 그의 삶은 결코 평탄하지 못했었다. 그는 폭락 당시에 이렇게 외쳤다. "그것 봐. 내 말이 맞았잖아. 난 항상 이렇게 될 줄 알았었다니까!" 첫번째 폭락이 끝나기 전, 그는 방향을 돌려 복수심에 불타는 대규모 매도세력으로 변했다. 그리고 엄청난 대주물량으로 주가를 나락에 빠뜨리며, 실제 상황이 그의 날카로운 확신과 맞아 떨어진 덕에 많은 돈을 벌게 되었다.

노련한 사업가 찰스 슈왑은 1929년 12월 10일, 이렇게 말했다. "지난 날을 돌아볼 때, 오늘날처럼 경제발전의 기반이 확고했던 적은 없습니다. 주가야 올라가기도 하고 빠지기도 하는 거지만, 미국은 변함없이 번영할 겁니다." 그는 당시의 통념을 대변하고 있었다. 국가와 국가의 경제상황에 감정적으로 연관되어 있는 사람들의 생각은 바로 그런 식일 수밖에 없었다. 그들은 모두 전반적인 국가경제의 붕괴라는 건 도저히 용납할 수 없는 사람들로, 지금 벌어지고 있는 상황을 인정하려들지 않았다. 이에 비해 '자유인'이라 할 수 있는 스미스는 현실의 상황을 용납하고 인정할 수 있었고, 그렇기에 앞을 내다볼 수도 있었다. 그는 자신의 의견을 발표하는 것에는 관심이 없었고(그런 건 해본 적도 없었다), 다만 계속 매도에 매도를 더할 뿐이었다. 스미스와 그의 매도에 대한 미국인들의 반응 역시 당시의 분위기를 잘 대변해 주었다. 그가 완벽하다 할 만큼 견실한 경제상황에도 불구하고 대량의 대주를 통해 주가를 계속 떨어뜨리고 있는 비열한 매국노로 신문에서 매도되기 시작하자, 스미스는 마치 벌레가 된 듯 괴롭힘을 당하게 되었던 것이다. 그는 날이면 날마다 협박전화와 협박편지를 받았으며, 그의 두 딸은 결국 경호원을 대동하고 다녀야 할 정도가 되었다. 하지만 그는 눈 하나 깜짝 안했다. 그는 자신을 적으로 몰아세우는 사람들이나 자신이나 다 자업자득이라고 생각했다.

부주의했다고나 할까, 스미스는 자신의 매도공략을 대표하는 슬로건을 제공함으로써 자신의 악명을 떨치는 데 일조를 하고 말았다. 11월 29일 이후의 공포 기간 중이었다는 설도 있고, 그로부터 몇 달 뒤라는 설도 있는 어느 날, 그는 자기 사무실이 마련되어 있던 증권회사의 고객상담실에 뛰어 들어가서는 빽빽하게 들어찬 사람들로 시끌벅적하던 그 와중에 큰 소리로 "다 팔아버려! 아무 값어치도 없단 말야!"라고 외쳤다고 한다. 그래서 그 이후 그는 평생 동안 '다 팔아버려 벤' (Sell'em Ben)이라 불리게 되었다.

권력에 대한 야심 때문에 벤 스미스만큼 자유로울 수는 없었던 (그리고 분명히 미국 경제체제 안에 발을 깊이 담그고 있던) 조세프 케네디는 폭락장에서 대주를 쳐 떼돈을 버는 짓은 못했지만, 그렇다고 주식을 매수하거나 보유하고 있어 손해를 보지도 않았다. 그는 "꼭지에서 팔아 돈 벌려고 하는 건 바보짓이다"라면서 조용히 그 해 초반에 이득을 다 챙겼기 때문에 9월에는 이미 주식으로부터 떨어져 안전한 곳에 있었다. 훗날 케네디는 그 당시를 회고하며 다음과 같이 썼다. "그때 난 법과 규정을 어기지 않고 번 돈의 반만 확실하게 챙길 수 있어도 만족할 거라고 생각했습니다." 그러나 사실 그가 번 돈의 반 정도만 챙기고 끝난 것 같지는 않다. 그 해 겨울, 그는 경제적으로도 심정적으로도 편안하게 월가와 결별하고 팜 비치로 가서 즐거운 마음으로 고단수 작전을 펼치기 시작했다. 이는 돈을 벌거나 번 돈을 지키기 위한 게 아니라 앞으로 그에게 필요하게 될 새로운 연합세력을 결성하기 위한 것이었다. 케네디는 이제 더 이상 돈 걱정은 할 필요가 없었다. 그는 재산을 안전하게 보존한 채, 그 돈을 권력으로 바꾸는 데 집중하기 시작했다. 그 권력은 킹 메이커, 아니 대통령 메이커가 되는 데 필요한 것이었다. 몇 달 뒤, 헨리 모겐타우(Henry Morgenthau)의 주선으로 마련된 뉴욕 주지사 저택에서 열린 오찬을 통해, 케네디는 1차 대전 때부터 시작되긴 했으나 아직은 가벼운(사실은 적대적이라고 해야겠지만) 프랭클린 루스벨트와의 관계를 새롭게 정립할 수 있었다. 이 만남을 통해 그는 다음 대통령으로 밀어 볼 만한 인물을 찾았다고 믿게 되었다. 이제 그의 새로운 경력이 시작된 것이다.

제임스 워버그(쿤 로엡의 파트너인 폴 워버그의 아들, 이 책 '금융시장의 귀족들' 편 참조—옮긴이) 역시 대폭락을 잘 넘긴 사람들 중의 하나였다. 그는 대폭락 덕에 개인적인 생존에 신경쓰는 대신, 보다 폭 넓고 고차원적인 문제에 관심을 집중하게 되었다. 폭락 초반, 그는 자신의 개인 재산 때문이 아니라, 은행 고객들의 돈을 지키기 위해 밤 늦게까지 과로하곤 했다. 그는 국제적인 은행의 고위층답게, 개개의 주가 변동이 아니라 이런 초유의 주가 대폭락이 가져올 국제적인 반향——예를 들면 미국에서의 금 유출이나, 미국 자본시장의 붕괴 등——을 걱정하며 시간을 보냈다. 1930년, 그는 대부분의 시간을 해외에서 보내며 은행의 유럽 고객들을 돌봐 주었다. 귀국한 뒤 그는 체이스 은행의 위긴과 함께 한 점심식사 자리에서 '벼락출세한 아돌프 히틀러가 독일에서 곧 권력을 잡을 텐데 아마 종국에 가서는 새로운 국제적 전쟁을 일으킬 것 같다'는 이야기를 했다. 위긴은 제임스의 부친인 폴 워버그에게 전화하여 "자네 아들이 좀 이상해진 것 같더군. 그 애를 해외에 내보내지 않는 게 나을 뻔 했어"라고 한 마디 했다.

그리하여 대폭락을 잘 넘긴 케네디와 워버그는 그들의 관심을 돈 버는 일에서 정치로 돌릴 수 있었다. 약 반세기 동안 월가는 정치가들을 배출하는 요람이었으나, 머지 않아 이 두 사람은 월가 출신으로서 정가에 발을 들여놓는 거의 유일한 인물이 될 터였다.

IV

리차드 위트니도 전국적으로 이름이 알려졌다. 벤 스미스 같이 악당으로서가 아니라 영웅으로서 말이다.

그의 명성은 10월 24일에서 25일로 넘어가는 사이에, 말 그대로 하룻밤 사이에 얻어진 것이었다. 암흑의 목요일, 시장이 극도의 공포감에 빠져 있던 정오가 조금 지난 무렵, 잘 알려진 은행가들이 월가에 모인 군중들 앞을 지나 모건은행 건물 안으로 들어갔다. 군중들은 건물로 들어가는 사람들의 이름을 수근거렸는데, 그것은 마치 호머의 서사시에 나오는 영웅들의 명단 같았다. 금융가의 영웅이나 다름없는 그들은 내셔널 시티의 미첼, 체이스의 위긴, 뱅커스 트러스트의 프로서, 개런티 트러스트(Guaranty Trust)의 포터, 퍼스트 내셔널(First National)의 베이커 등등이었고, 건물 안에서 그들을 맞이한 사람은 토마스 라몬트였다. 군중들은 갑자기 희망에 부풀어 그들이 모인 건 그토록 기다려온 시장에 대한 조직적인 지원을 토론하기 위한 것이라고 흥분했다. 은행가들이 수백만불을 들여 주가를 방어해 줄 것이며, 모건은행을 중심으로 한 조합이 결성되어 1907년 때처럼 이번에도 공황을 막아내고 나라를 구해낼 것이다.

그랬다. 오래지 않아 그런 징조가 나타났다. 그들은 월가 23번지에 들어간 지 몇 분도 되지 않아 건물을 나왔고, 관례대로 라몬트만이 자기 사무실에서 기자회견을 가졌다. 그 어느 때보다도 침착하고 당당해 보이는 그는 은발머리에 코 안경을 손에 쥐고 한가로이 손놀림을 하며, 우스꽝스럽기도 하고 멋지기도 한 처방을 내놓았다. "증권거래소에 투매 현상이 조금 있었습니다만, 몇몇 은행들의 대표가 모여 사태를 논의한 결과, 이 투매는 국가경제에 근본적인 이상이 생겨서가 아니라 시장의 기술적인 여건 때문에 발생한 것이라는 데 공감했습니다(그리하여 그런 새로운 표현이 필요하던 바로 그 순간에 라몬트는 '기술적인 여건'이라는 적절한 표현을 만들어 주었다)." 라몬트는 시장을 지원할 조합의 결성에 대해서는 확실하게 말하지 않았는데, 이는 그런 말을 하는 순간 모든 사람들이 즉각 행동을 개시할 거라는 기대에 들뜰 것이 뻔했기 때문이었다. 은행가들의 회합과 라몬트의 기자회견 소식이 전해지며 주가가 반등하고 있던 1시 반 경, 넓은 어깨와 짧고 굵은 목의 리차드 위트니가 거래소 시장부에 나타났다. 이 모건은행의 중개인은 전 날 경마대회에서 벌겋게 탄 얼굴로 미국 철강(U. S.

Steel)이 거래되는 곳까지 힘차게 걸어가더니 거래소 역사상 가장 유명해질 단일 주문을 냈다. 그 당시 미국 철강의 팔자호가는 2백불에도 한참 못 미치는 수준이었으나, 위트니는 바로 이전의 거래 가격인 205불에 1만 주 사자주문을 냈던 것이다. 즉 괜히 주당 몇 불 이상을 더 주겠다고 한 셈이었다. 그리고 그는 시장부를 여기저기 돌아다니며 우량주만 골라서 이런 호기에 찬 주문을 내고 다녔는데, 전부 큰 물량이었고 매수가격은 바로 이전의 매매가였다. 몇 분도 지나지 않아 그의 주문은 2천만불을 상회했다. 모두들 이는 은행가들의 조합이 움직이는 것이며, 그들의 시장부 행동 책임자가 위트니라는 걸 눈치채고 있었다. 곧 이어 전 종목에 매기가 일기 시작했고, 가격이 올랐다. 사실 '암흑의 목요일'은 이 행동이 없었다면 훨씬 더 암흑적으로 끝날 뻔 했었다.

"리차드 위트니가 주식시장의 공황을 막다." 다음날 신문들은 일제히 이런 제목을 헤드라인에 올렸다. 암흑의 목요일에 위트니는 선한 주인공 역할을 맡은 '배우'였으며, 그가 당차게 주문을 내는 모습은 감독에 의해 극적인 효과를 최대한 낼 수 있도록 꾀해진 것이었다. 그러나 그 이후 위트니는 거래소의 대리이사장이자 시장안정을 위한 은행가들의 전투사단 지휘관이 되어, 마치 옛날 카누트(Canute ; 덴마크 및 노르웨이의 왕. 북해 및 발틱해를 무대로 파도를 넘나들며 많은 전쟁을 하여 영토를 확장한 왕. 영국을 점령해 앵글로색슨 왕조를 몰아내기도 했다—옮긴이)가 그랬듯이 투지에 불타며 자신의 역할을 충실히 수행하게 된다. 그가 펼쳐가는 작전을 어떤 사람들은 '협박'이라고도 했지만, 그는 타고난 시노력을 최대한 이용하여 양심에 따라 상인하게 그리고 무궁무진한 기략으로 작전을 펼쳐갔다. 10월 29일, 주가가 너무 심하게 하락하는 혼란한 와중에 수많은 매도주문이 잘못 처리되어 거래가 잠시 정지되었다. 위트니는 대리이사장으로서 점심시간에 거래소 집행위원회를 소집, 이 상황을 논의했다. 물론 이 회의는 공포 분위기를 부채질할 수 있다는 것 때문에 일절 비밀에 부쳐졌다. 회의는 보안유지를 위해 평소처럼 우아한 이사장실이 아니라, 누구의 눈에도 띄지 않을 거래소 시장부 바로 아래 지하에 있는 주식 결제회사(Stock Clearing Corporation) 사장실에서 열렸다. 회의에 초대된 사람들은 거래소 이사들 외에 모건은행의 파트너 두 명과 은행가 조합의 대표들이었다. 회의에 참석한 모건은행의 파트너들은 오늘날까지도 누군지는 정확히 알려지지 않고 있지만, 분명히 한 사람은 라몬트였을 테고, 다른 한 사람은 리차드 위트니의 형 조지였을 것이다. 실제로 이들은 명단을 부정확하게 통보받은 경비직원에 의해 잠시 입장이 거부되기도 했었다. 아무도 눈치 못 채게 슬며시 회의장에 들어가려다가 의심을 사게 된 결과였긴 했지만.

그들은 불안감을 해소시키려고 만난 것이었지만, 사실 그들 중 많은 사람들이 스스로 불안에 떨고 있었다. 이미 조합 자체가 거의 풍비박산이 나 있었으며, 그 재원(2억 4천만불이라고 알려졌으나, 이보다 더 적은 금액이라는 주장도 있었다)이 어찌나 빨리, 어찌나 속수무책으로 닳아 없어졌는지 추가 재원이 공급되지 않는다면 시장부양은 물 건너간 얘기였다. 그날 라몬트는 조합이 생각을 바꿔 매도하기 시작했다는 소문을 부정했다. 훗날 위트니는 그 회의를 회고하며 이렇게 말했다. "참석자들이 계속 담배에 불을 붙여 한두 모금 빨아대다가 끄고, 다시 불 켜대고 하는 걸 보면서 그들이 어떤 기분인지를 알 수 있었죠."

그 참석자들에게 던져진 주요 현안은 거래소의 휴장 여부였는데, 아마 무기한 휴장까지도 고려대상이었을 것이다. 거래소 역사상 무기한 휴장은 딱 두 번, 1873년의 대공황과 제1차 대전 발발 당시에 있었던 조치였다. 어떤 사람들은 현 상황에서는 그럴 수밖에 없겠다고 동조했으나, 위트니가 선봉이 된 또 다른 사람들은 그건 생각도 할 수 없는 일이라고 일축했다. 그들의 주장에 의하면, 무기한 휴장은 유가증권을 담보로 한 은행 대출을 동결시키게 되므로 유가증권의 거래를 위축시켜 사람들을 더욱더 공황에 빠지게 할 뿐이라고 했다. 게다가 1914년에도 그랬듯이 야매시장이 거리에 횡행하게 되고, 은행 시스템과 경제가 거의 마비될 것이라는 주장도 덧붙였다. 지금은 용기와 불굴의 정신이 필요한 때이며, 시장은 계속 유지되어야 한다는 이들의 주장이 먹혀들어가 거래소는 그날 정상적인 거래를 계속했다. 그리고 그 다음날인 30일, 위트니와 그의 동료들은 절충안을 들고 나왔다. 이젠 누가 봐도 지난 1주일 간 밤샘 격무에 시달려온 거래소 직원들의 체력이 한계에 온 걸 알 수 있었다. 집행위원회는 절충안에 따라 특별 휴일 계획을 가결하여 거래시간을 단축시켰으며, 31일에는 평소와 달리 개장시간을 10시에서 정오로 늦췄고, 금요일과 토요일은 특별휴일로 지정해 밀린 서류작업을 보충하게 했다. 거래는 그 다음 주 월요일에 정상적으로 재개될 터였다. 수요일 오후 거래소 연단에서 이 계획을 발표하는 동안 위트니는 타고난 감각으로 공포 분위기를 가라앉히는 재주를 발휘했다. 보통 때는 거래소 이사장의 발표가 있으면 그 동안은 시세 표시기가 일시 정지되었지만, 이번 발표 때는 단 몇 초 간이라도 거래가 중단된다는 인상이 들지 않게끔 위트니가 조치를 발표하는 중에도 계속 시세 표시기가 움직이도록 조치했던 것이다.

    절충안은 효과가 있었다. 시간을 벌 수 있었고, 그런 사이에 안정을 찾게 되었으며, 부분적으로 거래소를 휴장한 이유가 심한 폭락 때문이 아니라 실질적이고 인도적인 고려의 결과였다는 건 기막힌 발상이었다. 효과가 있자 부분적인 휴장 조치는 연장되었다. 따라서 11월 내내 거래시간이 단축되었고, 몇 번에 걸친 특별 휴일을 통해 별다른 동요 없이 거래를 완전히 정지시키기도 했다. 하지만 그렇게 했음에도 주가는 11월 중순까지 아찔하리만치 하락이 계속되었고, 최고조에 달할 때는 거래소 당국이 기록을 포기할 정도로 거래량이 폭발했다. 그 위기의 시기를 통해 위트니는 달인의 모습을 보여주었다. 그는 거리에서든, 사교 클럽에서든, 공식적인 모임에서든 가는 곳마다 자신에게 의지하는 수많은 사람들에 휩싸여 똑같은 질문과 똑같은 호소를 들었다. 사람들의 무너져가는 삶을 오직 위트니만이 받쳐줄 수 있을 것 같았다. 훗날 그는 그 당시 자신과 거래소 당국자들이 쫓기는 삶을 살고 있었다고 회고했지만, 그에게는 이런 상황을 즐기는 면도 분명히 있었다. 즉 사람들에게 지시하고, 사람들이 자신에게 의지하며, 자신이 마치 엄격한 그로튼(Groton) 학교의 사감 같은 도덕적인 권위와 구세주가 된 듯한 힘을 가지고 있다는 사실은 흥분할 만한 일이었을 것이다. 그리고 위트니는 이에 맞는 귀족적인 품위를 완벽하게 갖추고 있었다. 그는 넓은 어깨와 뚫어지게 바라보는 눈길, 세상사에 초연한 분위기, 그리고 항상 미소를 잃지 않는 얼굴을 가지고 있었다. 거래소 시장부 아래의 '구석방 회의'는 계속 열렸다. 결국 오래지 않아 월가는 그 회의를 알게 되었고, 위트니와 라몬트가 시장부 바닥에 구멍을 뚫고 잠망경으로 거래현황을 시시각각 조사하고 있다는 근거없는 소문이 나돌았다. 위트니는 회의를 마치고 동료들이 떠날 때마다 한번 과감히 해보자며 격려하곤 했는데, 얄궂게도 이 말은 훗날 프랭클린 루스벨트 대통령이 또 다른 힘든 시기에 쓰게 될 상투적인 격려 문구를 미리 선보이는 것이었다. 그는 이렇게 말하곤 했다. "이제 좀 웃어봐!"(Get your smiles on, boys!)

그들은 모두 웃음을 지었다. 그리고 마침내 시장은 하락을 멈추었다. 11월, 공매도 작전의 소문을 접한 위트니는 모든 거래소 회원들의 주식 공매도 잔고를 조사하게 했다. 그 결과 만족스럽게도 공매도 잔고가 너무 적어 신경 쓸 정도가 아니라는 게 밝혀졌으며, 이 발표 덕에 시장도 안정될 수 있었다. 11월 30일, 거래소의 집행위원회는 위기때 위트니가 보여준 공로에 감사를 표하기로 결정하고, 다음과 같은 결의문을 발표했다. "비상사태가 발생하면, 꼭 그것을 해결하는 능력을 갖춘 인물이 배출된다."

위트니 자신은 후덕하게도 그 공로를 여러 사람에게 돌리며, 이번 가을에 일어난 여러 일들로 말미암아 미국의 위대함에 대한 믿음이 더욱 깊어졌다는 말을 덧붙이기도 했다. 물론 그 해 가을의 사건들은 사람들이 위트니에 대해 가지고 있는 믿음을 증폭시키는 데 크게 기여했다. 그렇지만 사람들은 그가 개인적으로 어떤 역경 속에서 그 일들을 해냈는지는 알지 못했다. 훗날 그는 이 대폭락 때문에 2백만불 가량을 날렸다고 회고했다. 물론 이는 그가 당시에 들고 있던 주식에 대한 평가손만 얘기한 것이었는데, 그것만으로도 적지 않은 금액이었다. 위트니가 그 해 가을, 금전문제로 고민하고 있었다는 사실은 앞으로 이야기가 전개되면서 보다 확실히 드러날 것이다. 하지만 위트니가 그 위기의 몇 주일 동안 개인적인 걱정 때문에 돈은 한 푼도 못 받는 대리이사장의 의무를 소홀히 한 것 같지는 않다. 사실 위트니는 정말 훌륭했었다. 그는 타고난 지도자다운 최고의 모습을 보여주었던 것이다.

V

1929년 및 1920년대를 마감하는 날 오후, 거래소에는 마지막 거래일의 종료를 알리는 종이 크게 울렸다. 그리고 의례적인 새해 전야 파티는 장 종료 1시간 반 전에 시장부 한가운데 세워진 단상에서 369 보병단 군악대의 연주를 시작으로 그 어느 때보다 성대하고 시끄럽게 막이 올려졌다. 회원들도 사무직원들도 모두 소음을 내는 방울이나 피리 등을 나눠 갖고 있었으며, 점심시간에는 무허가 술집에서 술들도 꽤 마신 상태였다. 그래서 오후 3시에 장 종료를 알리는 종이 울리자, 거래소는 아수라장이 되었고, 그 환호소리는 브로드웨이까지 들릴 정도였다. 환호를 지르며 축하할 만한 거리도 있었다. 다들 이제 폭락은 끝났다고 생각했던 데다 폭락장 속에 엄청나게 늘어났던 거래량 덕에 수많은 사무직이 생겨났고, 증권회사들의 수수료 수입도 짭짤했다. 전국적으로 실업인구가 75만 명에서 3백만 명 이상으로 늘어났던 해였지만, 적어도 주식에 투자하지 않은 사람에게 9월 이후의 월가는 일시적인 번영의 장소였다. 물론 계획적으로 그렇게 된 게 아니라 우연에 불과한 얄궂은 경우이긴 했지만. 어떻든 일반 대중들이 이런 반대 급부를 좋게 볼 리 없었고, 월가에 대해 경솔하게 적대적인 표현들을 하기 시작했다. 그리고 이런 불만의 목소리는 더욱 커질 것이었다.

위트니는 월가의 상징이었다. 그는 이제 너무 유명해져, 마치 영화배우처럼 그의 움직임이나 그가 한 말들이 언론에 보도되기에 이르렀다. 그가 자신의 이발사에게 아무 말 없이 조용히 면도를 해줘서 정말 고맙다며 플로리다 행 왕복 여행권을 선물로 주었던 일도 「타임」지에 일화로 소개될 정도였다. 1929년 말, 위트니가 미국 철강 주식을 205불에 1만 주 매수하는 그 유명한 주문을 냈던 시장부의 2번 주문대(Exchange Post 2)는 격식을 갖추어 철거된 뒤에, 위트니에게 감사의 표시로 헌정되기도 했다. 그리고 위트니는 그것을 그대로 자신의 사무실 로비에 옮겨다 놓았다. 1929년의 거래소 이사장인 시몬즈는 12월이 되어서야 신혼여행을 마치고 돌아왔는데, 그는 이미 임기가 끝나는 대로 사임할 생각이었다. 1930년 4월, 새 이사장을 선출할 때가 되자 지난 1년 간 이미 이사장직을 대행하고 있던 위트니가 그 자리에 정식으로 선출되는 건 당연한 일로 받아들여지고 있었다.

그 해 봄에는 시장이 크게 반등하며 모두에게 희망을 다시 안겨

주었다 4월, 다우 존즈 산업지수는 전 해 11월의 최저점에서 무려 50퍼센트나 올라있었다. 하지만 그 지수가 이후 1954년까지는 다시 보지 못할 수준임을 당시에는 어느 누구도 알지 못했다. 5월에는 상무장관이 "이제 2, 3개월 후면 영업환경이 모두 정상으로 돌아올 겁니다"라고 하더니, 6월엔 노동장관이 "최악의 상황은 끝난 게 분명합니다"라고 덧붙였고, 그 달엔 후버 대통령까지 직접 나서서 공공사업계획을 요청하러 온 성직자들에게 이런 말을 했다. "두 달 늦게 오신 것 같습니다. 불경기는 이미 끝난 거 아닙니까?"(물론 그는 곧 경기가 호전될 거라고 하지는 않았다. 그가 그런 장밋빛 얘기를 했다는 입담이 아직까지 사라지지 않는 이유는 아마 그가 그 해 1월에 했던 기자회견에서 "제가 보기엔 잠시 비상사태에까지 이르렀던 경기가 이제 바닥을 친 것 같습니다"라고 한 말이 와전된 결과가 아닌가 싶다.)

하지만 그 해 여름과 가을까지도 경기는 회복되지 않았고, 주식시장에 대한 대중들의 분노는 커져만 갔다. 위트니는 주식시장을 지지하기 위해 순회강연길에 올랐다. 이 당시에 위트니는 뉴욕과 워싱턴은 물론이고 전국 어디에서나 월가의 대변인으로 받아들여져 있었다. 일반 대중들에 대한 관심도 별로 없고, 이들과 공통점도 없던 멋쟁이 신사가 대중들 앞에 서서 호소하고 다니는 모습은 모순돼 보였다. 그러나 위트니는 루스벨트처럼 계층이나 개인의 성향을 뛰어넘는 타고난 지도력으로 대중들의 마음을 사로잡을 줄 아는 세련된 감각과 능력을 갖추고 있었다. 그 당시는 아직도 많은 사람들이 사회적으로 높은 계층에 의해 지도받는 걸 원하던 시대였다. 대중들은 그들의 기호와 타협하거나 그들에게 고개 숙이려 하지 않는 위트니의 고고한 자세에 오히려 감동했다. 대중들이 그를 좋아했다고 볼 순 없지만 (사실 그를 좋아한 사람은 별로 없었다), 대중들은 그의 말에 귀 기울였고, 그를 신뢰했다.

1930년 9월, 그는 뉴욕의 상인연합회 연설에서 경기불황이 과도한 생산과 높은 물가 때문이라며 이렇게 말했다. "주식시장 약세 때문에 경기가 침체되고 있다는 얘기는 말과 마차를 뒤바꿔 놓은 것이나 마찬가지입니다." 또 그는 사실 주식시장이란 경기의 측정기로서 침체의 원인이 아니라 그 결과라고 주장하며, 현재의 경기침체는 시장이 무너진 9, 10월에 시작된 게 아니라 5월에 이미 싹이 튼 것이었다고 연설했다. 「타임」지는 사설을 통해 이런 흥미있는 진단이 꽤 근거가 있다고 평하면서도 '너무 냉혹하다'고 예언하듯 덧붙였다. 1930년 10월, 그러니까 미국 거리에 처음으로 사과 장사들이 모습을 드러내던 달, 위트니는 부유층인 여성연맹 소속의 부인들에게 증권거래소에 관해 자랑스럽게 연설했다. "우린 성실한 사람들을 회원으로 영입하려고 애씁니다. 그래서 주식거래도 공명정대하게 하려는 거죠." 같은 달, 그가 주도하여 성사된 백악관 만찬에서 그는 부이사장 알렌 린들리(Allen Lindley)와 함께 후버 대통령을 만났다. 그 뒤 어떤 공식 발표도 없었지만 그 만찬은 널리 주목 받았고, 월가와 백악관 사이의 관계가 긴밀하다는 증거로 받아들여지기도 했다. 만찬 후 린들리는 기자들에게 식사는 사적인 것이었으며, 매우 유쾌하게 많은 얘기를 나누었다고만 전했다.

1931년엔 주가가 계속 미끄러지기만 하여 주가평균이 1929년 최저치의 반에도 못 미치게 되었고, 이미 1930년 한 해 동안 3백만 명에서 7백만 명으로 폭증한 실업인구가 계속 증가해 거의 천만 명에 달하고 있었다. 위트니는 점점 더 월가의 지지자라기보다는 정치가의 역할을 맡고 있었다. 1월, 그는 보스턴 상공회의소 연설에서 증권거래소가 독단적으로 무책임하게 운영되는 곳이라는 인식을 없앨 방법을 모색중이라며 스포츠광답게 야구나 미식축구 경기의 비유를 들어 사람들에게 호소했다. 4월, 그는 다시 거래소 이사장에 재임명되었으며,

필라델피아의 상공회의소에서 '정직한 영업'에 관한 연설을 했다. 이 연설에서 위트니는 유가증권 사기가 아직도 기승을 부리고 있다면서, 수많은 가난한 투자자들이 도합 수억불에 달하는 사기를 당하고 있다는 보고를 들어 날카롭게 비판했다. 그리고 무허가 중개소, 사실과 다른 회사의 발표들, 투자신탁회사들의 과도한 투기 등이 주식시장과 관련된 속임수의 대표적인 예라고 들추었다. 거래소의 회원들도 비판의 칼날을 피할 수 없었다. 계속해서 위트니는 "유가증권 사기범들은 겁쟁이들입니다"라며, 거래소는 시 당국과 협력하여 모든 수단을 동원해 회원들 중 그런 자를 색출해낼 거라고 다짐했다. 이 연설은 매우 자주적이며 개혁적인 것이었고, 월가의 품위를 지켜야 할 책임을 진 사람에게서 나온 솔직한 고백이었다. 물론 훗날 그 연설은 다른 이유로 인해 두고두고 그를 괴롭히게 되겠지만. 9월이 되자 그는 아직도 경기침체를 사실로 받아들이지 못하는 사람들을 심하게 비난하고 나섰다. "상투적인 말들은 너무나 많이 있었습니다. 하지만 사실을 있는 그대로 솔직하게 인정하는 사람은 별로 없었습니다. 밤에 공동묘지를 지나가면서 애써 휘파람을 불어대는 식이었다는 겁니다." 이건 교장이 학교가 엉망이란 걸 인정하며 자신이 책임을 지겠다고 하는 것과 마찬가지였다. 경제가 계속 곤두박질 치고 있었으니, 그가 이런 고백을 하는 것도 당연했지만, 1931년 여름, 유럽 전역에 은행의 위기와 파산이 줄을 이었고, 후버의 제안으로 7월에 채택한 정부간 차관에 대한 1년 간의 이자지불 유예조치도 상황을 확실히 안정시킬 정도는 못 되었다. 9월이 되자 1백년 동안 세계의 기축통화 역할을 했던 영국 파운드화가 금본위제를 떠났으며, 이로 인해 미국에도 강풍이 몰아쳤다. 미국은 달러를 가져오면 금으로 바꾸어 주는 금본위제를 유지하고 있었기 때문이다. 사람들의 요구에 따라 미국의 금이 급격히 빠져나가기 시작하더니, 6개월 만에 금 보유량이 거의 반으로 줄고 말았다. 1931년 4월에서 9월 사이에만 미국의 산업생산은 18퍼센트, 공장의 고용인구는 20퍼센트, 건축수주는 30퍼센트 감소했고, 주식값은 40퍼센트가 하락했다.

그래도 위트니는 극적으로 그 강풍을 타고 나갔다. 영국이 금본위제를 포기한 다음날인 9월 21일 월요일 아침, 그는 개장 45분 전인 9시 15분에 집행위원회를 소집했다. 파리거래소 이외엔 아직 어디에도 주요 증시는 열려있지 않았다. 거래소를 휴장하자는 의견이 다시 나왔지만 역시 거부되었으며, 실질적으로 또 원칙적으로 시장은 멈추어선 안 된다고 결의되었다. 하지만 이번엔 위트니도 자유방임적 태도에서 슬쩍 비껴나, 이미 혼란에 빠진 시장이 악용되는 걸 막기 위해 임시 비상조치로 대주를 금지하자는 제의에 찬동하고, 장이 시작하기 바로 전 연단에 서서 이를 발표했다. 물론 예상대로 그날 주가는 곤두박질쳤지만, 그 다음 이틀은 크게 반등했다. 수요일 아침, 위트니는 이제 상황이 회복되었으니 다시 대주를 허용한다고 발표했다. 또 한 번의 위기를 용기 있게 헤쳐나온 셈이었다. 1931년 말, 위트니는 공적인 경력상 정상가도를 달리고 있었다.

VI

하지만 위트니는 이런 멋진 역할을 하는 와중에도 개인적으로는 금전문제에 상당히 시달리고 있었다.

그의 금전문제는 대폭락이 있기 한참 전으로 거슬러 올라가는 얘기였으며, 그 원인은 대폭락과는 무관했다. 개인적인 성향도 그랬지만, 위트니는 자신과 가족들의 두드러진 사회적 지위를 유지하는 데 많은 돈을 쓰며 살고 있었다. 훗날 그는 아이셔(Ayrshire) 젖소떼나 말들을 유지하고 사설클럽 등에 참가하는 데 많은 돈이 들어가 경기침체가 극심하던 때에도 한달 경비로 5천불 이상이 들었다고 했지만, 사실은 이보다 훨씬 더 많은 지출을 했을 것이다. 게다가 그는 이런 생활을 할 수 있는 개인 재산도 없었다. 증권거래소 회원권도 가족들에게 빌린 돈으로 산 것이었으며, 모건은행의 중개를 맡은 증권회사도 돈보다는 명성을 가져다 줄 뿐이었다. 구체적으로 말해, 1년에 6만불 가량 수입이 생기긴 했지만 그보다 지출이 더 많았으며, 그 외에 다른 중개업은 별로 신통치 못했다. 위트니는 일반인들을 상대로 한 중개업보다는 몇몇 부유한 친구나 친척들을 상대로 장사하길 원했다. 모건은행의 중개인이었으며 이제 거래소의 이사장이 된 위트니는 사실 업계에 들어온 이후 항상 돈이 필요했으며, 때로는 아주 절박하기까지 했었다. 더구나 그는 실질적으로뿐만 아니라 심리적으로도 돈이 필요했다. 위트니는 몸과 마음이 다 강건했고, 좋은 가문에서 태어났으며, 능력도 뛰어났지만, 그에겐 열등감을 느끼게 하는 존재가 있었다. 바로 그의 마음속에 항상 그림자를 드리우던 형 조지 위트니였다. 조지 위트니는 모건은행의 파트너였는데 그것도 보통 파트너가 아니라, JP 모건의 최측근인 라몬트의 뒤를 이을 파트너로 지명된, 한마디로 끗발 좋은 파트너였다. 형 조지는 동생 리차드에 비해 좀더 잘 생겼고, 풍채도 좀더 좋았으며, 훨씬 더 침착했고, 금융에 관해서는 비교가 안 될 정도로 정통했으며, 엄격한 월가의 개인 재산 기준으로도 꽤 많은 돈을 모아 놓은 사람이었다. 두 형제는 약간 다른 사회적 모임에 드나들었지만—리차드가 형보다 모험심이 강했던 반면, 조지는 동생보다 좀더 신중하고 지적인 면이 강했다—둘은 여러 사설클럽에 같은 회원으로 등록되어 있었다. 그리고 그 곳에서도 조지는 진지한 사람으로 받아들여진 반면, 리차드는 재미있는 악동 정도로 여겨졌다. 다만 주식시장에서의 새로운 역할로 인해 생긴 명성 때문에 리차드도 그의 대단한 형을 압도할 수 있었다.

이미 1921년에 리차드는 일시적인 자금난 때문에 형에게 돈을 빌린 적이 있었다. 처음엔 반드시 제때 돈을 갚았다. 이런 식으로 위트니는 1926년엔 형에게서 10만불이나 되는 적지 않은 돈을 빌려(사실 조지 같은 사람에게 이 금액은 그리 큰 것도 아니었다) 교외에 집을 한 채 샀으며, 조지는 약속한 날에 돈을 돌려받은 것 같다. 한편, 위트니는 돈이 필요한 사람들이 흔히 그렇듯 주식투기에 빠져들기 시작했다. 그가 플로리다 휴무스 회사(Florida Humus Company)에 처음 관심을 가진 것은 1923년이었다. 그 회사는 토탄 부식토를 이용해 상업적인 비료를 만드는 실험에 매달리며 근근히 사업을 이어가던 벤처 회사였다. 얼마 후 리차드는 잘 알려지지 않은 또 다른 플로리다 회사인 콜로이달 제품회사(Colloidal Products Corporation of America)에 관심을 가지기 시작했다. 이런 회사의 주식들은 그 당시의 활황 장에서조차 조심스런 중개인들은 얼씬도 안 할 그런 무모한 주식들이었으나, 곧 월가에서 가장 유명한 사람이 될 리차드 위트니라는 중개인은 자신의 판단이 옳다고 굳게 믿고 있었다. 더욱 놀랍고 슬픈 사실은, 그가 주식시장에서 쉽게 만날 수 있는 아주 전형적인 '귀가 가벼운 사람'이었다는 것이다. 플로리다의 벤처 주식들에 대한 투자가 신통할 리 없었건만, 그는 값이 떨어질수록 관심과 애정을 쏟아부었다. 그는 손해를 볼 때 끊어버리지 않고 오히려 불려가는 무모한 투기꾼의 전형적인 실수를 연발하고 있었던 것이다. 1920년대 후반 플로리다의 경제 악화로 인해 주가가 계속 떨어졌다. 그러자 위트니는 주가가 바닥을 친 거라고 생각해 반등시 재미를 보겠다고 추가로 많은 돈을 들여 주식을 긁어모았다. 그리고 이 자금들은 그의 형과 그가 잘 아는 중개인 친구에게 빌려온 것이었다. 1928년, 조지는 통틀어 34만불을, E. B. 슐리라는 사람은 25만불을 위트니에게 빌려주었다. 이는 모두 담보 없는 대출로서, 토탄 부식토와 콜로이드 사업을 통해 거부가 되겠다는 야망을 가진 딕 위트니의 도박자금으로 쓰인 셈이었다.

1929년에도 그는 계속 돈이 필요했다. 2월, 그는 플로리다 사업에 추가 투자를 하기 위해 형에게서 17만 5천불을 꿔갔으며, 3월엔 (이번엔 리차드도 머뭇거린 것 같기 하다) 50만불을 더 꿔갔는데, 이건 리차드 위트니 증권회사의 확장을 위해 필요했던 거래소 회원권의 추가 매입 자금으로 쓰였다. 1928년도에 빌려준 돈도 아직 받지 못한 상태였지만, 조지는 요구를 들어주었다. 여기엔 믿음과 형제애뿐만 아니라, 실질적인 동기도 작용했다. 조지는 동생이 투자하고 있는 플로리다 벤처를 신뢰하고 있는 건 아니었지만, 동생의 가장 중요한 자산인 리차드 위트니 증권회사의 신용이 추가로 자금지원을 하지 않으면 위험에 빠질 것 같다고 느끼고 있었다. 그러던 차에 대폭락이 닥쳐왔으며, 동생은 하룻밤 사이에 일약 스타가 되었다. 그러나 그 명성이 돈을 가져다 준 건 아니었다. 10월, 모건은행은 리차드에게 10만불을 빌려주었다. 이 돈은 그 해 12월 31일에 상환되었으나, 그 밖의 다른 신용대출들은 미결제 상태였다. 그가 유가증권을 담보로 일반 상업은행에서 빌린 많은 돈은 별도로 하고도, 1920년대 말 리차드는 친구 슐리에게 25만불, 그리고 형에게 백만불 정도의 빚을 지고 있었다.

그리하여 1930~31년, 월가의 두려운 존재요, 추앙 받던 존재였던 리차드는 거래소에 상장시키는 건 꿈도 꿀 수 없는 투기주식에 꼼짝 없이 묶여 있었다. 형의 관대함 덕에 힘겹게 판단착오의 쓴 결과를 피해가고는 있었지만, 그는 파산의 궁지에 몰려 흔들리고 있었다. 훗날 다시 조사해 본 바에 의하면 1931년 6월 30일, 리차드 위트니 증권회사는 보통 수백만불을 거래하는 회사임에도 불구하고, 실제 순자산은 3만 6천불에 불과했다. 이 금액은 회사 소유자의 개인 신용대출금은 반영하지 않은 것이었다. 월가의 그 누구도 이런 위험한 상태를 상상할 수 없었다. 아니, 모두가 상상 못했던 건 아니다. 모건은행에서는 딕 위트니에 대한 걱정이 고조되고 있었던 것이다. 그는 은행의 중개인이자 파트너의 동생으로서 잘 알려져 있었으며, 모건은행 사람들은 그를 거래소라는 저속한 세계에서 온 재미있고 유능한 밀사라며 대체로 좋아하는 편이었다. 조지는 자신의 동료 파트너들에게 동생이 성가시게 해서 돈을 빌려줬다고는 하지 않았지만, 동생의 투자판단에 대해서는 그리 탐탁지 않게 생각한다는 말은 흘린 바 있었다. 그 때문인지 1930년인가 1931년의 어느 날, 모건은행의 파트너인 토마스 코크란은 리차드 위트니의 친한 친구이자 잘 나가는 중개인이었던 허버트 웰링튼(Herbert Wellington)에게 조심스레 다가가 모건은행의 파트너다운 가볍고 일상적인 말투로 이렇게 말했다. "딕은 말야, 투자판단이 좋질 못한 게 문제야. 우린 모두 그 친구를 좋아하잖아. 그래서 그 친구가 회사를 재정비하는 걸 도와주고 싶은데 말야, 사무실에 앉아 있는 직원들 말고 좀 제대로 된 파트너가 있어야 하는 거 아냐?" 그러고는 요점에 들어가, 혹 잘 나가는 웰링튼의 증권회사와 리차드 위트니 증권회사를 합병할 의사가 없느냐고 물었다.

물론 위트니를 좋아하긴 하지만 바보가 아니었던 웰링튼은 거절했다. 이런 방법이 실패하자 모건은행은 보다 직접적인 행동을 취했다. 리차드에게 당면한 문제는 상환일이 돌아왔으나 갚지 못하고 있는 콘 익스체인지 은행(Corn Exchange Bank)의 대출금 50만불이었다. 나중에 알려진 사실이지만, 모건은행 내부에서도 이 일의 처리는 상당한 물의를 빚었다. 그들은 위트니의 플로리다 투자의 현재 가치를 대략 가늠해 보았는데, 그 결과는 충격적인 것이었다. 결국 수렁에 빠진 좋은 사람 하나 구해주자는 쪽으로 결론을 낸 결과, 1931년 6월 29일, 모건은행은 위트니에게 90일 간 연 5퍼센트의 금리에 50만불을 신용대출해 주었다. 이 금리는 그 당시로도 낮지 않은 것이었다.

이리하여 코 앞에 닥친 문제가 해결되었다. 콘 익스체인지 은행의 대출금을 모건은행에서 빌려 갚았으니, 대출은행이 좀 덜 졸라대는 데로 바뀌기만 한 셈이었지만(하지만 콘 익스체인지 은행 입장에서는 독촉하지 않을 수가 없었다. 더구나 위트니는 돈을 빌리던 당시 그 은행의 이사였으며, 이 사실은 모건은행 파트너들을 불안하게 만들기도 했었다). 위트니는 여전히 그 무모한 플로리다 투자에서 헤어나질 못했다. 이미 그는 150만불을 퍼부은 상태였으며, 90일이 지나 모건은행의 대출금 상환일이 되었건만, 그에겐 갚을 재간이 없었다. 대출 기한은 화기애애한 분위기 속에 연장되었으며, 90일이 지난 뒤 다시 한번 연장되었다. 다행히도 아직 모건은행에선 다들 위트니를 좋아하고 있었다. 9월, 조지는 동생의 은행 대출금에 대한 담보로 자신의 유가증권을 맡겨, 은행의 부담을 줄이고자 했다. 아직도 생활비로 한 달에 5천불 이상을 쓰는 딕은, 여전히 월가에서 정신이 가장 제대로 박힌 사람으로 여겨지고 있었으며, 증권거래소가 세계적인 경기침체 위기를 극복하도록 바쁜 나날을 보내고 있었지만, 개인적으로는 1931년 말 갚지도 못할 빚을 2백만불 이상 짊어지고 있었다. 그의 채권자들이 끝없이 상환 기한을 연장해 주거나, 플로리다에서 기적이 일어나지 않는 한, 그의 파산은 예정된 것이었다.

VII

1932년 초, 실업인구는 1천만 명을 넘어서 1천 2백만 명에 육박하고 있었고(민간 노동인구의 거의 1/4에 해당하는 수치였다), 전국의 산업생산은 1929년의 반으로 줄었으며, 거래소에 상장된 주식들의 평균가치는 1929년 최고가의 1/5 정도밖에 안 되었다. 또 1주일에 1억불에 달하는 금이 외국으로 유출되고 있었으며, 두려움에 사로잡힌 미국인들에 의해 금으로 바뀌어진 10억불 가량의 재산이 어딘가에 저장되고 있었다. 한 마디로 나라 전체가 경제적 재앙을 맞아 비명을 지르고 있었던 것이다. 이 위기를 극복하기 위해 후버 정부는 재건 금융회사(Reconstruction Finance Corporation)를 설립, 각 은행과 회사에 자금을 공급함으로써 은행과 회사의 파산을 막아 고용을 유지시키고, 그 효과가 저소득층까지 퍼져갈 수 있도록 했다. 자선단체들도 파산지경이었고, 실업자들에 대한 직접적인 구제금융도 없던 당시, 이는 기업들에게 '브레드 라인'(bread line ; 구호물자를 배급하는 줄—옮긴이)이라는 그럴듯한 이름으로 불려졌다. 11월의 대통령 선거를 앞두고 이런 재난의 원인이 될 희생양을 찾던 후버와 공화당의 눈에 가장 먼저 들어온 것은 바로 월가였다. 그들은 월가에서도 특히 거래소에서의 대주(공매도) 행위를 지목했다.

거래소의 대주 행위에 대한 찬반논쟁은 예나 지금이나 복잡하지만, 간단하게 짚고 넘어가 볼 만하다. 대주 반대론의 논지는 조직적인 매도공세 때문에 주식시장이 침체되어 회사와 그 주주들이 필요 이상의 손해를 입는다는 것이었다. 몇 해 전 그런 대주꾼들이 스투츠 회사와 그 회사의 대주주인 알란 라이언을 파멸에 몰아넣었듯이 말이다. 더구나 남의 불행을 이용해 돈을 벌겠다는 발상이 근본에 깔려 있는 대주행위는 사려 깊은 오토 칸이 말했듯이, '올바른 사고를 가진 사람이라면 천성적으로 거부감을 가지게 될 그런 관행'이었다. 대주 반대론자들의 입장에서는 오토 칸의 발언으로도 알 수 있듯이 경제 논리가 아니라 대중의 정서에 호소함으로써 정치적으로 접근하는 쪽이 훨씬 더 효율적일 수밖에 없었다. 특히 항상 수세에 몰리긴 했지만 대주를 옹호하는 사람들의 논리는 보다 복잡하고 납득하기 힘든 개념들에 근거했기 때문에 더욱 그러했다. 대주 옹호론자들의 논지는 대주란 미래의 어느 때 물건을 주기로 한 매도계약에 지나지 않는 것으로, 세계 어디에서나 일반적으로 인정되는 상거래 형태이며, 이를 금지하는 것은 자유시장원칙을 크게 넘는다는 것이었다. 그 밖에도 그들은 누구든 대주를 치고 나면 나중에 다시 주식을 사야만 하므로, 대주란 잠재적인 매수세력을 저장해 두는 보관소 역할을 할 뿐이며, 결국 시장을 약화시키는 게 아니라 부양해 준다는 주장도 했다. 시장부에서 일하는 전문가나 거래원들에 의해 대주는 폭넓게 행해지고 있으며, 그 결과 시장에 유동성을 제공하고 있으므로, 대주를 금지하면 주가가 더욱 요동을 쳐 결국 부주의한 투자자들에게는 위험만 가중시킬 뿐이라는 애기였다. 1930~31년 사이에 대주 찬성파가 펼쳤던 이런 주장은 실제 경험상으로는 맞는 점이 많았다. 상당기간에 걸쳐 거래소에서 대주를 금하거나 심하게 제한했던 과거의 조치들—17세기의 네덜란드, 18세기의 프랑스, 19세기의 영국, 그리고 20세기 초반의 독일 등—은 모두 실패로 끝나고 말았다. 대주란 지렁이처럼 보기 싫긴 해도 유용한 일을 하는 것이었다.

하지만 이런 논쟁들도 정치적으로 극한상황에 몰린 대통령과 공화당을 막을 수는 없었다. 그들에게 개인적 폭리를 취하려다 나라를 망가뜨렸다고 비난받는 사악한 월가 세력의 주역이 철저한 공화당원인 리차드 위트니였다는 사실은 아이러니하다.

앞서 보았듯이, 리차드 위트니는 이미 1929년의 폭락 직후에도 매도세력에 대한 조사에 착수한 적이 한 번 있었는데, 물론 대주 찬성론의 입장에서 취한 행동이었다. 1930년 초, 시장이 회복되면서 대주에 대한 반대여론은 갑자기 사라져버린 듯 했으나(시장의 각종 거래 기법에 관한 비판은 신기하게도 강세장이 되면 사라지기 마련이다), 1931년 초에 다시 고개를 들기 시작하더니, 이번엔 좀 설박해섰다.

그 해 5월, 위트니의 지시에 의해 거래소는 새로운 규칙을 마련, 회원사들로 하여금 매일매일 회사나 고객에 의해 거래된 대주 내역을 보고하도록 했다. 이는 누가 얼마나 대주를 치고 있는가를 조사한다는 면에서는 강력한 조치였지만, 실상 대주를 제한하는 건 아니어서 비판론자들을 만족시킬 수는 없었다. 영국 파운드화의 위기로 인해 이틀 동안 모든 대주를 금지했던 비상조치 이후 한 달이 지난 1931년 10월, 위트니와 거래소는 한 걸음 더 나아가 하락하고 있는 주식에 대한 대주를 완전히 금지했다.

매도공세의 기본원칙은 하락하기 시작한 주가를 더욱 빠뜨리는 데 있었으므로, 매도공세를 하는 사람들에게 치명적인 장애가 되고 만 이 조치는 오늘날까지도(이 글이 처음 나온 1960년대 후반에도 그랬듯이 2001년 현재도 이 규정은 그대로 살아있다—옮긴이) 거래소에 유효하게 남아 있는 것이기도 하다. 하지만 시장조작자들의 수완이 보통이 아니었던지라, 매도공세가 전혀 없었던 건 아니었다. 선거가 바짝 다가오는 가운데 시장은 무섭게 하락을 계속하고 있었고, 여기저기에서 계속 터져나오는 비명소리는 절정에 달하고 있었다. 12월, 상원은 모든 유가증권 시장에 대한 전반적인 조사를 의결했는데, 특히 뉴욕 증권거래소와 대주에 대해 정밀한 조사를 하기로 했다. 이 결의는 코네티컷 출신의 한 공화당 상원의원에 의해 발의된 것이었다. 그는 월가에서 일하는 민주당원들이 후버를 궁지에 몰아넣기 위해 1932년의 대통령 선거전과 때를 맞추어 대규모의 매도공세를 계획하고 있다는 소문을 듣고 대주조사를 발의했다고 한다. 공화당원이든 민주당원이든 정치적인 동기만 가지고 많은 돈을 들여 위험부담을 할 거라고 믿었던 것 자체가 그들의 월가에 대한 이해가 얼마나 부족했는지를 잘 보여주고 있었지만, 역으로 그들은 뭐든지 믿어야 할 정도로 절박했던 것이다. 불명예를 씻기 위해서라면! 1932년 1월, 위트니와 그의 측근들은 다시 백악관을 찾았다. 이번엔 후버가 그를 불렀으며, 회견은 15개월 전에 있었던 만찬만큼 화기애애한 분위기로 진행되었던 것 같지는 않다. 위트니는 그 만남에 대해 별다른 말을 하지 않았지만, 후버는 훗날 회고록에 다음과 같이 썼다. "난 리차드 위트니에게 경고했다. 증권거래소가 자발적으로 재정비를 하지 않으면 의회에 요청하여 거래소를 집중 조사, 연방의 규제를 받게 하겠다고 말이다." 결코 유쾌할 수 없는 만남이었다. 지난 10년 동안 월가가 악몽같이 두려워하던 연방에 의한 규제를 대통령이 들고 나와 위협했다는 건, 월가와 정부의 협력관계가 이제 끝나고, 냉정하고, 짜증나며, 때로는 우스꽝스럽기도 할 그런 적대관계가 새로 시작되었다는 의미였다.

3월 초, 사우스 다코타(South Dakota) 출신의 상원의원 피터 노벡(Peter Norbeck)을 위원장으로 하는 '은행 및 화폐 위원회'(Banking & Currency Committee)가 구성되어 월가 및 매도공세에 대한 조사에 착수했다. 월가는 등골이 오싹해졌다. 청문회가 1주일도 안 남았던 4월 초, 토마스 라몬트를 위시한 월가의 최고급 은행가들은 후버에게 감정적인 항의서한을 보냈지만, 그는 독선적인 답변을 통해 이들을 묵살했다. 답변을 보내던 그날, 후버는 월가 사람들이 간접적인 설득에 나섰다는 걸 알게 되었다. 대부분이 공화당원들인 막강한 뉴욕의 은행가들이 재무장관 밀즈(Mills)의 주선으로 맥이 빠진 채권시장을 받쳐주기 위한 자금을 조성, 극한 상황에 몰린 정부를 돕기로 한 것이다. 그 은행가들은 후버에게 서한을 보내, 여러 주요 금융기관들이 상원에 의한 월가 조사가 취소되지 않는 한 자금에 참여하기를 거부하고 있다고 압력을 가해왔다.

따라서 이번엔 월가가 대통령을 위협하고 있는 형국이었으며, 이는 곧 뭔가 숨기고 싶은 게 있다는 의미였다. 이미 풍비박산이 난 월가는 절박한 상태였다. 라몬트가 암흑의 목요일에 활기찬 모습으로 코안경을 만지작거리며 기자들과 회견하던 그런 월가가 아니었고, 폭락 초기에 위트니가 전국을 다니며 생생하게 묘사하던 싸울 태세를 갖춘 당당한 월가도 아니었다. 라몬트는 폭로를 피하기 위해 간청하는 입장으로 수그러들어 있었고, 위트니는 담임선생님에게 혼나는 학생처럼 후버에게 질타당하고 있었으며, 주요 은행가들도 정부에게 협박질이나 하던 1932년의 봄, 월가에는 이미 원기도, 책임의식도 없었다. 월터 거트만(Walter Gutman)은 침체가 극에 달한 월가를 주민들도 다 대피해 없고, 주변경관은 폭풍우로 엉망이 되어버리는 11월 경의 케이프 코드(Cape Cod, 매사추세츠 주 해변—옮긴이)의 휴양지에 비교했다. 낙담 속에 경기는 살아날 줄 모르고, 일자리를 잃은 사람들이 월가에서 사과를 팔고, 증권회사의 책임있는 일자리에 앉은 사람이 1주일에 10불 정도의 급여밖에 못 받고, 미국의 젊은이들이 질병에 걸릴까 두려워하듯 금융가를 피해다니던 시절, 월가는 덫에 걸린 짐승 같은 꼴이었다. 월가에 남은 정신이라곤 시무룩하고 위험스런 자기보호본능뿐이었던 것이다. 후버나 상원이 청문회 취소를 심각하게 고려했었는지는 알려지지 않고 있다. 하지만 1932년 4월 8일에 일어난 몇 가지 극적인 사건으로 인해 '취소' 나 '연기' 란 말은 입 밖으로 꺼내기도 힘든 게 되고 말았다.

    그날 프랑스의 투기꾼들이 미국으로 하여금 영국을 좇아 금본위제를 포기하게 만들려는 목적으로 힘을 합해 달러에 대한 매도에 나섰다는 소문이 유럽에서 미국으로 전해졌다. 그런 매도 때문이었는지 아니면 단지 그 소문 때문이었는지는 몰라도 달러는 그날 국제 통화시장에서 큰 폭으로 하락했고, 이미 미국에서 빠른 속도로 진행되고 있던 금의 유출에 더욱 가속도가 붙었다. 그런 소문이나 소문의 효과는 그때나 지금이나 국제 금융시장에서 변하지 않는 것 중의 하나라고나 할까? 하지만 1932년 4월의 경우엔 그 효과를 더 증폭시키기 위한 음모도 꾸며지고 있었다. 4월 8일 금요일, 프랑스 경찰은 갑자기 마르테 하노(Marthe Hanau)라는 여자가 발행하는 「힘」*Forces*이란 저급한 주간 금융지를 다 압수해 버렸다. 마르테는 1928년에 대규모의 무허가 중개업을 한 혐의로 실형을 살기도 했었으며, 1932년 당시엔 형기를 마치고 나와 그럴싸한 거짓말을 퍼뜨려 달러 가치를 떨어뜨리는 데 혈안이 되어 있던 마타 하리(Mata Hari) 같은 여자였다. 한편, 국내에서는 그 다음날인 토요일 아침, 정치와는 아무 상관없이 금전적인 이득을 챙기기 위한 백만불 가량의 매도공세가 거래소를 공략할 거라는 근거없는 소문이 돌았다. 이미 지난 2주 간, 몇 년에 걸친 약세장 중에서도 가장 심하다 할 만한 미끄럼을 탔던 주식시장은 이런저런 소문들에 대한 반응을 보이며, 말 그대로 '무너지고' 말았다. 결국 상원의 '은행 및 화폐 위원회'가 활동을 개시한 건 이런 전반적인 위기감과 히스테리한 분위기 속에서였다. 청문회가 서둘러 그 다음 주 월요일인 4월 11일로 일정이 잡히고, 위트니는 금요일 늦게 뉴욕의 집에서 청문회의 첫 증인으로서 출석통보를 받았다.

 월요일 아침, 리차드 위트니가 나타났다. 어찌나 서둘러 청문회가 열렸든지 여러 가지 혼란이 있었는데, 청문회장은 구경꾼으로 발 디딜 틈이 없었으며, 어떤 이들은 자리가 없어 서류상자 위에 앉기도 했고, 그런 자리조차 없던 사람들은 위트니가 앉아 있던 증인석 뒤에 기대어 서 있기도 했다. 청문회에 대한 국민들의 관심은 전국적이었으며, 아마 후버도 그랬겠지만 거기 있는 상원들 모두가 신경 거슬리게도 대중들은 심정적으로 위트니 편인 것 같았다. 대중들에게 위트니는 아직도 잘못이나 비난의 여지가 없는 당당한 월가의 기사였다. 그는 폭락의 장본인인 냉소적인 수전노들이나 주가조작자들과는 다른 세상에 속한 귀족이자, 나라와 방황하는 국민들을 어두운 골짜기에서 이끌어내줄 수 있는 강력한 야전사령관이었다. 신문 등 언론에는 위트니의 이름과 사진이 수없이 등장했다. 2주 전, 예술가이자 기자인 울프(S. J. Woolf)는 「세상 일」 *World Work* 이라는 잡지에 기고한 글에서 위트니를 매우 침착하고 교묘한 사람으로 묘사하며, "리차드 위트니는 소란스럽기만 한 월가의 사람인데도 이상하리만치 그런 면이 없다"라고 덧붙이기도 했다. 같은 때에 존 플린(John Flynn)이란 사람은 「콜리어즈」*Collier's*란 잡지에 "위트니는 월가의 중개인 중에 가장 고급스러운 부류라고 할 수 있다"는 마지못한 경의를 위트니에게 표하기도 했다. 플린은 이미 월가에 대한 심한 비평가로 정평이 나 있던 사람으로서, 1년 뒤에는 월가 조사를 위해 결성된 상원위원회의 정력적인 일원이 될 터였다.

상원의원들조차도 위트니나 월가를 도울 작정이었는지 청문회에 대한 준비가 부족했다. 의원들 가운데 단 두 사람, 제임스 쿠젠(James Couzens)과 카터 글래스(Carter Glass)만이 금융시장에 대해 식견이 있었고 나머지는 무지했는데, 심지어 어떤 의원은 리차드 위트니를 조지 위트니로 혼동해 모건은행의 파트너가 증인으로 나온 것으로 착각하기까지 했다. 의원들이 금융시장에 대해 잘 모른다는 사실은 위트니에게 유리하게 작용했다. 그는 심문이 되어야 할 청문회장을 경제 수업시간으로 만들어갔다. 고상한 태도와 분명한 말씨, 틀림 없는 문법, 그로튼(Groton) 출신다운 정확한 억양으로 위트니는 의원들에게 강의를 하며, 걱정스럽다는 말투로 인자한 인내심까지 보이면서 그들의 잘못을 하나하나 고쳐주었다. 다만 그에게는 증권거래소가 이미 적절한 내부조사 기능을 가지고 있으므로, 이런 조사를 따로 할 필요가 없다는 걸 입증해야 하는 부담이 있었다. 거래소엔 매도공세 자체를 금지하는 규정은 없지만, 시장의 분위기를 해치는 모든 행위를 금지하거나 처벌하고 있었으므로 사실상 매도공세는 금지되고 있던 거나 마찬가지였다(시장 분위기를 꺾는 게 바로 매도공세의 의도였다). 따라서 위트니가 냉정하게 지적했듯이 지난 토요일에 있을 거라던 매도공세가 없었던 건 당연했다. 위트니는 가르치는 듯한 어조로 "매도공세는 뉴욕 증권거래소의 규정에 위반됩니다. 따라서 그런 일은 일어나지 않습니다"라고 말했다.

그는 매도공세가 유니콘처럼 가상의 개념이라는 건지 아니면 도도새처럼 지금은 사라지고 없는 것이라는 건지에 대해서는 말하지 않았다. 그는 월가가 정부를 궁지에 몰아넣으려 한다는 이야기에서는 코웃음을 치고 말았다. 한번은 참을성 있게 설명하던 도중에 으쓱거리며 자신을 농부로 묘사하기도 했고, 뉴저지에 있는 그의 훌륭한 소들에 관한 비유를 늘어놓기도 했다. 대주에 관해서는 당시의 대표적인 대주옹호론을 펼쳤다. 그는 대주 기능이 없는 시장을 한 쪽 다리가 없는 사람에 비유한 뒤, 거래소에서는 대주 기록이 다 남게 되어 있다고 설명하며, 대규모로 대주에 가담한 사람들의 명단도 제출하겠다고 했다. "대주가 가져다주는 사회적·경제적 이점에 동의하지 않는 분들도 다 지성인들이시겠지만, 그분들의 생각은 옳지 않습니다." 위트니는 여유있게 말했다.

청문회 첫날은 그렇게 끝이 났다. 하지만 날이면 날마다 위트니가 증언대에 앉아 조그마한 사안에도 전혀 양보를 하지 않자, 사람들도 부아가 나기 시작했다. 대중들의 이익을 대변하는 상원의원들도, 대중들도 모두 이 인물에게서 독선적인 냄새를 맡기 시작했다. 한번은 쿠젠 의원이 "중개인이 고객의 주식을 이용하여 시장을 약화시킬 수도 있지 않습니까?"라고 질문하자, 증인의 부드럽던 이마가 찌푸려졌고, 위트니는 곧 "부정합니다"라고 되받아쳤다. 그리고 금방 평정을 되찾아 미소를 지으며 "그런 짓을 할 중개인은 없습니다"라고 덧붙였다. 또 한번은 농업을 근간으로 하는 아이오와 주의 상원의원 브룩하트(Brookhart)가 "당신 때문에 나라가 건국 이래 최대의 공황에 빠지게 된 거요"라고 말하자, 위트니는 차갑게 대꾸했다. "의원님, 우리는 투기를 통해 이 나라를 세운 겁니다." 4월 21일, 위트니가 증인석에 앉은 지 9일째 되던 날, 위원회는 위트니가 제출한 명단에 의거해 350

명의 주요 대주꾼 명단을 공개했지만, 이 명단 역시 위원회에겐 또 한 번의 실망을 안겨다 줄 뿐이었다. GM 1만 3천 5백 주, GE 1만 5천 주, 아나콘다 5천 주 등등의 대주를 이끌고 있던 그 무서운 '다 팔아버려' 벤 스미스를 제외하고는, 잘 알려진 인물이 한 명도 없었던 것이다. 위원회의 한 사람은 실망감을 감추지 못하며 아마 대부분 가명을 썼을 거라고 말했다. 그날 오후, 위원장 노벡은 계속되는 실속 없는 대화에 지친 듯, 위트니에게 갑자기 마구 퍼붓기 시작했다. "도대체 주식시장에는 불법적인 게 아무것도 없다며 인정하는 게 하나도 없다니, 정말 가망없는 사람이구만." 이에 대해 위트니는 그저 온화한 미소로 화답할 뿐이었다. 얼마 후 노벡은 갑자기 다음에 부를 때 오라면서 위트니를 돌려보냈다. 위트니와 거래소 고문 변호사인 롤랜드 레드몬드(Roland Redmond)는 깜짝 놀랐다. 그들은 꼭 해야 할 말을 아직 다 못했다며 항변했으나, 노벡은 약속인지 위협인지 모를 말투로 "아, 그래요? 다시 오게 될 겁니다"라고 대답했다.

그리하여 위트니와 증권거래소는 상처 받지 않고 청문회를 빠져나왔다. 분명히 위트니가 승리했지만, 막대한 희생을 치룬 보람 없는 승리였다. 위원회의 한 위원은 훗날 위트니에 대해 그가 본 증인 중 가장 거만하고 비협조적인 증인이었다고 회고하기도 했다. 위트니는 항상 자신이 옳다고 믿었으며, 상원의원들에 대해서도 우월감을 감추지 않았다. 의원들이 위트니에게서 아무런 자백도 받아내지 못한 채, 줄곧 바보처럼 굴기만 했던 것도 사실이었다. 상원들은 좌절하고, 분노했으며, 복수를 원하게 되었다.

위트니가 월가로 돌아가고, 증인석에 다른 증인들이 들어서자 청문회는 보다 생산적으로 변해갔으며, 5~6개월 동안 계속된 후, 대통령 선거 때문에 6개월 간 휴회한 뒤, 다음 해 1월에 다시 열려 루스벨트 대통령 취임 전날까지 계속되었다. 청문회를 통해 1920년대 미국 금융의 숨겨진 단면이 많이 드러나게 되었다. 벤 스미스 같은 사람은 증인석에 나와서도 유쾌한 기분을 감추지 못하며 라디오 및 아나콘다 주식의 공동자금 운영에 대해 신나게 떠들어 댔고, 일반투자자들에겐 엄청난 손실을 안겨준 크루거(Kreuger) 성냥회사 및 인설(Insull)공사(公社)의 흥망성쇠 배경도 확연히 드러냈다. 기록엔 잘 나타나 있지 않지만, 리차드 위트니와 모건은행의 관계를 슬쩍 엿볼 수 있는 흥미로운 일화도 하나 있었다. 1928년, 뉴욕 하일랜드(Highland) 출신의 그레이스 로버츠(Grace Roberts)라는 여자가 증권거래소에 글을 보낸 적이 있었다. 그 글에서 그녀는 1920년 뉴욕 대법원에서 사기로 유죄 판결을 받은 바 있던 헤이든 스톤 증권회사가 증권거래소에서는 어떤 형태로도 문책을 받은 적이 없다고 지적했다. 위트니는 당시 증권거래소를 대변하여, 그건 거래소가 뉴욕 대법원의 결정에 동의할 수 없기 때문이며 따라서 그때나 지금이나 앞으로도 그 증권회사를 문책할 의도가 없다고 답신을 보냈었다. 로버츠는 1932년 11월과 12월, 두 번에 걸쳐 이제 월가의 마지막 양심이라 할 수 있는 JP 모건에게 직접 글을 보내 다음과 같이 불만을 토로했다.

> 모건 같은 큰 은행은 리차드 위트니나 찰스 헤이든(Charles Hayden) 같은 사람들을 두려워하진 않겠지요. 당신마저도 이들의 행동을 비난하지 않는다면, 당신 역시 그런 자들과 같은 입장인 것으로 받아들여질 겁니다. 헤이든은 이미 사기꾼으로 판결이 난 사람이고, 항고를 하지도 않았지만, 위트니는 계속 그를 옹호하고 있습니다. 우리 금융가가 이런 자들을 보호한다면 전면적인 비난을 자초하게 될 겁니다. 만일 귀 은행의 직원이 카드놀이나 요트경기에서 속임수를 썼다면, 그 사설클럽에서 퇴출당할 게 뻔하지 않겠습니까? 증권거래소가 신뢰를 되찾아야 할 이때, 위트니의 그릇된 진술이 대중들의 신뢰를 받게 될까요?

로버츠는 한 달도 더 지나서야 다음과 같은 답신을 받았다.

로버츠 양에게

모건씨께서는 저에게 귀하가 11월 16일 및 12월 12일에 보낸 편지를 받았다는 걸 알려드리라고 하시면서, 귀하가 언급한 두 사람에 대해 좋게 생각하고 계시며, 그들에 대해 잘못 알고 계시는 것 같다고 전해드리라 하셨습니다. 안녕히 계십시오.

비서, V. 액스튼(Axten) 드림

로버츠의 항의나 뉴욕 대법원 이야기는 이 정도로 마치자. 하지만 나중의 일을 생각해 보면, 그녀가 요트경기를 언급한 건 참 신기한 일이다.

VIII

그 해 겨울, 명이 다한 후버 정부는 빠른 속도로 힘을 잃었다. 선거에 패한 뒤 후버는 수차례에 걸쳐 대통령 당선자에게 위기의 시기에 국익을 위해 협력하자고 호소했으나, 루스벨트는 후버의 요구가 결국은 자신이 계획하고 있는 뉴딜(New Deal) 정책들을 포기하자는 얘기라며 이를 무시했다. 정치 지도자들이 이렇게 입씨름을 하고 있는 사이, 경제는 더욱 비틀거렸다. 루스벨트가 달러를 평가절하할 거라는 믿음이 확산되자 환 투기꾼들뿐 아니라 국제무역에 관련된 회사들도 보유하고 있는 달러를 금이나 다른 외화로 바꾸기 시작해, 미국 재무부의 금 보유량은 무서운 속도로 줄기 시작했다. 한편, 보통 시민들도 당연히 은행예금이 안전한가를 걱정하기 시작했고, 얼마 지나지 않아 전국적으로 수만, 수십만의 인파들이 은행 창구에 줄을 서서 돈을 찾기 시작했다. 기반이 약한 은행들은 이런 대규모의 지불요구를 견디지 못하고 문을 닫았으며, 이로 인해 지불사태가 더욱 확산되어 살아남은 은행들도 점차 문을 닫게 되는 지경에 이르렀다. 공포감이 공포감을 키우고 있었던 것이다. 1932년 10월, 네바다 주지사가 은행 휴일을 선포한 이후, 은행파산이 줄을 잇던 서부지역의 각 주들도 곧 이를 따라했다. 1933년 2월 초, 위태한 지주회사 구조로 되어 있던 디트로이트의 대형 은행들이 파산했고 그후 사태는 걷잡을 수 없게 번져 갔다. 2월 14일, 미시간 주지사는 8일 간의 은행 휴일을 선포했고, 백만 명에 가까운 은행고객들이 15억불에 달하는 그들의 돈을 찾지 못하게 되었다. 그 이후 은행 휴일을 선포하는 주가 늘어나 인디아나는 23일, 매릴랜드는 25일, 오하이오는 28일에 각각 이 조치를 따랐다. 2월 중, 다행히 늦지 않게 은행에 달려가 돈을 찾은 사람들의 금액은 모두 9억 불이나 되었는데, 이는 그달 초 유통되고 있던 화폐량의 1/6 정도에 해당하는 금액이었다. 미국에서 사라져가던 금화들이 이제는 개인의 금고 속으로 들어가고 있었다. 가장 적은 단위인 5불짜리 금화조각까지도.

　　신뢰가 사라지면서 화폐와 지폐의 유통, 신용거래 등이 다 마비되고 있었고, 그 결과 미국 내엔 혼란과 변혁, 무질서가 들끓게 되었다. 새 대통령의 취임식 하루 전인 3월 3일, 은행들이 정상으로 가동되고 있던 주는 10개뿐이었고, 화폐를 지지할 금 보유량도 신통치 못했다. 정부운영에 필요한 인건비로 지급할 현금도 부족하던 당시의 미국 상황은 사실상 파산 상태였다.

　　이런 혼돈 속에서 리차드 위트니는 상원위원회에 다시 소환되었다. 그는 위기와 비난으로 인해 미묘하게 달라져 있었다. 그토록 자신이 옳다고 뻣뻣하게 우기던 그의 태도는 좀 삐딱하게 바뀌었고, 증권거래소의 활동에 대해서는 전처럼 입장을 굽히지 않았지만, 자신의 사회적·도덕적인 견해에 대해서는 기회가 되는 대로 자유로이 이야기했다. 그가 한 얘기들은 별로 대단한 건 아니었다. 즉 신뢰를 회복하기 위해선 재정의 균형이 필요하며, 그것을 이루기 위한 첫 단계는 연방정부의 지출을 줄이는 것인데, 이를 위해서는 정부 내의 임금을 줄이고, 전쟁과 관련 없는 상이용사에 대한 연금을 없애야 한다는 등등의 얘기였다.

이 시기의 위트니를 뒤돌아볼 때, 우리는 그 당시엔 드러나지 않고 있었던 그의 곤경에 대해 다시 한번 기억해야만 한다. 그는 그 자신이 껍데기뿐임을 너무 잘 알고 있었다. 그는 공적으로는 자산가들의 지도자였지만, 개인적으로는 파산에 이른 놈팽이였던 것이다. 위기를 헤쳐나갈 지도자 역할을 맡은 사람에게 이런 현실은 분명히 맘 편한 것일 리가 없었다. 하지만 사람의 이해력에 한계가 있듯이 용서를 하는 데도 한계가 있다. 1933년 2월, 상원의원들뿐 아니라 대중들 가운데 그 누구도 국가재정의 균형을 주장하는 이 인물의 개인 재정이 부끄러울 정도로 심한 불균형에 놓여 있었다는 사실을 알지 못했다. 하지만 귀족처럼 얘기하며 백만장자처럼 사는 이 인물이 자기 부류가 아닌, 하류 계층의 희생을 강요하고 있다는 것쯤은 누구나 알 수 있었다. 어떻게 보아도 위트니는 이제 당당한 백기사가 아니었으며, 귀족의 신성한 의무(noblesse oblige)를 저버린 사람이었다. 귀족 같은 계층을 만들어내려던 월가의 오랜 노력은 물거품이 되어버린 듯했다.

술에 취한 금본위제

I

신임 대통령의 취임식 하루 전날 밤, 토마스 라몬트(하버드 1892년 졸업생)는 오래 전부터 알아온 동창생 프랭클린 루스벨트(하버드 1904년 졸업생)에게 전화를 걸어, 좀 심각하긴 하지만 금융가의 위기에 대해 성급한 조치를 취하지 않는 게 좋겠다는 이야기를 했다. 그날은 금요일 밤이었는데, 라몬트는 은행들이 토요일 반나절을 잘 넘겨줄 것이고, 또 주말 동안 사람들의 심리에 큰 변화가 생겨, 월요일 아침 시장이 열릴 즈음에는 자신감이 어느 정도 회복될지도 모른다고 믿고 있었다. 그렇게만 된다면 위기를 넘길 수도 있을 것이었다.

물론 루스벨트는 라몬트의 조언을 받아들이지 않았다. 그가 취임한 뒤 했던 첫번째 일은 나흘 간의 은행 휴일을 선언하는 것이었다. 결국 이 휴일은 8일 간이 되고 말았지만, 이보다 더 길어진 은행들도 많았다. 라몬트는 루스벨트란 사람의 집권과 그의 뉴딜 정책이 가져올 전국적인 영향력이 시장을 어느 정도 회복시켜 줄 거라 기대했다. 나중에 전개된 상황을 보면 좀 이상하긴 해도, 그 절망적인 순간 월가는 분명히 뉴딜 정책 입안자들보다도 더 뉴딜에 매달리고 있었다.

　　월가는 이 험한 상황에서 누군가가—그 구세주가 어떤 사람인지에 대해서는 별 관심이 없었다—그들을 인도해 주기를 바라고 있었으며, 이런 기대감은 새 정부가 들어선 초기의 흥분 속에서 계속 증폭되었다. 신 정부는 그런 분위기 속에서 100일을 보낸 뒤 갑작스럽게 의회를 통해, 국가산업 복구법, 농업조정법, 연방 자가주택법(自家住宅法), 테네시 밸리 공사(Tennessee Valley Authority), 농업 신용대출법 등을 줄줄이 제정해냈다. 뿐만 아니라, 정상적인 상황에서라면 월가가 결코 환영할 리 없는 은행법을 제정, 투자은행과 상업은행을 분리시킴으로써 오랫동안 계속되어온 자금력의 집중을 분해시켰다. 절대적인 권위의 모건은행마저도 이 조치에서 예외가 될 수는 없었다. 그 밖에도 정부는 증권법을 제정, 유가증권을 새로 발행하는 기관은 대중들에게 투자에 관련된 위험을 자세히 공시하게끔 했다. 최악의 은행 위기가 지나가는 사이, 8일 간이나 휴장했던 증권거래소는 3월 15일 아침, 다시 문을 활짝 열었다. 리차드 위트니가 연단에서 거래의 재개를 공식 선언하자, 시장부에 있던 중개인들은 와! 하고 소리를 질렀다. 그날 주가는 약 15퍼센트나 상승했다. 1920년대의 활황장에도 주가가 하루에 이렇게 많이 오른 적은 없었다. 중개인들은 이를 루스벨트 장(場)이라고 떠들어대기 시작했는데, 이는 마치 몇 년 전의 쿨리지 장 같은 섬뜩한 느낌을 주었다. 그후 몇 주가 지나면서 시장은 다시 지난 날의 모양을 갖추기 시작했다. 4월 20일, 거래소의 거래량이 3년 만에 다시 최고를 기록하던 날, 시세 표시기는 지난 1929년에 툭하면 그랬던 것처럼 거래 속도를 따라가지 못했다. 4월 말이 되자, 해고되어 지난 1~3년 간 직업이 없던 비서나 사무원 등 수천 명의 증권회사 직원들이 다시 과거의 일자리로 돌아가는 모습을 볼 수 있었다. 월가는 다시금 활기를 띠고 있었으며, 이는 백악관의 새 주인을 중심으로 퍼지고 있는 정열과 낙관론 때문이라고 할 수 있었다. 그는 한 측근이 표현했듯이, 어떻게 몸을 떨어야 할지도 모르는 요정 팅커벨 같은 사람이었다. 7월 중순, 다우 존즈 산업지수는 취임식 날의 수준을 무려 두 배 이상 뛰어넘고 있었으며, 그 첫 4개월 간 주식시장은 거래소 역사상 가장 가파른 상승을 기록했다.

II

그러나 이런 희망에 찬 시기 중에, 처음엔 아무도 몰랐지만 갈수록 사람들을 불안하게 만들고, 결국엔 악몽같이 되어버린 어떤 이상한 일이 월가에 벌어지고 있었다. 월가의 별이라고 할 수 있는 화폐, 즉 달러가 하늘에 있던 평상시의 자리를 떠나 이리저리 춤을 추며 비틀거리기 시작했던 것이다. 달러는 오랫동안 천문학적인 자연법칙에 준하는 그런 규칙, 즉 금본위제에 의해 흔들림 없이 고정되어 왔었다. 금본위제란 구체적으로 말하면 누구든지 얼마건 달러를 가져오면 온스 당 20.67불에 미국 재무부가 금으로 바꾸어 주겠다는 약속이었다. 이제 위기 상황 속에서 그 약속이 일시적으로 지켜지지 않게 되자, 달러는 시시한 통화나 싸구려 주식처럼 투기꾼들의 마음에 따라 마구 출렁거리게 되었다. 새 정부의 첫 100일은 독특한, 그러나 많은 사람들에겐 소름이 끼칠, 그런 1년의 시작에 불과했다. 그 기간 중 미국인들의 가장 안정적인 재산은 땅이나 상품이었다. 이제 금은 산업용이나 귀금속의 형태 이외에는 소유하지 못하게 되었으며, 돈을 가지고 있는 것은 원하든 원치 않든 가치가 들쭉날쭉 하는 투기판에 끼어드는 거나 마찬가지였다. 월가의 하늘이 무너진 꼴이었다.

이런 사태는 루스벨트가 취임한 다음날, 실망스럽게도 그가 자세한 설명 없이 일시적으로 금의 수출이나 보유를 금지한다는 조치를 발표한 이후 발생한 것으로서, 이는 실질적으로 금본위제의 포기 선언이나 마찬가지였다. 물론 루스벨트는 일시적인 성격의 조치임을 강조했지만, 공포에 사로잡힌 대중이나 외국인들은 앞다투어 재무부로 몰려가 자기들이 갖고 있던 돈을 금으로 바꿨다. 그러나 냉혹하다는 은행가들마저도 이 조치의 당위성을 의심하는 사람은 거의 없었다. 은행들이 문을 닫고 있던 시점에서, 금 유출 금지는 상대적으로 보아 경미한 사안이었다. 당연한 얘기지만 은행들이 영업을 재개하면 얼마 안 가 곧 풀릴 조치였다. "우리가 금본위제를 포기했다구요? 그건 말도 안 되는 얘기입니다." 대통령의 포고가 나가자마자, 재무장관 윌리엄 우딘(William Woodin)은 이런 말로 대중들을 안심시켰다. 이미 금본위제를 1년 반 가량 포기해 온 영국에서 발간되는 「런던 타임」지도 미국이 같은 길을 갈 가능성은 거의 없다고 논평했다.

　　월가 사람들이 오판한 건, 아니 월가뿐 아니라 루스벨트의 금융전문 측근들을 포함한 많은 뉴딜 정책 관련자들마저 오판한 건, 통화 문제에 관한 신경질적인 태도 뒤에 감춰져 있는 고집스러울 정도로 확고한 루스벨트의 정책 목표였다. 바로 전 해에 치러진 대통령 선거전에서 그는 '건전한 통화'(sound money)를 만들어가겠다는 공약을 내걸며 후버와 경쟁했는데, 이는 당연히 금본위제의 유지를 의미할 터였다. 한편 선거에서 승리하고 나서 두 달 뒤인 1월에 한 언론인에게 "불황이 계속된다면 우리도 통화를 팽창해야겠지요"라고 정반대 의견을 내놓기도 한 루스벨트는 자신이 통화 문제에 관해 거의 문외한이긴 해도 전문가들의 정통적인 논리보다 그때그때 떠올리는 자신의 견해가 더 맞다고 믿고 있었다. 루스벨트는 통화 문제를 그냥 재미있는 게임 정도로 생각, 때로는 지겨워하기도 하고 때로는 바짝 정신을 집중하기도 하는 그런 사람이었다. 화폐와 금융의 전문가였던 그의 보좌관이 한 말을 들어보자. "이 분야에서 뭔가를 하긴 해야겠는데, 그렇다고 대통령을 붙잡아 앉혀놓고 이 문제에 대해 진지하게 생각하게 만들 방법도 없었습니다."

이 문제에 관한 한 보좌관들도 의견이 갈렸다. 재무장관 우딘은 영리하고 사교적인 사업가 출신으로서, 경제 논리에 정통한 사람이었으며, 예산국장 루이스 더글라스(Lewis Douglas)는 유일하게 완고한 건전한 통화주의자였다. 전 컬럼비아대학 공법교수이자 대통령 선거전 당시 최고의 참모였던 국무차관 레이몬드 몰리(Raymond Moley)는 약간 냉소적인 눈빛을 가진, 야심만만하고 이기적이고 매우 정력적인 사람으로, 대통령의 가장 가까이에서 영향을 주고 있는 걸로 알려져 있었다. 1931년 이후 국무부에서 경제담당 보좌관으로 일해온 허버트 페이스(Herbert Feis)는 기민하고 정통적인 견해를 가진, 후버 정부에서 넘어온 유일한 보배였다. 그 해 말까지는 이렇다 할 직책이 없던 헨리 모겐타우(Henry Morgenthau) 역시 루스벨트 주위의 주요 인물 가운데 하나였는데, 그는 뉴욕 주의 북부 출신으로서 루스벨트의 오랜 이웃이자 친구였으며, 통화에 관한 한 대통령만큼이나 문외한이었다. 그리고 또 한 사람, 그늘에 가려진 채 이름이 나는 걸 싫어하던 코넬대학 농업경제 및 농장경영학과 교수 조지 워렌(George Warren)이 있었는데, 그는 상품가격과 달러의 금화가치 간의 상관관계를 정부가 어떻게 관리해야 하는지에 대해 자기만의 독특하고 기묘한 생각을 갖고 있는 사람이었다. 워렌은 루스벨트 및 모겐타우와 연결된 끈을 이용하여 그들에게 자신의 생각을 불어넣을 수 있었다. 모겐타우는 한때 코넬대학의 학생이었으며, 모겐타우 부인의 말을 빌면, 루스벨트는 모겐타우의 소개로 하이드 파크(Hyde Park ; 뉴욕 북쪽 80마일, 허드슨 강 동안에 위치한 마을로서, 루스벨트가 태어나 자란 고향이며 훗날 그가 묻힌 곳이기도 하다. 나중에 루스벨트 박물관이 설립되었다—옮긴이)에서 워렌을 만나 나무 심는 요령을 배운 적이 있었다고 한다. 수년 뒤 모겐타우 부인은 이렇게 회상했다. "프랭클린과 헨리가 그 식목전문가를 만나지 않았더라면, 우리 삶의 모습은 많이 달라졌을 겁니다."

　　마지막으로 월가 출신으로 루스벨트의 측근이 된 사람 둘이 더 있다. 지미 워버그(Jimmy Warburg ; 지미는 제임스의 애칭—옮긴이)는 20대에 월가를 주름잡던 멋쟁이였으며, 이제 36세가 된 그는 국제어음은행 행장으로서 몇 년 간 교분을 유지해온 루스벨트의 아들 제임스를 통해 국무차관 레이몬드 몰리를 만나게 되었다. 1933년 2월, 몰리는 참모로 쓸 재목들이라며 워버그를 비롯한 여러 사람을 뉴욕에 있는 대통령 당선자의 자택으로 데리고 갔다. 워버그의 회고에 의하면, 그날 루스벨트는 그들에게 "이 중에 누가 아이크스(Ikes)인가요?" 하고 물었고, 그 중 한 사람이 점호 받는 병사처럼 줄 앞으로 나와 자기를 소개하며, 수줍게 "아이크스가 아니라 이케스(Ickes)입니다"라고 정정해 주었다(훗날 그는 내무장관이 된다). 그날 루스벨트는 워버그에게 이렇게 말했다. "몰리가 그러는데 자네가 월가 출신 중 특히 원칙에 충실한 모범생이라면서?" 워버그는 겸손하게 "그건 제가 아니라 제 아버님이십니다. 아버님이 그렇다고 해서 저까지 그런 건 아니죠"라고 대답했고, 루스벨트는 그 대답에 매우 만족스러워 했다. 얼마 안 있어 루스벨트는 워버그에게 재무차관직을 맡겼는데, 워버그는 개인적인 이유를 들어 이를 사양했다. 하지만, 결국 그는 자신이 경력을 쌓아온 월가에서 왕따 당할 위험을 무릅쓰고 뉴딜 정책의 본부격인 워싱턴의 칼튼(Carlton) 호텔로 옮겨가, 비공식적이고 봉급도 없는 통화정책 보좌관으로 일하기 시작했다. 이렇게 해서 워버그는 사실상 월가 출신의 맨 마지막 공직자로 고귀한 월가 전통의 명맥을 잇게 된다.

　　또 한 명의 월가 인물은 벤자민 스트롱의 뒤를 이어 뉴욕 연준의 총재가 된 조지 해리슨(George Harrison)인데, 엄밀히 말하면 그는 월가 출신의 공직자로 보기 어렵다. 그도 그럴 것이 그는 애초 뉴딜 팀에 합류할 생각도 없었고, 정부에서 그를 발탁한 것도 아니기 때문이다. 하지만 표면적으로는 정치와 무관하고 정치적으로 임명되거나 해임되지 않는다고는 해도, 뉴욕 연준의 수장이라는 그의 직위는 정부와 금융의 중심을 이어주는 유일한 제도적인 고리였다. 그의 사무실은 월가 중심부 리버티 가에 있는 웅장한 플로렌스 풍의 궁전식 건물에 자리하고 있었으며, 그는 외국과의 거래에 있어서 정부의 은행창구 역할을 담당해야 했다. 따라서 새 대통령과 싫건 좋건 항상 마주할 수밖에 없었다. 예일과 하버드 법대 출신으로서, 전설적인 법무장관 홈즈(Holmes)의 법무비서로 일한 적도 있던 그는 차분한 행정가요, 뛰어난 외교관이었다. 어릴 때의 사고로 목발을 짚고 다녀야 했던 그는 많은 사람들에게 희망과 자신감을 불러일으키기도 했다. 몇 달 뒤 해리슨은 루스벨트 및 그의 과격한 참모들을 대신하여 성질 고약한 월가의 은행가들과 거만한 유럽의 중앙은행 총재들을 심판하는 그런 얄궂고 힘든 일을 맡아, 외교적인 수완을 발휘하게 된다.

III

4월, 서부지역에서 불만의 목소리가 고조되었고, 워싱턴에서도 같은 목소리가 울려 퍼졌다. 농민들은 거의 폭동을 일으키기 일보 직전이었다. 농산품 가격이 형편없이 빠져 농산품 가격지수는 1926년 수준의 40퍼센트밖에 안 되었다. 아무리 농작물을 재배해서 팔아도 주택담보 대출 분할상환에 필요한 돈을 마련하기에는 턱없이 부족했으며, 따라서 수만 명이 집을 잃고 말았다. 점차 폭력사건이 발생하기 시작하더니, 4월 말에는 아이오와 주의 레 마즈(Le Mars)에서 복면을 한 일단의 농민들이 주택담보계약 해지서류에 서명하는 걸 저지하기 위해 재판관을 법정에서 길가로 끌어내 폭력을 행사할 뻔한 사건이 발생했다. 하지만 사법당국에 대한 공격 행위는 농민들에게 득될 게 아무것도 없었다. 농민들에게 필요한 건 전통적으로 어려운 시기에 취해졌던 구제 조치였다. 즉, 정부 주도하의 계획적인 통화팽창(통화가치 하락)을 통해 물가를 올리고, 돈의 가치가 높을 때 빌린 돈을 이제 가치가 떨어진 돈으로 쉽게 갚을 수 있게 해주는 그런 류의 조치 말이다. 곧, 통화팽창에 관한 논쟁이 의회에 거세게 일어났으며, 오클라호마의 상원의원 엘머 토마스(Elmer Thomas)가 발안한 농업조정법 개정안을 통해 논쟁은 정점에 달했다. 이 개정안은 대통령이 통화의 발행을 포함해서 사실상의 통화팽창 효과를 가져올 그 어떤 조치도 마음대로 내릴 수 있는 파격적인 내용을 담고 있었다.

월가 주변의 통화가치 안정론자들에게 이 개정안은 사실상 금융의 무질서 상태를 의미했다. 이 개정안이 채택되면 1879년 이래 미국이 신봉해온 통화정책의 기조인 금본위제를 완전히 포기하는 결과가 될 터였다. 하지만 루스벨트가 토마스 개정안이나 그와 비슷한 과감한 다른 조치를 내릴 것 같은 기미는 없었다. 오히려 그와 반대로 4월 초, 금 유출 금지 조치에도 불구하고 몇몇 은행에 금을 해외로 보내는 허가 조치가 내려져, 다시 서서히 금본위제로 돌아가는 듯한 인상을 주었다. 그러던 4월 18일 저녁, 루스벨트는 각료회의를 열어 후버 때부터 준비되어온, '국제통화 및 경제회의'에 대한 대책 마련 자리를 가졌다. 이 회의에는 국무장관 코델 헐(Cordell Hull), 재무장관 우딘, 국무차관 몰리 외에도, 통화전문가라 할 수 있는 예산국장 더글라스와 지미 워버그 및 허버트 페이스도 참석했다. 회의가 진행되면서 루스벨트의 본심이 드러났다. 회의 중 그는 갑자기 몰리에게 토마스 개정안을 의회에서 통과시켜 자신이 서명할 수 있도록 준비하라고 지시했다. 그러고는 짐짓 쾌활한 목소리로 그곳에 모인 사람들에게 이제 미국은 금본위제도를 채택하지 않을 거라며 축하해 달라고 말했다.

그들은 아무도 축하할 분위기가 아니었다. 몰리의 회고에 의하면, 갑자기 닥친 기가 막힌 상황에 어안이 벙벙해진 세 명의 통화전문가들은 이런 중요한 결정이 이렇게 아무렇게나 내려지는 것에 놀라고 낙담하여, 2시간에 걸쳐 물가 앙등의 문제점과 그 두려운 결과에 대해 대통령에게 미친 듯이 설명을 했고, 심지어는 역사상 알려진 가장 극심한 물가앙등으로 인해 점심값이 60만 마르크에서 그 다음날 150만 마르크로 뛰어오른 1923년의 독일을 실례로 들추기도 했다. 하지만 루스벨트는 이런 격렬한 반응을 오히려 즐기는 듯 냉정한 자신감에 차 있었다. 회의가 끝난 후 밤이 깊도록 워버그와 같이 길을 걸으며 대화를 나눈 더글라스는 헤어지면서 마지막으로 이런 음산한 탄식을 남겼다. "이건 서구 문명의 종말이야."

다음날, 미국이 금본위제를 포기한다는 성명이 있었으며, 월가는 이에 대해 즉각적인 반응을 보여 열광적인 거래 속에 주가가 껑충 뛰었다. 당연한 결과였다. 금본위제의 포기 결과 달러가 약해진다면, 당연히 손에 쥔 현금을 주식으로 재빨리 바꿔놓아야만 했다. 더욱 놀라웠던 것은, 월가에서는 이념적인 근거로도 전혀 성난 항의가 나오지 않았다는 점이다. 수년 전만 해도, 대통령을 탄핵해야 한다며 으르렁거렸을 위긴이나 미첼 같은 거물급 금융가들도 불황의 공포심리에 위축된 탓인지 백악관에서 아무렇지도 않게 발표된 조치로 인해 그들의 세계가 무너지고 있음에도 불구하고 아무 말 않고 가만히 있었다. 정부의 주요 관리들에게 서구문명의 종말로까지 보여진 사건이 그 누구보다 서구문명의 기반에 첨예한 이해관계가 놓여있을 당사자들에겐 아무 논평거리도 못 되었던 것이다. 그러나 무엇보다도 놀라운 사실은, 내로라 하는 은행가들 중에서도 가장 뛰어난 인물인 JP 모건이 누구보다도 신속하게 그리고 단호한 논조로 루스벨트의 조치에 지지를 표명하고 나섰다는 것이다. 그의 긴 경력상 몇 안 되는 공식성명이 될 성명서를 통해 그는 이렇게 발표했다. "저는 지금 발표된 대통령의 조치를 환영합니다. 제가 보기엔 불황에서 벗어나려면 물가하락을 유발하는 여러 요소들을 찾아내 싸워 없애야만 합니다."

월가 23번지가 성명을 낸 것이었다. 이단론이 신성화된 셈이었고 그 결과, 월가엔 다른 말이 있을 수가 없었다. 다른 어떤 의미보다도, 모건의 성명은 정부와 업계간 협력의 대성공작이었다. 하지만 도대체 어떻게 해서 이런 일이 벌어진 걸까? 통화가치 안정의 대부요, 채권자들의 황태자인 JP 모건이 왜 하룻밤 사이에 갑자기 개종을 하여 억압된 채무자 계층을 대변하는 통화팽창주의자가 된 걸까? 있을 수 없는 일이었다. 쿨리지나 후버 정부 때도 종종 그랬다고 전해지듯, 정말 모건가(家)가 비밀리에 백악관과 짜고 뒷거래를 하고 있었던 걸까? 흥미롭게도, 그 운명적인 백악관 각료회의가 있던 날 아침, 막강한 영향력을 가진 기고가 월터 리프만(Walter Lippman)은 금본위제를 굳이 유지하려 들면 불황이 더욱 악화될 거라는 견해를 피력했는데, 모건가는 이 리프만과도 밀접한 관계가 있는 걸로 알려져 있었다. 그러나 이런 가정은 흥미를 자극시키긴 해도 신빙성은 없다. 루스벨트는 선거전 기간 동안 모건은행과 후버 사이의 협력관계에 대해 신랄하게 비판한 바 있었고, 나중에야 밝혀진 일이지만, 월가 23번지의 주인과는 손잡을 수 없다는 이유로 JP 모건의 친구이자 모건은행의 파트너이기도 했던 러셀 레핑웰을 재무차관 후보에서 탈락시키기도 했던 것이다. 아마도 모건의 일생 중 가장 수수께끼 같은 이런 행동, 아니 모건은행의 오랜 역사상 가장 알쏭달쏭한 이 사건을 이해하는 열쇠는 레핑웰이 며칠 뒤 루스벨트에게 쓴 개인적인 편지에서 발견할 수 있다. 그는 그 편지에서 "금본위제를 포기한 조치는 이 나라를 완전한 파멸의 길에서 구한 것 같습니다"라고 했던 것이다. 따라서 아마도 모건은행 내부에서조차도, 그 당시 나라를 구할 수 있는 유일한 수단은 이런 이단적인 조치뿐이라는 공감대가 형성되어 있었던 것 같다. 그렇다면 JP 모건의 성명은 정치가다운 행동으로서, 오래된 최고의 월가 전통 가운데서도 가장 수준 높은, 또한 마지막이 될 그런 행동이었다.

이제 달러는 투기성이 강한 상품이 되어버렸다. 누구든 달러를 들고 있으면, 그 가치가 아래 위로 요동치는 장세 속에 뛰어든 거나 마찬가지였다. 더 이상 금화로 바꿀 수는 없었지만, 달러는 아직 유럽 주요 도시의 외환시장에서 자유로이 거래되며 금에 고정되어 있던 프랑스 프랑으로 바꿀 수도 있었다. 당시의 유동적인 달러와 프랑의 교환가격, 그리고 과거 달러가 금에 고정되어 있던 당시의 태환가치를 비교해 보면 매일매일 달러가 금화가치로 얼마인지 계산해 볼 수 있다. 루스벨트의 성명이 나온 직후, 달러는 88.5센트(금본위제하의 달러 가치에 비해 달러 가치가 88.5퍼센트밖에 안 된다는 의미—옮긴이)까지 하락했다가 그 근처에서 좀 머무르더니, 토마스 개정안이 발효되어 통화팽창이 공식화된 5월에는 더욱 하락, 6월 초가 되자 83센트까지 빠지고 말았다. 한편 국내 상품의 가치는 약간 올라 농민들을 즐겁게 했다. 하지만 영국과 프랑스의 통화당국은 한방 맞은 기분이었다. 영국은 평가절하된 달러로 인해 자국의 국제무역 기조가 흔들릴까봐 전전긍긍했고, 프랑스는 자기들도 금본위제를 포기해야 될까봐 두려워했다. 그러나 루스벨트에겐 다른 무엇보다도 국내 문제가 최우선이었고, 따라서 통화에 관한 한 국제협력보다 자국우선주의 노선을 채택했다. 그렇기는 해도, 루스벨트는 '국제통화 및 경제회의' 참가는 계속 추진해, 마침내 6월 12일부터 7월 23일까지 런던 켄싱튼의 지질학 박물관에서 개최된 회의에 미국도 참가하게 되었다.

66개 국에서 온 총 1천 명이 넘는 참가 대표단은 그 규모만으로도 베르사이유 회의(1차 대전 종료 후 열린 국제회의—옮긴이) 이후 최대의 국제회의였다. 하지만 그렇게 허장성세를 떤 만큼이나, 결국 엉망으로 끝나고 말아 웃음거리가 된 회의였다. 원래 미국 대통령 후버와 영국 수상 램지 맥도날드(Ramsey MacDonald)가 이 회의를 추진한 동기는 각국의 통화가치 안정과 무역장벽의 제거를 토의하자는 것이었으나, 막상 회의가 열리자 뚜렷한 의제조차 부각되지 않았다. 게다가 미국 대표단은 그 구성이 아주 희한했다. 대표단장은 국무장관 헐(Hull)이었는데, 그는 국가간에 관세를 줄여야 한다는 확고한 신념을 갖고 있는 사람이었다. 그러나 그 회의에서 관세문제가 나올지는 미지수였다. 또 대표단에는 전 오하이오 주지사요, 1920년 민주당 대통령 후보이기도 했던 제임스 칵스(James Cox)도 있었는데, 그는 정통 통화론자이자 낮은 관세를 옹호하는 사람이었고, 네바다 주 상원의원인 키 피트만(Key Pittman)은 서부지역 개척정신을 간직한 사람답게 은본위주의요 높은 관세율을 지지하는 사람이었다. 미시간 주의 상원의원 제임스 쿠젠(James Couzens)은 한때 포드 자동차의 파트너로서 높은 관세율의 옹호자였다. 결국 관세에 관한 한 대표단의 의견은 반반으로 갈려 있었다. 또한, 랄프 모리슨(Ralph Morrison)이란 이름의 텍사스인은 이렇다하게 내세울 게 없는 사람이었으며, 테네시 주 하원의원 사무엘 맥레이놀즈(Samuel McReynolds)는 하원 외교위원회 의장이었지만 통화에 관해서는 일자무식이었다. 이렇게 다양한 혼성 대표 단원들 가운데 국제회의에 참석해 본 경험이 있는 사람은 단 한 사람도 없었다. 게다가 루스벨트마저 자신의 의도를 비밀스럽게 감추고 있던 터라 이들 모두는 그 어떤 구체적인 지시도 받지 않은 채 회의에 참석, 각자 자기가 아는 주제에 관해 제멋대로 떠들기만 할 뿐이었다. 물론 대표단에는 전문가들도 있었다. 워버그나 페이스, 그리고 연준을 대표하는 해리슨, 재무부의 올리버 스프라그(Oliver Sprague) 같은 통화 보수주의자들이 그들이었다.

대표단은 런던으로 가는 배 위에서도 끊임없이 언쟁을 벌여 동승

했던 기자들은 그 배를 장례선이라고 부르기까지 했다. 회의가 시작되자마자 프랑스를 주축으로 한 금본위제 지지 국가들과 금본위제를 폐지하고 신축적인 통화체제를 도입한 미국 및 영국 등의 국가들 간에 분쟁이 발생했다. 워싱턴으로부터 어떤 지시도 없는 가운데, 미국 대표단은 날이 갈수록 점점 더 제멋대로 행동하기 시작했다. 국무장관 헐은 끈질기게 관세율 인하를 요구했으나 그의 말에 귀 기울이는 사람은 아무도 없었다. 피트만은 은화 주조에 찬동하는 연설 때를 제외하고는 말다툼만 하려 들었고 툭하면 술에 취했으며, 서부개척 시대를 흉내내 거리 등불을 총으로 쏘아 맞추는가 하면, 왕가를 접견할 때는 비옷을 입지 않는 게 관례라는 말을 듣고도 "왕이나 왕비 때문에 비 맞기는 싫어서 말이죠"라고 떠들어대면서 비옷을 입은 채 왕궁의 가든 파티에 참석했다(왕과 왕비는 비옷을 입고 있는 그를 보고 즐거워했다는데, 혹시 그냥 즐거운 척 했는지도 모른다). 맥레이놀즈는 회의는 아랑곳 않고 왕실에 딸을 소개하는 데만 바빴다. 심지어 투기 거래를 목적으로 회의에서 얻은 정보를 뉴욕의 동료에게 계속 알려주는 사람도 있었다. 회의 중반, 루스벨트가 파견한 몰리가 갑자기 예상치도 않게 런던에 도착했는데, 경쟁관계이자 적수인 그와 헐 사이에 마치 누가 루스벨트에게 더 잘 보일 수 있는지 경쟁하는 듯한 논쟁과 해프닝이 벌어지기도 했다. 한편 워버그, 해리슨, 스프라그 등은 막후에서 유럽의 통화당국들과 회의 기간 중 유일하게 실질적이었던―일시적이라도 좋으니 각국 통화들 간에 안정적인 관계를 합의하여 외환시장의 혼란을 끝내자는―담판에 열중했다.

한편, 런던에서 전해오는 표면적인 소식에 따라 월가는 춤췄다. 통화안정에 대한 합의가 가까웠다는 소문이라도 돌 때면 달러는 값이 오르고 주가는 내려갔으며, 반대로 합의가 도출되기 어렵다는 말이 전해지면 달러값이 빠지고 주가가 힘을 받았다. 새로운 소문이 없을 때면 모두 숨을 죽이고 기다렸다. 6월 말, 통화안정에 관한 주요국 합의가 도출되어 발표를 앞두고 있다는 얘기가 돌았다. 그러나 회의에서 뭔가를 이루어낼 듯하던 바로 그 순간, 루스벨트의 친서가 회의에 날아들었다. 폭탄선언이라고 불리게 될 그 통지문에서 루스벨트는 통화안정을 위한 제안이 사실은 오류에 근거한 일시적인 편법에 지나지 않는다고 일축하면서 소위 국제은행가들이라며 무게잡는 부류들을 싸잡아 비난했다. 루스벨트는 한 걸음 더 나아가 미국은 그 어떤 통화안정 조치에도 합의할 수 없다고 분명히 못박았다. 3주나 더 질질 끌긴 했지만 사실상 회의는 그때 끝난 셈이었다.

금본위제 국가들의 대표들은 뒤통수를 한 대 맞은 셈이었다. 미국 대표단원들은 워낙 안정책을 달가워하지 않던 피트만을 제외하고는 완전히 사기가 저하되었다. 전세계 주요 경제학자들 중에선 금본위제를 반대하는 입장이었던 케인즈만이 유일하게 루스벨트를 지지했다. 어안이 벙벙해진 워버그는 루스벨트의 발언이 평소 자신이 존경하고 흠모해 온 사람에게서 나온 말이라고 믿기 힘들었다. 사흘 뒤, 런던을 떠나기 직전에 워버그는 "우린 이제 한번도 가본 적이 없는 새로운 바다로 들어가고 있습니다. 나는 완전히 무능한 항해사처럼 느껴질 뿐입니다"라는 성명을 발표하고, 대표단 금융보좌관 자리를 사임했다. 이제 더욱 불안정해진 달러는 외환시장에서 이틀 만에 73.4센트로 하락, 남북전쟁 이후 최저 가치를 기록하게 된다.

IV

루스벨트가 택한 광기어린 해결방식은 그 후 수개월이 지나도록 월가에게는 어슴프레한 채였지만, 그와 가장 가까웠던 보좌관들에게는 7월 중에 이미 하나 둘씩 그 윤곽을 드러내고 있었다. 루스벨트는 런던

회의를 일부러 망쳐놓으려 한 것 같았다. 사실 그가 내린 후속조치들만 봐도 그가 달러를 금에 고정시키기 싫어한 만큼이나 파운드 또는 프랑에도 연동되는 걸 싫어했음을 알 수 있으며, 그는 런던 회의가 시작되기 전부터 이미 그런 식의 전격 선언을 마음에 두고 있었던 것 같다(회의 시작 직전인 6월 중순, 그는 비밀리에 달러를 파운드 당 4.25불로 고정하는 안정책을 제시했다. 그러나 이는 명백한 으름장이었고, 이런 공갈협박은 받아들여지지 않았다). 루스벨트가 통화안정책을 싫어한 이유는 국내에서의 그의 입지 때문이었다. 통화안정책을 펴면 외환시장은 안정되겠지만, 물가를 올려야 할 국내에서 그의 운신의 폭이 좁아질 게 뻔했다. 요즈음 우린 인플레이션(inflation)이라면 다 나쁜 것으로 여기는 터라 디플레이션(deflation)이 문제였던 그 시절을 이해하기가 쉽지 않다(이 글이 1960년대 말에 쓰여졌음을 상기할 필요가 있다. 그후 30여 년이 지난 현재 시점에서 보면 인플레이션과 디플레이션 모두 경계의 대상이 되고 있다―옮긴이). 많은 사람들이 인플레이션, 아니 보다 정확하게는 리플레이션(reflation ; 학자들 사이에 잘 쓰이는 말은 아니지만, 흔히 사용되는 인플레이션과 굳이 대비한다면, 인플레이션이 연속적인 꾸준한 물가상승을 의미하는 데 반해, 리플레이션은 물가를 단번에 인상시키는 것을 말한다. 즉, 여기서 말하는 정책대안은 인플레이션보다는 리플레이션이 더 맞다고 하겠다―옮긴이)을 정책대안으로 생각하고 있었는데, 루스벨트에게 그것은 어떤 대가를 치루더라도 반드시 달성해야 할 목표였다.

    7월 말, 국내 문제에 관한 한 루스벨트의 계획은 코넬대학 워렌 교수의 이론과 접목된 듯이 보였다. 루스벨트의 경제문제 보좌관인 워렌은 일부러 그런 티를 냈는지는 모르지만 모든 면에서 솔직하고 세련되지 못한 시골 촌뜨기의 전형이었다. 1874년, 네브래스카 주의 한 농장에서 태어난 그는 네브래스카대학에서 농장경영으로 학위를 받은 뒤, 「올린즈 군(Orleans County)의 사과과수원 조사」라든가, 「농사 짓고 싶어하는 도시인들을 위한 제안』과 같은 소박한 책자들을 많이 발표했으며, 1920년 이후에는 코넬대학에서 농업경제와 농장경영을 가르치고 있었다. 또 이타카(Ithaca ; 뉴욕 주의 한 지방—옮긴이) 교외에 큰 농장을 갖고 있어 병아리를 4천 마리나 기르면서 스스로를 농투성이라고 부르기를 좋아했다. 그는 반박하기 힘든 간결한 문장에 강력한 의미로 전달되는 촌동네식 풍자로 도시 사람들을 꼼짝 못하게 사로잡곤 했는데, 예를 들면 "여기 농장이 있고, 또 농부가 있습니다. 그리고 다음과 같은 사실이 있습니다"라는 식이었다. 하지만 그의 말을 듣다 보면 겨우 알아들을 것 같은 순간에, 말이 다른 데로 새는 경우가 많았다. 예를 들면 이런 식이었다. "외양간 지붕을 잘 보존하려면 칠을 잘 해야겠죠. 집을 좋은 값에 팔려고 해도 칠을 잘 해야겠죠. 그리고 보기 좋게 하기 위해서라도 칠을 잘 해야겠죠. 뭐 하긴 그것도 다 돈이 있어야 하겠지만요."

루스벨트를 사로잡은 워렌의 이론은 그가 코넬의 동료교수와 함께 쓴 책 『물가』Prices에 설명되어 있던 것으로, 그 이론 역시 눈길을 확 끄는 단순한 논법을 썼다. 워렌은 상품의 가치는 화폐로 표시된 금의 가격에 자동적으로 연계돼 움직인다고 주장하면서, 이 주장의 근거로 19세기 중엽 캘리포니아 및 오스트레일리아의 금광개발 붐에서부터 스페인의 세계탐험, 그밖의 상당한 양의 과거 수치와 도표를 제시했다. 따라서 워렌은 상품의 가치를 조절하려면 금값을 조절해야 한다고 주장하면서 논리적으로 현 상황하에서는 정부가 시장에 개입, 점점 더 높은 가격으로 금을 사들여 달러의 금화표시 가치를 계속 떨어뜨려야 한다고 결론지었다. 결국 워렌의 궁극적인 목적은, 정부의 금값 조정을 통해서 금본위제하에서처럼 달러가 금에 대해 일정 가치를 지니는 것이 아니라, 상품에 대해 일정한 가치를 지니는 상품 달러 (commodity dollar)를 만들자는 데 있었다.

루스벨트의 경제 보좌관들 대부분을 포함한 정통 경제학자들이 보기엔 워렌의 논법은 잘못된 것이었다. 물론 경제학자들도 상품가치가 보통 금과 같이 움직인다는 데는 동의했지만, 다만 그 상관관계에 있어서 상품가치의 변화가 먼저고 금값의 변화는 그 결과라는 점이 달랐다. 금값을 통해 상품가치에 영향을 미치려는 이러한 역할 뒤집기는 마치 버튼을 누르지도 않고 엘리베이터의 위치 표시판을 움직여 원하는 층에 가려고 하는 거나 다름없었다. 이들이 보기에 워렌은 의외로 적지 않은, 그리고 무대에도 자주 등장하는 무모한 미치광이 통화신봉자일 뿐이었다. 물론 정통 경제학자들도 워렌의 이론 같은 것이 한번도 실행에 옮겨져 본 적이 없었기 때문에 그 이론을 경험적으로 반증할 수 있는 입장은 못 되었다. 아니, 그게 아닌가? 1869년에 제이 굴드(이 책 '금융시장의 귀족들' 편 IV 참조)가 상당량의 금을 매점한 뒤, 금값을 올리기만 하면 곡물가격이 올라가 농민들에게 큰 이득이 될 거라는 논리를 펴며 대통령 그랜트(Grant)의 처남을 부추긴 적이 있으니까. 물론 굴드의 진짜 관심은 농민들의 소득 증가가 아니라 자신의 불법 축재에 있었고, 그의 이런 작전의 결과는 대중의 복리 증진이 아니라 일찌기 경험해 본 적이 없는 최악의 화폐 대란이었다.

그러나 굴드의 경우는 정부가 취한 조치의 문제가 아니라 개인적인 가격조작의 문제였다. 루스벨트가 성급하게 워렌의 이론을 채택한 것은 어떤 근거가 있어서라기보다는 하나의 구실이었다. 그렇다면 과연 통화에 관한 정부의 입장과 정책은 어떠했을까? 1933년 이전이나 그 이후에도 정부는 종종 통화가치의 방어를 위해, 혹은 국제무역상의 비교우위를 확보하기 위해 의도적으로 자국통화의 상대가치를 올리거나 떨어뜨렸다. 하지만 이번처럼 금 보유량이 아직 충분한 상태에서, 채무자를 돕겠다는 발상만으로 정부와 업계가 협조하여 물가를 상승시키기 위해 자국통화에 공격을 가했던 적은 없었다. 왜냐고? 그

건 너무나 기괴한 발상이라 아무도 그런 생각을 해본 적이 없었기 때문이다. 혹 누가 그런 발상을 했더라도 그건 마치 하다가 그만 둘 때 좋은 기분을 느끼기 위해 망치로 자기 머리를 계속 치는 짓이나 마찬가지라며 말렸을 게 뻔하다.

　루스벨트가 워렌에게 매혹된 건 취임식 전이었으며, 취임 후 첫 한 달까지는 둘의 좋은 관계가 유지되었다. 그 해 3월, 워싱턴에는 온갖 정치꾼들이 다 모여들었고, 그들 모두 뉴딜을 사회의 모든 계층이 참가해야 할 성전(聖戰)으로 받아들였다. 4~5월, 워렌은 잠시 잊혀지는 듯 했지만, 다시 루스벨트와 가까워지고 있었다. 6월 중순, 뉴욕 연준의 외환 총책임자인 프레드 켄트(Fred Kent)는 금으로 표시되는 달러의 실질가치를 떨어뜨리는 방식으로 농산품 가격을 올리는 발상은 원칙적으로 틀릴 뿐 아니라 시도만으로도 나라를 혼란에 빠트릴 거라는 경고의 필요성을 느꼈다. 그런 발상이 당시 정부 내에서 힘이 실리고 있던 게 아니라면 켄트가 괜히 그럴 리 없었다. 한여름으로 들어서면서 워렌은 아직 직함은 없었지만 대통령 주위에서 자주 눈에 띄었다. 방학이 되면서 그는 워싱턴에 있는 상무부 건물 내의 사무실에 틀어박혀 전화도 안 받고, 누군가가 문을 두드려도 굳은 목소리로 "안 계십니다"라고 대답한 채 도표와 씨름하며 보냈다. 어떤 사람들은 그가 영적인 교감을 통해 백악관을 드나들고 있다고까지 수근거렸다. 어쨌든 그가 백악관에 드나드는 모습은 볼 수 없었다.

　5~6월, 달러 가치가 계속 빠지면서 농산품 가격이 크게 올랐다. 루스벨트는 몇몇 측근에게 큰 만족감을 나타냈다. 바로 자신이 채택한 새 이론이, 다는 아닐지라도 맞아떨어지고 있다는 구체적인 증거가 나타나고 있었던 것이다. 하지만 7월 중순이 되면서 국면은 실망스럽게도 반전되고 말았다. 런던 회의가 성과 없이 끝난 것 말고는 다른 어떤 뚜렷한 이유도 없이 갑자기 뉴욕의 주식시장이 1년 만에 가장 큰

폭으로 하락했다. 루스벨트 장(場)을 마감하는 그런 폭락이었다. 무엇보다 걱정스러운 것은 달러가 금에 대해 소폭 반등한 것은 그렇다치고, 상품가격이 갑자기 방향을 바꿔 폭락한 일이었다. 7월 18일에서 21일 사이, 밀값은 부셸 당 1.24불에서 90센트로 빠져 수년 만에 가장 큰 폭으로 떨어졌으며, 목화는 파운드 당 11.75센트에서 8센트로 빠졌다. 서부에서는 폭동이 일어날 듯이 불만이 고조되었다. 분명히 이 시점에서 루스벨트는 달러의 가치를 조작하려는 결심을 굳혔던 것 같다. 자유시장 기능에 맡겨서는 금에 대한 달러의 가치를 낮게 유지하지 못할 게 뻔했기 때문이다. 이젠 분명히 워렌의 이론에 나온 두번째 적극적인 조치를 취해야 할 때였다. 즉, 재무부를 통해 달러에 대한 매도공략(달러를 팔아 금을 매입하기)에 나설 때였다.

누구도 루스벨트의 계획에 대해 감을 잡지 못하고 있는 상태였다. 런던 회의의 자문역은 끝났지만 워버그는 통화전문가로서 대통령 자문 역할을 계속 하고 있었다. 사실 루스벨트의 경제팀 중 실질적으로 은행 경력을 갖고 있는 사람은 워버그뿐이었으며, 적어도 그는 꿈을 꾸고 있는 이론가들의 평형감각을 위해서라도 자신의 조언이 필요할 거라고 생각했다. 그는 런던 회의를 끝내고 뉴욕으로 돌아오는 배 위에서 워렌의 저서를 처음 읽었는데, 그 책은 루스벨트가 보낸 게 아니라 최근 1년 정도 워렌도 관여하고 있던, 광적으로 물가상승을 옹호하는 '국가 위원회'(Committee for the Nation)가 보낸 것이었다. 런던을 떠나기 전 케인즈는 워버그에게 워렌의 이론은 쓰레기 같은 이론이라고 말한 바 있었는데, 자신이 직접 책을 보고 나니 케인즈가 왜 그런 말을 했는지 알 것 같았다(물론 케인즈도 어느 정도는 물가상승을 지지하는 성향으로 알려져 있었다). 7월 말, 백악관 오찬에 참석한 워버그는 루스벨트가 대통령 집무실에서 워렌 및 제임스 로저스(James Rogers)와 담소하고 있는 걸 보고는 '아, 요즘 대통령이 이런 사람들에 둘러

싸여 있구나' 하는 사실을 새삼 느낄 수 있었다. 로저스는 예일대학의 교수로 워렌과 주장하는 이론이 비슷했다. 잠시 후 이들이 떠나고 둘만 남자, 워버그는 런던 회의에 날아든 대통령의 서한에 대해 따졌다. 루스벨트는 처음엔 화를 내다가 나중엔 아무렇지도 않은 듯 반응했다. 워버그는 그날 일기장에 이렇게 고뇌에 찬 글을 적었다. "대통령은 통화문제를 너무나 가볍게 생각하고 있다."

 그날 워버그와 헤어지는 자리에서 루스벨트는 다음 주 안으로 워렌과 로저스를 만나보고 8월 초 하이드 파크에 와서 자신에게 그 결과를 보고해 달라고 부탁했다. 다음날 저녁 워버그는 이를 갈며 두 교수를 만났다. 연방준비제도(통화가치의 보존과 물가안정을 위해 설립되었다)의 아버지라 불리는 폴 워버그의 아들이었던, 따라서 어떤 면에서는 연방준비제도가 마치 피를 나눈 형제처럼 느껴질 수도 있을 제임스 워버그에게 통화가치 하락을 통해 물가 상승을 꾀하려는 그런 궤변론자들과의 만남은 정말 지옥이었을 것이다. 다만 지옥의 악마들이 생각했던 것만큼 사악하진 않았다는 게 그나마 위안이라면 위안이랄까. 둘을 만나고 나서 워버그는 워렌과 로저스가 생각만큼 급진적인 인물들이 아님을 알게 되었다. 더구나 그가 보기에 워렌은 진실된 사람이었고, 좋은 의도를 가지고 뭔가 도움을 주려고 애쓰는 사람이었으며, 지나치게 독단적이거나 오만하지도 않았다. 열흘 뒤 워버그는 루스벨트에게 보고하기 위해 하이드 파크에 도착했는데, 워렌과 로저스도 거기에 와 있었다. 그들이 있음에도 불구하고, 워버그에게 그 자리는 매우 유쾌했다. 워렌은 루스벨트를 재미있게 해주려는 듯 휴지조각에 온갖 곡선과 도형을 그려가며 설명에 열을 올렸고, 로저스는 알 듯 모를 듯한 미소를 지으며 고개를 끄덕였다. 세 사람의 경제이론가는 서로 상충되는 의견을 주고받으며 토론했다. 토론이 끝나자 대통령은 워렌과 로저스에게 한 달 정도 유럽에 건너가 미국 통화정책에 관한 대륙의 견해를 알아보고 오라는 지시를 내렸고, 워버그에겐 준비중인 대통령 직속의 고위 통화대책반을 이끌어 달라고 부탁했다. 이것은 워렌과 로저스에 대한 귀양 조치였을까? 아니면 워버그를 눈가림하기 위한 속임수였을까? 하이드 파크를 나와서 워버그는 워렌과 기차역까지 같은 택시를 타고 가게 되었다. 어찌보면 이 두 사람은 미국 경제를 이끌어왔던 두 적대적인 세력, 즉 금융가 집단과 농민 집단의 축소판이라 할 수 있었다. 택시 안에서 워렌은 슬픈 듯이 말했다. "당신이 내 계획을 망쳤어요." 워버그가 답했다. "천만에요. 당신이 이긴 겁니다." 순진한 월가의 주식시장은 워싱턴의 실력자들이 월가의 운명을 놓고 옥신각신하는 것도 모르는 채 보합을 유지했다.

한편, 농산물 가격은 계속 하락했다. 그러다 9월 초가 되자, 루스벨트가 물가를 올리기 위해 뭔가 조치를 취할 거라는 소문이 끈질기게 퍼지면서 달러 가치가 큰 폭으로 빠져, 9월 18일에는 금에 대해 63.75센트라는 최저가를 기록했으며, 농산물 가격은 다시 올랐다. 그러나 아직 루스벨트를 만족시킬 정도는 아니었다. 9월 말, 워버그는 백악관으로 대통령을 찾아가 워렌의 이론을 버려 줄 것을 마지막으로 호소했으나, 루스벨트는 "밀과 면화 값을 올리지 않으면 농민들이 시위를 할지도 몰라"라고 대꾸하며, 오히려 그에게 어떻게 해야 농산물 가격을 올릴 수 있는지를 물었다. 워버그는 잠시 머뭇거렸다. 그가 보기엔 통화에 대한 과도한 불안감의 제거를 우선으로 하는 전반적인 경기회복만이 유일한 해결책인 것 같았다. 하지만 워버그의 애기에 루스벨트는 차가운 반응만 보일 뿐이었다. 참다 못한 워버그는 대통령에게 대형 은행이나 보험사 등을 동원해 더 이상의 물가상승을 반대하는 여론을 일으켜도 반대하지 않겠냐고, 다시 말하면 정부의 경제정책에 반대하는 대중여론을 선동해도 괜찮겠냐고 물었다. 루스벨트는 드러내놓고 화를 내진 않았지만, 그런 행동은 일을 더 복잡하게 만들 뿐임을 강조했다. 워버그는 백악관을 떠나며 이게 대통령과의 마지막 접견이라고 믿었다. 그는 아직 뉴딜 정책을 싸잡아 반대하고 있지는 않았지만, 어느새 1930년대의 상징이 될, 루스벨트를 증오하는 성깔 있는 월가 출신의 전형이 되어 그 선봉에 나서 있었다. 그날 워버그가 루스벨트의 사무실을 뛰쳐나온 것은, 마치 입센(Ibsen)의 소설 『인형의 집』에서 노라가 문을 박차고 나온 것과 같은 상징적인 의미가 있었다.

그 이후, 물가를 상승시키려는 루스벨트를 제지할 사람은 아무도 없었다. 8월 초, 하이드 파크 접견 이후 1주일쯤 지났을까, 루스벨트는 당시 농가부채문제 담당관이던 친구 모겐타우에게 이제 금값을 상승시키기 위해 재무부를 통해 시장에서 금을 사들였으면 좋겠다고 말했다. 모겐타우가 "그게 누구 생각이냐"고 묻자, 루스벨트는 덤덤한 목소리로 "내 생각이야"라고 짧게 대답했는데, 경제학적으로 논란이 많은 워렌 이론에 대해 혼자만 집착하고 있었기 때문인지, 그 대답은 사기가 저하되어 자기방어적이 되어버린 그의 심정을 잘 표현해 주는 듯했다. 둘 다 그게 누구의 생각인지 너무나 잘 알고 있었으니까. 이제 루스벨트는 거침없이 밀어붙였다. 법적인 장애도 만만치는 않았으나 법률상의 제약은 재무부 대신에 재건금융회사(Reconstruction Finance Corporation, 약칭 RFC—옮긴이)를 통해 금을 사들이면 얼마든지 피할 수 있을 것이었다. 10월, 달러값이 다시 72센트까지 오르자 일은 다급해졌다. 재무장관 대리 역할을 하던 딘 애치슨(Dean Acheson)의 강한 반대에도 불구하고 루스벨트는 10월 19일, 측근들에게 RFC를 통한 금 매입이 임박했음을 알렸다(애치슨은 화가 나서 한 달도 안 되어 사임했다). 그리고 사흘 뒤, 루스벨트는 라디오로 방송된 담화를 통해 워렌 교수의 이론을 간단히 설명하고는(워렌의 이름을 언급하지는 않았다), 달러값을 떨어뜨리고 상품가치를 끌어올리기 위해 RFC가 금을 사들일 것이며, 그 가격은 상황에 따라 조정될 것이고, 필요하다면 뉴욕 연준을 통해 국제시장에서도 금을 매입할 것임을 시사했다. 그는 또 마지막으로 "이는 일시적인 미봉책이 아니라 확고한 정책입니다"라고 덧붙여 국제은행가들이나 통화안정론자들에게 완전히 쐐기를 박았다. 그리하여 케인즈가 '술에 취한 금본위제'라고 표현하던 그런 시기에, 또 「뉴욕 타임즈」역시 비현실적인 감각이 난무한다고 평하던 그런 시기에, 미국은 워렌이란 교수가 내놓은 이론의 실험장이 되어버렸다. 5년 뒤, 「뉴욕 타임즈」는 그 시기에 대해 이런 후기를 덧붙였다. "역사상 이런 과감한 경제실험을 해본 경우는 일찍이 없었을 것이다."

V

루스벨트의 담화가 발표되자 높은 물가를 옹호하는 토마스 상원의원은 기쁨을 감추지 못한 반면, 시카고의 친구 집에서 이 발표를 듣게 된 워버그는 한방 맞은 기분을 느꼈다. 일반 대중들과 언론은 우왕좌왕 어쩔 줄 모르며 혼란에 빠졌다. 월가도 화가 났다기보다는 헷갈리고 있다는 표현이 적절했다. 「타임」지에 의하면, 주요 은행가들도 그 발표가 확실하게 무엇을 의미하는지에 대해 잘 이해하지 못하는 것 같다고 보도했다. 은행가들이 모르겠다는데, 누가 알 수 있겠는가? 은행가 가운데 한 사람은 이렇게 말했다. "대통령의 말씀 중에서 금융원칙에 위배되는 건 없는 것 같던데요?" 이는 발표된 계획만큼이나 비논리적인 답변이었다. 한 가지 분명한 것은 이 계획이 월가가 가장 신성하게 여기는 안정적인 통화가치를 직방으로 공격하려 한다는 사실이었다. 그런데도 모건가(家)는 입을 다물었으며, 뉴욕 금융시장의 대변인 역할을 하던 유명한 토마스 라몬트도, 리차드 위트니도, 그리고 오토 칸도 아무런 말이 없었다. 사실 루스벨트의 계획은 헷갈릴 게 하나도 없는 단순한 것이었음을 볼 때, 이런 반응은 이례적인 것이었다. 물론 조심해야만 했다. 월가와 뉴딜 정책이 이미 주식시장의 연방규제안을 놓고 정면 충돌을 향해 가고 있던 차에, 또 다른 문제를 야기하는 건 현명한 처사가 아닐 테니까. 워싱턴도 뭔가를 깨닫게 되었다. 까다롭기로 유명한 거물들이 건재하다지만, 이제 불황에 찌들어버린 월가도 한방 먹여보니 꼼짝 못하고 당하더라는 것을.

10월 25일, 그 역사적인 실험이 시작되었다. 그날 이후 아침마다 모젠타우, RFC의 사장 제시 존즈(Jesse Jones), 그리고 때로는 워렌까지, 이들은 대통령의 침실에서 만나 대통령이 아침식사 하는 동안 그날 금의 매입가격을 결정했다. 일단은 국내시장에서만 매입하고 국제시장까지 손을 뻗치진 않았는데, 이는 국내 매입가에 따라 국제 금시세가 형성될 거라는 기대 때문이었다. 루스벨트 침실에 모인 이들은 그 전날 시장가격에서 몇 센트 정도 높이는 식으로 간단히 값을 정하곤 했으며, 그 정해진 값을 RFC에서 발표했다.

첫날 아침, 매입가는 온스 당 31.36불로 그 전날 국제 금시세보다 27센트가 높았다. 금본위제하에서 통상적인 가격은 20.67불이었는데, 이렇게 가격 차이가 심하게 나는 것은 4월 이후 계속된 달러 가치의 하락 때문이었다. 첫째날은 워렌의 이론에 충실하게도 상품가격이 올랐다. 하지만 둘째날, 금값은 18센트가 더 올랐으나, 상품가격은 오히려 떨어지고 말았다. 아니 이게 뭐야? 시험관에 나타난 반응이 영 불안하네? 아니야, 잠시 착오가 생긴 걸 거야. 정부 관리들은 낙담하지 않았다. 다음날, 금값이 다시 22센트가 오르면서 상품가격도 따라 올랐는데, 또 다른 불안한 현상이 나타나기 시작했다. 다름 아니라 국제시장에서는 RFC의 매입가격과는 전혀 무관하게 금값이 정해졌던 것이다. 그건 RFC의 매입가가 그다지 중요한 게 아닐 뿐 아니라 시장에 영향력도 별로 없다는 걸 만천하에 드러내는 것이었다. 이제 시장에는 워렌의 달러값과 외환시장의 달러값이라는 두 가지 달러값이 존재하게 되었고, RFC는 국내시장에서뿐만 아니라 국제시장에서도 직접 금을 사야 할 판이었다. 그러나 그렇게 되면 영국과 프랑스에 경제적 선전포고를 하는 결과가 될 것이었다. 그 다음날 토요일, 금값은 다시 6센트가 올랐지만, 상품가치는 다시 빠졌다. 워렌 교수가 어디서 무얼 하고 있는지는 알려지지 않았지만, 아마 어디에선가 뒤통수를 긁고 있었을 것이다.

한편, 월가에서는 아직도 혼란이 계속되는 가운데 전반적으로 상황은 좋지 않았다. 기업들이 최근 발표한 영업실적은 매우 나빴지만 무엇보다도 달러가 안정될 전망이 전혀 보이지 않았기 때문에 주식시장은 약간 회복세를 띠었다. 월가에서는 매일 금값이 얼마나 오를까 추측하려고 애썼는데, 사실 금 매입가가 어떻게 정해지는지를 알게 된다 해도 웃거나 화를 낼 형편이 아니었다. 훗날 모겐타우의 일기를 통해 알려진 사실이지만, 하루는 그가 아침 회의에서 19센트에서 22센트 사이로 그날의 인상폭을 제안했더니, 루스벨트가 21센트로 하자며, 유쾌한 목소리로 "그거 행운의 숫자 아냐? 3 곱하기 7이잖아"라고 그 이유를 설명했다고 한다. 금값 책정은 대통령의 숫자놀이일 뿐이었다.

하지만 워렌과 따로 만난 자리에선 루스벨트도 그렇게 자신 있는 모습은 아니었던 것 같다. 그는 워렌에게 왜 이론대로 되어가질 않냐고 물었다. 워렌은 성과를 거두기 위해서는 국제시장에서도 금을 매입해야 한다고 완강하게 나왔다. 10월 29일, 국내에서 금 매입이 시작된 지 5일 만에 루스벨트는 보완 조치를 발표, 재무부의 외환 창구인 뉴욕 연준을 통해 런던과 파리에서 매일 RFC가 금을 매입할 계획임을 발표했다. 이는 시험관에다 훨씬 더 변화무쌍한 약품을, 그것도 폭발의 위험이 있을지도 모를 약품을 넣는 거나 마찬가지였다. 영국과 프랑스에서 즉각 항의가 들어왔다. 조치가 시행되면 파운드와 프랑의 비교우위가 떨어져 경쟁력이 약화될 게 뻔했기 때문이었다. 영국의 전 재무장관 로버트 혼(Robert Horne)이 뉴욕으로 급파됐다. "그렇게 막 나간다면, 우리도 무역 보호를 위해 뭔가를 할 겁니다. 그렇다고 보복성 조치를 취하지는 않을 겁니다. 그런 건 생각할 필요도 없어요. 하지만 우리도 무역을 보호해야만 합니다." 꾀 많은 전 재무장관은 영국도 자구책을 강구하여 파운드에 대한 매도공략(영국상품의 국제경쟁력을 유지하기 위해 평가절하를 목적으로 파운드화를 매도하는 작전―옮긴이)에 나설 것임을 돌려서 말하고 있었다. 망치로 머리를 때리는 짓이야 둘이서도 할 수 있는 거니까.

그리하여 중간에 선 조지 해리슨의 고뇌가 시작되었다. 성실한 관료로서 그는 이런 무모한 정책을 시행해야 할 처지에 있었으나, 그와 동시에 성난 유럽의 은행가들에게 미국의 입장을 이해시키는 역할도 해야만 했다. 그런가 하면 주변에 있는 월가 사람들의 항의도 달래야 했고, 또한 모든 수단을 강구하여 대통령으로 하여금 조치를 조속히 철회하게끔도 해야만 했다. 이 가운데 그는 세번째 역할에 가장 마음이 끌렸다. 건전하고 전통적인 은행가답게 그 자신도 개인적으로는 루스벨트의 정책을 싫어했던 것이다. 더구나 워버그도 사라진 지금, 루스벨트 주위에서 통화 안정론자라곤 해리슨 자신뿐이었다.

11월 2일, 국제시장에서 금을 매입하기 위한 첫 주문이 나갔다. 최대의 효과를 보기 위해, 또 투기꾼들이 재미 보는 걸 막기 위해 가격과 수량은 비밀에 붙여졌다. 계획대로 외환시장에서 달러는 약세를 보였다. 리버티 가의 해리슨은 영국과 프랑스가 보복조치를 취하지 않도록 국제통화를 하느라 정신이 없었다. 프랑스 중앙은행의 로베르 라꾸르-가에(Robert Lacour-Gayet)는 전화에 대고 해리슨에게 도대체 워싱턴이 뭘 하려는 건지 이해가 안 간다고 분통을 터뜨렸으며, 기자들에게 사태를 설명하는 자리에서도 자초지종을 몰라 난감했었다고 언성을 높였다. 해리슨은 다만 금의 매입이 질서정연하게 이루어질 예정이라는 말밖엔 할 수 없었다. 11월 내내, 미국 정부는 국내 및 국제시장에서 점차 높은 가격으로 금의 매입을 계속했다. 국제시장에서의 매입이 시작된 지 1주일 뒤, 금화로 표시된 달러의 가치는 63.4센트로 하락, 남북전쟁 이래 최저치를 기록했다. 런던과 파리는 신경질적이었으며, 그 불안감을 반영하듯 국제무역은 사실상 마비되었고, 유럽과 미국의 주식시장은 혼란 속에서 방향을 잡지 못하고 있었다. 「타임」지의 알렉산더 노이즈(Alexander Noyes)는 "미국이 국제시장에 뛰어들어 누가 봐도 불필요한 개입을 한 결과, 미국 및 외국의 은행가들이 좌절감을 맛보고 있다"라며 염려하는 어조의 글을 실었다. 한편, 농산물 가격도 별로 올라가질 않아, 아이오와 주에서는 성난 농민들이 기차가 다니는 다리를 불태우고, 지나가는 기차에 총격을 가하는 일까지 벌어졌다. 워렌 교수는 아무리 전화를 해봐도 연결이 되지 않았다.

11월 9일, 사태는 급진전됐다. 국제 환투기꾼들이 미국 정부를 따라 달러를 매도하기 시작, 달러 값이 62센트 이하로 폭락했던 것이다. 국내의 곡물가는 상당폭 올랐지만, 파운드가 종전 기록을 깨고 5불 이상 절상되자 영국의 상업은행 및 종합금융은행들은 미국의 상대은행에게 전보를 치거나 전화를 걸어 이제 어떻게 되는 거며, 얼마나 더 이런 식으로 계속할 건지에 대해 납득할 만한 설명을 해달라고 아우성쳤다. 하지만 미국 은행들도 모르기는 마찬가지였다. 주말이 되자, 정부가 국제시장에 개입했음에도 불구하고 워렌의 이론이 들어맞지 않는다는 게 분명해졌다. 금의 매입이 시작된 이래, 달러의 가치는 7퍼센트씩이나 하락했지만 국내의 밀 가격은 2퍼센트도 채 오르지 않았으며, 면화 가격도 1.55퍼센트밖에 오르지 않았던 것이다.

그래도 루스벨트는 절망하지 않았다. 그는 특히 바다 건너에서 들려오는 신음소리엔 무감각했다. 모겐타우가 영란은행의 총재 노먼이 격노하고 있다는 얘기를 전했을 때도 장난스럽게 웃음을 터뜨렸다고 한다. 11월 12일 일요일, 루스벨트는 통화정책 회의를 소집, 모겐타우, 해리슨, 워렌 등을 백악관으로 불렀다. 루스벨트가 이젠 농촌이 반란을 일으킬 것 같지는 않다면서 그간의 금 매입 결과에 만족을 표시하자, 해리슨이 나서서 더 이상 달러를 절하시키면 미국의 신용이 마비될 우려가 있으니, 달러 매도를 자제하는 게 좋겠다고 말했다. 그러자 루스벨트는 그 문제는 양면이 있는 거라고 하면서 달러가 너무 약해졌다는 판단이 들면, 언제고 국제시장에 금을 내다팔겠다고 했다. 이 말에 고무된 해리슨은 금의 매각은 빠르면 빠를수록 좋겠다고 다시 한번 힘주어 강조했다. 회의는 구체적인 결정 없이 끝났다. 그 다음 주, 영란은행과 프랑스 중앙은행의 계속되는 항의를 받아넘기느라 바쁜 와중에도 해리슨은 루스벨트와 거의 매시간마다 접촉하며 사태를 협의했다. 물론 성과는 없었다. 그의 제안은 거의 받아들여지지 않았으니까. 하지만 해리슨의 역할은 뉴딜에 관한 한 월가의 은행가로서는 매우 이례적이고도 유일한 것이었다.

다음 날, 리버티 가에 돌아온 해리슨은 루스벨트로부터 외환시장은 지금 어떻게 돌아가고 있냐는 전화를 받았다. 해리슨은 이제야 대통령이 외환시장에 관심을 갖는 학생이 된 것을 보고 기쁨을 감추지 못하며, 이 기회에 금을 매각해야 한다는 자신의 생각을 다시 한번 피력했다. 루스벨트는 대답을 회피하면서 당분간 매일 상황을 보고해 달라고만 부탁했다. 그날 오후 일찌감치 해리슨은 다시 백악관으로 전화를 했다. 달러가 파운드 및 프랑에 대해 크게 하락했으니 이제 금을 파는 게 좋겠다고, 유럽의 거래시간이 이미 끝났으니 내일 아침이라도 당장 파는 게 어떻겠냐고. 루스벨트는 놀랍게도 좋은 생각인 것 같다며, 한 20만불 정도면 어떻겠냐고 제안했다. 해리슨은 그 정도론 어림없으며, 파리 및 런던에서 각각 50만불씩은 팔아야 한다고 말했다. 루스벨트가 이에 동의, 해리슨은 기분좋게 통화를 마쳤다. 이제야 대통령이 조금이나마 통화문제에 제 정신이 돌아온 듯했던 것이다.

하지만 그날 오후 4시 20분, 제시 존즈가 전화를 걸어 대통령 말씀이라면서, 해외시장에서 금을 매도하는 게 적법한지 법률적 검토를 해야 하므로 내일은 금을 사지도 팔지도 말라고 통보해 왔다. 해리슨은 그날 일기에 '놀랐다'고만 적었다. 굳이 따지자면, 3시간 전 대통령 자신이 직접 내린 구두 지시의 취소라면 대통령 자신이 전화를 걸어야 맞았으며, 법적인 문제 역시 해외시장에서의 금 매입이 시작되기 이전에 이미 해결된 일이었고, 오히려 처음부터 법률적인 문제로 매입이 불가능하게 되기를 가장 바랐던 건 해리슨 자신이 아니던가? 7시 15분, 해리슨은 루스벨트에게 전화를 걸었으나, 백악관 교환원은 연방은행 교환원에게 제시 존즈씨가 먼저 대통령과의 대화를 요청했으며, 지금 두 분이 통화중이므로 조금 기다려야 할 거라고 설명해 주었다. 몇 분 후에야 루스벨트와 연결이 된 해리슨은 평상시와 다름 없는, 분노를 가라앉게 하는 차분한 답변을 듣게 되었다. 루스벨트의 말인즉, 지금 존즈가 해외시장에서의 금 매각과 관련된 법률 문제로 흥분해 있다는 것이었다. 해리슨은 이에 대해 그런 거래는 이미 지난 2주 동안 아무런 법률적 반대 없이 계속되어 왔으며, 금을 살 때와 마찬가지로 팔 때도 똑같은 법적 근거가 적용된다는 사실을 분명하게 지적했다. 루스벨트는 이에 대해 다시 연락하겠다고 했으나, 몇 분 후에 다시 전화를 걸어 온 사람은 루스벨트가 아니라 존즈였다. 그는 대통령이 자신에게 금 매각에 대해 내린 조치를 일시적으로 다시 번복한다는 말을 전해 달라고 했다면서, 자신은 해리슨 당신이 왜 그렇게 금을 팔고 싶어하는지 이해할 수 없다고 쓸데없는 사족까지 덧붙였다.

이스트 엔드(East End) 가의 아파트에서 뒤척이며 밤을 지샌 해리슨은 다음날 아침, 상황이 혹시 바뀌지 않았나 해서 백악관에 전화를 걸었으나, 쉽게 연결되지 않았다. 전화를 걸 때마다 이 사람 저 사람으로 빙빙 돌려지다가 정오가 돼서야 간신히 모겐타우와 연결이 되었는데, 그는 루스벨트가 지금 옷을 갈아 입고 있어서 통화가 힘들다고만 말했다. 한편 외환시장엔 또 한번 공포의 바람이 불고 있었다. 달러가 60센트 아래로 미끌어지면서 심각한 붕괴 국면을 맞고 있었던 것이다. 노먼과 라꾸르-가에가 다시 대서양 건너로 전화를 걸어왔다. 막 모겐타우와 통화를 마친 해리슨은 재빨리 태도를 바꿔 차례로 두 사람에게 미국 농업지대의 상황이 아직 심각하며, 루스벨트의 물가상승 작전도 이제 끝나가는 기미가 보인다는 암시를 해줌으로써 그들을 달랬다. 해리슨이 말한 끝나가는 기미란 다름이 아니라 백악관에서 느껴지는 가중되는 혼선과 우유부단함이었다. 정오가 좀 지났을 때 존즈는 해리슨에게 전화하여 법률문제는 금을 매입할 때처럼 비껴가기로 했으며, 따라서 파리 및 런던 시장에서 백만불어치의 금을 매도하라고 알려주었다. 물론 유럽시장은 문을 닫은 뒤였지만. 그날 오후, 마침내 루스벨트와 연결이 된 해리슨은 대통령이 월가의 중개인들은 지금까지의 금 매입 조치에 대해 어떻게 느끼고 있냐고 묻는 걸 듣고는 기운이 솟아남을 느꼈다. 이제 노먼과 라꾸르-가에게도 할 말이 생겼던 것이다.

하지만 해리슨의 승리는 어정쩡했다. 다음날인 11월 16일, 예정대로 금의 매도가 단행되었고, 달러값은 고분고분 올랐다. 하지만 그 다음날, 유럽시장에서 금을 적어도 백만불은 더 팔아야 한다는 해리슨의 요청은 묵살되었다. 게다가 11월 18일엔 금의 매입이 재개되기까지 했다. 하지만 루스벨트의 태도는 눈에 띄게 달라지고 있었다. 조심스러우면서도 일관되게 반대를 해온 해리슨 때문이기도 했겠지만,

금 매입을 통해 외환시장을 혼란에 빠뜨렸다는 걸 깨달은 때문이기도 했다. 그러나 결정적인 건 미국 내의 기업가들이 마침내 대규모로 조직적인 항의를 하기 시작했기 때문이다. 하여간 루스벨트는 이제 시각을 조금 달리하고 있었다. 그가 여러 개의 공을 떨어뜨리지 않고 빙빙 돌리는 묘기를 하고 있었다면, 그동안 너무 국내 농민들의 곤경이라는 공 하나에만 집중한 탓에 유럽과의 경제협력관계나 국내기업가들과의 관계라는 다른 공들을 놓치고 있다는 걸 루스벨트 자신이 깨달았던 것이다. 11월 21일, 루스벨트는 모겐타우와 함께 웜 스프링즈(Warm Springs)로 휴가를 떠났다. 이제 루스벨트가 떠나고 나니 해리슨은 더욱 유리한 입장이 되었다. 그도 그럴 것이 백악관을 떠난 상태에서 루스벨트는 해리슨에게 의존할 수밖에 없었기 때문이었다. 먼 거리를 두고 서로 상충하는 기질과 이해관계를 가진 두 사람 사이에 교분이 두터워지고 있었다.

 11월 21일, 해리슨은 프랑화의 무역 경쟁력이 너무 치명타를 입어 프랑스도 금본위제를 포기할 지경에 이르렀으며, 이런 상태에서는 금에 연동된 주요 강대국 통화가 하나도 안 남게 되어 세계의 통화 전망이 극히 불투명해질 거라는 염려를 근거로 모겐타우를 설득, 루스벨트에게 며칠 간은 해외에서 금을 매입하지 않도록 해줄 것을 요구했다. 이 탄원이 받아들여져, 다행히도 그날 RFC에서는 금 매입 요구가 없었다. 다음날 아침 일찍, 루스벨트는 집에서 자고 있는 해리슨을 전화로 깨워 모겐타우에게 들었다면서 프랑화의 불투명한 전망에 비추어 볼 때 그의 조언을 따르기를 잘한 것 같다는 말을 했다. 정말이지 루스벨트가 달라지고 있었다. 그날 오후, 해리슨이 상황보고를 하기 위해 웜 스프링즈로 전화를 해보니 루스벨트는 꽤 깊은 상념에 빠진 듯 했으며, 두 사람은 워렌의 이론에 대해 많은 얘기를 나누었다.

 해리슨이 달러값은 하락했지만 국내의 밀과 면화 값은 11월 초나 지금이나 별 변화가 없다는 걸 지적하자, 루스벨트는 고무와 주석값은 많이 오르지 않았냐고 되물었다. 해리슨은 고무와 주석은 대체로 수입품이며 금의 가치로 고정된 국제가격이 있는 관계로 금값이 올라가면 자동적으로 값이 올라가게 되어 있다고 설명해 주었다. 이 논리에 감탄한 게 분명했던 루스벨트는 그 주일 남은 사흘 동안은 더 이상 금을 매입하지 않겠다고 동의했다.

둘 사이의 그런 대화는 이후로도 계속되었다. 한번은 루스벨트가 혼란스러운 듯 이렇게 말한 적도 있다. "가격이라는 것이 어떨 때는 규칙에 맞지 않게 제멋대로 움직이는 걸 보면 참 우습단 말야." 두 사람 간의 장거리 통화는 경제학 토론회가 되어가고 있었다. 그건 다시 말하면 해리슨이 선생님으로서 학생인 루스벨트를 주도하기 시작했다는 것을 의미했다. 23일, 달러값이 오르고 밀값이 부셸 당 3센트 빠졌지만, 루스벨트는 그 주일엔 더 이상 금을 매입하지 않겠다는 약속을 지켰다. 그러고는 다시 설전이 벌어졌다. 루스벨트는 도표상의 수치를 들어가면서 계획했던 대로 상품가격이 오르고 있다고 했지만, 해리슨은 전날 말했던 대로 대부분이 수입품인 상품들의 가격이 올라가는 건 별 의미가 없다는 점을 다시 한번 강조했다. 그날 해리슨은 사무실 일기장에 이제 루스벨트가 안정화의 원칙이 뭔지를 깨닫는 것 같다며 이렇게 적어 놓았다. "전반적으로 매우 흡족한 대화였다." 그의 학생이 드디어 경제학의 기본개념을 파악한 모양이었다.

VI

전화토론회가 계속되는 동안에도 항의는 전국적으로 거세어지고 있었다. 11월 18일, 미국 상공인연합회는 빠른 시일 내에 금본위제로 복귀할 것을 강력히 요구했으며, 20일에는 루스벨트의 오랜 지지자인

버나드 바루크(Bernard Baruch)가 신문 기고를 통해 "금 매입의 결과로 발생하는 물가상승은 뉴딜 정책의 다른 업적들을 모두 무산시킬지도 모른다"고 경고했다. 21일, 올리버 스프라그는 재무부 자리를 사임한 뒤 자유로운 입장에서 금 매입 조치를 맹렬히 비난하고 나섰다. 같은 날, 유력한 상업무역 잡지가 그때까지 거의 대중들로부터 가려져 있던 워렌의 이름을 거명하면서 그를 미국 금융가의 독재자라고 비난했다. 23일, 두퐁(Du Pont), GM, 메이시(Macy) 등의 대기업 사장들이 항의 대열에 합류했다. 월가는 아직 말을 아끼고는 있었지만, 막후에서 조직적으로 반대파를 끌어모음으로써 불과 8개월 전에 그렇게 따뜻하게 환영했던 뉴딜 정책에 대한 태도가 바뀌었음을 여실히 보여주었다. 뉴욕의 은행이나 증권회사들은 모두 국가재건회(National Recovery Administration : 약칭 NRA. 1933년, 루스벨트가 의회를 통해 입법한 국가산업복구법National Industrial Recovery Act에 의해 설립된 조직으로, 생산을 촉진시키고 노동자와 소비자를 보호하기 위한 관련 법규들의 집행을 감독했다—옮긴이) 관련법을 찬동했지만, 11월 24일에 월가를 순회한 신문기자는 이에 대한 월가의 지지가 뜨뜻미지근했다고 전했다. 배후에서 항의를 조직하는 사람 중엔 이제 반쯤 월가에 복귀한 변절자 지미 워버그도 있었다. 지난 9월 루스벨트와 결별한 뒤, 그는 뒤에서 은밀하게 전국적인 규모의 물가상승 반대운동을 준비해오고 있었다. 11월 22일, 필라델피아에서 열린 미국 정치사회과학협회에서 워버그는 드디어 전면에 나섰다. 그는 자신이 존경하던 대통령에 대한 개인적인 비판은 피한 채, 워렌의 이론 및 그 이론을 실행에 옮긴 국회와 정부의 인물들을 혹평했다. 그리하여 월가는 얄궂게도 바로 얼마 전까지 뉴딜을 추진하던 사람을 대변인으로 두게 되었다.

이제 금 매입에 반대하는 조직이 거의 매 시간마다 하나씩 새로 생겨나는 듯했다. 특히 27일 저녁, 뉴욕 카네기 홀에서 열린 미국 노동연합회 공동 주최의 대규모 통화 대회는 그 세력의 절정을 과시했다. 같은 날 저녁, 카네기 홀에서 남쪽으로 13블럭 떨어져 있는 대형 경기장에서는 모겐타우, 토마스 상원의원, 그리고 찰스 쿨린(Charles Coughlin) 목사 등을 필두로 1만 5천 명이나 모인 보다 큰 규모의 집회가 열려 금 매입조치를 옹호했다. 하지만 루스벨트에게 운이 없었는지, 그 집회는 대실패로 끝나고 말았다. 선동가였던 쿨린은 은행가들이 떠들어대는 선전문구에 대해 심한 폭언을 퍼부으며, 물가 상승에 대한 우려를 사람들을 겁먹게 하려는 속임수로 폄하하는 등 과격한 발언을 서슴지 않았다. 물론 몇 개월 지나지 않아 그가 이끌던 조직 '작은 꽃의 라디오 연합'이 금을 팔고 은을 매입하는 식으로 이득을 취하려 했다는 사실이 밝혀지면서 그의 속셈이 드러나긴 했지만, 훗날 워버그의 결론에 의하면 그날 경기장에서 그가 보여준 형편 없는 모습 때문에 여론이 루스벨트의 정책에서 결정적으로 등을 돌리게 되었다고 한다. 루스벨트는 마지막 항거라도 하듯 금값을 11월 28일에 9센트, 그리고 29일에 다시 8센트 올리고 난 뒤, 거의 손을 들고 말았다. 그 후 12월 5일에 발표된 금주령 철폐는 사람들의 뇌리와 신문 앞면 기사에서 통화 문제를 밀쳐내고 말았다. 12월 9일, 루스벨트는 해리슨에게 이렇게 털어놓았다. "이젠 여러 분야에서 좀 안정이 되었으면 하고 바라네." 해리슨은 자신의 귀를 의심했다. 그 말은 곧 루스벨트의 실험이 끝났음을 의미했기 때문이다. 정말 그랬다. 12월의 남은 기간 중, 금값은 단 한번 올랐을 뿐이니까. 그것도 아주 조금.

    1934년 1월 중순, 루스벨트는 연두교서를 통해 현재의 시장 금 가격에 맞춰 달러를 안정시키겠다는 정책 발표를 함으로써 공식적으로 워렌의 이론을 폐기했다. 그 달 말일 의회에서 관계 법령이 통과되면서 미국은 과거 기준치의 59.06퍼센트에 달러를 고정시키는 수정 금본위제로 복귀하게 되었다. 이 묘한 숫자는 온스당 35불로 공식 금값을 맞추려다보니 나온 숫자였다. 이제 대통령의 아침식사 시간중에 아무렇게나 정해지던 금값은 고정되게 되었고, 아마도 항상 그 가격에 고정될 것이었다. 물론 그러한 상태가 얼마나 계속될지는 아무도 알 수 없지만(1944년 미국 브레튼 우즈Bretton Woods에서 열린 선진국 국제회의는 국제통화기금IMF을 설립함과 동시에 온스 당 35불로 달러의 금태환을 보장하였다. 이 브레튼 우즈 체제는 이 책이 처음 나온 1960년대 후반까지도 계속되다가 만성적인 국제수지 적자로 금태환이 힘들어진 미국이 1971년 이를 포기하면서 변동환율제로 전환하기까지 국제 금융시장의 기조가 되었다―옮긴이).

VII

역사상 가장 과감했던 경제 실험은 끝났다. 그리고 사람들이 다시 음주를 할 수 있게 된 그 시점에, 갈팡질팡하던 금본위제도 술에서 깨어났다. 주식시장은 실험 전에 비해 40퍼센트 가량 하락한 상태였지만 그래도 자기 자리를 찾아갔으며, 금본위제로 복귀하자 큰 폭으로 올랐다. 워렌 교수는 슬그머니 코넬대학으로 복귀, 4천 마리나 되는 자기 병아리들을 돌보면서 학생들을 가르쳤다. 그 해 10월, 워렌은 워싱턴으로 가서 대통령과 점심을 했는데, 그로 인해 다시 달러에 대한 평가절하 소문이 돌기도 했다. 정부와의 비공식적 연계가 재개되는 거냐는 기자들의 질문에 워렌은 이렇게 대답했다. "상무부 건물 안에 내가 일하던 곳이 아직 그대로인 걸로 알고 있습니다." 이 소식 때문에 국제 외환시장에서 달러가 폭락했지만, 결국 달러의 평가절하도 워렌의 복귀도 이루어지지 않았다. 그후 남은 3년 반의 여생 동안 워렌의 소식은 좀처럼 듣기 힘들었다. 워렌은 무용지물이 된 자신의 이론이 학자들의 조롱 속에서 난도질되는 고통을 참아내며 비교적 조용히 여생을 마쳤다. 이타카 출신의 농투성이 농부학자는 비록 금융가의 독재자로서는 성공하지 못했지만, 역사적으로 볼 땐 베일에 가려진 채 한 시대를 풍미한 그런 독특한 인물이었다.

월가는 승리했지만 그 대가를 치렀다. 뉴딜과 맺은 신혼관계는 신부가 나서서 신랑이 아끼는 이론이 틀렸음을 증명해 보이려는 배신으로 인해 깨지고 말았다. 따지고 보면 사실 양쪽 다 패자인 셈이었다. 뉴딜은 처음엔 월가의 복종과 기대 속에서 출발했지만, 결국 워싱턴의 무모한 미치광이들에 대한 의심이 맞았음을 깨닫고는 1년 만에 자세를 180도 돌려 반대파 대열에 선 월가를 상대해야만 했다. 월가 역시 똑같이 적대감을 가진 뉴딜을 상대해야 하기는 마찬가지였다.

루스벨트가 취임 첫 해에 달러를 가지고 했던 무모한 실험을 어떻게 평가해야 할까? 분명한 것은 루스벨트가 모든 사안에 대해 너무 피상적으로만 이해하고 있었으며, 창피할 정도로 준비 없이 즉흥적으로 일을 처리했다는 것이다. 그는 그 방면의 전문가이고 권위자인 통화론자들의 충고를 무시한 채, 사실상 돌팔이 의사에게 진료를 내맡겼던 것이다. 하지만 어쨌든간에 농민들은 기아에 빠지지도 그렇다고 혁명을 일으키지도 않았으며, 믿기지 않겠지만 그 혼란의 와중에서 이후 수십 년 이상 유지될 안정적인 달러의 기초가 배양된 것도 사실이었다. 불합리하긴 했어도 워렌의 해법 역시 영구적인 해를 끼쳤던 것은 아니며, 적어도 희망을 갖게 하는 어떤 행동지침의 역할은 했다. 그러나 본질적으로 현명하긴 해도 겁에 질린 월가 사람들은 그 어떤 해결책도 제시하지 못했다.

어쩌다 운이 좋아서 그랬든 그의 천재성 덕이든 간에, 루스벨트는 나라를 구했다. 과연 월가도 그렇게 할 수 있었을까?

워싱턴에서의 시련

I

대부분의 사람들이 JP 모건의 무릎 위에 앉아 있는 난쟁이 아가씨의 사진은 기억하면서도, 그 이야기가 어떻게 끝났는지를 기억하거나 아는 사람은 거의 없다. 그 이야기는 정말이지 슬프게 끝나버리고 만다. 따라서 그 얘기를 먼저 해야겠다.

그 일은 1933년 6월 1일 아침, JP 모건이 파트너들과 변호사 및 비서들에 둘러싸인 채, 가죽의자에 앉아 상원의 '은행 및 통화위원회'에 나가 증언할 차례를 기다리던 상원의 코커스(Caucus) 룸에서 일어났다. 기자들을 위시해서 구름같이 몰려든 사람들 틈에서 '링링 브러더즈, 바넘 베일리 서커스' 소속의 한 홍보담당 직원이 서커스단의 일원인 난쟁이 한 사람을 반짝 들어다가 모건의 무릎에 앉혔다. 그 순간 사진기자들이 벌떼처럼 몰려들었고, 그들은 의자에 올라서거나 다른 사람들을 밀치면서 사진을 찍어댔다.

당시 모건은 위엄 있는 풍모의 60대 중반이었고, 리아 그라프(Lya Graf)란 이름의 난쟁이 아가씨는 키는 69cm밖에 안 됐지만, 통통하고 균형잡힌 몸에 가무잡잡한 피부와 빛나는 까만 눈동자를 가진 순박미가 넘쳐 흐르는 여자로서, 주름진 푸른 공단 드레스를 입고 그물무늬로 짜여진 빨간 밀짚모자를 쓰고 있었다. 모건의 수행원들은 얼어붙은 듯 바짝 긴장했다. 하지만 정작 모건 자신은 아무렇지도 않은 듯했다. 지난 1주일 간 위원회에서 적의에 찬 심문에 시달려 지쳐 있던 모건은 순간 당황했지만 이내 상냥한 표정을 짓고, 짙은 검은 눈썹과 단정하게 다듬은 하얀 콧수염 아래로 따스한 미소도 짓더니만, "난 아가씨보다 큰 손자가 있어요" 하고 다정하게 말을 건넸다. "하지만 제가 더 나이가 많을걸요?" "올해 나이가?" 이때 홍보담당 직원이 나서서 32세라고 하자, 그라프 양이 바로 "아니예요. 전 이제 겨우 스무살이에요"라고 고쳐주었다. 그러자 모건이 말했다. "그래요? 그 정도로는 안 보이는데."

사진기자들은 한 번만 더 찍겠다고 아우성을 쳤으며, 홍보담당 직원이 그녀에게 모자를 벗으라고 했지만, 모건은 "그냥 둬요. 예쁜데요, 뭐"라며 만류했다. 한 번 더 포즈를 취한 모건은 그녀를 들어 조심스레 바닥에 내려놓았다. 탐탁치 않은 눈길로 바라보고 있던 모건의 파트너들은 숨을 내쉬며 의자에 주저앉았다. 상황을 주도하는 데 소질이 있던 리차드 위트니가 나서서 홍보담당 직원과 그라프 양을 밖으로 내보냈다. 모건은 다소 지친 듯 웃고만 있었다. 그 다음날, 세계 어디에서나 신문이 나오는 곳에서는 그 둘의 사진이 실렸다.

모건이나 월가는 그 갑작스런 일로 인해 예기치 않은 이득을 얻게 되었다. 그날 이후 10년 뒤 사망하는 날까지, 대중들의 마음 속에 모건은 더 이상 탐욕스럽고 비정한 은행가가 아니라 인자한 노인으로 기억되었다. 사람들의 태도 변화는 즉각적이었고, 계산적으로 그랬든 아니면 본능적으로 그랬든 모건은 이를 십분 활용하여 자신의 인간적인 면을 부각시키려고 애썼다. 신문에 사진이 실린 다음날, 기자들이 몰려들어 그 전날 일에 대해 한 마디 부탁하자, 그는 꾸밈 없는 말투로 "매우 이상한 기분이었으며 조금은 언짢기도 했지요"라고 말하면서도 자기 임무에 충실했던 사진기자들을 비난하지는 않았다. 시계에 멋으로 달고 다니던 반달 모양의 금 장식에 대해 그는 수다스럽다 싶을 정도로 말이 많았다. "아, 이거요? 이건 J. 피어폰트의 따님이셨던 우리 친할머니께서 만드신 겁니다. 한쪽에는 피어폰트 가문의 문장(紋章)이 새겨져 있죠. 할머니께서 이걸 만드시고는 증조 할아버지께 드렸는데, 그 분은 이걸 항상 지니고 다니셨다고 합니다. 이게 아니었다면, 저는 그 분에 대해서 잘 알 수 없었을 겁니다. 그리고 나중에 저의 선친께서 이걸 제게 물려주셨죠. 이 정도면 됩니까?" 어떤 기자가 헷갈린다는 듯이 물었다. "친할아버지께서 외삼촌에게 주셨던 거 아닙니까?" "아닙니다, 아니에요." 모건은 미소 지으며 다시 한번 조상 얘기에 열변을 토했다. 기자가 아직도 석연치 않은 듯 뭔가를 더 묻기 시작했지만, 모건은 손을 흔들며 우아하게 자리를 일어섰다. 누가 이런 사람을 싫어할 수 있었을까?

하지만 리아 그라프는 그 만남으로 득을 본 게 하나도 없었다. 부끄럼 많고 예민했던 그녀는, 서커스 곡예는 잘 했을지 몰라도 명성을 다룰 줄은 몰랐다. 2년 뒤, 유명세를 견디지 못한 그녀는 미국을 떠나 조국 독일로 돌아갔으나, 반(半)유태인이었던 탓에 1937년 '쓸모 없는 인간'이란 죄명으로 체포되어 아우슈비츠로 이송된 뒤 소식을 알 수 없게 되었다. 그녀가 갈 곳은 그 어디에도 없었던 셈이다. 미국이라는 신세계가 그녀를 이용했다면, 유럽이라는 구세계는 그녀를 말살해 버리고 말았다. 돈 많은 노인에게 선물을 선사한 덕에 그녀는 처음엔 마음의 평화를 잃더니 결국엔 목숨까지 잃었던 것이다.

이 이야기는 그라프가 자랑스러운 듯 웃음지으며 중심을 잡기 위해 통통하게 살찐 손을 내밀어 모건의 외투자락을 잡고 있던 그 사진

위싱턴에서의 시련 — 243

이 신문에 실리지만 않았어도 아마 정겹고 따뜻한 일화로 그쳤을지 모른다. 사진 속에서 두 사람은 모두 편안하고 행복해 보였다. 그 때문에 이 일화가 더욱 슬퍼지긴 했지만.

II

그 해 3월 초, 주식시장을 조사하고 있던 상원 위원회에 페르디난드 페코라(Ferdinand Pecora)라는 젊고 유능한 뉴욕 시 지방검사보가 새로 법률 고문으로 임명되면서 모건은행을 집중 조사할 거라는 소문이 월가에 돌았다. 토마스 라몬트와 모건은행의 또 다른 파트너 파커 길버트(Parker Gilbert)는 은밀하게 리버티 가에 있는 연준으로 조지 해리슨을 찾아갔다. 모건은행엔 더 이상 백악관 내지 의회와의 연결고리가 없었으며, 라몬트와 길버트는 뉴욕 연준 총재로서 월가와 새 정부 사이에서 불안정하게나마 연결 끈을 유지하고 있던 해리슨에게 도움을 청하고자 했던 것이다. 페코라는 1주일 전에 이미 월가 23번지를 다녀갔는데, 그때 많은 비밀 서류들을 보고 싶어했다고 알려졌으며 소환장이 발부될지도 모른다는 말까지도 들렸다. 페코라가 무슨 목적으로 그러는지는 너무나 자명했으므로, 라몬트는 그날 방문을 통해 해리슨에게 모건은행은 얼마 전 정상적인 절차에 따라 연준에 대차대조표를 제출한 상태인데, 그 자료를 페코라뿐만 아니라 상원의 조사위원회와 관련된 그 누구에게도 내주지 않기를 바란다는 뜻을 전했다. 해리슨은 장담하긴 힘들 것 같다고만 대답했다.

그날 해리슨의 사무실 일기에는 분명히 충격받은 듯한 표현이 적혀 있었다. 그도 그럴 것이 바로 20년 전 연준 설립 당시 중추적인 역할을 했던 모건은행이 바로 그 연준에게 간청을 하고 있으니, 그것도 자기들 일이 대중에게 공개되지 않도록 도와달라고 말이다. 강자가 이렇게 비굴해지다니! 어쨌거나 결론은 쉽게 나지 않았고, 얘기 끝머리에 해리슨은 지금까지의 얘기를 함부로 발설하진 않겠다고 자진해서 약속해 주었다. 라몬트는 모건은행 파트너다운 특유의 미소를 머금은 채 대꾸했다. "물론 그러셔야죠."

그러나 위원회는 대차대조표를 입수했으며, 조사는 계획대로 진행되었다. 5월 말 조사가 시작되었을 때, 모건은행은 태연하고 거만한 태도로 되돌아가 있었다. 뭔가 잘못을 저지른 듯한 수세적인 모습으로 비치지 않기 위해 파트너들과 그 수행원들은 마치 르네상스 시대의 국왕 일행처럼 호텔 경비만으로도 하루에 2천불을 써가며, 조사를 받기 위해 워싱턴에 들어와 있었다. 청문회에서도 그들은 거만하게 느껴질 정도로 공개적이었다. 매우 당황스러운 질문에도 기꺼이 응답했고, 명예에 손상을 입힐지도 모를 그런 서류들을 숨김 없이 그리고 아무 거리낌 없이 제출했다. 그들은 조사를 받으면서도 도도하다 할 만큼 솔직한 태도를 견지했다. 마치 귀족들의 고귀한 의무(noblesse oblige)라도 행사하듯이.

첫 증인은 JP 모건이었다. 1주일 이상 계속된 페코라와 모건의 만남은 멋진 대결이었다. 위대한 모건은 공적인 이해관계를 가진 듯한 진지한 태도로 증인석에 앉았는데, 1912년 J. 피어폰트 모건이 푸조위원회에 불려나가 괴롭힘을 당한 이래 대중들 앞에 선 모건가(家) 사람은 JP 모건이 처음이었다. 모건은 세간에 제왕 내지는 비정한 금융가의 두목쯤으로 여겨지고 있었으나, 모건은 자신은 다만 신사이고 사업가일 뿐이라면서, 그 중에서도 특히 신사임을 강조했다. 어릴 때 시실리에서 이민온 페코라는 미국 사회의 또 다른 단면으로서, 모건이 키도 크고 좌중을 압도했다면 그는 키도 작은 데다 땅딸막하기까지 했다. 또 모건이 백색 피부를 가진 데 반해 페코라는 가무잡잡한 피부를 가졌고, 모건이 힘 빠진 노인인 데 반해 페코라는 정력과 야망이 넘치는 젊음 그 자체였다. 그리고 페코라가 양심적인 지식인을 대표했다면, 모건은 품위 그 자체였다. 둘은 서로를 두려워하지 않았다. 과연 키플링(Rudyard Kipling ; 1865~1936, 인도 태생의 영국 작가. 『행동과 반동』Actions & Reactions, 『차변과 대변』Debit & Credit 등의 작품을 통해 반대 개념들을 대비시키는 글들을 발표한 바 있다—옮긴이)의 글에 나오는 것과 같은 한판의 승부였다.

질문을 받자, 모건은 전제적이라 할 만한 은행 내부의 파트너 규약에 대해 차분한 목소리로 설명해 주었다. 파트너들간의 분쟁은 전적으로 모건 자신을 포함한 고위 파트너들의 판단에 맡겨지며, 그 결정을 누구도 거역할 수 없다는 것, 고위 파트너는 언제든지 다른 파트너를 그만두게 하거나 파트너 관계를 취소시킬 수 있다는 것, 순익은 1년에 한 번 분배되는데, 50:50으로 반은 모건에게, 나머지 반은 파트너들에게 분배된다는 것, 새 파트너가 들어올 경우 자본을 새로 넣을 필요는 없다는 것 등등. 페코라와 상원의원들이 은행의 경영방식에 대해 물었을 때, 모건은 그런 질문을 해줘서 기쁘다는 듯이 대답하기도 했다. 모건은행도 대중이나 은행업계를 상대로 광고를 하느냐고 누가 묻자, "우린 문 밖에 우리 은행 이름을 걸어놓는 걸로 족합니다"라고 대답하는가 하면, 은행이 어떤 영업을 하는지 따로 알려주는 건 없냐는 물음에는, "우린 그냥 이름 뿐이죠"라고 대답하기도 했다.

페코라 : 모건씨, 은행 이름이 은행 문 바깥 쪽에 씌어 있습니까?
모 건 : 문 밖에 있는 게 아니라, 문 안에 있습니다.
페코라 : 그러면 거리의 행인들에겐 안 보이겠네요?
모 건 : 네, 다들 저희 은행 주소는 아니까요.
페코라 : 은행업계 내에서 광고를 안 하는 것 때문에 혹 은행의 격조가 떨어진다고 생각하지는 않으시는지요?

모　건 : 그렇지는 않은 것 같습니다.

　　은행의 재무제표가 예금고객들에게 제출되고 있냐는 질문에 모건은 "아니오. 고객들은 그런 걸 요구한 적이 없습니다"라고 말했다. 또한 담보만 있으면 누구에게나 대출을 해주느냐는 질문에 대해서는, 모건 은행은 자신들의 고객에게만 대출해 줄 뿐이고, 그건 예금을 받을 때도 마찬가지라고 했다.
　　'은행 및 통화위원회'의 위원장은 플로리다 주 상원의원인 75세의 던칸 플레처(Duncan Fletcher)였는데, 이번엔 그가 물었다.

플레처 : 그렇다고 오는 사람을 거절하진 않겠죠? 고객을 고르진 않을 텐데요.
모　건 : 저희는 그렇게 합니다.
플레처 : 그래요?
모　건 : 네, 사실입니다. 저희는 그렇게 합니다.
플레처 : 만일, 내가 귀 은행분들 중 아무도 만난 적은 없지만, 1만불이 있어서 예금하고 싶어 거기에 간다면, 예금을 받긴 하시겠죠?
모　건 : 아닙니다. 저흰 그렇게 안 합니다.
플레처 : 안 받으실 거라구요?
모　건 : 네, 상원의원이라도 미리 소개를 받고 오시지 않으면 안 받습니다. 우린 수십 년 이상 그런 식으로 해왔습니다.
플레처 : 그렇다면 돈 1만불을 대출받는 건 더더구나 안 되겠군요?
모　건 : 역시 미리 소개를 통하지 않으면 안 되죠.

　　모건은 이 철저한 원칙에 대해 좀더 부연하여 다음과 같이 설명했다. "물론 저희는 대출을 합니다. 그건 사람들에겐 자금이 필요하다고 믿기 때문입니다. 그래서 고객들께서 자금이 필요하다면 저희는 대출을 해드립니다. 저희는 그 분들이 저희의 친구이자, 아주 선량하고 정직한 분들이란 걸 잘 알고 있거든요."

전통 깊은 계급사회적 개인금융업에 대한 모건의 경영철학은 사회의 규약으로 맺어진 신뢰감에 그 바탕을 두고 있었으며, 바로 이것이야말로 모건과 페코라 사이의 넘을 수 없는 선이었다. 대를 이어온 실리적인 귀족과 지중해 농촌 출신의 민주주의 신봉자, 이 둘은 서로 의견을 교환하며 상대방의 견해에 관심을 가질 수 있을지는 몰라도, 도덕적 기준이 서로 상충하기 때문에 사실은 대화가 되질 않았다. 그러나 나중에 친구들에게 페코라에 대한 평을 하면서 모건은 근엄한 태도를 버리고 경멸하는 듯한 불쾌감을 나타내며 "페코라 그 친구는 꼭 검찰이 심문하는 듯한 같은 언동과 태도를 가졌어"라고 내뱉었다. 한편, 페코라는 1939년에 출판된 책을 통해, "증언대에 선 모건은 점잖고 협조적이었으며, 숨길 만한 죄가 있던 것도 아니고, 자신의 은행 및 그 경영에 대해 진심으로 그리고 드러내놓고 자랑스러워 했다"라고 썼다. 적어도 나중에 벌어진 이 설전에서는 농부의 아들이 귀족을 이겼다고 할 수 있겠다.

페코라와 모건의 만남은 상징적으로 매우 중요하긴 했어도 막간극일 뿐이었다. 본 연극 즉 모건은행에 대한 주요 공격은 앞으로 다루게 될 어떤 사건 하나에 집중되었는데, 이 문제에 관한 페코라의 질문에 대한 답변은 모건이 아니라 다른 파트너들, 특히 조지 위트니가 주로 맡게 되었다. 날씬하고 흠 잡을 데 없으며, 증인석에서도 평소처럼 줄담배를 펴대는 이 잘 생긴 조지는 모건은행의 완벽한 대변인으로서 사실과 숫자들을 항상 준비하고 있었다. 수차에 걸쳐 증언대에 선 모건의 파트너들은 어떤 구체적인 사항에 대해 답변이 궁해지면, "조지에게 물어보시죠"라며 필요한 서류를 늘 가방에 넣어 가지고 다니거나 필요한 숫자를 머릿속에 넣고 다니던 조지를 찾았다. 조지는 암울한 현실 속에서 희생양을 찾던 대중들이나 위원회가, 때때로 답변을 왜곡하거나 잘못 이해한 채 로마인들이 경축일 행사 즐기듯(대형경기장에 검투사들을 모아놓고 서로 격투시키거나 맹수들과 싸우게 하여 죽어가는 모습을 보며 즐기던 것을 빗댄 얘기—옮긴이) 금융업계의 귀족적인 대부 모건은행이 쩔쩔매는 걸 흐뭇하게 바라보고 싶어할 때도, 털끝만큼의 불평도 없이 끝없는 인내심을 발휘하며 차근차근 답변했다.

III

1933년의 월가에겐 이미 오래된 과거였을 1929년 1월, 클리블랜드의 밴 스웨링겐(Van Sweringen) 형제는 동부와 중서부에 이룩한 자신들의 거대한 철도회사 망을 통합하기 위해 앨리개니(Alleghany)라는 지주회사를 설립했다. 스웨링겐 형제는 자신들이 발행한 350만 주의 보통주 가운데 225만 주는 자기들 몫으로, 나머지 125만 주는 주당 20불에 모건은행에 인수시켜 은행이 떠안거나 공모를 하게끔 했다. 말할 나위도 없이 이건 매우 투기적인 주식발행으로서 모건은행은 이런 투기적 방식의 주식공모에는 관여하지 않는 게 원칙이었다. 그러나 무슨 이유에서인지 모건은행은 그 주식을 인수했고, 그걸 매각하는 방식도 석연치가 않았다. 대중들에게 위험을 안기는 건 옳지 못하다는 전제하에 그 주식을 직접 공모하여 매도하지는 않기로 한 모건의 파트너들은 대부분의 주식을 자신들이 떠안은 뒤, 나머지 약 57만 5천 주를 부유한 친구들과 주요 고객들을 망라해서 모두 170명에게 넘겼다. 그들은 모두 재산이 상당한 사람들로서 그 정도의 위험은 부담할 만하다고 판단된 사람들이었다. 1933년, 페코라 및 상원의원들 그리고 일반인들에게 강력한 의혹과 호기심을 불러일으킨 것은 바로 그 위험의 본질과 크기였다. 1929년 2월 1일, 새 주식 발행을 발표한 직후(주권은 3주 후에나 나올 예정이었다), 이 주식은 소위 말하는 '발행 후 거래'(when-issued 즉, 주권이 나온 뒤 인도될 것을 전제로)라는 형태를 빌어 장외에서 거래되기 시작했으며, 당시의 광기어린 투기 붐에 힘입어 즉각적으로 주당 35불에 팔렸다. 다시 말해 모건은행이 친구들 및 고객들에게 20불에 준 주식들은 그 자리에서 바로 35불에 팔 수 있었다는 얘기다. 노골적으로 표현하면 모건은행이 나누어 준 건 현금이나 마찬가지였으며, 그 가격대로만 계산해도 차액의 합계는 총 8백만불을 상회했다.

이런 횡재 주식을 받은 친구들과 고객들의 명단은 그 당시 미국 상류사회 명사들의 출석표와 같았다. 우선, 월가의 유명한 이름들이 거기에 다 있었다.

퍼스트 내셔널 은행의 베이커(Baker) …… 1만 주
내셔널 시티 은행의 미첼(Mitchell) ……… 1만 주

이들은 맘만 먹으면 그냥 쉽게 각자 15만불씩 챙길 수 있었다. JP 모건 자신도 4만 주를 가졌고(잠정이익 60만불), 그의 파트너들도 그보단 적지만 다들 나눠 가졌는데, 그 중 토마스 라몬트의 1만 8천 주가 가장 많았다. 모건은행의 중개인인 리차드 위트니는 1천 주, 모건의 개인 법률고문이자 월가의 유명한 변호사인 존 데이비스(John Davis)는 4백 주를 받았다. 그 뿐만이 아니었다. 미국 주요 업체 사장들의 이름도 다 보였고, 민주당이나 공화당의 거물들도 빠질 수 없었다.

민주당 전국위원회 의장 존 라스콥(John Raskob) ………… 2천 주
공화당 전국위원회 재무담당 조세프 너트(Joseph Nutt) …… 3천 주

어디 그 뿐이랴. 과거 및 현재의 정부관리들도 있었다.

전 재무장관 윌리엄 맥아두(William McAdoo) ········ 5백 주
전 전쟁장관 뉴튼 베이커(Newton Baker) ············· 2천 주
곧 해군장관이 될 찰스 아담즈(Charles Adams) ········ 1천 주
훗날의 재무장관 윌리엄 우딘(William Woodin) ······ 1천 주

아담즈의 이름이 밝혀지자, 조지 위트니는 분개한 듯이, 그리고 앞서 말한 대로 모건은행다운 독선적인 태도로, 아담즈는 후버 정부에서 중요한 직위를 맡을 것 같기 때문에 포함된 게 아니라 JP 모건씨의 사돈 즉 아들의 장인이었기 때문에 포함된 것이라고 증언했다.
  게다가 국가적으로 영웅 대접을 받는 사람들도 포함되어 있었다.

찰스 린드버그(Charles Lindbergh) ················· 5백 주
장군 존 페르싱(John Pershing) ······················· 5백 주

린드버그가 파트너 드와이트 모로우의 딸과 결혼했기 때문이라면, 페르싱 장군은 1차 대전의 영웅을 기리기 위해서였다고나 할까?
  1929년 2월 초에 모건의 파트너들이 그 선택받은 사람들에게 보낸 편지와 전보는 매우 달라진 환경이 되어버린 1933년 여름에 상원의 위원회에서 낭독되었다. 그 4년의 시간을 격차로, 편지와 전보의 글귀는 무의식적으로 쓰인 풍자와 조롱의 대표작이 되어버렸다. 물론 조사관들 입장에선 결정적인 증거로서 꿈에나 그릴 대박이었지만.

우딘 씨에게,
(전략) 앨리개니 주식은 일반인들에게 팔기엔 적합치 않다고 판단되어

공모를 하지는 않습니다. 하지만 가까운 분들께 이 주식을 우리가 산 값인 주당 20불에 살 수 있는 기회를 드리고 있습니다. 지금 이 주식은 주당 35불 내지 37불에 거래되는 걸로 알고 있습니다마는, 이건 사람들이 투기를 하고 싶어한다는 점 이외에는 별 의미가 없습니다. 혹 생각이 있으시다면, 우린 주당 20불에 1천 주를 드리고 싶습니다. 다른 조건은 없으며, 원하시면 언제든지 파실 수도 있습니다. 다만 이와 관련하여 우리가 우딘씨를 생각하고 있었다는 걸 기억해 주신다면 감사하겠습니다.

— 모건은행 파트너, 윌리엄 유잉(William Ewing) 올림

우딘이 앨리개니의 시장가격에서 인간의 투기적인 성향 같은 재미난 점 이외에 어떤 다른 의미를 발견했는지는 알려져 있지 않다. 어쨌든 그는 제안을 받아들여 1천 주의 대금으로 2만불을 수표로 보냈다. 토마스 라몬트가 기차에 타고 있던 앨버트 위긴(Albert Wiggin)에게 보낸 전문은 유잉이 우딘에게 쓴 편지보다 더 간략하고, 덜 사무적이었으며, 공모의 위험이니 뭐니 하는 문구도 없었지만, 받는 사람이 틀림없이 기뻐할 시장가격 동향에 대해서는 잊지 않고 강조했다.

클리블랜드의 밴 스웨링겐 형제가 이제 막 앨리개니 사를 설립했습니다. 우린 그 보통주를 공모하는 대신 당신에게 1만 주를 매입가 20불에 드릴 생각입니다. 지금 시장가는 35불입니다. 곧 의향을 알려주십시오. 전 오늘 밤 파리로 떠납니다.

— 톰으로부터

위긴은 지체 없이 주식을 사겠다고 회신했다. 사실 170명의 선택받은 사람들은 모두 나름대로 민첩하게 그 제안을 받아들였는데, 그들 대부분은 회신을 통해 명백하게든 암묵적으로든 이번 주식의 경우

공모를 통해 일반 투자자들이 받기엔 부적절한 위험 부담이 있다는 전제를 받아들였다. 하지만 딱 한 사람 존 라스콥만이, 미묘한 금융업보다는 거칠고 굵직한 정치에 더 익숙한 사람이라 그랬는지는 모르지만, 이런 발상을 전혀 이해하지 못한 채 특별 대접 받은 티를 냈다. 그가 팜 비치(Palm Beach)에서 조지 위트니에게 쓴 회신을 보자.

조지에게
수고가 많네. 날 기억해줘서 고맙기도 하고 말야. 여기에 앨리개니 주식 값으로 4만불을 동봉하네. 자네와 자네 파트너들이 내게 보내준 많은 호의에 대해 무척 고맙게 생각하고 있네. 나중에 나도 기회가 되면 신세를 꼭 갚고 싶네. 여긴 날씨가 너무 좋고…… (후략) 행운을 비네.
— 존으로부터

그 해 여름, 라스콥은 한 여성 잡지에 기고한 그의 글 제목을 「모두 부자가 되자」라고 붙였다. 이 주식 건으로 라스콥 자신도 돈 버는 게 쉽게 느껴졌을 테니까.

페코라 위원회에서 관련자 명단이 밝혀지자 일반 대중들은 크게 동요했다. 월가의 귀족 중에서도 가장 고귀하다는 사람들이 나중에 뭔가 반대급부를 바라고 저급한 지방 선거운동원들이 하듯 선심을 뿌리고 다녔다는 사실은 실로 엄청난 파문을 불러일으켰다. 그 명단에 대한 기사가 연일 신문에 실렸으며, 사람들은 모이면 으레 그 얘기가 인사였다. 철저한 공화당파 신문들도 기가 찬 듯 고소하다는 논조의 글을 연속으로 실었다. 하지만, 그들 모두 그리고 페코라 역시도 좀 지나쳤다. 사실 냉정하게 따져보면, 모건은행이 앨리개니 사안을 처리한 방식은 당시로서는 그렇게 비난받을 만한 일은 아니었다. 우선 한 가지만 봐도 주식 매수자들에겐 위험의 요소가 분명히 있었으며, 그 사실은 나중에 충분히 입증되기도 했다. 1929년 여름에 57불까지 올랐던 앨리개니는 그후 폭락하고 말았는데, 불황이 가장 심했을 때는 주당 1불에 거래되기도 했다. 따라서 명단에 든 사람들이 주식을 사서 곧바로 팔지 않고 들고 있었다면 뼈아픈 손해를 봤을 것이다. 하지만 편지나 전보의 내용으로 보건대, 모건은행은 주식을 곧 팔아도 된다는 정도가 아니라 곧 팔라고 권유하고 있었던 바, 이런 주가 위험을 이유로 한 방어논리는 그 근거가 좀 빈약했다. 오히려 더 설득력 있는 논리는 당시로서는 이런 일이 그다지 예외적인 것이 아니었다는 점이다. 이런 일은 1929년 당시 투자은행들이 밥 먹듯이 하던 일로, 1차 대전 직후 대규모의 주식공모가 시작된 이래 정기적으로 행해지던 것이었다. 그렇다고 해서 모건은행이 그때그때 시류에 따라 장사를 했다는 건 물론 아니다. 그들은 나름대로 세운 자기들만의 엄격한 윤리 규범에 따라 장사를 했으며, 전통적으로 대중들에게 투기적인 주식을 판 적이 없는 것도 사실이었다. 말이 나왔으니 말이지, 모건은행은 일반인들에게는 어떤 주식도 판 적이 없었으며, 앨리개니의 경우에도 예외는 아니었다. 모건은행은 다만 친구들이나 고객들을 상대로 그 주식을 거래소에 상장시키기 위한 전제조건인 주식 매각을 완료했을 뿐이었다. 그 주식 매각이 일반투자자에게 직접 주식을 파는 영업을 하지 않는 은행에 맡겨졌을 뿐이라고 생각해 보면, 그 은행이 채택한 매각 방법은 나무랄 게 없는 정당한 방법이었다. 그 투기적인 주식을 과부들이나 고아들에게 나누어 주기란 사실상 불가능한 일이었을 테니까.

물론 페코라도 이 점을 알고 있었다. 하지만 똑똑하고, 헌신적이며, 개혁적인 데다 정치적 야심까지 겸비한 인물이라고는 해도, 그는 판결을 내리는 입장이 아니라 어떤 견해를 주장하는 정도의 자리에 서 있었을 뿐이었다. 과연 그는 자신의 적을 가능한 한 험악하게, 그것도 분노와 좌절감을 가진 대중들이 원하는 만큼 최대한 험악하게 만들고자 노력했다. 그러나 그는 선을 넘고 말았다. 불황의 초기에 모건의 파트너들이 사기친 건 아닐지라도 괘씸할 정도로 낮게 세금을 신고한 것에 대해 페코라는 무자비하다 싶을 정도로 이들을 몰아쳤다. 이 부분에 대해 페코라는 훗날 "1933년 당시는 세금 포탈과 세금 회피를 명확하게 구분할 수 있는 그런 분위기가 아니었죠"라고 변명했다. 이 말은 달리 말하면 위법과 준법 사이에 분명한 구분이 없었다는 의미였다. 상황이 달라져 1929년 당시 비합리적이다 싶게 추앙을 받던 경영방식이 이제 도마 위에 올라 마찬가지로 비합리적인 비난을 받고 있었다. 본인 자신 3/4 정도는 대중의 정의로운 대변인이라 할 수 있는 페코라였지만, 나머지 1/4 정도는 대중 선동에 뛰어난 종교재판관이었다.

IV

그 해 여름 내내 페코라와 그 위원회는 모든 수단과 방법을 동원, 모건은행 외에도 월가와 관련된 온갖 스캔들을 까발려냈다. 공동자금, 주가조작, 미첼, 위긴, 밴 스웨링겐 등등, 이런 폭로들은 맨하탄 남부 하수구 바닥 끝까지 다 뒤져낼 듯이 쉬지 않고 계속되었다. 하지만 청문회의 분위기가 무겁기만 했던 건 아니었으며, 종종 증인들이 연출하는 코미디 아닌 코미디 탓에 폭소를 자아내기도 했다. 상황이 상황이니만큼 조작이니 공동자금이니 하는 말들이 연일 신문을 장식하고 사람들 사이에 유행어처럼 퍼졌는데, 1933년 당시 이런 말들은 불황을 월가의 탓으로 돌리려는 구호처럼 쓰이고 있었던지라, 심판대에 오른 월가 사람들은 가능하면 이 말을 입에 올리고 싶어하지 않았다. 체이스 유가증권회사(Chase Securities Corporation)의 부사장이었던 머리다지(Murray Dodge)에게 골칫거리였던 말은 공동자금이나 조작이 아니라 일반사람들이 흔히 쓰는 은어인 고깃국물이었다. 1931년 4월에 다지가 자기 상급자인 위긴에게 써 보낸 비밀문서가 결국 페코라의 손에 입수되었는데, 협상중이던 어떤 영화사의 주식인수 건을 언급하면서 다지는 이렇게 표현했다. "할지(Halsey)와 스튜어트(Stuart)가 빠지고, 저는 다시 쿤 로엡과 자금문제를 논의하게 되었습니다. 물론 꼭 그래야 되는 게 아니라면 굳이 그들과 논의하고 싶지는 않습니다. 왜냐하면 고깃국물을 나눠 먹어야 한다는 게 영 내키질 않으니까요." 페코라가 부드럽게 물었다. 도대체 고깃국물이란 무슨 뜻이냐고.

다지는 시간을 끌려고 애쓰며 이렇게 대답했다. "제가 말하려고 했던 것은, 그러니까 할지나 스튜어트가 손을 뗀 다음에 쿤 로엡을 찾아가게 되면, 우리가 수세에 몰리지나 않을까 하는 것이었습니다. 즉, 고깃국물이란 말이죠, 어느 정도의……" 증인은 절망적으로 우물쭈물거리며, 말문이 막혀 어쩔 줄을 몰라 했다. "설명하기가 참 힘이 들죠?" 상원의원 쿠젠(Couzens)이 한마디 돕자, 다지는 금방 동의했다.

"네, 정말 힘이 드는군요." 땀을 흘리면서 안타깝게 적절한 단어를 찾던 다지는 마침내 명성(prestige)이란 말을 찾아내고는 얼굴을 활짝 폈다. "그렇습니다. 그건 명성이에요. 맞아요, 이제 생각났네요. 그건 바로 명성이란 의미로 쓴 말입니다."

그 누구보다도 위긴에게 힘들었던, 아니 메스꺼웠던 단어는 공동자금(pool)이었다. 페코라가 그에게 그가 참여했던 공동자금에 대해 질문을 던지자, 위긴은 그 행위 자체를 부정하진 않았지만 페코라에게 그런 용어는 피해 달라고 거의 애원하다시피 부탁했다. 페코라가 되물었다. "그러면 투자계정(investment account) 정도면 괜찮겠습니까? 아니, 그런데 공동자금이 뭐가 어때서요?" 위긴은 이렇게 간청했다. "좋지 않은 것으로 인식되기 때문이죠." 페코라가 꼬리를 물었다.

"그렇다면 뭔가 비난 받을 만한 것이겠네요?" 위긴이 다시 대답했다. "저도 모릅니다. 하지만 공동자금이란 말에 대해 좋지 못한 감정들이 있습니다." 그 이후 페코라는 친절하게도 위긴을 조사하면서 가능하면 그 말은 쓰지 않았다. 하지만, 페코라는 1928년 허튼(Hutton) 증권회사가 위긴의 개인회사에 보낸 편지는 청문회에 기록으로 남기지 않을 수 없었다. 그 편지에는 이런 내용이 있었다. "수표 105,467.29불을 동봉합니다. 이 금액은 허드슨 자동차 회사의 공동자금 계정(pool account)에 대한 귀 회사의 참가금과 그 수익금을 합한 것입니다." 위긴은 수표나 그 편지에 쓰인 말이 당시 그의 기분을 거슬리게 했을 리는 없었다고 증언했다.

위긴이 공동자금이란 말에 대해 유별나게 군 건 사실이지만, 수많은 화려한 공동자금을 운영했던 찰스 라이트(Charles Wright)라는 증권거래소 전문가에 비하면 아무것도 아니었다. 공동자금(pool)과 공동자금 계정(pool account)을 정의해 보라는 페코라의 요청에 대해 라이트는 이렇게 대답했다. "페코라씨, 저는 그런 말들의 뜻을 잘 모릅니다. 저로서는 결코 이해할 수 없는 말들이죠." 하지만 말이 끝나기가 무섭게 그는 공동자금이 어떻게 만들어지고 운영되는지, 그리고 그 밖의 여러 가지 형태의 공동자금에 대해서 박식하다 싶을 정도로 상세히 설명해 주었다.

라이트 : 공동자금 계정에는 선택사양도 있습니다. 어떤 건 단숨에 주식을 매수한 뒤 나누어 갖기도 하고, 또 어떤 건 원하는 주식을 단계적으로 사 모으기도 합니다.

페코라 : 꼭 그런 건 아니지만 공동자금엔 종종 해당 주식을 지정하는 옵션도 있다면서요?

라이트 : 그렇습니다.

페코라 : 그러면 원칙적으로 어떤 사람들로부터 그런 주식을 얻게 되죠?
라이트 : 어떤 때는 개인들에게서, 또 어떤 때는 그 회사 직원이나 주식을 많이 보유하고 있는 주주에게서 얻기도 합니다. 물론 그 회사에서 직접 얻을 때도 있습니다. 자사 주를 많이 가지고 있는 회사가 그걸 좀 처분하고 싶어하는 경우가 되겠죠.

페코라에게는 흥행사적인 자질이 있었다. 그는 라이트가 증언을 시작할 때 공동자금이 뭔지 잘 모른다고 했던 사실을 모르는 척 함으로써 라이트로 하여금 공동자금에 대해 열심히 떠들도록 내버려 두었다. 그 덕에 이 코미디 아닌 코미디가 엉망으로 망가지는 걸 막을 수 있었다. 달리 웃을 일도 없던 그 당시, 월가는 사람들의 웃음거리가 되고 있었다. 과거, 월가가 못된 작전으로 사람들의 먹을 것을 빼앗아 갔었다면, 이제 월가는 사람들에게 서커스를 보여주고 있었다.

하지만 그 해 여름, 마지막으로 웃은 건 월가였다. 페코라가 월가의 공동자금과 주가조작에 관한 스캔들을 캐내기 위해 분투하던 바로 그 여름, 또한 오토 칸이 증인으로 출석해서 책임감 있고 대중의 이익에 봉사하는 월가의 일면을 대변하면서, 공동자금을 통한 주가조작은 반사회적이며 불법적인 관행으로서 사람들이 남의 말에 잘 속기 때문에 번지는 거라고 증언하던 바로 그 여름이었다. 바로 그런 여름, 오토 칸이 증언하던 그때, 과거 그 어느 공동자금보다 더 그림 같고 터무니없는 공동자금이 페코라가 이끄는 조사팀과 청문회의 증인들 바로 앞 면전에서 만들어지고 있었다. 그 공동자금은 윌리엄 서튼(William Sutton : 1901~1980, 뉴욕에서 출생한 유명한 은행 강도로 변장의 명수였으며, 여러 차례 투옥과 탈옥을 반복하며 수많은 일화를 남겼다—옮긴이)도 경탄할 만한 반사회적인 성격의 것이었으며, 그 주창자 및 후원자는 러셀 브라운(Russell Brown)이란 이름의 미국 상업 알코올(American

Commercial Alcohol, 약칭 ACA) 회사의 이사회 의장이었다. 금주령을 가능케 했던 수정헌법 18조가 폐지되고 각 주정부들의 비준만을 앞둔 상태에서 ACA 주식은 그 해 여름부터 이미 빛을 발하고 있었으며, 현재의 부동액 생산 라인에 더하여 술 생산 라인을 추가로 설치할 거라는 기대감으로 브라운과 그의 동료들은 자신들의 회사 주식으로 대박을 터뜨릴 모의를 꾸몄다. 이들은 우선 유령회사 두 개를 설립한 다음 이들과 주식을 주고받는 방법으로, 주식을 주당 20불에 2만 5천주나 확보했다. 그러고 나서 그들은 8명으로 공동자금을 결성, ACA에 대한 주가조작 작전에 돌입했는데, 그 작전을 성공리에 마치기 위해 악명 높은 중개인 톰 브래그(Tom Bragg)에게 2만 5천 주 전부를 맡겼다. 그러면 중개인 톰은 누구에게 그 공동자금의 운영을 맡겼을까? 바로 그 유명한 벼락부자 투기꾼, 1929년 대폭락 이후 월가의 악당으로 사람들의 뇌리에 박혔던, 매도의 마술사 '다 팔아버려' 벤 스미스였다. 그는 상원위원회에 증인으로 나와서도, 자기가 지난 1932년 봄에 관리했던 공동자금에 대해 양심의 가책도 없이 놀랄 만큼 솔직하게 증언한 바 있다.

스미스는 이미 그에겐 타고난 재주나 마찬가지가 되었을 법한 각종 기법을 사용하여 1933년 5월 3일, 작전을 개시했다. 시세 표시기(ticker)에 계속 거래가 나타나게 하면서 값을 점차 올려, 귀나 눈이 엷은 일반 투자가들로 하여금 ACA 주식에 매수 주문을 내지 않을 수 없게끔 만드는 그런 작전이었다. 나중에 밝혀진 그의 매매기록을 보면 정말 눈이 튀어나올 정도다. 예를 들면 5월 4일 그는 3천 7백 주를 팔더니, 그 다음날엔 6백 주를 샀고, 5월 8일엔 5백 주를 사고 같은 날 1천 주를 되팔았다. 그 뒤에는 사흘 간 판 것보다 더 많은 양을 사들였고, 12일엔 갑자기 1천 1백 주를 팔았고, 그후 이틀에 걸쳐 각각 1천 6백 주와 3천 3백 주를 팔아 버렸다. 그러고는 다시 사기 시작, 5월 29

일에는 8천 2백 주를 사고 4천 8백 주를 팔아, 거래가 절정에 이르게 된다. 그 5월 한 달 동안, 그는 통틀어서 1만 3천 3백 주를 사고 2만 2천 1백 주를 팔았다. 결국 자기 별명에 걸맞게 매도에 무게를 실은 셈이었는데, 시세 표시기에 ACA가 하도 잘 선전된 탓인지 일반투자가들은 마치 그의 지휘에 따르듯 주가를 20불에서 30불까지 올려놓았다. 하지만 이건 시작에 불과했다. 스미스는 브래그, 브라운, 그리고 공동자금 참여자들 중 ACA 주식을 직접 거래하기 시작한 몇 명과 손발을 맞추어가며, 6월 한 달 동안 주가를 계속 올려 결국 40불 이상까지 올려놓는 데 성공했다. 7월 초반, 점차 강도를 더해가는 거장의 바이올린 연주처럼 그는 일반 투자자들을 완전히 흥분의 도가니로 끌어들였다(그게 보통 잘 관리된 공동자금 작전의 절정이다). 7월 18일, ACA는 완전히 미친 듯이 89.87불까지 오르고 말았다. 그리고 그날, 스미스는 플러그를 빼기로 결정한다. 우연이었겠지만, 바로 그날은 런던 회의가 엉망으로 끝나면서 시장이 크게 가라앉던 날이었다. 이 때문에 그들의 계획대로 잘 올라주던 ACA가 생각보다 훨씬 더 빨리 빠지는 바람에 스미스는 갖고 있는 주식을 정신없이 팔아치워야만 했다. 그 공동자금에 참여했던 찰스 라이트는 훗날 이렇게 회고했다. "지금도 그 생각만 하면 떨립니다. 처음에 나누어 가졌을 때의 주가도 생각나고, 그 다음에 어디까지 올랐었는지도 생각나죠. 악몽 같았어요." 공동자금이 더 이상 사주지 않는 상황에서 일반 투자자들은 갑자기 환상에서 깨어났으나 시장은 이미 전체적으로 붕괴하는 와중이었다. 7월 18일 이후, 사흘 만에 주가는 89.87불에서 30불 이하로 곤두박질치고 말았다. 그때까지 공동자금 계정은 손을 다 털었음은 물론이었다. 악몽에 시달렸다던 라이트는 13만 8천불을 챙겼고, 브래그와 '다 팔아버려' 벤은 관리자로서 후한 사례금뿐만 아니라 나름대로 거래이득까지 챙겼다. 그리고 8명의 공동자금 참여자는 수백만불에 해당하는 이득을 거머쥐었다. 얼마 후 이 일을 탐지한 페코라가 브래그와 스미스를 소환하려 했지만, 브래그는 호놀룰루로, 그리고 더 조심스러운 스미스는 오스트레일리아의 멜버른으로 이미 날아가버린 뒤였다.

주가조작 사례로서 ACA 공동자금은 사실 작은 규모였다. 경찰들이 들이닥쳐 파티를 깨기 바로 직전에 마지막으로 한번 신나게 놀아본 케이스라고나 할까? 하여간 ACA 작전은 시점도 시점이지만, 청문회에서 나온 어떤 말이나 증언보다도 더 확실하게 투기적이고 야비한 월가의 단면을 그대로 드러냄으로써 대중들의 도덕적 분노를 샀다.

V

청문회 조사는 단순히 대중이 분노를 터뜨릴 출구를 찾기 위한 것만은 아니었다. 그 배후에는 나중에 가면 확연히 드러나지만 주식시장을 통제하는 법률을 제정하려는 의회의 움직임이 깔려 있었다. 1933년 초, 루스벨트는 20년도 더 지난 푸조 청문회 당시의 영웅 사무엘 운터마이어(Samuel Untermyer)에게 연락을 취하여 주식시장 규제 법안의 초안을 잡아달라고 넌지시 부탁했다. 하지만 루스벨트는 운터마이어의 초안을 탐탁치 않게 생각했고, 따라서 법안으로 상정되지 않았다. 이제 12월, 페코라 위원회를 통해 섬뜩한 사실들이 만천하에 알려지면서 규제 법안에 대한 작업이 다시 추진되기 시작했다. 이번엔 초안작업부터 새로운 세대에게 맡겼다. 하버드 법대 교수 제임스 랜디스(James Landis), 내무부 관리 텔포드 테일러(Telford Taylor), 명문 집안 출신으로 정부 두뇌위원회의 일원인 아이작 뉴튼 스토욱스 2세(Isaac Newton Stokes II), 뉴욕의 변호사 벤자민 코헨(Benjamin Cohen), 그리고 RFC의 토마스 코코란(Thomas Corcoran) 등이 그들이었다. 이들은 모두 20대에서 30대로 뉴딜의 이상과 꿈에 끌려 워싱턴에 몰려든 젊은 지식인을 대표하는 인물들이었다. 철저한 보안 속에 워싱턴 시내의 한 아파트에 모인 이들은 페코라 및 그의 보조 심문관인 개혁주의자 언론인 존 플린(John Flynn)의 자문을 구하면서 겨울 내내 작업을 했다. 초안 작업의 최종 마무리는 주로 코헨과 코코란이 맡았다. 1934년 2월 초, 의회의 회기가 시작되자 상원의원 플레처(페코라 위원회의 위원장―옮긴이)는 갑자기 새로운 주식시장 규제 법안의 제출을 요구했다. 아직 작업이 끝나지는 않았지만, 초안 작업팀은 이상에 가득찬 인재들답게 밤을 꼴딱 새면서 꼬박 48시간을 작업한 끝에 결국 초안을 완성해냈다. 2월 9일, 그때까지만 해도 페코라 위원회의 조사 결과나 주식시장 규제 법안에 대해서 어떤 입장 표명도 없던 루스벨트는 의회에 법안의 통과를 재촉했다. 곧 젊은 인재들의 노고의 열매는 플레처-레이번(Fletcher-Rayburn) 법안이라는 이름으로 의회에 상정되었다. 총 50쪽짜리 이 법안에는 모든 형태의 주가조작을 금하고, 주식시장의 신용매매에 대해 연방정부가 규제를 하며, 연방 통상위원회(Federal Trade Commission)에 월가의 경찰 역할을 수행할 수 있도록 광범위한 힘을 실어주는 내용이 포함되어 있었다. 마침내 주식시장에 대한 연방정부의 의도가 백일하에 드러난 것이었다.

리차드 위트니는 준비가 되어 있었다. 그의 태도는 확고했는데, 증권거래소에 대한 연방정부의 그 어떤 규제에도 단호히 반대한다는 것이었다. 워낙 완고한 성품과 굳은 의지를 가진 그였지만, 그 해 10월에 일어난 일련의 사태로 해서 그의 입장은 더욱 강경해질 수밖에 없었다. 페코라가 위트니에게 서면으로, 증권거래소와 관련한 여러 정보를 얻기 위해 만들어진 설문지를 거래소 회원들에게 배부해 달라는 부탁을 했던 것이다. 위트니가 시간을 끌자 페코라는 개인 면담을 신청했다. 그러나 거래소 이사장은 항상 다른 약속이 있다며 핑계를 댔다. 토요일이나 일요일은 어떠냐는 페코라의 물음에도 위트니의 대답은 한결같았다. 요리조리 피하던 위트니는 결국 친구이자 거래소 소속 법률사무소의 선임 파트너인 롤랜드 레드몬드와 함께 페코라가 보낸 대표단 둘을 만나게 되었는데, 그 중 한 사람은 존 플린이었다.

존 플린은 1년 반 전 「콜리어즈」Collier's에 기고한 글을 통해, 위트니를 월가의 중개인 가운데 가장 품위 있는 사람이라고 추켜세웠던 바로 그 인물이었다. 1년 반이 지나는 동안 플린은 페코라의 보조 심문관들 중에서 가장 예리하고 가장 공격적인 인물로 부각되었으며, 이제 위트니는 자신을 추켜세웠던 존 플린과는 매우 다른 존 플린을 만나게 되었다. 하긴 위트니는 언론의 찬사를 경멸하는 편이었지만. 여하튼, 사무실에서 플린과 마주친 위트니는 얼굴이 빨개지더니 뭔가 알아들을 수 없는 말을 웅얼거리고는 사무실을 나가버렸다. 몇 분 뒤 위트니는 마음을 가라앉히고 다시 돌아왔지만 아직도 차분히 말을 할 정도는 아니었다. 위트니는 플린에게 바싹 다가서더니 차갑고 거만한 목소리로, 나중에 그의 적들이 두고두고 써먹을 말을 내뱉었다. "여러분은 큰 실수를 하시는 겁니다. 거래소는 흠 잡을 것 하나 없는 완벽한 곳이라구요."

며칠 후, 페코라는 청문회에서 이렇게 말했다. "증권거래소에서 협조해 줄 거라고 기대했지만, 그렇지 못한 것 같습니다." 사실이 그랬다. 10월 16일, 페코라에게 보낸 공식 서한을 통해 위트니는 그 설문지를 통해 알고자 하는 정보는 시장관행이나 거래소 회원들의 영업활동과는 아무 관계도 없는 것들이라는 레드몬드의 법률 의견을 근거로 설문지 배포를 거부한다고 답했다. 또 위트니는 거래소가 위원회 조사에 협조하지 않은 적은 없다고 밝히면서 거래소 회원들에게 설문지 응답을 강요하는 것은 회원들의 묵비권을 빼앗는 처사라고 비난했다. 이에 대해 페코라는, 설문지를 통해 물어보려 했던 질문들을 직접 할 목적으로 주요 거래소 회원사들의 대표들에게 소환장을 발부하는 걸로 맞섰다.

이제 월가는 얼굴에 흠집이 나기 시작했다. 소환당한 인물들 중엔 피어스(Pierce) 증권회사의 대표인 E. A. 피어스도 포함되어 있었다. 피어스 증권은 당시 잘 나가던 찰스 메릴(Charles E. Merrill) 증권사를 흡수했을 뿐 아니라, 얼마 후엔 뉴올린즈의 페너와 베인(Fenner and Beane) 증권사까지도 흡수하게 될 잘 알려진 회사였다. 나중에 밝혀지겠지만, 피어스는 위트니와 영업상 가까운 관계이긴 해도 개인적으로 친한 사이는 아니었다. 이 두 사람은 성향이나 취향, 목표, 노선 등이 서로 달라, 둘 다 사설클럽에 드나들긴 했지만 거래소의 오찬 모임 정도 이외에는 만날 일이 없었다. 메인 주의 평범한 가정에서 태어나 메인의 명문 보우도인(Bowdoin)대학을 나온 피어스는 젊은 시절엔 5년 정도 벌목상으로 일한 적도 있으며, 월가에선 맨 밑바닥부터 시작했다. 한편, 피어스에게는 위트니와 비슷한 면도 있었는데, 사무실에 올 땐 꼭 정장을 하는 데서 보여지듯 과거 지향적인 화려함도 그랬거니와 월가의 정치가가 되려는 욕망도 그랬고, 체격도 비슷하게 우람했다. 위트니에게 냉혹한 대담성이 있었다면, 위트니보다 14살이 더 많고 똑 떨어지는 메인 말투와 말갈기 같은 백발이 돋보이는 피어스에게는 경험에서 우러나는 현명함이 있었다. 페코라의 측근으로부터 플린과 위트니 사이의 갈등에 대해 듣게 된 피어스는 위트니가 억지를 부린다고 생각했다. 두 사람 사이의 어디엔가에 설 수 있다고 느낀 피어스는 위원회와 거래소 사이의 중재자 역할을 자청했다. 마치 월가의 이성을 대변한다고나 할까?

피어스가 중재 역할을 맡고 나서자, 사람들이 그에게 모여들었다. 물론 개중에는 단순히 위트니가 싫어서 그런 사람도 있었다. 위트니가 모든 사람들에게 다 매력적일 수는 없으니까. 하지만 사람들이 피어스 주위로 모여든 주된 이유는 1920년대 이래 대중들이 주식시장에 대거 참여한 결과 월가 내부의 역학 관계에 변화가 생겼기 때문이었다. 월가의 중심축에는 보수파가 있었다. 이들은 거래소의 전문가들이나 시장부의 거래원들로서, 서로 얼굴을 마주 대하고 거래하면서 누가 이기고 누가 지는지를 빤히 아는 그런 사이였다. 이들은 대담함이나 탐욕스러움에 있어서는 비교가 안 될지 몰라도, 19세기 중에 강세장과 약세장을 연출하며 금융시장을 주무르던 굴드(Gould)나 피스크(Fisk), 또는 드루(Drew) 같은 사람들의 후계자였다. 이들은 여전히 증권거래소를 손아귀에 쥐고 있었으며, 위트니가 바로 그들의 지도자였다. 한편 이런 보수파의 반대편에는 대중을 기반으로 한 새로운 세력이 뿌리를 내리고 있었다. 그것은 다름아닌 일반 투자자들을 주고객으로 광범위한 지점망을 가진 증권회사들이었다. 이들은 거래소의 시장부를 본 적도 없었으며, 거래소 사람들과 마주 보고 거래하는 것도 아니었다. 이들은 대부분 월가와는 멀리 떨어져 있어 전보 정도로만 연결되는 대도시 또는 작은 중소도시에 사는 고객들을 상대하고 있었으며, 그들의 고객이 대중인만큼 위의 보수파들과는 달리 대중의 이해관계를 저버릴 수 없는 입장이었다. 사회변화에 의해 배태된 이 새로운 월가 식구들의 지도자가 장차 월가의 거목이 될 메릴 린치(Merrill Lynch) 증권회사를 나중에 창립하게 된다는 건 매우 상징적인 의미를 가진다.

　피어스는 페코라에게 주식거래에 대한 어느 정도의 규제는 바람직하고 또 가능한 일이라고 증언했다. 한편 위트니는 위트니 나름대로 대통령과의 백악관 면담을 얻어냈다. 루스벨트와 위트니는 그로튼 고등학교와 하버드대학 동창이었는데, 미국 대통령(president)이 뉴욕 증권거래소 이사장(president)보다 6년 선배였다. 45분 간의 면담이 끝난 뒤, 위트니는 주식시장의 투기 문제를 놓고 광범위한 의견을 교환했다는 간단한 성명을 발표했다. 12월 중순, 증권거래소 규제 법안의 초안이 만들어지고 있다는 소문이 나도는 가운데, 위트니는 거래소가 규제 법안에 반대하는 대규모 대중집회를 계획하고 있다는 걸 부인해야 했다.

물론 위트니는 거짓말하고 있던 게 아니었다. 그랬기 때문에 막상 2월 9일 루스벨트가 의회에 규제 법안을 요청하고, 곧이어 플레처-레이번 법안이 상정되자 그는 당황할 수밖에 없었다. 그러나 위트니는 곧바로 전열을 가다듬었다. 위트니의 선동에 따라 증권거래소는 즉각 투기를 억제하는 내부 규칙을 몇 개 만들어 연방의 규제를 미리 막으려고 시도했다. 위트니는 30개 주요 증권회사의 대표들을 긴급 소집, 뉴욕, 시카고, 필라델피아, 샌프란시스코, 보스턴 등지에서 연방 규제에 반대하는 조직적인 시위를 펼치기로 결정하는 한편, 증권거래소 이사장의 이름으로 모든 회원사와 거래소에 상장된 80개 주요 회사 대표들에게 회람을 발송, 플레처-레이번 법안은 증권거래소와 상장회사, 회원사 및 고객들에게 매우 나쁜 결과를 초래할 것이라고 주장했다.

특히 상장회사 대표들에겐 법안의 위력이 매우 광범위하여 연방통상위원회가 상장사들의 기업경영을 사실상 지배, 통제하게 될 것이라고까지 경고했다. 그는 회원들이나 회사 대표들에게 구체적으로 어떻게 하자는 얘기는 피하면서, 다만 요청하면 회람이나 법안의 복사본을 추가로 보내주겠다는 얘기를 덧붙였다. 한편, 워싱턴에서는 코코란이 규제 법안 작업팀을 대표하여 페코라 위원회에 출석, 엄청나게 복잡한 이번 법안의 내용을 브리핑했다.

위트니가 돌린 회람은 법안 반대운동의 시작일 뿐이었다. 반대운동은 강도를 더하기 시작, 루스벨트마저도 "내가 추천했던 어떤 법안에 대해서도 이보다 더 구체적이고 강도 높은 반대운동은 본 적이 없다"며 볼멘 소리를 냈다. 반대단체가 결성되고 시위가 열렸으며, 규제 법안 반대운동 대표들을 태운 특별 열차가 워싱턴으로 속속 몰려들었다. 대학교수들의 지지를 얻기 위한 작업도 동시에 추진되었으며, 43개 도시에 퍼져 있는 회원사 사무실에는 증권거래소의 이름으로 좀더 긴박하고 위협적이기까지 한 후속 전문이 발송되었다. 그 중 하나를 살펴보자.

> 귀하께서는 귀하의 지역에 있는 저축은행이나 상장 또는 비상장 회사, 그리고 보험사들이 금번 투쟁을 조직적으로 전개하기 위해 어떤 공동보조를 취하고 있는가를 알아보신 뒤에 우리에게 알려주셨으면 좋겠습니다. 귀하의 직원들은 이 법안이 통과되면 자신들을 포함하여 많은 사람들이 실직될 거라는 사실을 잘 알고 있습니까? 또 귀하의 직원들은 자신들의 지역을 대표하는 상원의원이나 하원의원에게 항의 서한을 써 보내고 있습니까? 만약 그렇지 않다면 당장 그렇게 하도록 해야 합니다. 회사 편지지가 아닌 개인 편지지를 사용하여, 나름대로 말을 만들어서 말입니다. 꼭 좀 부탁합니다.

워싱턴으로 수많은 편지들이 날아들었다. 한편, 싸움이 벌어진 이상 이젠 위트니도 공개적으로 코코란에게 반박을 할 필요가 있었다. 그리하여 한 해 전에 모건가(家)가 그랬듯이 증권거래소도 위세를 갖추어 워싱턴에 도착했다. 피어스가 이끄는 월가 내 온건파 일행은 칼튼 호텔에 따로 지휘부를 두었다. 칼튼 호텔 팀은 겉으로는 어느 정도 위트니와 보조를 맞추고 있었다. 규제 법안은 정부에 회사들을 망가뜨릴 권한을 주게 될 거라고 언론에 흘리는가 하면 위헌의 소지까지 들먹였다. 피어스 자신도 "내가 위트니와 그의 동료들이 정직하다고 믿는 이상, 그의 목적에 동의한다"고 공공연하게 말했다. 하지만 막후에서 칼튼 호텔 팀은 법안 수정을 놓고 정부와 손발을 맞추고 있었다. 레이번과 함께 수주일에 걸친 작업을 통해 월가에 대해 너무 가혹하거나 불공정하다고 생각되는 부분을 제거하면서 법안을 보다 정교하게 수정했다. 나중에 이 사실을 알게 된 위트니는 매우 격노한 나머지 측근 변호사를 시켜, 새벽 3시에 피어스에게 전화를 걸어 온갖 비난을 퍼붓게 했다. 이런 비난은 결코 가볍게 볼 게 아니다. 위트니는 수하의 거래소 이사들이 그의 지시에 전적으로 복종하고 있는 거래소의 독재자였으며, 따라서 마음만 먹으면 언제든지 피어스의 회원자격을 박탈하여 생업을 위협할 수도 있었으니까. 물론 위트니의 변호사가 그런 식으로 드러내놓고 위협하진 않았지만, 그렇다 해도 한밤중에 전화를 걸어 겁을 주는 그런 무례함을 이해하려면 이야기를 한 발 더 진전시켜야만 한다. 바로 그 순간, 위트니는 피어스의 회사로부터 개인적으로 빌린 돈이 약 10만불 가량 있었다.

VI

증언대에 앉은 위트니는 당당하고 침착하고 힘이 넘쳤으며, 논리적이고 설득력이 있었다. 그는 증권시장의 운영을 법규로 규제하려는 그 어떤 시도도 결코 성공할 수는 없을 거라며, 플레처-레이번 법안은 결국 정부에 증권거래소를 관리 운영할 절대 권력을 주게 될 거라는 논리를 폈다. 그는 인내심을 가지고 왜 법안이 도움이 되기보다는 해가 될 것인지 그 이유를 대며 세부 조항들을 하나하나 반박했다. 나아가 그는 금융기술에 있어서 월가의 능력과 워싱턴의 무능력을 뚜렷이 비교했다. "지금 상정된 법안은 그 초안을 쓴 사람들이 그 주제에 대해 상당한 지식을 가지고 있다고 가정하는 반면, 우리 같은 사람들의 존재는 완전히 무시하고 있습니다." 또한 그는 진보적인 발상에 대해 원칙적으로 반대하지는 않는다면서 "저는 연방정부가 증권거래소를 운영하는 것이 진보적이라고는 생각지 않습니다. 개혁이란 남용을 정정하는 데 그쳐야 할 뿐이지, 현명하지 못한 규제를 두어 경기회복을 늦추는 일이 있어서는 안 된다고 봅니다"라고 주장했다. 그는 또 증권거래소가 완벽한 기관이긴 하지만, 그 안에서 일하는 사람들까지 다 완벽한 건 아니라는 발언도 했다. "저는 우리 회원들이 다 순수하고 결백한 사람들이라고 말씀드리지는 않겠습니다." 위트니의 발언은 그 수위가 점점 높아져 나중에는 거의 대중선동처럼 들리기도 했다. "그 법안은 인간의 본성에도 맞지 않을 뿐더러, 이젠 철폐되었지만 아무도 안타까워하지 않는 금주령의 친동생 같은 거라고 생각합니다." 결국 그런 규제 법안을 원한다는 건 절대적인 금주주의자가 되는 거나 마찬가지라는 논리였다. 마침내 3월 중순이 되어 그의 증언은 끝났다. 그는 예의 바르게 페코라 및 상원의원들에게 말했다. "모든 분들께 감사드립니다. 우리의 미래는 여러 의원님들의 처분에 달려 있습니다."

위트니의 증언이 끝나자 윌 로저스(Will Rogers)란 사람은 평소 그답게 성질을 참지 못하고 많은 사람들의 마음속에 담긴 말을 대신하여 한 마디 던졌다. "저 시대에 뒤떨어진 월가 녀석들, 정부가 자기네들 하는 일에 끼어들까봐 아주 세게 나오는구만." 사실이었다. 월가는 심각한 싸움을 하고 있었으며, 많은 대기업들을 자기 편으로 끌어들인 것이 큰 효과를 보고 있었다. 이제 정부는 역공을 당하여 한 걸음 뒤로 물러나 있었다. 플레처-레이번 법안의 초안은 각하되고, 코헨과 코코란은 온건주의적인 피어스파의 의견뿐 아니라 강경한 위트니파의 의견도 일부 수용하는, 보다 유화적인 새 초안을 의회에 다시 올렸다. 타협이라고는 하지만, 플린 같은 과격한 개혁파는 이 새로운 초안을 보고는 월가와 내통한 거라며 분통을 터뜨리기도 했다. 그렇다고 위트니가 이 수정안을 보고 기뻐한 것도 아니었다. 위트니는 즉각 성명을 발표, 수정안에서 달라진 건 없으며 오히려 더 복잡해졌다고 지적했다. 페코라는 이렇게 냉소했다. "위트니씨의 반대의견이 다 수용된다면, 그땐 법안 자체가 아예 없을 겁니다."

증권거래소는 각종 집회를 통해 위트니의 주장을 반복하면서 법안을 공격했다. 심지어 3월 23일엔 월가의 전화교환원들이 법안에 반대하는 집회를 가졌는데, 그들의 주장은 법안이 통과되면 금융가에 찬바람이 불 게 뻔하고 그러면 자기들 일자리도 줄어들 거라는 거였다. 3월 25일엔, 이틀 뒤에 브로드 가와 월가가 만나는 모퉁이에서 증권회사 직원들이 모두 참가하는 대규모 항의집회가 열릴 것이며, 월가 직원들이 사는 뉴저지, 코네티컷, 롱아일랜드 등지에서도 동시다발적인 대규모 집회가 열릴 거라는 제보가 신문사마다 쇄도했다. 그러나 제보된 집회는 하나도 열리지 않았다. 증권거래소가 마지막 사활을 걸고 으름장을 놓았으나 그게 별게 아니란 게 드러난 셈이었다. 월가의 군중들은 이제 더 이상 증권거래소 편이 아니었으며, 이 사건으로 이제 그들의 패배는 시간 문제임이 증명되었다. 병졸들이 장군들에 대해 불만을 표하며 항명을 하고 있었던 것이다.

마침내 위트니는 패배하고 말았다. 5월 5일, 하원은 대다수의 찬성으로 법안을 통과시켰으며, 곧이어 상원도 문안은 약간 다르지만 같은 법안을 통과시켰다. 6월 초, 상·하원을 통과한 두 법안은 하나로 통합되었고, 6월 6일 루스벨트가 이 법안에 서명함으로써 유명한 1934년의 증권거래법(Securities Exchange Act)이 탄생하게 되었다. 위트니는 신속하게 패배를 인정하고는, 평소 그답지 않은 말투로 "증권거래소는 가능한 한 성심성의를 다해 새로운 법률의 시행에 협조할 것입니다. 사리에 맞고 분별 있게만 집행된다면 새 법안은 건설적인 법안이 될 거라고 기대합니다"라고 말했다. 그러나 그에겐 그럴 만한 이유가 따로 있었다. 5월 14일, 법안 반대운동은 실패로 끝났지만, 위트니와 그의 보수파 동료들은 박수갈채 속에 증권거래소의 차기 임원들로 재임명되는 데 성공했던 것이다. 전쟁에는 졌으되, 패전군은 아직 참패를 한 것도 해산된 것도 아니었다고나 할까?

통과된 법률 속에 들어있는 타협안의 본질은 별도의 독립적인 관리기구를 새로 구성하여 거기에 규제의 책임을 맡긴다는 것이었다. 연방 공정위원회에 그 역할을 주자는 의견이 많은 사람들의 반대로 기각되면서, 대통령이 임명하고 의회가 동의하는 절차를 밟아 구성되는 5명의 증권거래 감독위원회(Securities and Exchange Commission, 약칭 SEC)가 그 책임을 맡게 되었다. 또한 타협안에서는 첫번째 초안에서 자세하게 다루어졌던 반(反)투기, 반(反)주가조작 조항들이 삭제되는 대신 SEC에 이를 막기 위한 감독 지침을 주는 정도의 일반적인 조항으로 대체되었다. 물론 구체적인 세부 규제 조항은 SEC가 따로 만든다는 단서가 달려 있긴 했지만. 플린은 법률이 통과된 후 이렇게 평했다. "이 법률은 현재로서는 금지하거나 요구하는 사항들이 너무 적습니다. 사실을 말하자면 SEC가 실질적인 규제를 만들어내기 전까지는 증권시장을 규제하는 법률은 아직 없다고 하는 게 맞을 겁니다." 하지만 중요한 사실은, 특히 월가의 앞날에 커다란 영향을 미칠 중요한 사실은, 바로 규제를 목적으로 한 광범위하고도 실질적인 힘을 갖춘 감독위원회가 생겼다는 것이다. 그렇게도 중요한 역사적인 사건이지만, 당시는 아무도 그런 사실을 인식하지 못한 채 그냥 무심코 받아들여졌다. 이젠 경찰들이 월가에 발을 들여 놓았다. 제대로 무장을 한 채로.

이런 상황하에선 누가 경찰이 되는가에 모든 게 달려 있었다. 명목적으론 당파를 무시하는 루스벨트는 그 위원으로 두 사람의 뉴딜 지지자인 페코라와 랜디스, 그리고 월가에서 보기엔 뉴딜 지지자나 다름없는 두 명의 진보적인 공화당 의원, 즉 위스콘신 주의 조지 매튜스(George Matthews)와 버몬트 주의 로버트 힐리(Robert Healy)를 임명했다. 하지만 그는 사람들의 예상을 깨고 전혀 뜻밖의 인물을 SEC 초대 위원장으로 발탁했다. 사실, 위원장 감으로는 페코라나 랜디스, 심지어 몰리(이 책 '술에 취한 금본위제' 편 참조)조차 하마평에 올랐지만, 사람들은 대충 월가와는 상관이 없으면서도 뉴딜에 충실한 인물이 선택될 걸로 믿고 있었다. 그러나 변덕이 죽 끓듯 하던 루스벨트가 최종 낙점을 한 사람은 바로 조세프 케네디였다. 아니, 이게 누구야? 조세프 케네디 하면 월가 출신 정도가 아니라 '다 팔아버려' 벤 스미스 못지 않게 악명 높던 투기꾼이요, 주가조작자 아니었던가? 사람들은 모두 소스라치게 놀랐다. 이 인물은 공동자금을 규제하기보단 공동자금에 참여할 사람이었으며, 바로 1년 전 여름에도 리비-오웬스-포드(Libby-Owens-Ford) 주식에 대한 대규모 공동자금에 참여, 많은 차익을 챙긴 것으로 알려져 있었다. 주식시장을 규제하는 총감독의 자리가 아니더라도, 조세프 케네디는 연방정부 내 어느 자리건 한 자리를 맡을 수밖에 없는 분명한 이유가 있었는데, 그건 다름아닌 1932년의 대통령 선거전에서 루스벨트에게 상당한 자금을 지원했기 때문이다. 가장 바람직스럽지 못한 후원(後援) 정치의 단면이었다고나 할까? 그가 임명되자, 플린은 놀란 나머지 "그럴 리가 없어. 이건 말도 안 돼"라고 흥분했으며, 플린 같은 비타협주의자뿐 아니라 뉴딜 지지자들도 분노하긴 마찬가지였다. 「뉴 퍼블릭」*New Public* 신문은 "대통령은 자신을 가장 광적으로 저주하던 사람들조차도 기대하지 않던 그런 나쁜 선택을 했다"라며 한탄했고, 「워싱턴 뉴스」는 "루스벨트가 가장 충성스럽고 능력 있는 지지자들의 뺨을 한 대 친 격"이라고 평했다. 어쨌거나 루스벨트의 냉정한 실용주의에서 나온 통찰력 때문이었는지는 몰라도, 결과적으로 케네디는 매우 훌륭한 선택임이 입증되었다. 믿기 어렵겠지만, 루스벨트는 그 선택을 통하여 월가를 본 궤도에 올려놓게 될 그런 정력적이고 유능한 공직자를 탄생시켰던 것이다.

증권거래법은 7월 1일 발효되었으며, 며칠 뒤 월가의 경찰관들이 단체로 월가에 도착, 증권거래소를 처음으로 공식 방문했다. 말수가 적은 위트니는 직접 5명의 위원들을 안내하여 거래소를 돌아보게 했으며, 혹 중개인이 방문객들에게 신체적인 위해를 가할 가능성에 대비, 시장부에 경비원을 배치하는 등 세심한 주의를 기울였다. 중개인들은 차가운 눈빛으로 위원들을 바라보았으며, 그날 거래는 거의 정지되었다. 새 시대는 이런 살벌한 분위기 속에서 그 막을 열었다.

VII

앞에서 미리 보았다시피, 위트니의 개인적인 재정은 위험에 처해 있었다. 월가의 영웅으로서 백만장자인 것처럼 살고 있던 1932년 초, 그는 사실 2백만불 가량의 갚지 못할 빚을 안고 있는 적자의 백만장자였다. 그후 몇 년 간은 상태가 조금 나아지긴 했다. 플로리다 화학비료에서 쓴 맛을 본 뒤, 그는 미련을 버리고 새로운 그리고 처음엔 재미도 좀 보았던 투자에 뛰어들었다. 금주령 기간 중 그가 시골에 부동산도 가지고 있던 뉴저지 주에서는 저지 라이트닝(Jersey Lightning)이란 이름의 밀주가 유행했었는데, 뉴저지의 울창한 숲속 내지 계곡에서 사람의 눈과 법망을 피해 다량으로 제조되고 있었다. 맛은 좀 거칠지만 알아주는 사과주로서 금주령이 발효되기 전에도 이미 수십 년이 넘게 팔려온 그런 술이었다. 한 가지 이해하기 힘든 것은 도시생활에 닳고 닳은 위트니가 금주령이 철폐되는 대로 저지 라이트닝이 전국적으로 크게 인기를 끌 거고, 스카치나 버번처럼 유명한 술이 될 거라고 굳게 믿고 있었다는 점이다. 게다가 이에 대한 투자전망을 더욱 밝게 만들기라도 하듯, 이 술은 그다지 오래 발효시키지 않아도 제맛이 나는 상당한 상업적인 이점도 갖고 있었다. 1933년 초, 마침내 금주령이 철폐될 조짐이 보이자, 위트니와 회사 동료 한 사람은 뉴저지 주와 뉴욕 주 남부의 오랜 증류소들을 인수, 금주령이 철폐되는 대로 술을 생산 판매하기 위해 증류주 회사(Distilled Liquors Corporation, 약칭 DLC)를 설립했다. 이 회사의 주 상품은 물론 사과주가 될 것이었으며, 위트니와 그의 증권회사는 우선 주당 15불의 가격으로 1만 주에서 1만 5천 주 사이의 주식을 인수했다.

물론 이를 위해 위트니는 돈이 또 필요했다. 이젠 익숙해진 악몽이라고는 해도 여전히 만기 연장과 대출로 빚을 해결해야만 하는 상태에서 추가로 돈이 더 필요했던 것이다. 1933년 9월 22일, 위트니는 오랫동안 증권거래소 경영을 도와온 옛 친구이자, 위트니처럼 증권회사를 운영하고 있는 허버트 듀크 웰링튼(Herbert Duke Wellington)을 찾아갔다. 웰링튼은 훗날 위트니가 자신에게 한 말을 이렇게 회고했다. "이봐 듀크, 이런 얘긴 정말 하고 싶지 않네만, 실은 오늘이 내가 꾼 돈을 갚기로 한 날이거든. 근데 좀 곤란한 일이 생겼어. 오늘 돌아올 줄 알았던 돈이, 사실 철석같이 약속되어 있던 건데 마지막 순간에 무산되었거든. 그래서 말이야, 오늘 이 돈을 꼭 갚아야 하는데, 어떻게 좀 도와줄 수 없을까?" 그 말 끝에 위트니는 웰링튼에게 담보 없이 25만불을 한 달 동안만 꿔달라고 부탁했다. 대화가 계속되면서 위트니는 플로리다의 벤처 얘기는 꺼냈지만, 새로 설립한 사과주 회사 얘기는 꺼내지 않은 게 분명하다. 아마도 그가 새로운 투기에 뛰어들고 있다는 사실이 친구의 마음을 편안하게 할 것 같지는 않다고 계산한 듯하다. 하지만 위트니는 자기에게 돈 많고 잘 나가는 형이 있다는 사실만큼은 부각했다. "형은 나한테 정말 잘 해줘. 근데 형한테 또 가서 돈을 달라고 하긴 싫어." 하지만 웰링튼은 훗날 회고하기를, 만일 일이 잘못 되면 위트니가 체면불구하고 월가 23번지에 가서 형에게 도움을 청할 거라고 믿었던 것 같다고 했다. 분명 그런 믿음이 있었기에, 웰링턴은 25만불 다는 아니지만 무담보로 11만불을 꿔주었던 것이다. 대출 기간은 겉으로는 위트니의 부탁대로 한 달 간이었지만, 사실 암묵적으로는 위트니가 갚을 수 있을 때까지라고 해야 옳았다(월가의 관행에 대해 한 마디 덧붙인다면, 대출 건을 상의하는 중에 이자 문제는 언급되지 않았음을 주의해 볼 만하다. 하지만 대출금을 회계 처리할 땐, 당시의 명목 이자율인 2퍼센트를 적용하는 데 대해 누구도 반대하지 않았다. 따라서 1년에 2천 2백불밖에 안 되는 이자 문제는 논의할 가치가 없었다고 봐야겠다).

열흘 뒤인 10월 2일, 위트니는 오랜 친구이며 뉴저지 교외의 이웃에 사는 로저 멜리크(Roger Mellick)에게도 무담보로 10만불을 빌렸다. 훗날 멜리크는 "위트니를 안 지는 오래되었죠. 난 내심 그를 존경했고 또 좋은 친구라고 생각했기 때문에 돈을 빌려주었죠"라고 회고했다(JP 모건도 청문회에서 페코라에게 이렇게 말했었다. "저희는 대출을 합니다. 그건 사람들에겐 자금이 필요하다고 믿기 때문입니다. 저희는 그 분들이 저희의 친구이자 아주 선량하고 정직한 분들이란 걸 잘 알고 있거든요"). 그로부터 2주일도 채 안 되어 위트니는 그 해에 했던 어떤 방법보다도 놀라운 방법으로 돈을 꾸었다. 10월 14일, 위트니가 페코라가 부탁한 설문지 배포를 거절하고 피어스가 위트니의 반대세력으로 등장하던 바로 그 주에, 피어스 증권회사는 위트니 및 그의 증권회사 소유로 되어 있는 뉴욕 증권거래소의 회원권과 뉴욕 장외거래소 회원권을 담보로 하여 위트니에게 10만불을 대출해 주었다. 도대체, 그 당시 위트니에 대해 좋은 생각을 하고 있을 턱이 없던 피어스는 왜 그렇게 했을까? 담보가 확실한 이상, 일은 일이고 정치는 정치라고 생각했던 것일까. 피어스는 매우 현실적인 사람이었다. 혹시 피어스는 그 대출과 담보를 이용하여 위트니에게 압력을 가하고 싶었던 건 아닐까? 그것도 아니라면, 위트니의 그 유명한 매력이 또 한번 작용했던 걸까?

어쨌든 거래는 이루어졌지만, 그건 위트니에게 좋지 않은 전환점이 되었다. 이제 그는 친척이나 가까운 친구들의 범위를 벗어나 그에게 해를 입힐 수도 있는 사람들에게까지 손을 벌리기 시작했던 것이다. 하지만 이제 그에겐 돈이 생겼고, 그는 그 돈을 유용하게 썼다. 12월에 들어서면서 금주령은 철폐되었고, DLC는 마치 경마장의 말이 출발점을 뛰쳐나가듯 기세 좋게 영업을 개시했다. 주류 주식의 활황이 계속되는 가운데, 1934년 봄이 되자 주가는 장외거래 시장에서 45불까지 올라갔다. 위트니는 계속해서 자신과 자신의 회사 이름으로 그 주식을 사들였고, 그 활황 장세의 가격으로 평가했을 때 위트니가 보유한 주식의 가치는 백만불을 훨씬 상회했다.

만일 그가 다른 사람이었다면, 바로 그 순간에 일부나마 주식을 팔아 형이나 모건은행에서 빌린 것(이건 그야말로 식구끼리의 돈 거래라고 할 만했다) 이외의 모든 빚을 갚고 새 출발을 했을지도 모른다. 하지만 그는 자신의 판단력은 물론이요, DLC에 대해서도 일종의 도박꾼 같은 확신이 있었다. 그리하여 그는 빚더미 상태에서 주식을 계속 보유한 채, 저지 라이트닝이 전국 방방곡곡에서 인기 최고가 되어 피곤에 지친 샐러리맨들이 출퇴근길 기차를 기다리는 5분 동안 한 모금 찾게 되고, 화려한 저택이나 교외의 사설클럽에서도 즐겨 찾는 그런 영예로운 날들이 올 것을 자신감에 차서 기다렸다. 그렇게 되면 위트니는 지금껏 그렇게 살아왔듯이 앞으로도 같은 방식으로 살 수 있게 만들어줄 그런 거금을 거머쥐게 될 것이었다. 그가 증권거래법 입법으로 워싱턴에서 공개적으로 완전 참패를 당하던 바로 그 봄, 그는 복잡하게 뒤엉킨 개인적인 재정문제를 풀어줄 유일한 길이었던 바로 그런 기적에 가까이 접근해 있었다. 그리고 그 기적에 더 가까이 갈 기회는 아마 다시는 없을 것이었다.

백기사 낙마하다

I

1934년, 월가는 마치 유령의 도시 같았다. 고객을 상대하는 직원들은 텅빈 상담실에서 졸고 있었고, 중개인들도 거래량이 1933년의 반도 안 되던 시장부에서 할 일 없이 농담 따먹기나 하며 시간을 때웠다. 루스벨트 장(場)이라고 불려지기도 했던 집권 초기의 반짝 장은 뉴딜 정책이 경기를 회복시키는 데 실패하자 이내 사그러들었고, 시장엔 무관심만이 팽배했다. 그나마 거래되는 주식들도 무기력하고 가격 변동도 거의 없었다. 전문적인 투기꾼들은 한쪽으로 비껴나 상황 변화를 지켜보고만 있었으며, 일반·투자자들은 돈도 관심도 없었다. 증권회사들은 다시 직원을 해고하거나, 사과 주일(apple week)이란 걸 도입, 직원들에게 4주일에 한 번씩 1주일 무급 휴가를 주어 그 주에는 정말 사과 같은 걸 팔 수 있게 해주었다. 투자은행들도 재미 볼 게 없었다. 신규자금이 공급되지 않는 상황에서 자금시장 자체가 얼어붙었기 때문이었다. 전국적으로 회사들의 주식발행이나 채권발행이 몇 달간 겨우 1~2백만불에 그치곤 했다. 1933년에 통과된 은행법에 따라 상업은행 및 투자은행 기능을 병행하던 은행들이 이젠 둘 중 하나를 택해야만 했으며, 따라서 체이스나 내셔널 시티 같은 은행들은 악명 높던 증권 관련 회사를 팔아야 했다. 하지만 월가의 역학 관계를 고려할 때 이보다 더 중요한 사실은 모건은행마저도 둘로 나뉘어져야 했다는 점이다. 우울했지만 어쩔 수 없이 모건은행은 상업은행을 선택했으며, 상업은행 업무는 아예 해본 적이 없기 때문에 아무것도 잃을 게 없던 쿤 로엡에 비할 때, 명성에는 이상이 없었지만 안타깝게도 그 위세나 영향력은 상대적으로 크게 줄어들고 말았다. 이런 분리와 정체의 시기를 반영하듯 금융자본주의의 종말을 점치는 사람마저 생겨났다.

월가의 실력자들이 느끼는 어려움은 대기업 대표들이 느끼는 것보다 그 정도가 더 심했다. 왜냐하면 종업원들과 주주들이 감봉과 무배당을 참고 견디던 중에도 대부분의 대기업 대표들은 불황 내내 30~40만불의 연봉을 가져갔으니까. 1934년, 새로워진 자신의 대중적 이미지에도 불구하고 상황이 점점 악화되자 67세의 JP 모건은 점차 은행일에서 손을 떼기 시작했다. 그 해 겨울, 그는 세계에서 가장 큰 개인 요트 코르세어(Corsair)를 타고 영국령 웨스트 인디즈(West Indies ; 중미 카리브해의 섬들—옮긴이)와 갈라파고스 섬(Galapagos Islands, 남미 에쿠아도르 서쪽의 섬들—옮긴이)으로의 항해를 즐겼으나, 이듬해 봄 유지비가 너무 많이 든다며 아예 그 요트를 보관창에 넣어버렸는가 하면, 자신의 소장 예술품들 중 루벤스(Rubens)의 그림을 포함한 최고급 작품들을 모두 팔아 버리기도 했다. 1934년인가 1935년에는 두 풍 정도 되는 회사가 일요일 오후의 라디오 프로그램 스폰서를 거절하기도 했는데, 일요일 오후 3시엔 사람들이 다 폴로(polo) 경기를 한다는 말로 평계를 댔다. 비슷한 시기에 유니온 리그 클럽(Union League Club)의 회원들은 클럽 내 어떤 방의 벽을 회원들이 내놓은 주식으로 온통 도배를 하기도 했는데, 이 주식들은 한때 몇 백만불이나 되는 가치가 있었으나 이젠 휴지 조각에 불과했다. 그 뒤 1936년, 상황이 조금 나아져 이 주식들이 일부 가치를 되찾자, 클럽에서는 벽에 붙은 주식을 떼어내 원래의 소유자에게 돌려주는 해프닝도 있었다.

사실 1934년에 시내에서 가장 활기찬 장소는 '주식 무덤'이라 불리던 베시 가(Vesey Street)의 한 경매장이었다. 이 경매장에서는 아드리안 뮬러(Adrian Muller)라는 경매회사가 정기적으로 파산된 회사의 값없는 주식을 뭉치로 팔았는데, 바겐세일 전문 매수자들이 그곳에 찾아와 언젠가 기적적으로 회생할지도 모른다는 기대감을 가지고 몇만 주 혹은 몇 십만 주나 되는 주식에 하찮은 금액을 써내곤 했다. 무모한 낙천주의자라고나 할까. 어쨌든 이들은 사회적으로 평판이 좋지 않았는데, 그런 사람들 중 하나였던 해롤드 데이튼(Harold Deighton)이라는 어떤 영국인은 경매에 나온 모든 주식에 대해, 이 회사 주식 백 주든 저 회사 주식 천 주든, 항상 단돈 1불을 써냈다. 때때로 그가 당첨되는 일도 있었지만, 그가 부자가 되었다는 얘기는 어디에서도 들을 수 없었다.

II

월가는 조사도 받고 욕도 먹고, 그야말로 조롱과 경멸의 대상이 되었다. 그리하여 이제 폐허가 되어버린 월가는 우울한 심정으로 자신들을 괴롭히고 있는 뉴딜에 적개심을 집중시켰다. 조세프 케네디가 선택된 데서 오는 안도감도 한 순간뿐이었다. 한때 투기 전문가이기도 했던 케네디는 뉴딜 세력 속에서 월가의 대리인 역할을 해주기는커녕, 오히려 정반대의 역할을 하고 있었다. 케네디는 우선 신중하지만 단호하게 전국에 있는 24개의 증권거래소와 2천 4백 명의 회원, 그리고 5천여 개의 상장사를 등록시키는 거대한 프로젝트를 성공리에 추진시켰다. 그런 다음 막강한 뉴욕 증권거래소로 눈길을 돌려, 그가 가진 월가에 대한 지식을 총동원하고 몰래 정보를 캐내는 선전공작단을 가동시켜 확실한 정보를 수집한 다음, 그 정보를 근거로 주가 조작자들을 고소하기 시작했다. 한편, 그는 새 법률안에 규정된 대로, 새로 주식을 발행하는 회사가 그 내용을 일반에게 공개하도록 한 조항이 잘 지켜지는지를 지켜보았다. 이 조항은 월가가 실행 불가능하다고 주장하던 것이었지만, 케네디는 이를 가능케 하고 있었다. 놀라운 것은 이런 과정에서 그 누구도, 심지어 희생자들조차도 케네디를 원망하지 않았다는 것이다. 리차드 위트니는 처음에 거래소 규제에 관한 한 비효율적이고 매우 조심스런 접근방식을 취하던 케네디에 대해 "분별 있고, 믿을 만하다"라고 평했다. 하지만 시간이 흘러가면서 케네디가 그의 업무를 정말 잘 해내고 있는 게 보이자, 위트니도 SEC에 대한 협조적인 태도를 버리고 어느새 차가운 적대자 입장에 서게 되었다.

도대체 케네디는 자기를 뭐라고 생각하는 거야? 존 헤르츠(John Hertz)를 위한 공동자금에 참여할 때만 해도 그렇게 목에 힘주지는 못했는데 말야. 백악관 주인 루스벨트가 자기가 속한 계층을 배반했다고 누가 그랬었지? 아이고 맙소사, 이제 보니 그건 조세프 케네디도 마찬가질세 그려. 은행과 증권회사 직원들은 사설클럽이나 선술집 등에 모여 서로 상처받은 마음을 위로하며 그렇게들 떠들어댔다.

1934년 가을, 월가와 워싱턴 간의 관계가 개선될 수 있는 결정적인 계기가 있었지만, 무위로 끝나고 관계는 다시 꼬이고 만다. 결정적인 계기는 다름아닌 미국 은행연합회 연례대회가 10월 셋째 주에 바로 다른 데도 아닌 워싱턴에서 열리게 된 걸 가리키는데, 때마침 주제가 정부와 경영자들 간의 협력방안이었고, 초청연사도 다름아닌 루스벨트 대통령이었다. 불씨를 당겨놓은 은행가들은 좌불안석이었다. 불과 몇 달 전 미첼이나 위긴 등이 상원의 조사를 통해 공개적으로 비난을 받은 바 있으며, 신성한 모건은행마저도 웃음거리가 된 바 있었다. 작년 시카고에서 열린 연례대회에서 은행연합회는 RFC의 제시 존즈를 연사로 초청했는데, 그는 연단에 서더니 외교적인 완곡한 말투도 사용하지 않고 은행가들은 실패자라고 지적하는 무례를 범하는가 하면, 무슨 문제아 훈육하듯 "한번쯤은 잘 생각하여 현명하게 정부와 손을 잡아야 한다"고 반협박조의 말까지 서슴지 않았다. 심지어 존즈는 거기 모인 은행가들 중 반 정도는 이미 파산한 상태일 거라고까지 말하기도 했다.

은행가들은 자신들이 정말 곤경에 처해있다는 사실을 알고는 있었지만, 더 이상의 규제와 제한 조치를 두려워하고 있었다. 따라서 속은 뒤집히지만 정부에 대한 화해 제스처로 1934년의 대회 장소를 워싱턴으로 정하고 연사도 루스벨트로 한 것이었다. 참석자 수도 전례 없이 많았는데, 마치 그 자리를 빛냄으로써 그들의 의도를 강조하기라도 하려는 듯, 4천명이나 되는 사람들이 워싱턴으로 모여들었다. 그날 모인 사람들의 면면을 보면 연체된 주택담보대출과 몇 푼 안 되는 예금 잔고로 근근히 명맥을 유지하던 보잘 것 없는 은행들(서부개척시대 영화에서 강도들이 털던 그런 은행들) 대표에서부터 월가 주요 은행들의 우아한 행장들까지 다양했다. 이날 모인 사람들 가운데 가장 뜻밖의 인물은 모건은행의 라몬트와 길버트였다. 모건은행의 파트너들은 지금까지 한 번도 은행연합회 모임에 나타난 적이 없었으니까.

겉에서 볼 때 대회는 계획한 대로 사랑의 축제가 되었다. 지금은 겸허해야 한다고 마음 먹은 월가의 거물들이 주동이 되어 정부에 대한 적개심을 꾹꾹 눌러 참는 가운데, 은행연합회 의장은 "은행연합회는 건전한 은행 업무원칙에 위배되지 않고 은행 예금 고객들의 이해에 반하지 않는 한 어떤 경기부양책이라도 전적으로 지지합니다"라고 선언했다. 점잖고 존경받을 만한 뉴욕 퍼스트 내셔널 은행의 행장 잭슨 레이놀즈(Jackson Reynolds)는 루스벨트를 소개하는 인사말을 통해 한 걸음 더 나아갔다. "굴복하자는 의미로 말씀드리는 건 아닙니다만"이라고 조심스럽게 서두를 꺼낸 그는, 곧이어 대폭락 이전의 시기에 은행가들에게 부족한 점이 있었음을 자인하며, 이런 전반적인 불황의 시기에 즉각적인 재정 균형을 기대하긴 힘들 것이라고 양보하는 한편, 은행들도 한번 혼이 난지라 이젠 상황이 바뀐 것을 이해하는 분위기가 조성되고 있다고 하면서, 마지막으로 엉망이 되어버린 우리 은행계를 구하고 새롭게 탄생시키기 위해 그 동안 루스벨트 대통령이 기울여준 모든 노력에 대해 감사한다는 자기비하적인 발언으로 소개의 말을 마무리지었다. 이 정도면 굴복이 아니라 할 수 없었다. '음, 괜찮군' 연단에 선 루스벨트는 관대하면서도 쾌활한 어조로 은행과 정부가 힘을 합하면 멋진 미국 팀을 만들어 갈 수 있다고 강조하여 기립박수를 받았다. 다음날, 은행가들은 조속한 시기에 정부의 재정 균형을 요구한다는 결의안을 채택함으로써 약간의 자존심을 세우고는 기분 좋게 해산했다.

그러나 정말 좋은 기분들이었을까? 사실 많은 은행가들은 착잡한 기분이었다. 그들은 호텔 복도와 방에 모여 레이놀즈가 너무 심했다고, 정부와 화해는 했는지 몰라도 체면을 너무 잃은 거 아니냐고 수근거렸다. 그런 와중에 정부와 레이놀즈 간에 은밀한 접촉이 있었던 사실이 드러나고 말았다. 사실 레이놀즈는 대회가 시작되기도 전에 이미 굴복을 했던 것이다. 애긴즉슨 루스벨트는 자신이 연사로 참석하기 위한 조건으로 레이놀즈의 연사 소개말 원고를 미리 보내달라고 요구했었는데, 레이놀즈의 초안에는 익살맞게도 루스벨트 대통령을 한니발(Hannibal)이 보낸 승리의 월계관을 받지 않은 결과 나중에 정치적으로 수세에 몰려 일생을 마친 로마의 장군 스키피오(Scipio)에 비유하는 날카로운 귀절도 있었고, 레이놀즈 자신이 콜럼비아 법대의 젊은 교수였던 시절에 프랭클린 루스벨트가 그의 학생 중의 하나였다는 한참 지난 옛날 얘기와 함께 루스벨트가 그다지 뛰어난 학생은 아니었다는 약간의 농담도 포함되어 있었다. 이 두 귀절이 포함되어 있었다면 레이놀즈의 소개말은 완전히 다르게 들렸을 것이다. 그러나 루스벨트는 은행가들의 월계관을 받는 대신, 단호하고 완강하게 이 두 귀절의 삭제를 고집했다. 이건 불필요한, 그러나 결정적인 모욕이었다. 정복당한 자들에게서 풍자의 여유마저 빼앗아버린 꼴이었다. 이 사실을 알게 된 은행가들은 마음이 굳어지지 않을 수 없었다. 이리하여 월가는 루스벨트를 증오하기 시작했다.

III

하지만 그렇다고 월가가 루스벨트에 대한 증오를 조직적인 행동으로 옮기기 시작한 건 아니었다. 정확히 말해 그런 행동은 은행연합회 모임이 있기 두 달 전인 1934년 8월, 미국 자유연맹(American Liberty League)이 창설되면서 시작되었는데, 이 단체는 부유하고 보수적인 민주당원들과, 공화당원 가운데 고위급 경영자들이 주축이 돼 만든 연합조직으로, 개인의 권리 및 재산권을 존중하는 사회를 만들자는 취지로 설립되었다. 표면적으로 어느 당파에도 치우치지 않음을 표방한 이 연맹은 자신들은 절대로 반(反)루스벨트 집단이 아니라고 밝혔으며, 따라서 루스벨트도 말을 아꼈다. 뿐만 아니라 루스벨트는 이미 발표된 그들의 원칙에 전적으로 동감하며 다음해 예산 편성 때는 자유연맹의 자문도 받아야겠다고 말하기까지 했다. 그러나 사실 이 모든 것은 루스벨트가 즐기던 정치 코미디일 뿐이었으며, 루스벨트 자신이나 대중들이나 처음부터 자유연맹의 설립 목적이 뉴딜(New

Deal)을 철폐하고 올드 딜(Old Deal)을 부활시키려는 데 있음을 잘 알고 있었다. 자유연맹의 회원은 날이 갈수록 늘어 1935년 중반 3만 6천 명이던 회원 수가 1936년 대통령 선거전 중에는 12만 5천 명으로 최고조에 달하면서, 자유연맹은 루스벨트를 증오하는 부유하고 여유 있는 사람들의 중심단체로 부상했다. 개인적인 탐욕만을 앞세우는 사람들의 상징이었기 때문일까, 정치적으로 연맹이 추구하는 여러 일들은 거의 다 실패했는데, 그 이유는 부자들이 드러내놓고 후원을 했기 때문이었다. 자유연맹에 대해 연구한 역사가 조지 울프스킬(George Wolfskill)이 훗날 글로 썼듯이, 뉴딜의 대변인은 자유연맹의 견해를 굳이 반박할 필요가 없었다. 단지 자유연맹 후원인들의 명단만 밝히면 그것으로 충분했다. 하지만 자유연맹은 꼭 부자라고만은 할 수 없는 미국 내 상당수의 사람들에게도 공감대를 불어넣었다. 연맹 내의 연설국에서 각지의 영리 및 공공 기관에 파견한 연사들은 모두 정치적으로나 사상적으로 반뉴딜적인 독설가들이었으며, 연맹의 회원들은 터무니없고 악의에 찬, 때론 상스럽기까지 한 반루스벨트적 가십들을 전파하는 데 일조했다. 이런 가십은 1930년대 중반에 볼 수 있던 미국 사회의 슬픈 한 단면으로, 루스벨트가 사실은 유태인이었다느니 (터무니없는 족보도 만들어졌다), 그의 얼굴의 미소는 성형수술에 의해 억지로 만들어진 거라느니, 미친 듯한 웃음에서 알 수 있듯이 그가 사실은 정신이상 증세가 있다느니, 루스벨트와 그의 가족들은 항상 술에 취해 있다느니, 그가 바람을 피고 있다느니, 영부인이 사실은 공산주의자이며 차기에 미국 대통령직을 이어받아 나라를 소련에 넘겨줄 거라느니 하는 기괴하기 짝이 없는 얘기들이 대부분이었다. 자유연맹 회원들은 누구든 맘에 맞는 사람을 만나면 이런 식의 한심한 얘기들을 하며 시간을 보내곤 했다. 이런 얘기들 중 어떤 것들은 정말 사실로 받아들여지기도 했는데, 한번은 전국망을 타는 어떤 뉴스에 대통령이 매독에 걸렸다는 얘기가 근거있는 얘기인 듯 보도되기도 했다. 저질화된 시대정신은 부자들 사이에서 열병처럼 전염되더니, 어느새 전국적으로 번져갔다.

월가는 중환자의 병세를 보이고 있었다. 월가는 국가적인 문제에 대해 애매모호한 태도를 취하는 고질적인 경향이 있었다. 돌이켜 보면 워렌의 금 매수 작전에 대해서도 월가는 마지막 순간까지 입을 다물었다. 하지만 사설클럽이나 이사회 회의실 같은 곳에서 고객이나 정부와의 관계를 걱정할 필요 없이 마음대로 얘기할 수 있을 때면, 월가 사람들도 루스벨트에 대한 증오를 감추지 않았다. 분위기가 이런 탓에 자유연맹은 모든 주요 은행가들이나 중개인들의 도움을 받을 수 있을 거라 자신했지만, 결과적으로는 월가의 익명 독지가나 은밀한 동조자들한테만 후원을 받았을 뿐, 월가에서 공개회원은 몇 안 되었다. 하지만 질이 낮은 증권회사 주변에서는 루스벨트에 대한 저급한 험담들이 마음대로 돌아다녔다. 월가의 거물들이 다니는 신교도 사설클럽에서도 가끔 그런 화제가 나오기도 했다고 하며, 월가의 한 대형은행 행장은 「뉴욕 타임즈」 기자에게 자기는 루스벨트가 문자 그대로 병적인 환자라고 믿는다고 실토하기도 했고, JP 모건의 비서는 나이 드신 노인이 충격받을까봐 루스벨트의 사진이 실린 신문들을 안 보이는 데로 치워놓기도 했다고 한다.

JP 모건이 나이 든 건 사실이었지만, 그런 얘기 역시 루스벨트에 대한 험담만큼이나 실없는 얘기였다. 그렇다면 이렇게 루스벨트에 대한 증오가 들끓던 시절, 아직 도덕적으로나 지적으로 월가 최고의 권위를 가진 모건은행의 입장은 확실하게 어떤 것이었을까? 이에 관한 기록은 흥미롭게도 애매모호하다. 모건은행의 파트너들 중 자유연맹에 가입한 사람은 없었지만, 모건 자신은 때때로 공개적으로 그 활동에 후원금을 내곤 했다. 그 당시 실질적인 모건은행의 대표였던 토마스 라몬트는 1934년 10월 해리 홉킨스와 얘기하는 자리에서 루스벨트를 "유일한 희망이자 분별있는 정책들의 파수꾼"이라고 추켜세우며, 뉴딜의 구호 재정지출이 과하다고는 생각지 않는다고 말했다. 그러나 라몬트는 어디까지나 모건은행의 외교관 같은 사람이었다. 반면 평생 민주당원이었던 러셀 레핑웰 같은 파트너는 끊임없이 루스벨트에게 격려편지를 보내고 여러 조언을 해주기도 했는데, 이에 대한 루스벨트의 반응은 늘 차가웠다. 1936년, 레핑웰과 모건은행의 또 다른 민주당원 길버트는 루스벨트의 재선을 위해 거액의 선거자금을 내놓아 몇 안 되는 월가 기부자 명단에 올랐지만, JP 모건과 조지 위트니가 공화당에 선거자금으로 내놓은 돈은 그들의 돈과 비교가 되지 않았다. 사람 좋고 참을성 많은 러셀이었지만, 그도 사람이라 어쩔 수 없던 것일까? 레핑웰도 점차 루스벨트에 대한 지지를 거두게 되었다.

"분노를 삭이고, 부드럽게 외교하고, 조심스럽게 충고하며, 속 상할 땐 침묵한다." 이는 모건은행 지도력의 중요한 요소로서 저속한 욕설이나 상스러운 대응보단 나았지만, 한편 너무나 소극적이어서 월가가 루스벨트에 반대를 표하다가 곤경에 처할 때도 모건은행이 나서서 이를 막아내기엔 역부족이었다. 하지만 일반 사람들과는 달리 모건은행 사람들은 절대로 공개적이며 비이성적으로 개인적 증오감을 나타내는 일이 없었다. 돌아보면, 1933년에 루스벨트에 의해 파멸을 면한 사람들의 대부분은 산업계의 경영자들보다는 은행가와 중개인들이었으며, 이들 모두 그걸 잘 알고 있었다. 한편 루스벨트는 이들에 대해 언급하거나 이들과 상대할 때면 언제나 생색을 내거나 경멸하는 듯한 태도를 보였다. 구세주지만 생색을 내고 모멸감을 주는 구세주라면 아무리 심지가 굳은 사람이라도 참기 힘든 일이었고, 그 당시 월가 23번지 이외엔 이런 참을성을 가진 사람은 거의 없었다.

월가 사람 가운데 루스벨트를 싫어하는 사람으로서 가장 말을 함부로 하면서도 사람들의 사랑을 가장 많이 받던 인물이 한 사람 있다. 그는 바로 왕년에 우상처럼 여겼던 루스벨트 대통령의 통화정책에 환멸을 느끼고 워싱턴을 떠난 제임스 워버그다. 그는 워싱턴에서의 책임을 벗어던지고는 월가의 은행 동료들에게 부탁, 휴가를 연장하더니 1934년 초 장기간에 걸쳐 카리브해 항해를 즐기면서 런던 회의 및 워렌 작전에 대한 자신의 견해를 밝히는 책을 썼다. 『엉망이 된 통화』 The Money Muddle란 제목으로 나온 이 책은 즉각 전국적인 베스트셀러가 될 정도로 화제를 뿌렸는데, 원래 그의 의도는 루스벨트 정책에 대한 우호적인 비판이었으며, 독자들도 그렇게 받아들였다. 워버그는 책이 출판되기 전에 '하시는 일이 잘 되기를' 이란 글귀와 함께 아직도 변함없이 존경한다는 마음을 표현한 글귀를 덧붙여 루스벨트에게 한 권 보냈다. 그리고는 '지미에게' 로 시작되는 대통령의 답장을 받았는데, 그 답장에서 루스벨트는 그의 전 보좌관에게, 책을 흥미있게 읽었으며 언제 한번 만나서 얘기나 나누자고 썼다. 하지만 워버그는 그 초청을 받아들이지 않았다. 아직도 루스벨트에 대한 환멸에서 벗어나지 못한 데다 베스트셀러의 저자들이 흔히 그렇듯 갑자기 생긴 대중적 인기에 도취하여 연속적으로 책을 두 권이나 더 발표, 그의 첫번째 주제를 더욱 불리고 확대했던 것이다. 그 두 권 가운데 먼저 나온 『우리에게 달려있다』It's Up To Us에서, 워버그는 뉴딜의 핵심 정책 세 가지(은행법, 국가재건법 및 금보유법)에 대해 수정의 필요성을 역설했다. 이번에도 그는 대통령에게 미리 책을 보냈고, 역시 따뜻한 답장을 받았다. 물론 이번엔 온화한 말씨 속에 분노가 깔려 있음을 감지할 수 있는 답장이었지만.

그의 세번째 책 『선거로 인해 뒤틀리다』Hell Bent for Election는 「뉴욕 헤럴드 트리뷴」에 연재하던 짧은 논평들을 묶은 것인데, 1935년 여름에 출간되었다. 이 책은 좀 문제가 달랐으며, 따라서 대통령에게 미리 보내지도 않았다. 워버그는 루스벨트에 대한 환멸이 깊어감에 따라 자신도 모르는 사이에 루스벨트 증오자들과 한 패가 되어버린 것이었다. 저자가 애써 우호적인 비평이라고 강조했지만 그렇지 않은 글이 분명했다. 워버그의 글을 살짝 보자. "마치 기관사인 형님께서 고도의 색맹이 되어버린 거나 비슷한 상황이었습니다. 전 아직도 형님을 좋아하지만, 형의 고용인들 앞에서 다른 사람들의 생명을 형에게 맡겨도 된다고 할 수는 없었습니다." 구체적으로 말해, 그는 루스벨트가 자신의 선거공약이 아니라 오히려 사회주의자들의 후보인 노먼 토마스(Norman Thomas)의 공약을 이행하고 있는 형국이라고 비난하며, 국가재건법은 말도 안 되는 실패라고 확실히 못박았다. 그의 발언은 이제 못 본 척 봐줄 수 있는 선을 넘었다. 그는 형제 같은 친근감도 없이 루스벨트의 성격과 속마음 등을 공격했는가 하면, 극적인 것에 대한 뛰어난 감각의 소유자인 대통령은 정치가라기보다는 흥행사 기질을 가진, 그래서 영웅이 되어 많은 사람들에게 사랑과 존경을 받고 싶은 욕망 탓에 비이성적으로 좌지우지되는 그런 사람이라고 비난했다. 워버그는 결론적으로 현 정부는 좋은 일보다는 나쁜 일을 하는 게 더 많다며, 대통령을 빨리 갈아치울수록 좋다고 썼다.

거의 백만부나 팔린 이 책은 반루스벨트 전선의 주요 선전책자가 되었고, 저자는 모든 루스벨트 증오자의 친근한 벗이 되었다. 워버그는 자신의 수사학적인 표현 및 이에 대한 세간의 평가에 매료된 듯 더욱 강성을 띠더니, 마침내 자유연맹에까지 이르게 되었다. 알 스미스(Al Smith)가 연사로 나서서 "뉴딜은 공산화된 러시아 같은 썩은 냄새가 난다"고 말한 그 유명한 1936년 1월의 자유연맹 만찬모임은 루스벨트의 재선을 반대하는 연맹의 첫번째 공식행사가 되었는데, 색맹이 된 기관사를 형으로 둔 고민에 빠진 동생은 이 자리에 참석하여 이 운동에 대한 지지를 표했다. 이제 완전히 루스벨트를 버린 그는 단순히 루스벨트를 야유하기 위해 고용된 혹평가가 되어 있었다.

하지만 워버그는 조금씩 조금씩 변절해가던 그 와중에도 남몰래 반의식적인 불안에 떨고 있었다. 그리고 이제 완전히 변절하고 나자, 그는 꼼짝 못하고 그 불안감의 포로가 되고 말았다. 공화당이 랜든(Landon)과 녹스(Knox)를 대선후보로 지명하는 걸 보고, 그는 양심의 가책을 느끼며 괴로운 마음으로 여름을 보냈다. 마침내 10월이 되어 랜든이 상호관세 축소를 반대하는 후보연설을 하자 워버그는 국무장관 헐에게 공개적인 편지를 보내, 이제 루스벨트를 지지할 것임을 선언했다.

그리하여 제임스 워버그의 정치적인 편력도 종지부를 찍었다. 선거 후, 그는 은행계와 정계 활동을 모두 그만두고 남은 여생을 저술 및 세계평화를 위해 보냈다. 월가 사람으로서 루스벨트 증오자가 된 그의 반짝 경력은 그가 나중에 어떻게 그런 길을 가게 되었는지 스스로 설명한 걸 들어보면 더욱 흥미롭다. 그는 자서전에서 이렇게 썼다. "1932년 나는 사랑하는 부친을 여읜 뒤, 루스벨트를 대리(代理)아버지 같은 사람으로 여기게 되었다. 그러나 그후 불행하게도 루스벨트는 나의 친아버지가 믿었던 정신적인 신념을 공격하기 시작했다. 그 신념은 전통적인 은행 제도라든가 건전한 통화에 대한 믿음 같은 것이었다. 루스벨트의 행동들은 나로 하여금 이유있는 걱정을 하게 했을 뿐 아니라 무의식적이나마 나의 친아버지를 어느 정도 대신했던 대리아버지가 그 친아버지를 배반했다는 그런 감정을 느끼게 했다." 그리하여 그는 그 잘못된 아버지를 격렬하게 거부했다가, 결국 뒤늦게 자신의 잘못을 깨달았던 것이다.

그 정도면 훌륭한 변명이었다. 정치적인 고백의 역사를 돌아보거나 월가에서 생겼던 그 많은 루스벨트에 대한 증오 감정들을 돌아보아도 매우 돋보이는 변명의 글이었다. 루스벨트를 미워한 다른 사람들, 즉 까다로운 사설클럽 회원들이나 말 많은 사람들, 뉴스 방송에 야유나 해대는 사람들, 이런 사람들도 다 은퇴하면 워버그처럼 마음이 바뀔까? 그런 생각을 해보면 재미있기도 하다.

IV

월가 특유의 불안감은 증권거래소에서 느낄 수 있었다. 그런 불안감은 리차드 위트니 및 그가 이끄는 완고한 보수집단에 대한 반란의 형태로도 나타났다. 그렇긴 해도 그건 아직 힘없는 반란이었으며, 그 반란에 참여한 자들 역시 마지못해 동조하는 경우가 대부분이었다.

단순하게 보면, 문제는 증권거래소가 지금까지 그래왔듯이 사설클럽같이 운영되어야 할 것이냐, 아니면 당시의 기능으로 보아 자명했지만 공적인 기구로 거듭나야 할 것이냐였다. 1934년 말에는 아직 보수파 즉 사교클럽 지지파들이 실권을 쥐고 있었다. 그 해의 선거에서 위트니는 무난하게 다섯번째로 1년 임기의 이사장직에 재선되었으며, 그와 함께 선출된 집행위원들 역시 항상 그래왔듯이 위트니가 직접 고른 사람들이었다. 일반 투자자들과 직접 거래하는 탓에 그들의 이해관계를 대변할 수밖에 없고, 따라서 반대파가 될 가능성이 컸던 증권회사 중개인들은 거래소 회원권의 반 이상을 소유하고 있었지만 집행위원회에는 그들 세력이 1/3 정도만 진출해 있었고, 거기에서는 기묘하게 고안된 비정상적인 선출방식을 통해 매년 그렇고그런 사람들이 집행위원의 자리를 차고 앉았다.

하여간, 이미 증권거래법 제정을 놓고 정부와 협조함으로써 위트니에게 도전장을 낸 바 있던 수수료 수입 중심의 증권회사 중개인들의 분위기는 심상치 않았다. 그들의 지도부는 이미 오래 전에 장로파(Elders)란 이름의 소규모 집단으로 발전, 정기적인 오찬 만남을 통해 위트니 일파의 독단에 불만을 토로하고 대책을 논의하는 거래소 내의 야당 내각을 형성하고 있었다. 이들 중엔 월가의 비주류파인 피어스(Pierce) 같은 인물도 있었지만, 사실 전체적으로 보아 장로파는 불타오르는 자유주의자 그룹이라고 불려질 정도는 아니었다. 그러나 천만에! 그들 중에는 얼마 후 자유연맹의 자금책임자가 되어 열성적으로 활동할 사람도 있었고, 자유연맹의 법률부문 소위원회 의장이 될 변호사도 있었다. 바로 이런 인물들이 1934년, 1935년에 월가의 개혁론자들이었다. 하지만 개혁론자에 관한 한 과연 월가에 선택의 여유가 있었을까?

사실 장로파는 리차드 위트니와 조세프 케네디라는 두 고래 사이에서 꼼짝 못하는 새우 같았다. 무엇보다도 장로파에는 위트니에 맞서 선거를 통해 위트니와 그 일파에 승리를 거둘 만한 인격과 추진력을 가진 인물이 없었다. 피어스나 폴 쉴드(Paul Shield) 같은 사람들은 반항아적인 이미지가 너무 강해 선거에서 표를 얻기가 힘들었다. 그러던 1935년 초, 우연하게도 그 역할을 맡을 사람이 등장했다. 1934년 하반기 내내 케네디는 정부가 개입하기 전에 증권거래소에 자체 개혁을 꾸준히 요구했지만, 위트니는 계속 방해공작을 폈다. 케네디는 장로파에 도움을 청하기도 했지만, 그들은 주저하기만 할 뿐 별다른 힘이 되어주지 못했다. 마침내 인내심의 한계에 달한 케네디는 거래소에 최후통첩을 보내 지체없이 11개 조의 개혁안을 통과시킬 것을 요구했다. 위트니가 또 다시 평소의 경멸스런 태도로 이를 무시하자, 케네디는 그 문제를 장로파에 넘기며 "당신들이 나의 친구라고 하니, 이 개혁안을 통과시켜주길 바랍니다"라고 통고했다. 장로파는 케네디안을 지지하는 결의안을 내고, 개혁안의 신속한 통과를 주장했다. 그리하여 집행위원회가 열렸고, 위원들은 격분하여 장로파의 반동적인 행동을 비난했다. 그때 집행위원회에는 장로파 소속 위원이 한 사람도 참석하지 않았으므로 그 누구도 장로파를 옹호하는 발언을 하지 않았다. 물론 위트니가 의도적으로 집행위원회를 그렇게 구성한 결과 였지만. 아니, 그러나 그 자리에 모인 집행위원 모두가 다 장로파가 아니었던 건 아니다. 42세라는 상대적으로 젊은 나이의 장로파 한 사람이 그 자리에 있었는데, 바로 찰스 바니(Charles Barney) 증권회사의 선임 파트너였던 존 헤인즈(John Hanes)였다. 그는 최근 빈자리가 생긴 집행위원회의 정원을 맞추기 위해 임시로 임명된 사람이었다. 헤인즈는 자리에서 일어나더니 부드러운 노스 캐롤라이나 억양을 써가며 열성적으로 결의안을 옹호했다. 그러고는 리차드 위트니의 코앞에서 거래소의 보수파들을 감히 공격하기 시작했다. 그가 말을 마치고 자리에 앉자 모두들 한동안 멍하니 놀라 침묵했다. 나중에 집행위원들은 그의 폭언에 '이단'이라는 이름을 붙였다.

그리하여 개혁파들에게 영웅이 생겼다. 영웅이라고? 개혁파라고? 존 헤인즈는 물론 자유연맹 같은 데 어울릴 사람은 아니었지만, 그렇다고 혁명적인 성향의 사람도 결코 아니었다. 레이놀즈 담배 회사를 세우고 윈스튼 살렘(Winston Salem ; 노스 캐롤라이나의 북서부 도시 ─ 옮긴이)에서 직물공장을 하는 부유한 집안에서 태어난 그는 예일 대학을 졸업한 후 투자은행에 뛰어들어 성공을 거두었다. 1930년대 중반 그는 점잖고 품위 있는 남부 사람으로서, 북부출신들의 멋없고 딱딱한 사회생활에 그나마 어느 정도 여유와 멋을 불어넣어주곤 했다. 모건가(家)에 대해서는 거의 숭배하는 마음을 갖고 있었는데, 그의 기준에서 보면 모건가는 옳고 정당한 모든 것을 대표했으며, 라몬트나 레핑웰, 조지 위트니 같은 사람들이 자기와 가깝다는 사실을 무척이나 자랑스럽게 여기고 있었다. 그는 철저하게 자유기업주의자였다. 요컨대 이 어지러운 세상에서 인간을 앞으로 전진시키는 유일한 동력은 바로 나중에 얻게 될 보상에 대한 희망이라는 굳은 신념의 소유자였다. 그는 또 남부 출신의 핵심 민주당원이었지만 한번도 루스벨트에게 표를 던진 적은 없었다. 1932년에도, 아니 그보다 한참 전인 뉴욕 주지사 선거전 때도. 훗날 그는 유명한 말 나슈아(Nashua)의 공동 소유자로서 그 말을 돌보았으며, 책상 위엔 경마 우승컵과 성경책을 항상 나란히 놓아두곤 했다. 존 헤인즈는 대표적인 담배 재벌이자 고루하고 선량한 남부 신사였다. 그런 그가 급진적인 개혁파라고? 1935년 월가에서나 있을 수 있던 일이었다.

존 헤인즈와 리차드 위트니, 나이는 위트니가 4살 더 많았고, 여러 해 동안 인연을 맺어 왔지만 둘은 잘 어울리는 사이라고 볼 순 없었다. 가족들끼리 알고 지내게 된 것도 순전히 딸들이 폭스크로프트(Foxcroft) 학교에서 같은 방을 쓰고 있었기 때문이었다. 헤인즈는 위트니의 거래소 운영 방식에 반대하는 입장이었고, 1932년에 이미 위트니가 여론을 지나치게 무시하고 있으며, 이로 인해 월가에 대한 대중의 인식이 안 좋아지고 있다고 생각하고 있었다. 이듬해인 1933년, 그는 모건은행을 찾아가 우상처럼 여기던 가까운 사람들, 라몬트와 조지 위트니에게 리차드 위트니에 대한 자신의 생각을 털어놓았다. 그러자 조지가 말했다. "나한테 말하지 말고, 리차드에게 직접 얘기하라구." 나중에 리차드 위트니를 찾아가 직접 말하긴 했지만, 그는 자기를 찾아온 비평가들에게 습관적으로 하듯이 건성으로 듣고는 자리를 금방 끝내 버렸다. 그러다가 1934년에 둘 사이에 직접적인 영업상의 일이 생겼고, 그러면서 상대방이 보복적인 행동을 하는 게 아닌가 서로 의심하기도 했다. 애긴즉슨 그 해 수많은 투자은행들이 그랬듯이 바니 증권회사도 파산위험에 처했는데, 주식투기꾼들이 악소문을 퍼뜨리고 주가를 조작, 자신의 회사를 파산 직전까지 몰고 가자, 헤인즈는 위트니에게 이사장의 권한으로 이들을 막아달라고 부탁했다. 그러나 위트니는 헤인즈의 부탁을 냉정하게 거절했다. 다행히 적들의 매도공략은 실패로 끝나고 말았는데, 훗날 헤인즈는 남부 출신다운 정중한 말투로 위트니가 모른 체 했던 것을 보복이라고 생각지는 않았다고 회고했다. 하지만 1935년 초, 그가 위압감이 짓누르는 집행위원회에서 목에 힘주고 앉아 있는 이사장의 바로 코앞에서 부드럽긴 하지만 격앙된 목소리로 이단적인 말을 했을 때(그 덕에 월가 급진파의 거두로 급부상하긴 했지만), 그의 마음속에 지나간 그 일이 전혀 떠오르지 않았다고는 얘기하기 힘들 것이다.

V

위트니는 다시 한번 전열을 가다듬어 싸움에 나섰다. 장로파가 공개적으로 그에게 반대하고 나선 직후인 2월 7일, 그는 플라자 호텔에서 열린 공개 만찬에서 비장하게 말했다. "오늘날 우리에겐 새 지도자가 생겼습니다. 바로 증권거래 감독위원회입니다. 그들은 그들이 원하는 건 뭐든지 할 수 있습니다. 지금 우린, 특히 제가 그렇습니다만, 독단적이고 적대적이며 비협조적이라는 비난을 받고 있습니다. 하지만 우리 거래소와 임원들은 언제든 다만 협조하고 싶은 마음뿐입니다." 정말 그랬을지도 모른다. 그러나 위트니와 그의 일파는 거래소 내의 반대파와는 협조하는 시늉조차 내려 하지 않았다. 증권거래소 역시 여타의 사설클럽과 마찬가지로 임원의 임명을 추천위원회가 맡고 있었으며, 1년에 한 번 후보 명단을 한 번의 박수갈채로 통과시켜 쉽게 처리했었다. 물론 이러한 제도는 그 역사가 오래된 것으로, 흔히 과두독재체제가 자신의 세력을 유지하기 위한 방편으로 써왔던 것이다. 그러나 위트니는 이제 자기가 판 함정에 자기가 빠질 위험에 처해 있었다. 그 전 해, 증권거래법이 통과되고 나서 혼란스럽던 몇 달 사이에 슬며시 재구성된 추천위원회는 신중한 진보파와 반위트니 세력으로 가득 차 있었으며, 무엇보다 증권거래소의 평판에 신경을 쓰고 있었다. 플라자 만찬이 있고 나서부터 추천위원회가 1935년의 후보자 명단을 제출하기까지의 그 두 달 동안 위트니 세력은 담합과 협박까지 불사하면서 시장부에서 전면적인 정치공세를 펴 추천위원들에게 직접 영향을 미치려 했다. 그러는 와중에 한번은 다가올 선거에서 위트니의 지지를 약속하자는 전단이 돌기도 했다. 위트니를 이사장 후보에서 떨어뜨릴 맘은 있었으나 선뜻 용기를 못 내던 추천위원회는, 3월이 되자 후보로 한 사람이 아니라 세 사람을 추천해 위원들로 하여금 공개투표를 통해 결정하게 함으로써 위트니 문제를 살짝 비껴가는 절묘한 타개책을 내놓았다. 그리하여 후보로 위트니와 헤인즈, 그리고 찰스 게이(Charles Gay), 이 세 사람이 추천되었다. 게이는 온건하고 친화력 있는 중개인으로서, 서로 적대하고 있는 양편 사이에서 중도파로서 타협을 끌어낼 수 있는 적임자였다. 하지만 이런 조정도 곧 실패했다. 왜냐하면 숙고를 거듭한 헤인즈가 이사장직에 도전하거나 공개적으로 반위트니 전선에 참여하지는 않겠다고 선언했던 것이다. 이유야 어쨌든 갑자기 이사장 후보 사퇴의사를 밝힌 헤인즈는 자신은 다만 집행위원회 위원 후보로만 나서겠다고 했다. 헤인즈의 후보 사퇴로 중도파로서의 입지가 약화된 게이 역시, 위트니가 연임하겠다면 자신도 그에게 표를 던지겠다고 말하여 일은 더 꼬이게 되었다. 이리하여 급진파들은 싸움을 포기하고, 중도파는 자신의 맞수에게 표를 던져야 하는 모양이 되고 말았다. 거래소 내의 반독재파들 입장에서 보면 참으로 한심한 사태였다.

이제 위트니의 연임은 당연한 듯 보였다. 그러나 케네디와 장로파의 계속된 옆구리 찌르기에 힘입은 추천위원회는 위트니의 연임을 저지하기로 하고, 그 대신 그에게 미끼로 집행위원회에 자리를 만들어 주기로 했다. 다음 문제는 그렇게 쉽게 후보 자리를 포기하려는 게

이의 마음을 돌려놓는 일이었다. 추천위원회 의장인 로렌스 오클리(Lawrence Oakley)는 게이에게 간곡하게 말했다. "찰리, 그 자린 따놓은 당상이야. 꼭 후보가 되어주게." 일이 이쯤 되자 게이도 내키진 않았지만 입후보에 동의했다. 얼마 후 그는 위트니에게 자신의 행동에 대해 사과하면서 "난 누가 뽑히든 상관없지만 오클리씨에게 한번 해보겠다고는 했어"라고 말했다. 추천위원회 역시 위트니에게 상황을 설명하기란 쉬운 일이 아니어서, 이 일을 맡은 오클리도 편한 마음은 아니었다. 이번엔 그가 불안해질 차례였다. 그는 위트니에게 후보 탈락 결정을 통보해 주며 변명하듯 말했다. "딕, 이건 개인적인 감정 문제가 아니야. 일반인들과의 공적 관계가 걸려있는 문제라구." 위트니는 목덜미가 벌개지더니, 그렇다면 자기는 독립후보로 출마할 것이며, 승리할 만한 득표수도 확보하고 있다고 차갑게 대꾸했다. 이제 마침내 일은 벌어졌다.

4월 초, 선거가 있기 한 달 전, 추천위원회는 용감하게 후보 명단을 발표했다. 이사장에는 게이, 재무관에는 중도파의 벤자민 브린튼(Benjamin Brinton), 그리고 모두 11명을 뽑는 집행위원회 위원 후보로는 반위트니파 인물들을 8명이나 들이밀었는데, 그 가운데는 헤인즈도 있었고 28살밖에 안 된 세인트 루이스의 중개인 윌리엄 마틴 주니어(William Martin Jr.)도 있었다. 11명 가운데 강성의 위트니 지지파라고는 위트니 자신과 그 외 2명이 더 있었을 뿐이었다. 이제 위트니는 품위있게 기권하든지, 아니면 오클리에게 위협한 대로 독립후보로 출마하든지 양자택일을 해야만 했다. 다른 문제들을 처리할 때도 흔히 그랬듯이, 위트니는 이 문제를 길 건너 23번지의 형 조지에게 가져갔다. 토마스 라몬트와 의견의 일치를 본 조지는 동생 위트니가 독립후보로 나서는 건 월가의 평판이 땅에 떨어진 상황에서 너무나 심하게 분열된 모습으로 비쳐질 거라면서 출마를 포기하라고 단호히 얘기했다. 형마저 이렇게 나오자, 위트니는 더 이상 하소연할 데가 없어졌다. 거래소나 워싱턴에서는 그 어떤 심리적 망설임도 없이 자신의 적들에게 끊임없이 대들고 윽박질하고 무례를 범하던 위트니였지만, 형에게까지 그럴 수는 없었다. 위트니는 '브루투스여, 너 마저!' 하는 시저의 기분이 되어 23번지에서 힘없이 물러나오긴 했지만, 곧 다시 힘을 되찾았다. 아직 패배한 건 아니었을 뿐더러 위트니는 위기 속에서도 뭔가 실마리를 찾아낼 수 있는 그런 사람이었다. 조지와 라몬트는 위트니 자신이 이사장직에 독립후보로 나서는 걸 반대했을 뿐이었으므로, 따라서 집행위원회의 빈 자리에 자신의 지지자들을 독립후보로 추천하여 개혁파들과 한번 힘겨루기를 해볼 수 있었던 것이다. 어쩌면 이들이 추천위원회를 통해 나온 후보들에게 압승을 거둘지도 모르는 일이었고, 그런 참패를 당할 후보 가운데는 멋대로 개혁파의 상징이라고 일컬어지는 존 헤인즈가 포함될지도 모르는 일이었으며, 또 어쩌면 게이가 이사장직으로 얻는 지지표보다 자신이 내세운 집행위원 후보들이 더 많은 지지표를 얻어 사실상 거래소의 지도자가 누군인지를 보여줄지도 모르는 일이었다. 결국 겉으로는 패배처럼 보일지 몰라도 실질적으로는 승리를 거둘지도 몰랐다.

그리하여 위트니의 지지자들은 협박도 하고 선심도 쓰면서 시장부를 누비고 다녔다. 공개적으로는 다음 이사장으로 게이를 지지하면서도, 뒤에서는 거래소 회원들에게 게이에 대한 지지를 철회하고 불신임을 표시하라고 강요했다. 그러는 한편, 믿을 만한 위트니 사람으로 세 명의 독립후보를 내세워 추천위원회가 지명한 집행위원들에게 도전장을 던지게 했다. 이 대결은 어느새 전국적인 관심을 끌게 되었으며, 진보에 반대하는 보수파 및 그 백기사의 씩씩한 투쟁은 금융시장에 관심을 가진 신문독자들에게 주가 움직임만큼이나 흥미진진한 기사가 되었다. 이건 새로운 유형의 월가 드라마였던 것이다.

5월 13일, 다른 선거 때에 비해 두 배나 되는 회원들이 투표에 참석하고, 처음으로 시장부에 비밀을 보장하기 위한 투표소까지 설치된 채 실시된 투표의 결과는, 위트니가 희망했던 바로 그 상징적인 완승이었다. 집행위원회에 도전한 세 명의 독립후보는 모두 844표, 898표, 918표라는 확실한 득표로 당선되었고, 게이는 1,131표를 얻어 이사장직에 당선되었다. 그리고 위트니는 자신이 원했던 대로 그보다 많은 1,146표를 얻어 집행위원이 되었다. 그러나 무엇보다 가장 짜릿했던 것은, 추천위원회 후보 가운데 가장 참패를 당한 사람이 바로 존 헤인즈였다는 사실이었다. 그가 얻은 371표는 선거에 나온 후보 가운데 최저 득표였을 뿐 아니라 바로 위 차점자와의 차이도 가장 컸다.

VI

이제 60세가 된 뚱뚱하고 안경 쓴 거래소의 신임 이사장은 자수성가한 감리교인으로서, 그 누구에 대해서도 적대감이 없는 그런 사람이었다. 뉴욕 브루클린에서 태어난 찰스 게이는 그곳에서 학교를 나온 뒤, 1890년대에 주급 3불짜리 잔심부름꾼으로 월가에서 일을 시작, 열심히 일하고 저축하여 1911년엔 거래소의 회원권을 살 수 있었고, 1919년엔 화이트하우스(Whitehouse) 증권회사의 선임 파트너가 되어 1923년 이래 쭉 거래소의 집행위원으로 일해 왔다. 출신 배경이나 사회적 신분으로 보면 게이와 위트니는 커다란 격차가 있었다. 그러나 시장부에서 성장하면서 그는 자연스럽게 위트니 일파가 되었으며, 두 사람은 오랫동안 업무상 가까운 사이를 유지했다. 이제 당면한 문제는 이사장으로서 게이가 과연 얼마만큼 진보파의 요구를 수용하여 위트니의 정책들을 바꾸고 뒤집을 것인가 하는 점이었다. 그 문제는 오래지 않아 답이 나왔다. 새로 구성된 집행위원회는 선거 바로 다음날 게이의 제안에 따라 그와 함께 일할 부이사장으로 해리 시몬즈를 임명했는데, 그는 위트니의 전임 이사장으로 누가 봐도 철저한 위트니 지지자였다. 보수파는 시간이 흘러감에 따라 이름만 바뀐 새 체제하에서 다시금 그들의 세력을 공고히 해갔다. 막강한 규정위원회가 여전히 그들의 손아귀에 있었으며, SEC와 장로파가 요구해온 조직 개편 또한 전혀 진전이 없었다. SEC와의 관계에 있어서도 게이는, 물론 위트니보단 훨씬 더 우호적이고 훨씬 덜 거만했지만, 막상 실제 업무에서 비타협의 대명사인 위트니보다 얼마나 더 협조적인지는 분명치 않았다. 마침내 개혁파의 중심인물 피어스와 폴 쉴드는 게이를 저녁식사에 초대, 개혁운동에 등을 돌리는 그에게 일침을 가했다.

"그러면 뭘 어떻게 하란 말입니까?" 찰스 게이는 항변했다. "난, 손발이 묶여 있다구요." 그의 말도 일리가 있었다. 그 해 선거를 통해 바뀐 자리는 전체의 1/4밖에 안 되었기 때문에 당연히 위트니 지지파가 집행위원회의 다수로 남아 있었던 것이다. 더구나 그 해 말 위트니 일파는 거래소 전체의 여러 기구에 걸쳐 다시 확실한 영향력을 확보하는 데 성공, 게이가 해보려는 그 어떤 진보적인 시도도 얼마 못 가 좌절되고 말았다. 선거 패배와 함께 개혁운동은 추진력을 잃었고, 게이는 소수파 이사장으로서 꼭두각시로 전락하고 만 셈이었다. 이제 위트니의 승리는 상징적인 것 이상의 실제적인 것으로 보이기 시작했으며, 아직도 거래소의 실질적인 지도자는 위트니라는 게 뻔히 드러나고 있었다.

위트니에겐 만족할 만한 일이 또 하나 있었다. 아무리 이름뿐으로만 그렇다 해도, 그가 일단 이사장에서 물러나자 일반 대중들은 그에게 존경과 지지를 보냈다. 선거 후 몇 주가 지난 뒤, 그는 거래소와 거래소 오찬 모임을 통틀어 거의 2천 명이나 되는 직원들이 서명한 감사장을 받았는데, 거기엔 "지난 5년 간 리차드 위트니는 그의 영도하에 있던 모든 사람들의 충성심과 우정, 그리고 신임을 얻었습니다"라고 쓰여 있었다. 이런 건 누군가에 의해 쉽사리 연출될 수 있는 게 아니다. 이 감사장이 자발적인 동기로 만들어진 게 아니라거나, 거기에 쓰인 말이 사실이 아니라고 할 만한 근거 또한 찾기 힘들다. 이런저런 상황을 종합해 보건대, 12월 26일 집행위원회가 위트니를 여섯 명의 거래소 공제조합 재산관리인(Trustees of the Gratuity Fund ; 지금도 뉴욕 증권거래소의 홈페이지 nyse.com에 들어가 보면 조직Organization에서 현재 공제조합의 재산관리인 명단을 볼 수 있다—옮긴이) 가운데 한 사람으로 임명한 것 역시 그다지 놀랄 만한 일이 아니다. 공제조합은 사망한 회원들의 가족들을 위한 상호공제회 같은 것으로 그 재산은 수백만불에 해당했으며, 거래소 내 여러 직위의 사람들로 구성된 재산관리인들은 그 누구보다도 꼼꼼하고 논쟁의 여지없이 성실한 사람이어야만 했다. 공제조합 재산관리인 임명은 아무 말썽 없이 만장일치로 가결되었다. 진보파든 보수파든 가까운 사이든 적이든 간에, 집행위원회 내에서 아니 이 점에 관한 한 그 어느 곳에서도 마찬가지였겠지만, 리차드 위트니가 다른 자질들이야 어떻든 매우 모범적이고 성실한 사람이란 걸 의심하는 사람은 단 한 사람도 없었으니까.

일이 커지다

I

위트니가 권력을 놓치지 않으려고 그렇게 애쓴 것은 고집스런 자만심이나 권력에 대한 애착 때문만은 아니었다. 그는 다급해진 개인 사정 때문에 그 권력이 가져다 주는 영향력이 필요했던 것이다. 저지 라이트닝(Jersey Lightning)은 아직도 전국을 휩쓰는 인기 최고의 술이 되지 못했고, 증류수 회사(DLC)의 주가도 하락하고 있었다. 1934년 초의 최고가 45불에서부터 떨어지기 시작한 주가는 이후 쉴새없이 빠져 2년 만에 11불로 주저앉았다.

1935년, 증권거래소에서의 권력투쟁이 계속되는 동안, 그는 빚 감당이 힘들어지는 걸 느낄 수 있었다. 그 전 해 7월, 그는 친구 멜리크에게 꾼 돈을 다 갚았으나, 피어스에게 꾼 돈 10만불은 아직도 상환하지 못하고 있었다. 그들은 공적으로는 잘 알려진 이유로 적대관계에 있었지만, 개인적으로는 그럴듯한 격식을 차려가며 채무자와 채권자의 관계를 유지하고 있었다. 3개월에 한 번씩, 90일 만기가 돌아올 때마다 위트니는 예의를 갖추어 연장을 요청했으며, 피어스도 예의를 잃지 않고 연장에 동의했다. 이 빚의 상환은 하도 많이 연장이 되어, 위트니는 "진심으로 감사하는 마음을 가지고 있습니다. 절 믿어주십시오. 딕 위트니로부터"라는 쪽지를 만들어 연장을 부탁할 때마다 사용했다. 피어스는 거래소 이사장직에서 위트니를 몰아낸 두 세력을 대표하는 사람 중의 하나였지만, 그래도 어김없이 그 농담 같은 글귀를, 아니 연장 요청을 받아들이곤 했다.

위트니는 허버트 듀크 웰링튼에게 꾼 11만불도 아직 못 갚고 있었는데, 둘은 오래된 가까운 사이였기 때문에 어떤 면에서는 더욱 어려운 문제를 야기했다. 돈 문제가 걸리면 가까운 친구 사이의 우정에도 금이 가거나 관계가 깨진다는 건 잘 알려진 사실이지만, 그 긴장관계의 역학은 쉽게 드러나지 않는다. 문제는 그것이 전적으로 일방적인 관계라는 데 있다. 돈을 꿔준 사람은 물질적인 부담뿐 아니라 도덕적인 부담까지 안게 되는 반면, 돈을 꾼 사람은 친구의 마음을 시험하는 위치에 서서 친구가 불안해 하는지를 살피며 우정이라는 이름으로 치장한, 신뢰관계를 실험하게 된다. 돈은 돈대로 손에 쥔 상태로 말이다. 만일 돈을 꿔준 친구가 용감하게 돈을 갚으라고 요구하거나 독촉의 말이라도 하면 그는 신뢰관계를 먼저 깼다는 비난을 면치 못하게 된다. 돈을 꿔준 사람에겐 얼마 안 되는 이자나 고맙다는 감사표시를 받는 것 외엔 득될 게 아무것도 없는 것이다.

웰링튼은 적어도 1935년에는 위트니에게 돈을 갚으라고 하지 않았다. 2년 전 30일 후에 돌려받기로 하고 꿔준 거였지만, 부탁에 의해 여섯 번 이상 상환이 연장되었으며, 그 이후엔 상호 동의하에 만기 없는 채로 연장되고 있었다. 위트니가 편리한 시점에 그 돈을 갚기로 했던 것이다. 두 사람은 거래소에서나 각종 사설클럽에서 계속 마주쳤으며, 위트니는 때때로 아무렇지도 않게 "이봐 듀크, 자네한테 꾼 돈 아직 잊지 않고 있어. 내가 잘 처리할게"라고 말하곤 했는데, 웰링튼 역시 아무렇지도 않다는 듯 고개를 끄덕이곤 했다. 웰링튼은 마치 엄격한 스파르타식 규칙이라도 지키듯이, 한 번도 그 돈에 대해 먼저 얘기를 꺼내지 않았다. 하지만 웰링튼의 회고에 의하면, 그는 1935년 말이 되자 친구 사이라지만 위트니가 좀 심한 것 아닌가 하고 미심쩍어 하기 시작했다고 한다. 더구나 위험을 분담하고 있던 웰링튼의 파트너들이 표나게 불안해 하기 시작했다. 웰링튼은 이 문제를 자신이 책임질 것임을 거듭 강조하고, 또 그와 위트니와의 우정이 단단하다는 걸 상기시켜줌으로써 그들을 무마시켰다. 그는 동료들에게 이렇게 말했다. "위트니는 명예를 소중히 여기는 사람이라구. 그 친구의 약속은 은행에 맡긴 현금이나 마찬가지야." 그러므로 갑자기 상환을 요청하면 둘의 우정을 깨는 행위로 받아들여질 거라는 얘기였다.

같은 시기에 위트니는 아직도 모건은행에 50만불, 형 조지에게 백만불 가량을 빚진 상태였다. 물론 이 빚들은 다 가족끼리의 거래로서 그다지 문제될 게 없었다. 모건가(家)와 위트니가(家)는 도덕적으로나 금전적으로나 가족관계와 다름없었으니까. 하지만 1935년 당시, 위트니는 가족이나 친구가 아닌 사람들에게서도 돈을 빌리고 있었다. 그 해 1월, 그는 거래소 시장부 전문가인 폴 애들러(Paul Adler)와 접촉했다. 두 사람은 지난 20여 년 동안 같이 일해오며 그런대로 가까운 사업상의 관계를 유지해왔다. 하지만 그들의 관계가 영업시간을 넘긴 적은 없었으며, 20년 동안 같이 식사를 해본 것도 딱 3번뿐이었다. 그럼에도 불구하고 애들러는 이루 말할 수 없을 정도로 위트니를 우러러 보고 있었다.

위트니가 애들러에게 "폴, 개인적으로 부탁이 좀 있는데 말야" 하고 말을 꺼내자, 애들러는 무슨 부탁인지 들어보지도 않고 바로 "좋지, 말만 하라구"라고 대답했다. 위트니는 1주일 간 10만불을 꿔달라고 했으며, 애들러는 "자네가 나한테 그런 부탁을 다 하다니 기분 좋네" 하며 당장 그 부탁을 들어주었다. 그후 몇 번에 걸쳐 연장하긴 했지만, 위트니는 그 돈을 다 갚았다. 애들러의 돈을 다 갚기 직전, 그는 이번에는 거래소의 또 다른 회원인 오토 아브라함(Otto Abraham)에게도 똑같이 10만불을 빌렸다. 아브라함은 훗날 "위트니의 명예와 인격을 존경하고 있었기 때문에 돈을 빌려주었으며, 당연히 우리 직원들에게는 돈 빌려준 얘기를 비밀로 했었다"고 회고했다. 상환일이 약간 연장되긴 했지만, 아브라함도 역시 돈을 돌려 받았다.

애들러와 아브라함은 둘 다 유태인이었다. 두 유태인에게 돈을 빌렸다는 사실만 보면, 위트니가 돈에 쪼들리는 서양의 장사꾼이 유태인의 손아귀에 빠져들고 마는, 그런 전설적인 운명에 빠진 것처럼 보이기도 했지만 꼭 그런 건 아니었다. 대출에 대한 이자는 돈을 꾼 사람의 살점 1파운드같이 무시무시한 게 아니라 대수롭지 않은 금액이었으며, 이들이 돈을 꿔준 이유는 탐욕이나 보복 때문이 아니라 존경하는 사람이 잠시 어려움에 빠진 걸 구해주기 위함이었다. 더구나 그 사람은 아직도 제도적으로는 유태인의 회원가입이 금지된 거래소에서 권력층의 정상에 있는 인물이 아니던가? 사실 까놓고 말하자면, 이 유태인들이 위트니의 손아귀에 놀아나고 있다고 봐야 했다.

이런 동안에도 월가는 위트니가 돈을 빌리고 다니는 걸 모르고 있었다. 개인 대출은 엄격한 비밀 속에 감추어져 있는 게 오랜 월가의 전통이었다. 그런 개인 대출에 관한 뒷공론은 자칫 돈을 빌린 사람의 신용에 먹칠을 할 수도 있기 때문이었다. 게다가 오늘은 돈을 빌려줄 수 있는 사람도 내일은 돈을 꿔야 할지도 모른다는 걸 모두 잘 알고 있기도 했다. 웰링튼은 그 문제에 대해 이렇게 말한 적이 있었다. "난 친구에게 돈을 꿔주는 일에 대해 누군가와 상의하는 건 좋지 않다고 생각합니다. 가장 친한 친구 사이에도 마찬가지죠." 그런 웰링튼도 가장 친한 친구를 돕겠다는 생각에 자신의 그런 신조를 어긴 적이 한 번 있었다. 1935년 성탄절, 웰링튼은 가족들과 시간을 보낸 뒤 오후에 라케트 클럽에 갔는데, 거기에서 사라토가(Saratoga) 경마회 회장인 조지 불(George Bull)을 만났다. 그는 웰링튼과 위트니, 두 사람과 오랫동안 가까이 지내왔으며 한때 거래소의 회원이기도 했던 사람이었다. 그 자리에서 웰링튼은 불이 위트니에게 상당한 액수의 돈을 꿔줄 생각이라고 말하는 걸 들었다. 그는 곧 부정적인 반응을 보이며, 불에게 변호사와 상의해서 정식으로 계약을 맺기 전에는 그렇게 하지 말라고 충고했다. 물론 그는 더 이상 자세한 얘기를 하지는 않았고, 불도 더 캐물으려 하지 않았다. 하지만 그 말은, 특히 성탄절날 사설클럽에서 듣기에는 놀라운 얘기였으며, 그 의미는 너무나 분명했다. 1주일 뒤, 그럼에도 불구하고 불은 위트니에게 15만불을 빌려주었다.

II

이렇게 꾼 돈들은 대부분 위트니가 죽기살기로 매달리기 시작한 DLC 주식 매입에 사용되었다. 헐값인 그 주식을 아무도 살 사람이 없다면, 위트니 자신이 살 작정이었다. 알란 라이언이 스투츠 주식을 가지고 했던 것처럼 매점을 할 의도가 있었는지 알 수 없지만, 아마 그렇진 않았을 것이다. 주식은 단순히 사는 사람이 없어서 값이 떨어지고 있던 것으로, 매점을 해서 곤경에 빠뜨릴 매도공략꾼들도 없었다. 위트니는 자신이 무담보로 빌린 돈 말고도, DLC 주식을 담보로 빌린 은행빚도 많았다. 따라서 주식값이 너무 빠지면 은행들이 추가 담보를 요구할 텐데, 그에게는 더 이상 담보로 내놓을 게 없었다. 그러다 보니 그에겐 주식을 계속 매입해서 주가를 받쳐 은행빚을 현상태로 유지하거나, 은행의 빚 독촉으로 파산하는 것 외엔 다른 방안이 없었다. 그는 기존대출을 연장하기 위해 새로 대출을 받아야 하는 전형적인 채무자의 덫에 걸려 있었던 것이다. 1936년에서 1937년에 걸쳐 그는 DLC 주식을 술 퍼마시듯 사들인 덕에 10불 정도에 주가를 겨우 유지할 수 있었는데, 물론 이를 위해 추가로 엄청난 돈이 계속 필요했다.

그렇게 돈이 필요하다보니 그는 곧 돈을 부탁하는 건지 가져가는 건지 모를 정도가 되어버렸다.

수년 간 그는 뉴욕 요트 클럽의 주식 및 채권 중개인 역할과 클럽의 재정관리자 역할을 맡아 왔었다. 그는 이 직함을 이용해 클럽 소유의 유가증권들을 직접 만질 수 있었을 뿐 아니라, 클럽 운영의 목적상 필요에 따라 그 유가증권들을 처분할 수 있는 권한도 가지고 있었다. 클럽 소유의 유가증권 중 일부는 보통 그의 사무실 금고에 보관되었다. 1936년 2월 14일, 그에게 무담보로 단기자금을 꿔줄 수 있는 웰링튼이나 애들러, 아브라함 같은 사람들이 일시적으로 돈이 나자, 그는 금고에서 15만 2백불에 상당하는 클럽 소유의 채권을 꺼내 퍼블릭 내셔널 은행(Public National Bank & Trust)에 가서 리차드 위트니 증권 회사에 대한 대출 20만불에 요구되는 담보의 일부로 이를 맡겼다.

이것은 횡령으로 은행 강도가 저지르는 절도죄와 하나도 다를 바 없는 행위였다. 차이가 있다면 위트니는 신임을 받고 있는 위치를 이용해 폭력이나 위협을 가하지 않고 은밀하게 도둑질을 하고 있다는 거였다. 여기서 흥미로운 건, 정신질환을 앓는 사람도 아닐 뿐더러 오히려 뛰어난 이성과 지성을 겸비한 사람이었던 위트니가 그 행위를 나쁜 짓이라고 생각하지 않았던 것 같다는 사실이었다. 나중에 작성된 정신과 보고서에 의하면, "위트니는 결코 자신이 하는 행동의 윤리적인 측면에 대해서는 생각해 보지 않은 것 같다"고 했다. 물론 정신과 의사가 너무 순진했다. 위트니의 오만한 냉정함과 당당한 태도에 속은 거라고나 할까? 그러나 그 당시 위트니가 자신이 도둑질을 한 게 아니라고 생각했을 가능성도 꽤 있다. 그는 자신이 절대로 도둑질을 할 사람이 아니라고 생각했는지도 모른다. 마치 자신이 도덕군자나 성인이라도 되는 듯이 말이다.

위트니는 그 전에도 비슷한 일을 한 적이 있다. 그가 백기사가 되기도 한참 전이고, 대폭락 당시 세운 공으로 명성과 권력을 얻기도 한참 전인 1926년에 이미 그는 장인 조지 셸든(George Sheldon)의 부동산에 귀속된 채권을 개인 대출에 대한 담보로 유용했던 것이다. 그 채권에서 나오는 수익은 만기 때까지 계속 유언자의 딸인 위트니의 부인에게 돌아가게 되어 있었으며, 부동산의 잔여 재산 수혜자는 하버드대학 및 세인트 폴 고등학교로 되어 있었다. 3년 뒤, 위트니는 대출금을 상환했고, 채권도 제자리에 되돌려 놓았다. 그리고 일시적인 곤란에 처했던 1932년, 그는 또 한번 셸든의 부동산 관련 채권을 담보로 맡겼다가 나중에 제자리에 갖다 놓았다.

두 번 다 그 사실을 아는 사람은 아무도 없었다. 그리고 손해 본 사람도 없었다. 은행강도가 훔친 돈을 다 사용하고는 나중에 은행에 다시 들어가 훔친 돈을 되돌려 놓은 거나 마찬가지였다. 하지만 위트니가 그 일을 그런 식으로 생각했을 리는 없다. 그는 다만 식구들의 재산을 잠시 사용한 것뿐이며, 단순히 장인의 부동산을 이용하여 횡령꾼들이 재치있게 표현하듯 '비자발적인 대출'을 받았을 뿐이다. 하긴 위트니는 그런 식의 자기합리화조차도 필요하다고 생각하지 않았던 것 같다. 놀랍게도, 그가 했던 행동은 당시 월가에서는 보기 드문 일이 아니었다. 더구나 그의 귀족적인 성장배경, 본능적인 지도력, 타고난 오만함, 공공기관에 대한 반감, 그리고 동료들이나 지지자들 아니 어떻게 보면 세상 사람들 모두에게 받고 있는 듯한 칭송, 이런 독특한 기질과 주위환경은 그로 하여금 남들이 자신에게 맡긴 것은 사실상 자신이 알아서 사용할 수 있는 것 즉 자신에게 준 것이나 마찬가지라고 여기게 만들었다. 그에겐 이런 것들이 너무나 많이 있었다. 만일 조지 셸든이 그 당시 살아있었다면 그 채권들을 쓰도록 허락했을까? 물론 이었다! 하버드대학이나 세인트 폴 고등학교가 반대했을까? 물론 아니었다! 세상 사람들 모두가 그를 최고의 인격자며, 금융가의 귀재로 단정하고 있지 않았던가? "금융가에 있어서 귀하의 경력은 이제 전국적으로도 중요한 의미를 갖게 되었습니다." 이 말은 그가 두번째로 장인의 재산을 횡령하던 해인 1932년, 뉴욕대학이 그에게 상업과학 분야의 박사학위를 수여하는 자리에서 한 얘기였다. 그는 사실 부동산 관리인으로서 가족들에게 봉사하고 있는 게 아니었던가? 그 봉사에 대한 감사 표시로 뭔가 후의를 받을 만하지 않았을까?

여러 정황을 종합해 보건대, 그는 1936년 이전에 장인의 부동산을 이용해서 돈을 빌렸을 때 형 조지에게 돈을 빌리고 안 갚은 정도의 죄책감은 느꼈던 것 같다. 누구든 친척에게 도움을 청하고 싶은 사람은 없다. 하지만, 어쩔 수 없이 도움을 청할 때면 말할 나위 없이 갚을 의도가 있게 마련이다. 위트니가 양심을 잘 연마한 사람이라고 보기는 힘들다. 물론 권력을 가진 사람치고 그런 사람은 별로 없긴 하지만 말이다. 게다가 위트니는 미국의 상류층이 비난 받고 있던 그 당시 그들로부터 편파적인 지지를 받았고, 또 전국적인 인기를 누리고 있었기 때문에 그나마 가지고 있던 양심에서 차차 멀어져갔다. 잠시 가족들의 돈을 가져다 쓰면서, 위트니는 그저 자신의 물건을 자신이 쓰는 거라고 느꼈던 것이다.

하지만 뉴욕 요트 클럽의 자금을 가져다 쓰는 건 좀 다른 문제였다. 사설클럽에 가면 누구라도 자기 집에 온 듯한 편안한 기분에 클럽이 자기 것 같은 느낌을 갖게 마련이지만, 그렇다고 해서 클럽의 재산이 자기 돈이란 느낌을 갖진 않는다. 1936년, 극단적인 상황에 몰려 그런 행동을 취할 때, 그는 일말의 양심의 가책을 느꼈을지도 모른다 (물론 그때나 그 이후에나 한번도 그랬다고 인정한 적은 없지만). 위트니는 합리적이고 지능이 뛰어난 사람이었으므로 적어도 자신의 행동이 가지고 올지도 모를 실질적인 위험은 알았을 것이다. 이제 그는 루비콘 강(이탈리아 북부의 강. 기원전 50년, 로마 원로원의 원정군 해산 명령에 반감을 가진 시저가 원정군을 거느리고 이 강을 건너 이탈리아로 진입하며, 내전이 시작되었다는 뜻으로 '이제 주사위는 던져졌다'라고 선언했다—옮긴이)을 건넜다. 이 일이 알려지면 부정한 사건으로 번질 위험이 있고, 그렇게 되면 자신의 일생뿐 아니라 존재의 이유 자체가 개인들의 소중한 명예에 달려 있는 월가의 신사들, 그들의 계급적인 특권, 그리고 귀족적인 의무감 등이 다 불명예 속으로 사라질 위험마저 있다는 걸 그는 너무도 잘 알고 있었다. 1936년, 리차드 위트니는 자신과 자신이 상징하는 계급이 칼날 같은 위험 속에 살고 있는 걸 잘 알고 있었다.

이 모든 것이 다 저지 라이트닝(Jersey Lightning) 때문이었다니!

한편, 위트니는 그 어느 때보다도 열심히 돈을 빌리러 다녔다. 1936년 5월, 그는 다시 폴 애들러를 찾아가 10만불을 또 꿔달라고 했다. "폴, 한 1주일만 100(여기서 100이란 100,000불에서 천 단위를 생략한 말이다—옮긴이) 정도 쓸 수 없을까?" 애들러는 이번에는 위트니에게 그런 부탁을 해줘서 고맙다는 말까진 하지 않았지만 짤막하게 "그러지 뭐"라고 대꾸하고는 하던 일을 계속 했다. 애들러는 이번에도 돈을 돌려 받았다. 1주일이 아니라 3개월이 걸리긴 했지만. 6월, 위트니는 바쁜 시간을 쪼개 하버드대학 동기들의 졸업 25주년 모임에 참석, 만화가 글루야스 윌리엄즈(Gluyas Williams) 다음으로 크게 성공한 동문으로 뽑히는 영예를 누렸다. 그 달 말, 그는 멜리크에게서 무담보로 10만불을 다시 빌렸으며, 7월에는 아브라함에게서 또 10만불을 빌렸다. 일이 꼬이기 시작한 건 그 해 여름, 드 코페트 도레무스(De Coppet & Doremus) 증권회사가 그가 요청한 20만불의 대출을 별 다른 이유 없이 거절한 다음부터였다. 이건 위트니의 대출 요청이 단호히 거절당한 첫번째 경우로서, 위트니의 무절제한 빚잔치가 드디어 그 전모를 조금씩 드러내기 시작했다는 증거였다.

그 해 가을, 더 많은 사실들이 밝혀지며 빚에 대한 소문이 조지 위트니의 귀에까지 들어갔다. 조지는 동생의 금융상태에 대해 수년 동안 관심을 두지 않고 있었다. 1929년 이후, 동생이 돈 때문에 찾아온 경우는 딱 두 번뿐이었다. 하지만, 조지가 지금 막 풍문으로 들은 얘기는 사실보다 훨씬 축소된 것이었다. 조지는 바로 위에서 얘기한 그런 현금빚에 대해서는 아무런 얘기도 듣지 못하고 있었던 것이다. 조지가 들은 바는 리차드 위트니가 현금이 아니라 유가증권들을 빌리고 있으며, 이를 이용하여 은행에서 담보대출을 받고 있다는 거였다. 그는 이외에도 현금빚 10만불을 감지했는데, 이는 특히 퍼스트 내셔널 은행 창립자의 아들이자 미국에서 가장 잘 알려진 은행가 중 한 명인 퍼스트 내셔널 은행의 회장 조지 베이커(George Baker)가 빌려준 돈이란 점에서 그의 주의를 끌었다. 걱정스러워서 그랬겠지만, 조지는 동생을 불러다 꾸짖었다. 리차드 위트니는 곧 대출 받은 사실들은 인정했지만 굳이 그 외의 다른 빚들까지 얘기하지는 않았다. 조지는 이렇게 되면 곤란하다고 설명해 주며 지금 소문이 날개를 달고 퍼지는 데다가 그 소문이 사실이니 자칫하면 리차드 위트니와 그 회사의 신용이 땅에 떨어질지도 모른다고 걱정했다. 그리고 나서 1929년에 그랬듯이 무담보로 빌린 돈들을 갚고 새 출발을 하기 위해 필요한 돈을 당장 빌려주겠다고 지체없이 말했다. 그 금액이 얼마나 되는지를 쉽게 알아보기 위해 조지는 동생에게, 본인과 회사의 재무상태를 나타내는 대차대조표를 만들어 모건은행의 젊은 파트너인 헨리 데이비슨(Henry Davison)에게 전해주라고 말했다.

그 해 12월, 위트니가 제출한 대차대조표는 완전하지도, 정확하지도 않았다. 예를 들면, 고객의 유가증권 중 일부가 부당하게 담보로 맡겨진 사실 등을 누락하고 있었던 것이다. 데이비슨은 뭔가가 누락된 걸 간파했지만, 그것이 어떤 성격의 것인지까지는 알아내지 못했다. 굳이 따지자면 꼭 알아내야 할 이유도 없었다. 닥치는 대로 돈을 빌리고 다니든 아니든 리차드 위트니는 아직도 모건가의 일원이자 모건은행의 대출고객으로, '좋은 사람들'이란 애칭으로 불리던 선택받은 집단의 일원이었고, 거래소에서 여전히 모건은행의 중개인 역할을 맡고 있었으며, 포슬리안이나 니커보커 같은 명망 있는 사설클럽의 회원이기도 했다. 사기라든가 절도죄 같은 건 상상도 할 수 없는 일이었다. 1936년의 마지막 날, 데이비슨은 위트니에게 이런 글을 써 보냈다. "딕, 더 귀찮게 해서 안 됐네만, 대출금 별로 담보 목록을 자세히 만들어 주면 좋겠네. 해리로부터." 만일 이 목록을 사실대로 작성해 주었다면, 위트니의 위탁자산 횡령이 그대로 드러났을 것이고, 이 일은 월가의 역사를 뒤바꿔 놓았을 게 분명하다. 하지만 1937년도의 첫 주, 위트니는 형과 데이비슨에게 곤경에 빠진 자기 처지를 설명하면서, 더 이상의 정보는 필요없다고 납득시키는 데 성공했다. 이리하여 판단을 그르친 데이비슨은 조지의 동생이 새 출발하는 데 필요한 돈이 모두 65만불에 달한다고 결론지었다. 그리고 1월 8일, 조지는 동생에게 그 돈을 수표로 주었다. 아직 돌려받지 못한 거액의 돈에다 담보도 만기도 없는 돈을 추가로 빌려주는 거였다. 그리하여 조지 위트니는 자기가 또 한번 동생을 구해준 걸로 생각했다.

III

물론 그건 사실이 아니었다. 동생이 형에게 자기가 이젠 투자에도 실패했을 뿐 아니라 횡령을 하고 있고, 새로 받은 돈은 겨우 그를 응급실에서 중환자실로 옮겨준 정도라는 사실을 고백하지 않은 결과였다.

65만불을 가지고 유가증권 대출이나 베이커에게 꾼 돈은 갚았지만, 그 뒤에도 소문은 계속되었다. 그런 소문과 함께 엄청난 재산과 호인으로 알려진 조지 위트니가 다시 동생의 뒤를 봐주고 있다는 말을 듣게 된 듀크 웰링튼은 1937년 1월, 마침내 오랜 우정에도 불구하고 이제 위트니에게 단도직입적으로 상환을 요구할 때가 되었다고 생각했다. 위트니는 아무렇지도 않은 듯 4월에 그 돈을 갚았다. 처음 갚기로 했던 날로부터 3년 3개월이 지난 뒤였다. 이 돈을 갚기 위해 위트니는 다시 아브라함에게 10만불을 요청했으나, 그는 6만 5천불밖엔 안 되겠다며 감히 위트니를 모욕했다. 그래도 위트니는 주저없이 그 돈을 받았으며, 나머지 돈은 다른 곳에서 구했다. 이 일이 있기 바로 전, 그는 결국 자신의 파멸을 가져오게 될 모험을 시작하게 된다.

1937년 2월의 셋째 월요일, 거래소의 공제조합 재산관리인들은 정기 월례회의를 가졌다. 언제나 유쾌한 사교의 장이 되기 마련인 이런 회의에 온 관리인들은 어느모로 보나 보수파들이었다. 조합의 관리인 대표는 마음씨 좋은 노장 해리 시몬즈(Harry Simmons)였고, 이사장 게이를 제외하고는 다른 관리인들도 다 위트니의 오랜 친구요 지지자였으며, 최근엔 게이도 보수파와 보조를 맞추고 있었다. 피어스나 쉴드나 헤인즈 같은, 눈에 핏발이 선 개혁파들이 끼어들어 평탄한 회의 분위기를 깨는 일도 있을 수 없었다. 회의에 참석한 유일한 비(非)관리인은 자기 직무의 일부로 조합의 보조직원 역할을 하고 있던 거래소 직원 조지 루츠(George Lutes)였는데, 한마디로 루츠는 시키는 일이나 하면 되는 하급직원이었다. 위트니가 이 조합을 편안하게 여기는 또 다른 이유는 뉴욕 요트 클럽도 그랬듯이 자신의 증권회사가 조합의 중개인 역할을 맡고 있기 때문이었다. 이번 정기회의에서도 통상적인 화기애애한 한담 끝에, 관리인들은 리차드 위트니 증권회사를 통해 약 35만불의 액면을 가진 어떤 조합 소유의 채권을 팔아 그 돈으로 전망이 더 좋은 다른 채권을 사기로 결정했다. 그리고 위트니는 그 결정대로 일을 진행하여, 팔기로 한 채권을 팔아 사기로 한 채권을 샀다. 다만 그가 이행하지 않은 것은, 지극히 당연하기 때문에 굳이 문자로 남기지 않은 결정 내용의 일부였다. 그는 새로 산 채권을 조합으로 전달하지 않았던 것이다.

그 다음 달에 관리인들은 다시 22만 5천불짜리 채권을 추가로 팔기로 했는데, 어떤 기술적인 이유로 인해 채권의 매각이 수개월 이상 지연되었다. 그 와중에 위트니는 그 채권들을 맡아 보관하게 되었고, 그렇게 몇 달이 지나고 말았다. 그 해 11월이 되자, 백만불이 넘는 조합 소유의 채권과 현금이(이 금액은 조합 전체 자산의 절반 정도에 달하는 것이었다) 조합의 금고를 떠나 조합의 중개인 보관하에 있었다.

독자들은 쉽게 추론할 수 있겠지만, 위트니는 조합의 자산을 불법적으로 자신 및 자기 회사의 은행대출 담보로 사용하고 있었다. 이것은 가족이나 클럽이 아니라 바로 증권거래소에 속한 한 기관의 자산이었으므로, 그가 지금까지 해온 위탁자산 전용 사례 중 가장 위험한 짓이었다. 조합의 관리인들은 그 장부를 잘 들여다 보지 않았지만 딱 한 사람만은 의무상 꼭 들여다 보았는데, 그는 바로 사무직원 조지 루츠였다. 따라서 그 해 2월에서 11월까지 위트니가 조합의 자산을 가져간 사실을 알고 있던 사람은 조지 루츠뿐이었다. 그러나 여러 가지 정황으로 보건대 루츠는 위트니가 그 채권을 개인 용도에 쓸 거라는 생각은 꿈도 못 꿀 사람이었다. 훗날 그는 역시 "그런 건 꿈도 꾸지 못했다"고 증언했다. 오히려 그는 위트니나 그의 회사 직원들이 조합의 자산을 제자리에 돌려놓기 위한 서류작업을 대수롭지 않게 여기기 때문일 거라고 생각했다. 하지만 주도면밀한 사무원이었던 그는, 채권이 그렇게 오랫동안 중개인의 수중에 있는 게 적절하지 못하다는 것 정도는 느끼고 있었다. 그래서 루츠는 3월에서 늦여름까지 다섯 차례에 걸쳐 위트니에게 채권이 아직 회수되지 않았음을 알리며, 언제 돌려주시겠냐고 물었다. 위트니는 그때마다 비슷한 답변을 했다. "너무 바쁘기 때문에 그럴 생각은 있지만, 아직 못하고 있다"는 거였다. 그리고 "되는 대로 곧 반환할 것이며, 그때가 되면 알려주겠다"고만 덧붙였다.

루츠는 위트니의 저의를 추호도 의심하지 않았다(추측건대, 어떤 의미에서 위트니는 진심으로 그렇게 말했을지도 모른다. 다만 DLC가 갑자기 잘 돌아가서 그 주가가 천정부지로 뛰면 모두에게 꾼 돈을 다 갚겠다는 마음이었을 것이다). 표면적으로는 그 이유 때문에 그 해 여름 내내 루츠는 조합의 관리인 누구에게도 채권이 다른 데에 가 있다는 사실을 알리지 않았다. 하지만 그가 침묵하게 된 데는 또 다른 이유도 있었던 것 같다. 위트니가 거래소 직원들과 맺는 관계에서 보여지는 그의 성격에 대해 훗날 루츠는 이런 말을 했다. "위트니는 날카로웠어요. 그는 정말 중요한 사람이잖아요. 남들과는 별로 어울리지 않았지요. 친절하긴 했지만, 그가 바쁠 때는 말도 걸 수가 없었어요. 난 그 사람 밑에서 일하는 거래소 직원에 불과했으니까요. 솔직히 난 그 사람이 두려웠어요." 이 증언을 들어보면 위트니가 조지 루츠에 의해 그의 행위가 폭로되는 걸 걱정할 필요가 없었다는 사실이 이해된다.

루츠보다 직위가 높거나 한다하는 사람도 위트니에게 날카로운 질책을 받았다. 재정상태가 악화되고 눈속임이 점점 더 복잡해지기 시작하던 1937년 여름, 흥미롭게도 그의 오만함은 날로 더해가는 듯했다. 그로튼 및 하버드의 억양과 매너도 그대로였고, 보수적인 정치관과 사회관도 변하지 않았으며, 여전히 벼락부자가 된 사람들에게 목에 힘을 주며 생색을 내는 한편으론 희대의 구걸을 계속해댔다. 그해 가을, DLC 주식은 9불로 떨어졌으며, 리차드 위트니 증권회사는 누구의 도움도 없이 혼자 매도를 받아줌으로써 그 값을 9불에서 막고 있었다. 1937년을 통틀어 DLC 주식거래에서 위트니의 회사는 매수의 80퍼센트 이상을 차지했다. 이 하찮은 목적을 위해 수십만불이 소요되었으며, 항상 추가자금이 필요했다. 조지 위트니는 동생에게 구제금융을 해준 뒤 바로 심한 병에 걸려 요양차 남부로 내려가고 없었다. 리차드 위트니는 피어스에게 찾아가 50만불을 꿔달라고 하기도 했는데(그는 1933년에 피어스에게 빌린 10만불도 아직 못 갚고 있었다), 물론 피어스는 이를 거절했다. 나중에 피어스는 꿔주기엔 너무 큰 금액이라고 생각하지는 않았었냐는 질문에 월가의 기준으로 볼 때 그 정도는 특별히 큰 금액은 아니었다고 답했다. 9월 중순, 위트니는 아브라함에게 또 10만불을 부탁했다. 아브라함은 이번엔 3만불만을 줄 수 있다고 했고, 위트니는 그 금액을 기꺼이 받았다. 점점 줄어들고 있는 아브라함의 대출 금액은 위트니가 나락으로 빠지는 여정을 도표로 그린 것처럼 보였다. 같은 날, 위트니는 자신의 뉴저지 부동산을 30만불에 저당 잡혔다.

IV

한편 공적인 상황은 여전히 위트니에게 영향을 미쳤고, 위트니 역시 공적인 상황에 영향을 미치고 있었다. 이는 그가 거래소의 배후 세력이 된 지금, 그 어느 때보다도 더했다. 1936년에 좀 잠잠해졌는가 싶던 거래소와 SEC의 싸움은 이제 정면 대결로 치닫고 있었다. 1937년 여름, 좌파 성향의 법학교수 윌리엄 더글라스(William Douglas)가 제임스 랜디스(James Landis)의 후임으로 SEC 위원장이 되었다. 1935년 조세프 케네디의 뒤를 이어 지난 2년 간 SEC를 이끌어온 랜디스는 대체로 월가에 유화적인 태도를 견지했으나, 더글라스는 워싱턴 주(태평양을 접하고 있는 미국 서북부의 주. 이 주의 가장 큰 도시는 시애틀이다―옮긴이)에서 온 서부인답게 말쑥한 동부의 사람들과 그들이 사는 방식을 싫어했다. 이 사람이 월가에 뭔가 새로운 위협이 될 것은 뻔해 보였다. 그리고 그는 정말 그랬다. 이미 취임도 하기 전, 더글라스는 거래소에 구조 개혁을 하도록 압력을 가했다. 그는 거래소가 사설클럽처럼 운영되는 걸 포기하게 만들거나 이름만 빼고 모든 면에서 사실상 정부 통제하에 들어가도록 만들겠다는 마음을 먹고 있었다.

최후의 대결이 임박했음을 느낀 월가는 먼저 일격을 가했다. 일격을 가한 사람은 한 발 후퇴한 개혁론자 찰스 게이였다. 8월 중순 발간된 「거래소 연례 보고서」를 통해 그는 SEC가 거래소 및 그 회원들을 괴롭히고 있다고 쌀쌀맞게 비난하며, SEC가 이미 증권시장을 벼랑 끝으로 몰아가고 있다고 주장하는 동시에 거래소가 원하는 건 증권거래법의 취소 및 SEC의 해체라는 걸 명확히 밝혔다. 이제 거래소는 카드를 펴보인 셈이었다. 위트니의 강경노선을 그대로 표현한 게이의 이 보고서는, 2년 간의 휴면 끝에 위트니파가 거래소의 정치 일선에 사실상 복귀했음을 분명히 알려주는 계기가 되었다. 9월, 더글라스는 머리 끝까지 화가 난 상태로 SEC 위원장에 취임했다. 그러나 게이에게 반격을 가하는 건 둘째 문제고, 그가 일상 업무를 파악하기도 전에 벌써 예기치 못한 일이 발생했다. 적군 진영에서 평화의 사절, 아니 항복조건을 협상하려는 사람들이 그를 찾아왔던 것이다. 그들은 바로 지칠 줄 모르는 개혁파이자, 수수료로 먹고 사는 중개업자들을 대표한 피어스와 쉴드였다. 이들은 둘 다 거래소가 관리되는 방식에 도덕적으로 분개하고 있을 뿐 아니라 이 때문에 물질적인 손해도 본 사람들이었다. 이들은 미리 알리지도 않은 채 더글라스의 워싱턴 사무실로 갑자기 찾아왔다.

방문객을 대표한 피어스가 불쑥 물었다. "증권거래소의 조직 개편에 대해 어떻게 생각하십니까?" 어떻게 생각하냐고? 그건 SEC 임기중 그가 내건 유일한 목표였다. 더글라스는 기쁨에 차서, 그러나 믿기지 않는다는 듯이 자기 무릎을 살짝 치며 이렇게 말했다고 한다. "지금 뭐라고 하셨죠?"

피어스와 쉴드는 더글라스에게 바로 그가 마음속에 품고 있던 것들을 다시 말해주며, 부풀리기까지 했다. 즉, 거래소가 지금 사설클럽처럼 운영되고 있고, 거래소를 장악하고 있는 보수파 집단은 형편없이 시대에 뒤떨어져 있다, 이에 대한 적절한 해결방법은 독립된 유급 이사장을 둬서 완전히 새로운 조직으로 개편하는 것이다 등의 얘기였다. 그리하여 더글라스가 정공법을 택하기보다 거래소 내의 용감한 후방 교란부대를 이용, 은밀하게 자신의 목적을 이룰 수 있는 무대가 마련되었다. 남은 문제는 피어스, 쉴드 일파가 유용하게 쓰일 정도로 세력이 있느냐는 것이었다. 그러나 더글라스가 뭔가 시작하기도 전에 또 다른 일이 터졌다. 피어스와 쉴드의 방문 이틀 후인 10월 18일, 그 해 8월 이래 하락을 거듭하던 주식시장이 갑자기 공포에 휩싸이며 폭락하기 시작했다. 여름 내내, 전국적인 경기침체 징후가 짙게 깔리고 있었다. 지난 2년 동안의 작은 호황은 순전히 정부의 재정지출에 힘입은 것이었다. 그리고 이제 재무장관 모겐타우는 국가재정의 균형을 맞추려는 노력을 해야 한다고 루스벨트를 설득했다. 그러나 연방정부의 지출 축소는 재정균형을 가져온다기보다 뉴딜 사업들을 거의 종식시키고, 그 작은 호황마저 날려버리는 결과를 가져오고 말았다. 1937년 초, 7년 만에 최고치를 갱신했던 상품가격은 정부지출이 감소함에 따라 구매력이 떨어지면서 곧 곤두박질치기 시작했다. 파업이 전염병처럼 번져갔고, 기업의 배당금이 감소했으며, 한두 번 겪는 일은 아니었지만 경기가 다시 후퇴하기 시작했다. 그 무엇보다도 그 해 8월에 나온 찰스 게이의 보고서는 주식투자자들을 1934년처럼 거래소의 비타협적인 태도 때문에 월가와 워싱턴의 지루한 혈투가 재현될지도 모른다는 불안감에 빠지게 했다. 사실 가장 놀라운 건, 시장이 더 일찍 붕괴되지 않았던 것이었다.

막상 폭락이 시작되자, 그 무시무시했던 기억이 되살아나 사람들을 공포에 몰아넣었다. 다시 모든 게 그때로 돌아간 것이다. 월가 거리에서 날이면 날마다 들리던 신경 거슬리는 불평 섞인 신음소리, 고객상담실 안팎에 모여든 수심이 가득찬 사람들, 아무도 사는 사람이 없는 수많은 주식들, 그리고 바닥이 어딘지 알 수 없는 불안감, 이런 것들 모두가 1929년의 재방송이었고, 넌더리가 나는 환각상태 같은 기억이었다. 항상 그렇듯이 공포감은 공포감을 낳아 확산시켰고, 1937년 말이 되자 주식시장은 1934년 이래 힘겹게 쌓아온 수익을 거의 다 날려버리고 말았다. 그렇다고 해서 이런 위기감 때문에 거래소와 SEC가 가까워질 리는 없었다. 오히려 양쪽은 상대방에게 서로 폭락의 책임을 전가하기에 바빴는데, 거래소는 이 폭락이 바로 게이가 보고서에서 걱정하던 그런 것이라고 주장했으며, 이에 대해 SEC는 이것이 거래소의 복고적인 자세 및 이기주의적인 부실경영의 직접적인 결과라고 반박했다.

이런 증오와 위기상황 속에 거래소의 조직개편을 위한 협상은 삐걱거리면서 조금씩 진행되었는데, 같은 시각 개인의 금융문제 해결을 위해 혈안이 되어 있던 위트니는 이 조직개편을 방해하는 데도 온갖 힘을 기울여야 했다. 10월 20일, 쉴드는 워싱턴에서 조세프 케네디를 만났다. 공직에서 물러나 있었지만, 아직도 대통령의 개인 특사 역할을 하고 있던 케네디는 활기넘치는 말투로 지금 루스벨트가 더글라스의 결심 — 거래소가 자체 개혁을 하게 만들거나 정부가 직접 개입한다는 — 을 분명히 지지하고 있음을 알려주었다. 그 다음날, 월가에 돌아온 쉴드는 굳어진 얼굴을 하고 있는 게이, 시몬즈, 변호사 롤란드 레드몬드, 그리고 리차드 위트니를 포함한 거래소의 실세들에게 그 정보를 전해주었다. 사태를 통감하고 아마 위기감까지 느끼게 된 대부분의 보수파들은 이제 품위 있게 무릎을 꿇을 수 있는 적절한 순간이 온 거라며 거래소 조직개편에 원칙상 동의하자고 꼬리를 내렸다. 하지만 한 사람이 계속 버텼는데, 그가 너무 강력하게 버틴 결과, 그 회의에서 채택된 루스벨트에게 보내는 서한에는 간단하고 거만한 문구로, "거래소가 자체 조직개편을 고려하고 있다" 고만 쓰여질 정도였다. 그 이상은 안 된다, 거래소는 스스로 최선의 선택을 할 것이다. 그렇게 저항하며 서한의 내용도 투박하게 만든 인물은 다름 아닌 리차드 위트니였으며, 그 회의에 참석했던 사람들 중 몇몇이 나중에 밝혔듯이 그는 회의 내내 가장 당당한 모습으로 확신에 차 있었다. 남 모르는 빚이 있거나 오랫동안 비행을 저지르다 보면 성격이 바뀔 수도 있다고 믿는 도덕주의자들에게는 관심있게 볼 만한 사례가 아닐 수 없다.

그후 몇 달 동안 주식시장은 더욱 하락했고, 거래소와 SEC의 관계는 혼란스러운 사소한 충돌들이 계속되더니 교착상태에 빠지고 말았다. 10월 마지막 주, 쉴드는 거래소의 고압적인 서한을 하이드 파크로 가져가 죄라도 저지른 듯 루스벨트에게 전달했으며, 이 서한은 루스벨트가 형편없어진 거래소를 반드시 냉혹하게 다루어야겠다고 다시 한번 결심하는 계기가 되었다. 하지만 얼마 후, 아직도 용감하게 타협을 추진하던 피어스와 쉴드는 월가의 합동 대표단을 구성, SEC와 마지막으로 의견수렴을 하기 위해 워싱턴으로 향했다. 월가의 대표단에는 양편을 대표하기 위해 시몬즈와 쉴드가 포함되었으나, 너무 성질을 돋구게 한다는 이유로 위트니는 제외되었다. 워싱턴에 도착한 그들은 더글라스로부터 차가운 목소리를 들어야만 했다. "규제는 할 겁니다. 지금은 잘 안 되고 있지만, 제기랄, 당신들이 안하면 우리가 할 겁니다. 당신들이 계속 흥정만 하려 든다면, 내가 거기 가서 거래소를 직접 운영할 생각도 있다구요."

그후 1~2주일이 지난 11월의 어느 토요일, 게이와 쉴드, 그리고 더글라스는 몇몇 다른 사람들과 함께 뉴욕 예일 클럽에 있는 밀실에 마주 앉아 12시간 동안이나 서로 신랄하게 소득도 없는 말싸움을 계속했다. 이 장시간의 회의에서 나온 유일한 결과는 조직개편 문제가 거래소의 규정위원회로, 다시 말해 리차드 위트니에게로 넘어가게 된 것이었다. 규정위원회 역시 공제조합이나 마찬가지로 위트니파의 영역이었으니까. 그리하여 규정위원회에 넘어간 그 개편문제가 어떤 운명을 맞을 건지는 너무나도 자명했다. 허울뿐인 숙고 끝에 위원회가 내린 결론은 유급 이사장을 주축으로 하는 새 조직체제는 실질적으로 불가능하며, SEC와의 협상도 중단되어야 한다는 것이었다. 이런 취지의 글이 문구까지 눈에 거슬리게 작성되어 더글라스에게 전달됐다.

그것은 11월 19일 금요일의 일이었다. 그리고 그 다음 주 월요일, 리차드 위트니의 공적인 경력과 개인적인 경력이 동시에 위기를 맞게 되었다.

그날 아침, 규정위원회는 그 심한 문구의 서한을 정식으로 채택했고, 몇 시간 뒤에 거래소의 변호사를 통해 워싱턴에서 그걸 전해받은 더글라스는 다만 고개를 끄덕이고는 냉정한 목소리로 말했다. "할 수 없지 뭐. 그렇다면 우리가 거래소를 접수해야겠군."

그날 오후 일찍, 공제조합 관리인들이 정기 월례회의를 열었을 때 SEC와의 당면한 문제로 정신이 없던 위트니는 이 회의에 참석하지 못했다. 그리고 이 실수는 그에게 값비싼 대가를 치르게 만들고 말았다. 사무직원인 루츠는 그가 그렇게 어려워하던 사람이 자리에 없자 대담해질 수 있었고, 결국 용기를 내어 다른 관리인들에게 위트니가 그 사이에 몇 달 동안이나 계속 조합의 재산인 현금과 채권을 내놓지 않고 있다는 걸 알렸다.

이 폭탄선언에 대한 관리인들의 반응은 매우 흥미로웠는데, 특히 관리인 대표인 시몬즈는 매우 놀라며 분개한 모습을 보였다. 놀라움은 위트니가 그런 행동을 하리라곤 상상도 못했기 때문이었고, 분노는 묘하게도 그 자리에 없는 위트니가 아니라 눈 앞에 앉아있는 루츠에게 쏟아졌다. 시몬즈가 루츠에게 화를 낸 이유는 왜 더 일찍 보고하지 않았냐는 것이었다. 아마 루츠는 시몬즈의 말투에서 '어떻게 감히 아무리 가능성뿐이라지만 위트니가 위법을 하고 있다는 식으로 은연 중 애기할 수 있냐'고 질책받는 듯한 기분을 느꼈을지도 모른다. 어쨌든 루츠는 자신이 부당한 훈계를 받는 기분이 들었다. 루츠는 시몬즈에 대한 불만을 나중에 이렇게 토로했다. "시몬즈씨는 아주 신경질적으로 말했습니다. 좀 화가 나신 것 같았죠." 신들의 전쟁에서 창 들고 다니는 시종들의 운명이 유쾌할 리 만무했다.

회의가 끝난 직후, 시몬즈는 위트니의 사무실로 전화를 걸었다. 위트니가 자리에 없자, 시몬즈는 위트니 증권회사의 파트너 중 한 사람인 킹슬리 로드월드(Kingsley Rodewald)와 통화를 했는데, 로드월드는 위트니 회사의 다른 파트너들과 마찬가지로 개인 지분이 없는 사실상 파트너라기보다 직원에 불과한 사람이었다. 시몬즈가 그에게 위트니 회사가 공제조합의 현금과 채권을 기한을 넘긴 채 갖고 있다고 말하자, 어리둥절해진 로드월드는 다음날 곧 반환하겠다고 해 시몬즈를 안심시켜 주었다. 물론 그는 그 일에 대해서는 까맣게 모르고 있었다.

그 다음날 정오 경, 위트니는 시몬즈의 사무실을 방문했다. 이 만남에서 옛 친구이자 동지인 두 사람이 느꼈을 착잡한 기분을 상상하는 건 어렵지 않다. 의심을 하면서도 의심한다는 것 자체만으로 신의 없는 친구가 된 듯한 기분을 느꼈을 시몬즈, 그는 자신의 의심이 틀렸기를 절망적으로 바라고 있었다. 이에 반해 위트니는 침착하게 평소와 다름없이 보이기 위해 노력하며, 자신을 무너뜨릴지도 모를 실수하는 말이나 표현을 삼가기 위해 신경썼다. 그리고 둘 다, 지금 둘 사이의 일이 그들 자신뿐 아니라 월가와 나아가 나라 전체에 미칠 파장을 머릿속에 그리지 않을 수 없었다. 여하튼 위트니는 현금과 채권의 반환을 하루만 더 기다려 달라고 부탁했다. 사무실에 일시적으로 일손이 딸려 그날 당장 반환에 필요한 서류작업을 하기가 마땅치 않다는 것이었다. 시몬즈는 유감이지만 조합의 관리인 대표로서 그런 부탁을 들어줄 권한이 없다면서, 그날 오후까지 현금과 채권을 제자리에 돌려놓을 수 있도록 모든 노력을 다해달라고 조심스럽게 요청했다. 그리고 위트니는 최선을 다하겠다고 했다.

이제 드디어 위트니는 막다른 골목에 섰다. 그 순간 그는 조합의 채권 65만 7천불어치를 콘 익스체인지(Corn Exchange) 은행에 담보로 저당잡힌 상태였을 뿐 아니라, 현금도 221,508.18불이나 가져다 쓴 뒤였다. 하지만 위트니와 그의 회사가 당장 내놓을 수 있는 현금은 7만 5천불도 채 못 되었다. 채권을 반환할 수도, 현금을 갚을 수도 없는 처지였던 것이다. 위트니는 시몬즈의 사무실에서 나와 그가 찾아갈 수 있는 유일한 곳인 월가 23번지의 형 사무실로 갔고, 이번에는 얼버무려 넘기지 않았다. 그는 고객의 채권을 담보로 돈을 빌렸으며, 지금 반환요청을 들어주지 못하게 되었다고 털어놓아 형을 소스라치게 했으며, 더 나아가 그 고객이 바로 증권거래소의 공제조합일 뿐 아니라 금액도 적지 않다고 밝혔다.

리차드 위트니는 이 말을 들은 형의 반응을 훗날 이렇게 회고했다. "형은 매우 동요하고 경악하여, 내게 왜 그런 일을 했냐고 여러 번 물었죠. 그리고 도저히 이해하지 못했습니다. 정말 형은 번갯불에 맞은 것같이 보였어요. 그럴 만도 했죠 뭐." 조지 위트니는 훗날 이렇게 회고했다. "난 동생에게 어떻게 그럴 수가 있냐고 물었습니다. 동생은 별로 할 말이 없다고 하더군요."

번개에 한방 맞은 조지는 동생에게 모든 걸 원상태로 돌리기 위해 필요한 돈이 얼마냐고 물었다. 동생은 잠시 계산을 하더니 미안하지만 1백 8만 2천불이라고 대답했다. 물론 조지는 그 엄청난 금액에 새파랗게 질리거나 하지는 않았다. 그는 자신이 해야 할 바를 알고 있었다. 하지만 그만한 돈이 당장 주머니에 있는 건 아니었으며, 그 순간 그의 은행계좌에도 그 정도는 없었다. 따라서 그는 즉시 선임 파트너인 라몬트에게 찾아가 동생이 어떤 고객의 재산을 유용했다고만 밝히며, 그를 구해줄 돈이 필요하다고 부탁했다.

라몬트 : 정말 귀신이 곡할 노릇이구만, 조지. 도대체 무슨 지경에 빠졌었는지는 몰라도 아니 어쩌자구, 아무리 한 순간이라도 그렇지, 남의 채권을 유용한단 말인가?
위트니 : 저도 모르겠습니다. 알 수 없는 노릇이에요. 다른 일과 연관은 없는 것 같고. 다만 내일까진 반환을 해야 하는 모양입니다. 제가 도와줄 생각입니다. 암, 제가 도와줘야 하구 말구요.
라몬트 : 그래, 자네 말이 맞아. 물론 나도 자네가 동생을 도울 수 있도록 도와주겠네.

　필요한 금액 얘기를 듣고난 라몬트는 이렇게 말했다. "그래? 나만 믿게. 난 추수감사절 직후에 골프를 치러 남부에 갈 생각이야. 편한 대로 요청을 하게. 내가 서명을 해놓을 테니까."
　그 다음날 즉 추수감사절 하루 전인 11월 24일 수요일 아침, 토마스 라몬트는 조지 위트니에게 연리 4퍼센트 이자의 개인대출 형식으로 1백 8만 2천불짜리 수표를 써 주었다. 그리고 조지는 즉시 이 수표를 리차드 위트니에게 배서하여 양도했다. 리차드는 이 돈을 가지고 콘 익스체인지 은행의 돈을 갚은 뒤, 공제조합의 채권을 찾아, 그날 12

시 반에서 1시 사이에 아무 말 없이 채권과 현금을 시몬즈에게 가져다 주었다. 그리고 루츠는 위트니와 시몬즈가 보는 앞에서 그 채권을 조합의 금고에 넣은 뒤, 현금은 조합의 은행구좌에 입금했다. 위트니는 시몬즈의 부탁을 하루 넘기긴 했지만, 자기가 요청했던 연장 기한 내에는 맞출 수 있었다. 무엇보다도 이제 채권과 현금을 반환했으니, 모든 게 다 제자리에 돌아온 셈이었다.

시몬즈나 다른 관리인들의 입장에선, 아니 루츠의 입장에서 보아도 이제 이 일은 종결된 것이었다. 반환이 지연된 이유는 정말 위트니 사무실에 일손이 딸렸기 때문이었고, 위트니의 느긋한 일 처리 방식이 이 난리법석의 유일한 원인이었다. 그 당시, 리차드가 횡령을 했다는 사실을 아는 사람은 조지 위트니나 토마스 라몬트 이외에는 아무도 없었다. 2~3주 뒤엔 또 한 사람이 이 일의 일부를 알게 되었다. 조지 위트니는 라몬트에게 빌린 백만불대의 빚을 갚기 위해 모건은행에 그가 투자한 개인 지분에서 돈을 좀 빼야만 했으며, 그러기 위해서는 그런 사정을 허락할 수 있는 유일한 사람을 찾아가야만 했다. 그 사람은 다름 아닌 JP 모건이었다. 조지 위트니는 말했다. "딕이 11월에 아주 고약한 일을 당했습니다. 마침 여기에 안 계신 중이어서, 전 라몬트 씨에게 돈을 빌렸습니다. 그 돈을 갚기 위해 지금 제 지분을 좀 빼냈으면 하는데, 허락해 주시겠습니까?" 모건은 "물론이지"라고 대답했고, 그렇게 처리되었다.

나중에, 리차드 위트니의 일에 대해서 약간만 알 뿐이었던 JP 모건은 분명히 사업상의 문제란 걸 느꼈었다고 말했다. "고약한 일이라… 경마나 여자문제일 리는 없었어요. 그 정도의 큰 금액이 필요한 일이라면 사업상의 일이 아닐 수가 없었지요"라고 말했다. 그는 다만 자상하게도 그의 파트너에게 동생 일에 대해 더 자세히 묻지 않았을 뿐이었다.

그렇다면 세 사람이었다. JP 모건은 리차드 위트니의 고약한 일이 백만불짜리 문제임을 알고 있었고, 라몬트는 그게 형사상의 횡령임도 알고 있었으며, 형 조지 위트니는 그게 증권거래소 내의 공제조합 자산이었던 것까지도 알고 있었던 것이다. 그리고 한 시대를 풍미한 이 전설적인 인물들 셋은 서로 그러자고 합의한 것도 아니었는데 본능적인 감각으로 다 같이 입을 다물었다. 형제와 파트너들, 부인들과 학교 동문들, 그리고 클럽회원들을 하나로 묶어주는 이런 진한 와인 같은 우정과 계급의식은, 사회적 양심이라는 물같이 허여멀건한 도덕의식을 뛰어넘고 있었다.

파멸

I

조지 위트니는 엉망이 된 동생의 일을 수습하느라 추수감사절 휴일을 바쁘게 보냈다. 그리고 아마 그 와중에 조지는 동생의 인격에 대한 실망감을 떨쳐내려 애썼는지도 모른다. 추수감사절 아침, 형의 요구에 따라 리차드는 그 당시 리차드 위트니 증권회사의 상태를 보여주기 위해 급히 짜맞춘 숫자들을 가지고 형에게 갔다. 나중에 리차드가 엉터리였다고 인정한 이 숫자들에 의하면, 회사는 백만불 가량의 흑자를 내고 있었다. 형은 이 숫자의 허실을 따지고 들지는 않았으며, 다만 당시 그 회사 자산의 대부분이 되어버린 엄청난 양의 DLC 주식을 동생이 높은 가격으로 평가한 것을 문제삼았다. 그 주식가치를 보다 현실감 있게 조정한 뒤, 조지는 회사가 아직 50만불 가량 흑자인 것으로 결론지었다. 물론 그것도 주식이 팔린다는 가정하에서였지만. 또한 그는 DLC에 대한 무모한 투자로 판단해 볼 때, 동생의 사업 판단력에 문제가 있으며, 따라서 지금 최상의 길은 다른 사고가 더 나기 전에 중개업에서 손을 떼는 것이라고 결론내렸다. 그러자면 20년도 넘게 좋은 평판을 유지해온 그 회사를 인수할 사람을 찾아야 했다. 이를테면 아들에게 회사를 하나 사주고 싶어하는 돈 많은 사람 말이다. 그가 최근까지 군림해왔던 세계에서 발을 빼야 한다는 것이 충격적이었겠지만, 백만불을 빌려줘 절망적인 궁지에서 구해준 형 앞에서 리차드는 순한 동생이 될 수밖에 없었으며, 따라서 그렇게 하는 데 동의했다.

다음 단계의 진행은 휴일이 끝나길 기다릴 필요도 없었다. 조지는 동생의 옛 친구인 해리 시몬즈에게 전화를 걸어, 그날 오후 같이 만나자고 했다. 깜짝 놀란 시몬즈는 교회도 가야 하고 가족들과 저녁 약속도 되어 있다며 난감함을 표하긴 했지만, 결국 그날 오후 늦게 조지의 집을 찾아가, 조지로부터 상황 설명 및 타결책을 듣게 되었다. 누구도 말은 안했지만, 왜 시몬즈를 그렇게 급히 불렀는지는 자명했다. 즉 시몬즈가 그 회사를 인수할 사람이 아니겠는가 하는 발상이었지만, 시몬즈는 그럴 생각이 전혀 없었다. 그는 리차드가 펼쳐놓은 숫자들을 쳐다보지도 않은 채, 자기는 채권에 대해(표면적으로 리차드 증권회사의 주요 사업은 채권중개업무였다) 아는 바가 전혀 없고, 채권시장에 참여하고 있지도 않다고 얘기했다. 실망감이 감도는 가운데 그 회사를 어떻게 처분할 것인가에 대한 얘기가 더 오고갔다. 그러다가 회사에 이름가치가 있는 만큼, 바로 청산하는 것보단 매각하는 게 나을 것 같다는 데 합의를 보았다. 그래서 리차드가 자기 회사를 인수할 사람을 열심히 찾는 한편, '유동성이 없는 자산'이라고 적당히 표현된 DLC 주식을 현금화할 방도를 모색하기로 결론을 내렸다. 셋 중 그 누구도 공제조합 얘기는 입 밖에 꺼내지 않았다.

추수감사절 다음날, 조지는 라몬트에게 "딕은 이제 더 이상 사업을 제대로 할 능력이 없기 때문에 하던 걸 다 정리시킬 생각이에요"라고 말했다. 라몬트는 모건은행 식의 조심스런 말투로 이렇게 대답했다. "그것 참 잘했군 그래." 바로 그 주말, 조지와 라몬트는 각각 오래 전부터 계획되어온 휴가를 즐기러 남부로 떠났다. 한편, 리차드 위트니가 조합의 재산을 횡령했다는 확증도 없는 데다 여전히 그가 성실한 사람이라고 굳게 믿고 있던 시몬즈는 12월 중에도 거래소의 오찬 모임에서 위트니를 만날 때마다 매각은 잘 진행되고 있냐고 묻곤 했다. 위트니는 진전이 느리다면서, DLC 주식이나 위트니 증권회사 인수에 관심을 가진 듯한 사람의 이름을 몇몇 말해주기도 했다. 그러나 사실 매각은 전혀 진척이 없었다. DLC 주식이나 증권회사를 원하는 사람은 아무도 없었으며, 위트니는 여전히 DLC 주가의 하락을 막느라 정신이 없었고, 이를 위해 계속 돈을 빌려야만 했다. 성탄절 바로 전, 애들러는 위트니에게 또 10만불을 빌려줬으며 이번엔 정확히 1주일 뒤에 돌려받았다. 하지만 같은 금액을 부탁받은 아브라함은 좀더 현실적인 사람답게 1만 5천불만 내놓았다. 이것은 모욕이나 다름없었지만, 그래도 위트니는 그 돈을 받아갔다. 1938년 1월 3일, 위트니는 남부에서 돌아온 형에게 매각 협상이 실패했다고 보고해야만 했다.

한편, 위트니의 백기사로서의 경력도 마지막 국면에 접어들고 있었다. 개인적으로는 패배하고 명예를 잃었지만, 그는 원칙에 충실한 사람답게 공인으로서의 마지막 역할을 철저히 수행했다. 추수감사절 중 게이는 거래소에겐 더글라스와 SEC에 대해 우아하게 굴복하여 완전히 개혁하는 길밖엔 선택의 여지가 없다고 결심했다. 그렇지 않으면 더글라스의 경고대로 거래소가 워싱턴에 의해 점령당할 건 불을 보듯 뻔했다. 12월 초, 거래소 집행위원들의 맘에 없는 동의하에, 게이는 콘티넨탈 캔(Continental Can)의 대표이사 칼 콘웨이(Carle Conway)를 대표로 하고, 일부는 거래소의 외부 인사들로 구성된 새로운 위원회를 만들어, 거래소의 조직개편에 관한 건의안을 내놓기로 했다. 공식적으로 패배를 시인하는 것이나 다름없는 결정이었다. 모두들 이 콘웨이 위원회가 SEC의 입맛에 맞는 조직개편안을 낼 것이고, 거래소도 그 개편안을 받아들이게 될 거라는 걸 알고 있었다. 위트니파가 장악하고 있는 규정위원회는 콘웨이 위원회의 존재나 그 위원회의 인적구성에 대해 고집스럽게 반대하는 입장이었으나, 이미 승부는 기울고 있었다. 개인적으로는 위트니 편에 남아 있을지 몰라도 거래소 고위층의 대다수는 이제 상황에 따를 수밖에 없는 처지였다. 따라서 위트니만이 거의 유일하게 그간의 원칙을 고수하고 있었다. 1월 1일이 되자 콘웨이 위원회는 개편안을 완성했고, 27일에는 그 개편안이 발표되었다. 개편안 속에는 더글라스가 처음부터 원했던 모든 것들, 즉 유급(有給) 이사장에, 전문인력에, 비회원 위원진 등등이 다 포함되어 있었고, 거래소 내에서 진보파들이 영향력을 늘릴 수 있는 여러 장치들도 있었다. 게이는 즉각 그 개편안 전체를 지지했으며, 더글라스도 따뜻한 찬사를 보냈다. 월가와 워싱턴의 새로운 평화와 조화의 분위기를 강조하려는 듯, SEC는 모건은행을 흠모하는 노스 캐롤라이나 출신의 존 헤인즈(이 책 '백기사 낙마하다' 편 참조)를 새로 영입했는데, 이렇게 해서 그는 흥미롭게도 조세프 케네디 이후 국내 고위공직에 임명되어 뉴딜에 참여하게 된 첫번째 토종 월가 사람이 되었다.

오랜 전쟁이 마침내 종말을 맞이하고 있었다. 서로 인질들을 주고 받는 단계였다고나 할까? 하지만 위트니는 아직 원칙을 버리지 않고 끝까지 싸우고 있었다. 1월 31일, 집행위원회가 열려 콘웨이 개편안을 토의했다. 회의석상의 압도적인 분위기는 당장 조건없이 통과시키자는 쪽이었다. 다만 위트니와 이제 몇 안 되는 그의 추종자들만이 나서서 그 개편안을 전반적으로는 수용하되, 증권거래법에 대한 반대 입장과도 보조를 맞추어 개별조항에 대해서는 따로 협상의 여지를 남겨놓아야 한다고 맞섰다. 위트니의 말이 어찌나 달변이었던지, 한 순간 그의 주장이 채택될 듯 보이기도 했다. 하지만 말에 무게를 싣기 위해 위원장석에서 위원들 사이로 내려오기까지 한 게이는 이제 거래소가 더 이상 꾀를 부리고 우물쭈물할 때가 아니며, 불가피해진 새로운 운명을 흔쾌히 받아들여야만 한다고 열성적으로 훈계했다.

　개편안은 만장일치로 통과되었다. 물론 단 한 표를 제외하고. 그리고 이것은 위트니가 거래소 위원으로서 행한 마지막 투표였다.

II

1월 중, 조지 위트니는 마지막으로 동생의 일에 관여했다. 이 일은 리차드 위트니 증권회사를 매각하기 위해 개인적으로 뛰어다니는 빛나지도 않는 일이었다. 하지만 그 회사는 지급불능 상태에 빠져 있었으므로 그가 그 일에 성공했다 하더라도 곤란한 지경에 처했을 것이다. 조지는 회사 매각에 실패하자, 모건은행이 구세주가 될 수 있지 않을까 하는 생각이 들었다. 즉 모건은행이 어떻게 해서든 DLC 주식을 담보로 위트니 회사에 현금을 수혈하여, 회사를 좀더 매각하기 좋은 모양으로 포장할 수 있지 않을까 하는 발상이었다. 순수하게 사업적인 제안으로만 바라봤을 때, 또 한가지 걸리는 문제는 위트니 회사가 지난 1931년에 꿔간 50만불 중 2만 5천불만 갚고 아직 나머지를 갚지 못하고 있다는 사실이었다. 그럼에도 불구하고 조지 위트니는 집요하게(이번엔 좀 풀이 죽은 모습이었는지는 몰라도), 모건은행의 파트너들 중 주식에 가장 정통한 프랜시스 바토우(Francis Bartow)에게 위트니 회사의 DLC 주식이 은행에서 신규대출의 담보 가치가 있는지 알아봐 달라고 부탁했다.

　그 주식을 조사한 바토우는 곤란함을 느꼈다. 위트니 회사의 자산이 겨우 저지 라이트닝 55만 갤론과 사이다 백만 갤론뿐이었기 때문이다. 그는 이렇게 자문했었다고 당시를 회고했다. "아니 세상에 어떤 놈이 이렇게 많은 양의 음료가 앞으로 6개월 내, 아니 1년 내에라도 팔릴 수 있다고 생각할까?" 혹 그렇게 생각하는 사람이 있을지도 몰랐지만, 적어도 바토우나 그가 찾아가 상의한 다른 파트너 두 명은 아니었다. 따라서 신규대출 문제는 접어둘 수밖에 없었다.

다른 한편에서는 또 다른 일이 터지고 말았다. 위트니 증권회사의 재정상태가 안 좋다는 풍문이 결국 가장 민감한 곳인 증권거래소에까지 퍼지게 되자, 일은 이제 겉잡을 수 없게 되고 만 것이다. 추수감사절 직후, 시몬즈는 자기가 나서서 거래소의 규율반이나 마찬가지인 윤리위원회에 위트니가 공제조합의 자산을 원상복구시키는 데 시간이 걸렸음을 보고해야 한다는 사실 때문에 밤잠을 설쳤다. 그는 위트니가 이미 자산을 돌려주었으며 모든 게 다 정상으로 돌아간 지금, 자기가 보고한다고 해서 고자질이니 뭐니 하는 얘기는 나올 수 없을 거라고 생각했다. 자, 여기에서 그 사이 우리의 이야기에서 멀어져 있던 사람이 다시 등장한다. 목이 짧고, 목소리가 큰 투기꾼이요, 공동자금의 운영자이며, 1930년 및 31년의 약세장에서 대중들에게 악인 역할을 했던 '다 팔아버려' 벤 스미스가 바로 그 사람이다. 12월 중순, 이사장 게이는 이제 시장의 중견으로 존경받는 거래소 회원이 된 스미스를 사무실로 비밀리에 불러 점심을 같이 했다. 이 오찬중, 게이는 스미스에게 거래소에 대한 긍정적인 여론을 조성하는 방법으로 어떤 것이 있겠냐고 물었다.

스미스의 대답에 대해서는 훗날 두 사람의 말이 달랐다. 먼저 스미스의 얘기를 들어보자. "난 그랬죠. 거래소에 보수파가 있는 한, 좋은 소리를 듣긴 힘들 거라구요. 난 위트니씨 얘기도 했어요. 그를 빨리 내보낼수록 좋을 거라구 말이죠. 내가 거래소가 불신을 받게 된 대부분의 책임이 그에게 있다고 하자 게이는 왜 위트니에게 반감을 가지고 있냐고 묻더군요. 난 그 사람이 파산상태이고, 월가 여기저기에 돈을 꾸러 다니고 있으니까 그런 사람이 거래소의 중심이 되어서는 곤란하다고 대답했습니다." 게이는 나중에 스미스가 했다는 말에 대부분 수긍하면서도, 위트니를 파산상태라고 했다는 부분은 격렬히 부정했다. 또한 게이는 그날의 태도로 볼 때 스미스는 위트니에 대해 매우 적대적이었으며, 원한을 품은 듯 격노하고 있었다고 덧붙였다.

그랬었는지도 모른다. 자수성가한 아일랜드인과 거만한 지성인은 월가라는 냉혹한 소집단 속에서든, 미국이라는 냉정한 대집단 속에서든 어느 면으로나 서로 어울릴 수 없는 사이였다. 1931년과 32년 당시, 위트니가 워싱턴에서 대주를 옹호한 것은 물론 어느 특정인을 위한 게 아니라 일반적인 이유 때문이었지만, 결국 스미스의 입장을 변호한 게 아니었던가? 그 이후 둘 사이가 달라졌는지는 알 수 없다. 하지만 어느 때든지 거래소의 시장부에서든, 아니면 둘이 같이 활동하는 그 어디에서든, 지성인이라는 사람이 대수롭지 않게 한 마디 던져 아일랜드인을 기분 나쁘게 했거나, 아일랜드인이 지성인에게 세련되지 못한 유치한 행동을 했을 가능성은 쉽게 예측해 볼 수 있다. 여하간에, 그날 게이는 스미스가 위트니에 대해 워낙 적대적이었으므로, 그가 한 여러 얘기들을 적당히 흘려 듣고 말았다. 그날의 만남 이후 몇 달 동안 게이는 위트니 증권회사의 재정상태에 대해 특별히 알려고 하지 않았다. 하지만 새 소식을 접했을 땐 그도 긴장할 수밖에 없었다.

사건의 발단이 된 소문은 사실은 틀린 것이었다. 1월 중순 어느 날, 거래소에서 그레이하운드(Greyhound) 주식의 전문가였던 존 세틀라(John Shetlar)라는 사람이 자기가 거래하는 그 주식에서 소위 말하는 '투매 징후'를 감지했다. 훗날 그는 "500주 단위의 매도주문이 계속해서 나오고 있었습니다"라고 그날을 회상했다. 더구나 이 주문들은 여러 중개인을 통해 팔 수만 있다면 가격은 묻지 말라는 식으로 계속 쏟아져 나오고 있었다. 그는 증거는 없었지만 시장부 전문가들에게 없어서는 안 될 그런 육감을 통해 이 투매가 위트니 증권회사에서 비롯되고 있다고(여러 증권회사를 통하는 눈가림 수법에도 불구하고) 느꼈으며, 이는 바로 위트니 증권회사가 중대한 고비를 맞고 있는 조짐이라고 결론지었다. 그러나 나중에 조사해 본 바에 의하면, 1월 중순 경 위트니 증권회사의 자기구좌나 손님구좌에서 그레이하운드 주식의 매도는 한 주도 나간 적이 없었다.

회원 회사가 곤경에 처했다면, 셰틀라는 회원으로서 그 사실을 거래소 상부에 보고해야 할 의무가 있었다. 자신의 직감에 따라 양심적으로 그는 거래소의 위원이자 위트니의 친한 친구인 듀크 웰링튼을 찾아가 투매현상과 그 원인에 대한 자신의 느낌을 소상히 말해주었다. 그러자 웰링튼은 고개를 끄덕이며 "내가 맡아서 처리하겠네"라고 대답했다. 웰링튼은 즉시 거래소 윤리위원회의 의장 하울랜드 데이비스(Howland Davis)를 찾아가 들은 말을 그대로 전했으며, 어떤 조치를 취하든 자신의 이름은 위트니와의 개인적인 친분관계를 고려해 알려지지 않도록 해달라고 부탁했고, 데이비스는 이에 동의했다. 그리고 곧 조금 이상한 일이 발생했다. 웰링튼이 거래소의 시장부에서 데이비스와 얘기를 막 끝내고 움직이려는 순간, 위트니에게서 좀 보자는 연락이 온 것이다. 위트니는 그를 보자마자, 무담보로 2만 5천불을 빌려 달라고 했다. 옛날에 꿔준 돈을 얼마나 오래 기다렸다 받았었는지를 잘 기억하고 있던 웰링튼은 이미 지난 11월에도 10만불을 꿔달라는 오랜 친구의 청을 거절한 바 있었다. 게다가 셰틀라의 얘기까지 들은 지금 그가 해줄 대답은 너무도 자명했다. 위트니가 들은 건 안 되겠다는 말뿐이었다.

윤리위원회 의장은 행동을 취했다. 하울랜드 데이비스는 집안 배경을 보나 천성을 보나 잠재적인 보수파였다. 구식 중개인의 아들로 태어난 그는 머리 힐(Murray Hill)에 있는 JP 모건 저택 건너편에서 자랐으며, 모건가(家) 딸들의 사교계 데뷔 파티에도 참석하곤 하던 사이었다. 그도 중개인이었으며, 몇몇 모건은행 파트너들과의 친분 덕에 종종 모건은행 사람으로 여겨지곤 했지만, 사실 그의 회사가 월가 23번지의 애완견 노릇을 한 적은 없었다. 데이비스는 조지와 리차드 위트니가 어릴 때부터 그들을 만나왔으나, 첫눈에 벌써 그들을 싫어했다. 그가 몇 년 뒤에 표현했듯이, 그는 두 사람을 완벽한 속물 내지는 말썽꾸러기 정도로 생각하고 있었다. 오랜 세월이 흐른 뒤, 데이비스가 거래소의 위원이 되어 종종 리차드 위트니와 어울리는 자리가 생기면서, 그에 대한 평가가 약간 달라졌고, 조심스럽게나마 친밀감도 느끼게 되었지만, 그렇다고 가까이 지내지는 않았다. 월가의 정치에 관한 한, 데이비스는 자신이 가진 여러 친분관계에도 불구하고 보수파의 일원이 되진 않았다. 하긴 그렇다고 개혁파가 될 사람도 아니었다. 독립적인 무소속으로서, 그는 1935년 거래소의 투쟁 시기에도 초연한 자세를 유지했었다. 이제 웰링튼을 통해 셰틀라의 보고를 접한 그는 자신이 해야 할 바를 잘 알고 있었다. 거래소가 SEC의 압력하에 최근 받아들인 개혁안 중에는 모든 회원사에게 간헐적으로 현재 재무상태에 대한 설문지를 보내는 것이 있었다. 마침 며칠 뒤인 1월 20일엔 새로 생긴 그 제도에 따라 첫번째 설문지가 우편으로 배달될 예정이었다. 정상적인 절차에 따른다면, 위트니의 회사는 그 첫 설문지를 5월 중순쯤 받아서 5월 말까지 응답해야 했으나, 데이비스는 위트니 증권회사에 가장 먼저 설문지를 보내 2월 15일까지 응답해야 하게끔 지시했다. 그는 이 조치를 통해 사태를 파악할 수 있을 거라 믿었다. 게다가 아직 대부분의 거래소 회사들은 설문지 배부 일정에 대해 모르고 있었으므로, 설문지가 일찍 도착한다고 해서 위트니가 자신이 의심 받고 있다는 의혹을 가질 가능성은 별로 없었다.

이렇게 해서 잘못 맡은 냄새 때문에 개들이 진짜 사냥감을 찾아 나서게 되었다. 위트니는 그 설문지를 받았다. 제출 시한인 2월 15일이 되자 위트니는 1주일 연기를 요청하여 허락을 받았다. 그는 2월 21일이 되어 답변을 제출했고, 그날 저녁, 거래소의 감사가 이를 급히 들여다보았다. 위트니의 숫자들은 지난 추수감사절 때 형에게 내놓았던 숫자들보다는 훨씬 상세했지만, 역시 누락된 부분이 있어 사실을 왜곡하고 있기는 마찬가지였다. 그런 왜곡에도 불구하고 감사의 1차 조사 결과, 회사의 자본금 상태가 윤리위원회에서 정한 기준에 훨씬 못 미치는 걸로 드러났다. 그러므로 이런 경우 당연히 취해지는 다음 조치로 2월 23일, 거래소의 회계직원이 브로드 가 15번지에 있는 위트니 사무실에 파견되어 장부감사를 시작했다.

물론 장부는 조작된 상태였으나 완전히 눈가림할 정도는 못 되었다. 이를 깨달은 위트니는 2월 24일 데이비스를 방문, 시간을 좀더 달라고 부탁했다. 그는 회사의 자본금이 규정치에 모자라는 게 사실이며, 자산이 어떤 특정회사의 주식에 분별없이 너무 집중되어 있는 것도 알고 있지만, 지금 부족한 자본금을 다 메꿔줄 70만불 가량의 대출을 적극 협상중에 있다고 설명했다. 그러면서 평판 좋은 그의 회사에 부분적이나마 좋지 못한 기록이 남는 걸 원치 않는다고 덧붙이며, 이런 걸 다 고려해 볼 때, 지금 사무실에 와 있는 회계직원을 잠시 되돌려 보냈다가 몇 주 후 모든 게 다 제대로 된 뒤 오도록 하는 것이 어떻겠냐고 제안했다. 한때 말썽꾸러기 정도로 여겼던 위트니를 나중엔 조금씩 좋아하게 된 데이비스였지만, 그는 위트니에게 회계직원이 계속 작업을 해야 할 것 같다고만 대답했다.

장부조사가 시작된 지 5일 만인 2월 28일, 거래소의 회계직원은 확정적인 건 아니었지만, 위트니 회사가 고객의 유가증권을 유용하고 있다는 여러 증거를 포착하게 되었다. 3월 1일, 데이비스는 그 동안의 결과를 게이에게 보고했으며, 다음날 저녁에는 게이, 데이비스, 시몬즈, 그리고 거래소 소속 변호사들이 메트로폴리탄 클럽(Metropolitan

Club)에서 위트니의 개인 변호사인 랜돌프 메이슨(Randolph Mason)과 마주앉아 사태를 논의하게 되었다. 그들은 메이슨에게 위트니의 회계장부가 재정상태를 제대로 나타내고 있지 않은 것 같다고 조심스럽게 주의를 환기시키며, 다시 연락을 취하겠다고만 말했다. 그 다음 날인 목요일, 위트니는 다시 한번 데이비스에게 사냥개들을 돌려보내주길 하소연했으나 실패했고, 금요일이 되자 마침내 사냥개들이 먹잇감을 찾아냈다. 거래소의 감사가 상부에 위트니가 저지른 횡령과 그의 회사가 파산상태인 것에 대한 확증을 잡았다고 보고했던 것이다.

    3월 5일 토요일 아침, 거래소의 감사는 자신이 찾아낸 증거를 가지고 위트니와 직접 마주앉았다. 훗날 감사가 회고했듯이, 위트니는 그가 고객의 유가증권을 유용했음을 암묵적으로 시인했다. 그러나 이는 시늉일 뿐이었다. 위트니는 아직 포기하지 않고 있었다. 그날 오후, 그는 게이를 찾아가 2시간 동안 자신의 잘못을 시인하면서도 특별한 고려를 부탁했다. 자신이 조용히 회원권을 팔게 해주고, 자신에 대한 고발을 취하해 줄 것을 요구한 것이다. 게이가 "무슨 근거로?"라고 묻자, 위트니는 마지막 카드를 내밀었다. "내가 누굽니까? 리차드 위트니 아닙니까? 아직 수많은 사람들에게 나는 곧 거래소를 의미하질 않습니까?" 따라서 자신에게 일어나는 일은 거래소에도 그대로 영향을 미칠 것이며, 결국 월가에도 영향을 미칠 거라는 얘기였다. 그가 파산했다는 건 이제 어쩔 수 없는 사실이었지만, 그가 고객자산을 횡령했다는 게 알려지면, 주식거래의 기반이 되는 신뢰에 금이 갈 뿐 아니라, 워싱턴의 개혁파들에게 승리를 안겨주게 될 것이고, SEC는 예상 밖의 횡재를 하게 될 거라는 얘기였다.

    이건 그럴듯한, 그냥 듣고 넘길 수는 없는 얘기였다. 위트니는 2시간 동안 이 점을 누차 반복하여 강조했다. 게이의 회고를 들어보자. "위트니가 애원했던 건 아니었습니다. 그는 마치 자신이 아닌 다른 사람에 대한 얘기를 하고 있는 것처럼, 이성적으로 차분히 논리를 펴나갔죠." 그는 정말 그랬다. 백기사의 입장에서 어떤 도둑에 대한 얘기를 하듯이 말했던 것이다. 찰스 게이가 마음이 몹시 흔들렸으리란 걸 어렵지 않게 상상할 수 있다. 그는 자수성가한 사람답게 보수적인 기질이 다분한 사람이었다. 그는 편안하고 느긋한 매력을 가진 월가의 보수파들을 흠모하면서 자랐으며, 일생 동안 그런 부류에 끼기 위해 종처럼 열심히 일해왔었다. 위트니로 인해 보수파들과 그들의 시대가 붕괴되면 어쩌나 하는 걱정은 게이도 위트니 못지 않게 하고 있던 바였다. 위트니가 채권중개사업을 그만두고 다른 일을 하겠다는 발표와 함께 조용히 물러날 수만 있다면, 그의 고객자산 횡령 건은 드러날 것도 없었으며, 일시적으로야 말들이 많겠지만, 일이란 게 다 그렇듯 터지고 나면 또 언제 그랬냐는 듯이 원래대로 돌아갈 것이었다. 하지만, 만일 혹시라도…….

그러나 게이는 매우 정직하고 양심적인 사람이었다. 그는 잠시 두려움에 떨긴 했지만, 오랫동안 인정하고 흠모해온 자신의 세계를 보존하고픈 욕망을 양심에 따라 버렸다. 그는 위트니에게 그에 대한 고발장 및 사유서가 준비될 것이며, 이 서류들은 확보된 증거와 함께 계획대로 월요일 아침 윤리위원회에 회부될 것임을 다시 한번 확실하게 알려주었다.

III

그 토요일 오후에 이르기까지 약 두 달 동안 목숨을 걸고 싸우던, 아니 자신의 생활방식을 고수하려고 안간힘을 쓰던 위트니는 현금을 마련하기 위한 최후의 수단을 동원했다. 이에 대한 자세한 내막은 그 자신의 경력뿐 아니라 돈 빌리는 분야의 역사로 보아도, 매우 기상천외한 이야깃거리로 남을 만하다. 그때는 이미 돈을 꿔달라는 그의 요청은 툭하면 거절되기 일쑤였고, 점차 위트니도 그래 봤자 눈 하나 깜짝 안 하는 지경에 이르렀을 때였다. 사람들은 돈을 빌리러온 그에게 퉁명스럽게 "조지에게 가 보라구" 하고 말했으며, 위트니는 아직도 거만한 태도를 버리지 않은 채 "우리 형은 지금 여기 없어. 형이 있으면 내가 왜 당신한테 왔겠어?"라고 대답했다. 위트니는 사람들이 "안 되겠는데"라고 대답을 시작하면, 그냥 일어나 가버리곤 했다.

1월, 드디어 오랫동안 그의 위세에 눌려 지냈던, 인내심 많은 폴 애들러마저 드디어 그의 요청을 거절했다. 자신의 우상이 자신 앞에서 무너지는 걸 참고 보기 힘들었던지, 그는 거래소에서 쓰는 종이쪽지에 "딕, 정말 미안하네. 그렇지만 우린 이 시점에서 어느 누구에게도 대출을 하지 않기로 결정했다네. 정말 유감이네."라고 적어서 위트니에게 보내는 걸로 거절의 말을 대신했다. 2월 중순, 위트니는 평상시 같으면 그가 어울려지낼 사람은 아니었던 시장부 전문가 존 맥마누스(John McMannus)를 찾아가 10만불을 요청했다. 잠시 어안이 벙벙해졌던 맥마누스는 조지 위트니가 보증해 준다면 돈을 빌려주겠다고 대답했는데, 위트니는 이에 대해 자기 부인이 보증을 서면 안 되겠냐고 하면서 창피한 줄도 모르고 "우리 집사람도 50만불 이상의 재산이 있다구"라고 말했다. 맥마누스가 여자의 보증은 받지 않는다고 하자, 위트니는 고개를 끄덕이더니 대수롭지 않다는 듯 "이 일은 아무한테도 말하지 말아줘" 하고 가버렸다. 맥마누스는 훗날 이 일이 그의 경력 중 가장 놀라운 사건이었다고 회고하며 이렇게 말했다. "난 그 사람이 세상에 있는 모든 훌륭함의 진수라고 생각했었지요. 그날 난 너무 충격을 받아 머릿속이 텅 빈 것 같았습니다." 그는 얼마나 충격을 받았던지, 그때 자신에게는 빌려줄 돈 10만불이 있지도 않았다는 사실을 한참 지나고 나서야 깨달았다고 한다.

하지만 이 당시 위트니는 몇 번에 걸쳐 놀라운 성공을 거두기도 했다. 2월 중순, 그는 거래소 회원인 알렉산더 게일(Alexander Gale) 에게 그가 빌리는 보통 금액인 10만불을 요청했다. 게일은 7만 5천불 밖에 안 되겠다면서 즉각 이를 수표로 끊어 보냈으나, 뻔뻔스럽게도 위트니는 10만불이 아니면 안 된다며 이를 반송했다. 겁많은 구두쇠 같은 기분이 되어버린 게일은 2만 5천불을 더 넣어 다시 보냈다. 비슷한 때 위트니는 같은 금액을 빌리기 위해 월터 로젠(Walter Rosen)이란 사람에게 접근을 했다. 로젠은 그 돈을 빌려주면서 아부하듯 다음과 같은 멋진 토를 달았다. "저는 돈을 빌려가는 사람의 인격이 그가 내놓는 담보보다 훨씬 중요하다고 늘 말씀하셨던 피어폰트 모건씨를 항상 흠모해 왔습니다." 모건은행의 중개인 역할을 하는 위트니는 그 돈을 받으며 한 마디 하지 않을 수 없었다. "모건씨는 언제나 옳은 말만 하시지요."

위트니가 마지막으로 돈을 빌린 두 번의 경우는 그 나름대로 얘기할 만하다. 3월 1일, 게이와 마주앉기 나흘 전, 그는 브라운 브러더즈 해리만 증권회사(Brown Brothers, Harriman & Company)의 파트너 나이트 울리(Knight Woolley)와 애버렐 해리만(Averell Harriman)을 만나 또 그 보통의 금액을 요청했다. 그들은 모건은행처럼 잘 알려진 귀족적인 회사의 일원이었지만, 피어폰트 모건의 말과는 달리 담보를 요구했다. 위트니는 며칠 내로 담보를 제공하기로 약속하고 그 자리에서 돈을 받았다. 하지만 담보는 결코 도착하지 않았다. 같은 날, 위트니는 오랜 친구이며 건강이 좋지 않았던 존 프렌티스 대령에게서 (앞서 2장에도 등장한 인물로서, 1920년 알란 라이언과 거래소 사이의 논쟁에서 중재자로 수완을 발휘했었다) 2만 5천불을 받았다. 그로부터 18일 뒤, 대령은 돈을 돌려받지도 못한 채 세상을 떠났다.

그리고 1월 말, 위트니는 마지막이자 지금까지의 그 어느 것보다도 엄청난 횡령을 저지르고 말았다. 1월 26일, 위트니는 자기 회사의 출납직원인 로버트 로젠탈(Robert Rosenthal)에게 설명도 않은 채 여러 고객들 소유의 유가증권을(그 중엔 장인의 80만불짜리 부동산도 포함되어 있었다) 자기에게 가져오라고 지시했다. 그리고 이틀 뒤, 이 유가증권을 가지고 퍼블릭 내셔널(Public National) 은행으로 가서는 마치 자기 것인 양 담보로 내놓고 28만불을 대출받았다.

여기서 잠시 기록을 남긴다는 생각으로, 1938년 3월 첫 주 당시 위트니의 진짜 재무상태를 한번 쫙 정리해 보기로 하자. 그는 4개월 동안 총 111건의 대출을 통해 27,361,500불을 빌렸는데, 이 가운데 2천 5백만불 이상은 담보를 제공하고 은행에서 받은 것이었다. 만기가 된 대출을 상환하기 위해서는 새 대출을 받아야 했으므로 이런 식의 담보대출은 계속 될 수밖에 없었다. 이것 말고도 그는 완전 무담보로 형 조지 위트니에게 2,897,000불을, 모건은행에서 474,000불을 빌린 상태였고, 또 이러저러한 사람들에게 역시 무담보로 꼭 백만불을 빌린 상태였다. 게다가 39만불 가량의 주식도 빌려온 처지였다. 다시 말해, 그는 고객들의 자산을 슬쩍해서 빌려온 돈을 제외하고도, 자신의 성품과 이름만으로 약 5백만불 이상의 채무를 지고 있던 상태였다.

마지막 나날들을 보내는 가운데 위트니는 거래소 시장부에서 잘 알지 못하는 사람에게도 다가가서, 거의 무관심하다 싶을 정도의 일상적인 말투로 이젠 표준금액이 되어버린 10만불을 빌려달라곤 했다. 또한 그는 미쳐가고 있는 게 아닌가 싶은 조짐을 보인 일도 있었다. 토요일 오후의 대결로 끝이 난 그 정신없던 1주일 중의 화요일, 그는 '다 팔아버려' 벤 스미스를 찾아갔다. 괜히 비위를 맞추겠다는 투의 어설픈 사탕발림도 없이 위트니는 직설적으로 "빨리 용건을 마칠게"라며, 마치 부하에게 훈계라도 하는 식의 서두를 꺼내고는 자기의 신용을 담보로 25만불을 꿔달라고 요청했다. 그 당시의 상황으로 보아 스미스의 대답은 당연한 것이었고, 무례하다고 볼 수도 없었다. 스미스는 훗날 이렇게 회고했다. "난 그에게 자신의 신용에 대해 값을 너무 후하게 치는 게 아니냐고 물었죠. 그랬더니 자기는 그 정도로 생각한다면서, 지금 막다른 골목에 빠져 있어 25만불이 꼭 필요하다고 하더군요. 그래서 난 나한테 관심 한번 보인 일이 없다가 이제 와서 갑자기 25만불을 달라고 하니 너무 뻔뻔한 거 아니냐고 말했어요. 그러면서 솔직히 그를 좋아하지도 않고, 돈 역시 한 푼도 빌려줄 생각이 없다고 했죠." 위트니는 고개를 끄덕이기만 했었다고 한다.

스미스에게 그건 당연한 결론이었다. 그러나 위트니는 왜 그랬을까? 벤 스미스에게 그런 냉정하고 얼굴이 화끈거리는 대답 말고 또 뭘 기대했던 걸까? 이게 바로 싸움에 진 늑대가 자기를 이긴 놈에게 이제 물어뜯으라고 일부러 목을 길게 내뻗는다는 그런 항복의 의식이었을까? 그럴 리는 없었다. 우리가 잘 알고 있듯이, 그 화요일은 아직 위트니가 포기하기 전이었다. 그렇다면 스미스를 찾아간 이유로 추측해 볼 수 있는 건, 그가 과거에 남들에게 차갑게 대할 때도 그랬듯이, 남에게 찬밥 신세가 된 지금도 그는 변함없이 무감각한 사람이었다는 가설뿐이다. 다시 말해, 위트니는 이 날치기 벼락부자를 너무나 하찮게 여긴 터라, 그가 자기를 어떻게 생각하든 신경쓰지 않았으며, 그에게 부탁해봐야 잃을 것도 없다고 믿었다는 것이다. 스미스가 말한 대로 위트니는 정말 뻔뻔했던 것이다. 적어도 아직 그 뻔뻔스러움은 살아있었다고나 할까?

IV

모건은행의 주식 전문가인 프랜시스 바토우는 라몬트와 조지 위트니의 부재시엔 은행을 총책임지는 파트너였는데, 마침 라몬트는 남부여행을 마친 뒤 곧장 해외로 떠난 상태였으며, 조지 위트니는 1938년 초, 지난 해처럼 남부에 가서 휴식을 취하고 있었다. 게이로 하여금 고발 조치를 취하시키려는 마지막 시도가 실패로 끝난 토요일에 어떤 일이 있었는지 바토우의 입을 통해 들어보자.

3월 5일 오후, 난 뉴욕의 링크스 클럽(Links Club)에서 친구들과 브리지 게임을 하고 있었는데, 리차드 위트니가 전화로 날 찾고 있다는 전갈이 왔어요. 날 빨리 봐야겠다는 거였죠. 내가 있는 곳을 말해주고, 그에게 지금 어디냐고 묻자, 사무실이라더군요. 그럼 내가 있는 데로 찾아오라고 했더니, 그는 그러겠다고 했죠.

얼마 후에 그가 왔고, 우린 얘기를 시작했어요. 그가 주머니에서 서류뭉치를 꺼내 펼치더니만 '난 지금 궁지에 빠져 있어'라고 하길래 난 곧바로 '잠깐, 지금 나에게 돈 꾸려고 그러는 건가?' 하고 말했죠. 그가 그렇다고 하길래 솔직히 말해, 난 그럴 생각이 없다고 잘라 말했죠. 그 순간 아마도 난 그에 대해 좀 짜증이 났던 것 같습니다. 왜냐하면, 내가 그의 변호사인 랜돌프 메이슨과 그의 재정상태에 대해 얘기를 나누었던 것도 그는 알고 있었을 게고, 그 자리에서 약속된 감사보고서나 다른 정보들이 아직 전달되지 않고 있었기 때문이었죠. 그는 "저…, 월요일 10시 반이 되면 나의 일이 거래소 윤리위원회에 보고되어 조사를 받아야 돼"라고 말하더군요. 난 이렇게 대답했습니다. "잠깐! 이제 그만하게! 자네가 말을 나눠야 할 사람은 내가 아닐세. 지금 랜돌프 메이슨을 만나 그 사람과 상의를 하게."

그는 서류를 들고 일어나더니 가버렸죠. 저는 친구들과 다시 브리지를 즐겼구요. 제 기억으론 그가 떠날 때 제가 이런 말을 했던 것 같습니다. "난 여기 좀더 있을 테니 필요하면 연락하게." 시간이 한참 흐른 뒤, 리차드 위트니가 날 만나기 위해 아래층에서 기다린다는 전갈을 받았어요. 틈이 나자마자 바로 내려갔더니, 위트니가 랜돌프와 같이 와 있었죠. 위트니가 말하더군요.

"프랭크, 우리 둘이 얘기해 봤는데, 자네에게 뭔가 묘안이 없는지 알고 싶어서 왔네."

"난 더 할 말이 없다고 이미 말했잖아?"

"이 일이 윤리위원회에 회부되면 좀 골치 아픈 질문들이 나올 거야."

"골치 아픈 질문이라니?"

"아, 그게 무슨 말이냐면, 뉴욕 요트 클럽이 내게 유가증권을 맡긴 게 있는데, 내가 그걸 담보로 내놓고 대출을 받았거든."

"뉴욕 요트 클럽이 자네에게 빚진 게 얼마나 되는데?"

"아무 것도 없어."

"그러면 고객의 유가증권을 가져다가 담보대출을 받고 그 돈으로 자기 사업에 썼단 말이야? 그 고객이 자네한테 꾼 돈이 없는데도 말이야?"

"그렇다는 얘기지."

"이건 보통 일이 아니네."

"형사 건이지."

"이런 일이 더 있었나?"

"둘 더 있어. 내가 지정유언집행자로 되어 있는 셀든씨의 부동산하고, 베어드 부인 것도 좀 있어."

"딕, 이건 내가 당초에 자네와 상의하려 한 것과는 완전히 다른 얘기야. 더 이상 자네와는 할 말이 없네. 난 지금 전화를 걸어 내 변호사와 얘기를 해야겠어."

친구이자 영업상의 동료가 범죄를 저질렀다는 고백을 하는데, 자기 변호사에게 전화를 걸어야겠다는 식으로만 반응하는 건 좀 이상하게 보일 수도 있지만, 사실은 전혀 그렇지 않았다. 아직 월가가 도마 위에 올려져 대중의 눈총을 받고 있던 그 당시, 위트니는 월가에서 대중적으로 가장 잘 알려진 사람이었으며, 모건은행 역시 월가에서 대중들에게 가장 잘 알려진 은행이었다. 따라서 모건은행의 파트너가 개인적으로 이런 행위에 대해 알고 있었다는 사실만으로도 은행이 그 범죄행위에 연루된 걸로 인식될 가능성이 높았다는 걸 잊어서는 안 된다. 바토우는 모건은행의 변호사이자 한때 대통령 후보이기도 했던 존 데이비스(John Davis)에게 전화를 걸어, 그날 저녁 롱아일랜드의 글렌 코브(Glen Cove)에 있는 데이비스의 저택에서 만나기로 한 뒤에 위트니와 메이슨에게 돌아갔다. 그리고 세 사람은 링크스 클럽에서 급하게 저녁을 함께 먹었는데, 저녁식사 바로 전이었는지, 식사중이었는지는 몰라도, 위트니가 바토우에게 이런 말을 했다. "좀 설명해 주고 싶은 게 있어. 퍼블릭 내셔널 은행에서 28만불을 빌렸는데, 내가 사무실 고객구좌에서 빼낸 유가증권들이 다 그 담보로 들어가 있어. 뉴욕 요트 클럽, 셸든씨, 베어드 부인 등의 유가증권들이지. 내가 28만불만 빌릴 수 있으면 그래서 그 대출금을 갚을 수만 있다면, 유용한 유가증권들을 다 제자리에 가져다 놓을 수 있을 테고, 월요일 아침 윤리위원회에 가서는 업무를 비정상적으로 한 건 없다고 진심으로 얘기할 수 있겠네만."

바토우는 아무 말도 하지 않았다. 신중한 사람이었던 그는 말 한 마디도 변호사의 의견을 듣고 난 다음에 할 생각이었다. 저녁식사 후 그는 위트니를 링크스에 남겨둔 채, 메이슨과 함께 1시간 가량 차를 타고 존 데이비스를 만나러 글렌 코브에 갔다. 전말을 다 듣고 난 데이비스는 지체없이 이젠 아무도 위트니를 도울 수 없으며, 또 도와서도 안 된다고 대답했다. 데이비스는 완곡하게 말했다. "누구든지 그렇게 한다면, 오해를 받게 되어 있습니다."

바토우는 "알겠습니다, 데이비스씨. 그 의견을 받아들이겠습니다. 여기 오길 잘한 것 같네요"라고 말한 다음 질문을 하나 더 했다. 게이에게 전화해 위트니 건을 다루게 될 윤리위원회를 하루나 이틀 미루자고 하는 건 어떨까? 데이비스는 그 정도야 안 될 것 없다고 대답했다.

그리하여 바토우와 메이슨은 급히 게이에게 연락을 취해 자정에 메트로폴리탄 클럽에서 만나기로 하고는 서둘러 뉴욕으로 돌아갔다. 그들은 클럽에서 게이와 함께 온 거래소 소속의 변호사를 만났는데, 그는 바토우의 요청을 듣더니, 어떤 일이 있어도 월요일 회의는 단 1분도 연기될 수 없다는 걸 재삼 강조했다. 더 이상 할 말이 없었다. 바토우와 메이슨은 다시 링크스로 돌아가 상심에 빠져 있는 위트니에게 우울한 소식을 전해주었다.

일요일이 되자 일은 정신없이 급진전되었다. 바토우의 얘기를 다시 들어보자.

그날 일찍감치 저는 파트너인 앤더슨(Anderson)과 찰스 디키(Charles Dickey)에게 전화를 걸어 그 전날의 일에 대해 대략 말해주곤, 그날 2시 반에 뉴욕에 있는 저희 집에서 만날 수 있겠냐고 물었습니다. 다들 오겠다고 하더군요. 저는 JP 모건씨에게도 전화를 걸어 12시에 약속을 잡았습니다. 또 랜돌프 메이슨씨에게도 전화해서 그날 오후 저희 집에서 있을 회의에 대해 알려주면서 오겠냐고 물었죠. 그리고 가능하다면 로드월드(Rodewald, 리차드 위트니 증권회사의 파트너—옮긴이)씨도 같이 와서 장부검사를 얼마나 빨리 끝낼 수 있는지 알려줄 수 있으면 좋겠다고 했습니다.
메이슨씨는 되도록 로드월드씨와 같이 오겠다고도 하더군요. 그러고 나서 저는 글렌 코브에 있는 모건씨 댁에 도착, 그 전날 밤의 일을 설명하고, 저의 의견 및 데이비스와 함께 내린 결론 등에 대해 보고했죠. 당연

파멸 — 345

한 일이었지만 모건씨는 큰 충격을 받았습니다. 그리고 변호사의 의견에 따를 수밖에 없다는 저의 조언에 동의하시더군요.

(하지만, JP 모건이 이미 알고 있었던 여러 사실로 짐작해 보건대, 그가 정말 그렇게 충격을 받았을까? 아니면 파트너가 머쓱하지 않게 그냥 그런 모습을 보여준 것이었을까?)

모건씨를 만난 후 전 집에 돌아왔죠. 오후에 앤더슨과 디키가 도착했고, 전 그들에게 제가 알고 있는 모든 걸 아주 자세하게 전했습니다. 그리고 존 데이비스의 파트너인 선덜랜드(Sunderland)씨에게 전화를 걸어 좀 와 달라고 부탁했더니, 곧 오겠다고 하더군요. 그때 즈음 메이슨씨도 도착했고, 얼마 후엔 로드월드씨도 왔어요. 로드월드씨에게 일류 회계사들이 장부를 제대로 조사하는 데 얼마나 걸리겠냐고 물었더니, 그는 제가 생각했던 것보다 훨씬 오래 걸릴 거라는 투로 애매모호하게 대답해 좀 실망스러웠습니다.

선덜랜드씨가 도착했길래 전 그에게도 이제까지의 상황과 앞으로의 계획 등을 얘기해 주면서 저의 행동과 또 계획이 다 적절한지 물어봤죠. 그는 "무슨 일이 있어도 당신뿐 아니라 모건은행의 어느 누구도 뭘 알아내겠다고 위트니의 사무실에 들어가서는 안 됩니다"라고 하더군요. 저는 로드월드씨에게 말씀드리고 싶었던 건 다 드렸다며, 바쁘시지 않냐고 물었더니 그는 일을 보러 가야 된다며 자리에서 일어났습니다. 얼마 후, 저는 모인 사람들에게 일요일 날 집에서 쉬지도 못하고 오시게 해서 미안하다고 했고, 그 뒤에 모두들 돌아갔지요.

오후 늦게, 저는 드디어 동료 파트너인 조지 위트니에게 모든 걸 다 알려주어야 할 때가 되었다고 결심하고는, 플로리다에 있는 그에게 전화를 걸었죠. 조심스럽게 말하긴 했지만, 그래도 할 수 있는 얘기는 다 해주었어요. 조지는 "아이구 맙소사!"라고 외쳤죠.

정말 "아이구 맙소사!"가 맞는 말이었다. 조지 위트니는 이것 말고는 할 말이 없었다. 게다가 달리 할 수 있는 것도 없었다.

그리하여 월요일, 정의(正義)의 수레바퀴가 굴러갔다. 오전에 예정대로 윤리위원회가 열렸고, 위원회는 정황을 들은 뒤 만장일치로 당장 위트니와 그의 파트너들 중 거래소 회원권을 가지고 있는 에드윈 모건 주니어(Edwin Morgan Jr.)와 헨리 미개트(Henry Mygatt)를 고발하도록 집행위원회에 요청하는 결의안을 채택했다. 그날 오후 일찍, 집행위원회는 그 고발 건을 협의했고, 역시 만장일치로 그 세 사람의 회원에 대한 고발조치를 승인했다. 그리고 관례대로 그들에게 답변을 준비할 수 있는 기간으로 열흘을 줄 것이며, 따라서 이 건의 심리는 열흘 뒤인 3월 17일에 열릴 거라는 통보를 하기로 했다. 세 사람은 바로 고발되었으며, 그날 저녁, 게이는 워싱턴의 SEC에 전화로 사태를 알렸다.

한편 아직은 아무런 공식 발표가 없었으며, 놀랍게도 언론엔 정보가 새나가지 않고 있었다. 그나마 남아 있는 위트니의 동조자들은 그 사실의 폭로가 월가에 가져올 공적인 수난을 걱정하며 탈출구를 찾기 위해 백방으로 노력을 기울였다. 그 월요일 이른 아침, 조지 위트니는 플로리다에서 바토우에게 전화를 걸어 지금 자신이 뉴욕에 없기 때문에 마음이 더 불안하다면서 당장 자기가 올라가는 게 어떻겠냐고 물었다. 바토우는 아직 병이 완치된 것도 아니고, 지금 올라와 봐야 달리 할 것도 없으니 그러지 않는 게 좋겠다고 대답했다. 그날 아침 늦게, 바토우는 지푸라기라도 잡는 심정으로(물론 다시 한번 데이비스에게 동의를 구한 뒤였지만) 위트니의 가장 친한 친구라 할 수 있는 거래소 변호사 롤랜드 레드몬드를 찾아가서 물었다. "인간적으로 말야, 이 일에 누구라도 뭔가 도울 일이 없을까?" 레드몬드는 "전혀 없어. 단 하나도 있을 게 없다구"라고 대답했다. 불쌍한 레드몬드 역시 마음의 갈

등을 겪고 있었다. 거래소의 변호사로서 그에게는 친구에 대한 고발장을 작성하는 임무가 맡겨졌고, 바토우가 찾아가기 바로 전날 그는 눈물을 흘리며 자기 사무실에서 이 일을 끝냈었다.

바토우는 이렇게 회상했다. "그러고 나서 우린 헤어졌죠. 그날 오후, 랜돌프 메이슨이 제게 전화를 하더니 저녁에 좀 보자고 하더군요. 좀 늦을지도 모르는데 자기가 도착할 때까지 집에서 기다려줄 수 있겠냐고 하길래, 좋다고 했죠. 그런데 지금 생각해봐도 그가 도대체 왜 왔었는지를 잘 모르겠어요. 뭐라고 할까, 아무런 목적이 없었던 것 같아요. 그날 저녁 그가 와선 겨우 한다는 말이, 자기가 오후부터 저녁까지 내내 위트니 회사의 파산 절차에 필요한 서류작업을 하느라 바빴다는 얘기 정도였죠. 그러고는 좀더 뭐라뭐라 하더니 집에 가더군요." 하지만 뒤돌아보면, 메이슨이 바토우의 집에 찾아갔던 이유는 분명하다. 그는 잠시 애도의 시간을 갖고 싶었던 것이다.

V

존 헤인즈는 착잡한 심정으로 위트니 사건에 대한 SEC의 연락책을 맡게 되었다. 월요일 밤, SEC의 위원장 더글라스는 게이에게 소식을 듣자마자 헤인즈에게 그 일을 맡기기로 작정하고, 자정이 되기 바로 전 그에게 전화를 걸어 부탁했다.

밤차를 타고 뉴욕으로 가며 잠도 거의 못 잔 채 생각에 빠졌던 헤인즈는 훗날 그날 밤을 이렇게 회상했다. "난 무엇보다도 이 파산 사건이 일반 대중들에게 어느 정도까지 영향을 미칠 것인가에 대해 고민했습니다. 워싱턴에서도 그것에 대한 결론은 찾지 못했었죠. 난 워싱턴에서 앉아서 알아 볼 수 있는 것보다 더 많은 사실들을 알아내고자 뉴욕으로 갔던 겁니다." 나중에 어떤 사람들은 헤인즈에게는 이것 말고 또 다른 중요한 고민이 있었다는 주장을 하기도 했다. 즉, 헤인즈는 모건은행 중개인의 껍질을 벗겨 완승을 거두려는 욕망은커녕, 자신이 우상처럼 여기는 월가 23번지 사람들만큼이나 월가, 특히 모건은행의 평판에 대해 걱정하고 있었던 것이다. 그리하여 화요일 아침 일찍, 월가에서는 SEC를 대신하여 헤인즈가 어떤 조정안을 위한 마지막 노력을 해보기 전에는 공개를 미루자는 제안을 하러 뉴욕에 왔다는 소문이 돌았다. 물론 이 소문은 위트니의 잔여세력들에 의해 유포되고 있었다. 헤인즈의 의도가 무엇이었든 간에(그는 훗날 그런 의도는 없었다고 밝혔다), 거래소 개장 15분 전인 9시 45분, 월가에 도착한 헤인즈는 일이 이미 걷잡을 수 없게 되어버렸음을 알 수 있었다. 그 곳은 위트니에 대하여 사실보다도 더 험악한 소문들로 들끓고 있었던 것이다. 월가의 이미지 면에서 볼 때, 이젠 아무 발표도 하지 않는 것이 최악의 선택이 될 터였다. 따라서 헤인즈는 거래소 당국에 계획대로 발표하도록 권고했는데, 이미 그 당시에 발표 준비는 착착 진행되고 있었다. 그리고 이보다 약 45분 전인 9시 정각에 하울랜드 데이비스의 주재로 윤리위원회가 열렸는데, 이 자리엔 메이슨이 위트니와 다른 두 파트너의 대리인으로 참석했다. 데이비스는 다음과 같은 말로 회의를 시작했다. "여러분, 오늘 회의에서는 지금부터 10시 사이에 리차드 위트니 증권회사가 영업을 할 수 있는가 아닌가에 대한 우리의 입장을 정해야 합니다."

    메이슨이 물었다. "우리는 회사의 정확한 파산 금액도 모르고 있지 않나요?"

    그러자 위원장은 위트니의 파트너인 킹슬리 로드웰에게 할 말이 있냐고 물었다. 위트니 회사의 다른 파트너들과 마찬가지로 그는 수년 동안 위트니가 고객자산을 유용한 사실은 말할 것도 없고, 회사가 처한 재정적인 곤경에 대해서조차 전혀 모르고 있던, 핫바지 같은 인물로 지금은 어리둥절해 하고 있을 뿐이었다. 그런 그에게 할 말이 있을 턱이 없었다.

위원장이 다시 물었다. "당신 회사는 부채를 갚을 수 있습니까?" 로드월드가 대답했다. "그렇지 못합니다, 위원장님."

로드월드가 한 말에 의해 파산이 공식화되었다. 이제 거래소는 스스로의 규정에 따라가는 것뿐, 다른 대안이 있을 수 없었다. 그날 거래가 시작된 직후인 10시 5분, 게이는 시장부가 내려다보이는 연단에 올라갔고, 그의 비서가 거래를 일시 중단시키는 종을 울렸다. 시장부의 와글와글하는 소리가 곧 쥐죽은 듯한 침묵으로 바뀌자, 게이는 위트니 회사가 파산해 영업이 정지되었음을 알렸다. 그리고 거래소는 곧바로 성명을 발표, 그 파산에 범죄행위가 연루되어 있음을 분명히 밝혔다.

윤리위원회는 리차드 위트니 증권회사의 업무를 조사하던 중, 1938년 3월 1일, 공정하고 공평한 거래원칙에 위배되는 행위의 증거를 포착, 3월 7일 월요일 1시 반에 집행위원회의 특별회의에 고발장 및 이유서를 상정했습니다. 그 고발에 대한 심리는 3월 17일로 예정되어 있습니다. 오늘 아침, 리차드 위트니 회사는 거래소에 채무상환 능력이 없음을 알렸고, 따라서 거래소는 오전 10시 직후 거래소 연단에서 회사 파산정리 절차로 영업정지를 선언했습니다.

보스의 추락과 더불어 마침내 보수파도 몰락하게 되었다.

대단원

I

이 사건은 즉각 전국적인 화제가 되었으며, 뉴욕의 「데일리 뉴스」는 '위트니와 사라진 채권들'이란 제목의 기사를 1면 톱으로 대문짝만하게 실었다. 거래소의 공식 발표가 있던 3월 8일 화요일, 위트니와 그의 파트너들은 파산신청 서류를 제출했다. 마른 하늘에 날벼락이라도 맞은 듯 놀란 뉴욕 주 및 카운티(County ; 우리의 군郡에 해당하는 행정단위―옮긴이) 행정당국은 서둘러 기소장을 준비했으며, 위트니는 급히 마련된 SEC의 청문회에 나가 증언을 했다. 청문회에서 위트니는 솔직하고 침착했으며, 대수롭지 않은 일이라는 듯한 태도를 보였다. 청문회 위원들의 질문들 가운데 이치에 맞지 않는 듯 싶은 게 있으면, 그는 사냥터에서나 더 어울릴 용어를 써가며 "질문이 앞뒤가 안 맞습니다, 위원님"(Your question doesn't gee and haw, Commissioner) 하면서 평소 같은 여유있는 모습을 보이기도 했다(gee는 말을 부릴 때 쓰는 '이려, 오른쪽으로!' 하는 말이며, haw는 마찬가지로 '이려, 왼쪽으로!'의 뜻이다. 즉 위트니가 위원의 좌충우돌하는 질문을 비꼰 말―옮긴이).

다음날, 그는 최소한의 친절을 베풀어 아무것도 모르는 그의 파트너들의 혐의를 벗겨주었다. 무엇보다도 모건은행의 코크란이 수년 전에 지적한 대로 그들은 사실 위트니의 파트너가 아니었다. 포슬리안(Porcellian) 클럽의 동료 회원이자 가까운 사냥친구인 에드윈 모건(Edwin Morgan)을 제외한 나머지 파트너들은 위트니가 사회적으로나 금전적으로나 어울릴 만한 부류의 사람들도 아니었고, 회사에 어떤 투자도 한 바 없는 사무직원급 파트너일 뿐이었다. 정말 사무직으로 입사했던 파트너도 있었고, 어떤 파트너의 부인은 한때 장외거래소에서 전화교환원을 하기도 했었는데, 그 부인은 자기 남편이 사실상으로나 법적으로나 파트너가 아니라 고용직일 뿐이라고 주장했다. 그리고 위트니는 자신의 고객자산 횡령 사실과 회사의 재정현황을 파트너들이 모르게 하기 위해 이미 오래 전에 교묘하게 특별 관리구좌(control account)를 설정해 놓고 있었다. 이 관리구좌에 대해서는 오직 위트니의 회계사와 개인비서만이 알고 있었으나, 둘 다 자리를 지키려면 입을 다물고 있어야 한다는 것쯤은 알고 있었다.

위트니는 자신의 형사사건 변호를 맡게 된 변호사 찰스 터틀(Charles Tuttle)을 통해 발표한 성명에서 다음과 같이 말했다. "저희 회사가 연루된 이 어려운 상황은 저 혼자 책임질 행동의 결과이며, 저의 파트너들이나 사업상의 동료들, 아니 저 이외의 그 누구도 책임지거나 관련될 일이 전혀 아님을 분명히 말씀드리고 싶습니다. 저는 저의 어떤 행동이 옳지 못했는지 충분히 깨닫고 있으며, 그 결과를 받아들일 각오가 되어 있습니다. 따라서 저는 검찰수사에 승복할 것이며, 있는 그대로 모든 걸 다 진술할 생각입니다."

3월 10일 목요일, 뉴욕 카운티의 지방검사 토마스 듀이(Thomas Dewey)는 1932년과 1937년 그리고 1938년 1월의 셸든 부동산 채권 횡령을 열거한 기소장을 서둘러 제출, 주정부를 앞질러갔다. 다른 범죄자들이 놀랍고도 들뜬 마음으로 바라보는 가운데 위트니는 엘리자베스 가(Elizabeth Street)에 있는 경찰서에 가게 되었는데, 그를 안내하는 경찰이 "위트니씨, 이런 상황에 처하신 걸 보니 마음이 아프네요, 행운을 빕니다"라고 말을 건네자, 위트니는 고맙다고 답했고, 두 사람은 악수도 나눴다. 경찰은 유명인사를 갑자기 만나게 되어 쑥스러워 하면서도 기뻐하는 모습이 역력했다. 그리고 일반 재판부에서 서기가 그의 이름을 호명하고, 기소장이 낭독된 뒤, 1만불의 보석금을 내고 풀려나기까지의 약 10분 동안 그는 두 손을 등 뒤로 해서 움켜쥐고는 고개를 약간 숙인 채, 무표정하게 아무 말 없이 서 있었다. 그의 감색 양복 조끼 밖으로는 장식용 시계줄에 매달린 포슬리안 회원의 상징 금 돼지 장식이 번쩍이고 있었다. 재판부에서의 일이 끝난 다음 위트니는 기꺼이 사진 기자들을 위해 포즈를 취해 주면서 아내의 사진은 찍지 말아 달라고 부탁했다.

다음날, 유럽에서는 나치 독일이 오스트리아를 점령, 전쟁을 예견하는 목소리가 점점 커지는 가운데, 위트니는 다시 법정에 섰다. 이번에는 뉴욕 주 지방검사가 그를 기소했기 때문인데, 이는 뉴욕 요트 클럽의 회장이 신의를 저버린 재정담당자를 고소한 결과였다. 재판은 형사법정 건물에서 열렸고, 보석금도 2만 5천불이나 되었다. 하지만 이번에도 역시 위트니는 자제력이 강한 그답게 태연하고 덤덤한 태도로 포슬리안 장식을 과시하고 있었다. 보석금을 받고난 판사 토마스 오렐리오(Thomas Aurelio)는 위트니에게 거의 겸손에 가깝게 한 마디 했다. "얼마 안 되는 저의 인생 경험상, 돈은 버는 것보다는 지키는 게 훨씬 힘들더군요. 어려울 때도 마찬가지였어요. 이건 우리 모두에게 해당되는 얘기 아니겠습니까?" 그는 대답을 기다렸지만, 위트니는 차갑게도 아무 말이 없었다. 그에게는 아직도 포슬리안 장식을 번쩍이고 다니며 남들을 냉대할 수 있는 여유가 있었다.

II

이 사건의 불똥은 사방으로 튀었다. 시내의 보수파들과 오랫동안 밀접한 관계를 유지해온 뉴욕의 각종 사교클럽은 새로 등장한 카페 중심의 사교 모임이 퍼져감에 따라 그 위세가 많이 약해지고 있었는데, 이 소식을 접하자 직격탄을 맞은 기분이었다. 낸시 랜돌프(Nancy Randolph)는 「데일리 뉴스」에 이렇게 썼다. "우리 세대나 우리 아버지들 세대, 아니 우리 할아버지들 세대에도 이런 사회적 붕괴는 없었다. 위트니는 권력이나 돈이나 사회적 지위를 위해서라면 그렇게까지 무리할 이유가 하나도 없었다. 그는 이미 그런 걸 다 가지고 있지 않았던가!" 아니면, 그건 사람들의 생각일 뿐이었을까?

월가에서도 모든 계층의 사람들이 다 충격을 받아 잠시 정신적 공황 상태에 빠져들 지경이었다. 위트니를 좋아하고 신뢰하던 유력인사들뿐만 아니라 그를 싫어하지만 어떤 면에서는 그에게 의존해야만 했던 많은 일반인들도 마찬가지였다. 이 끔찍한 사건이 알려졌는데도 주가는 별로 빠지지 않았다. 대부분의 중개인들은 그날 거래소의 오찬 클럽에 있는 식당에 삼삼오오 모여앉아 하루 종일 이 얘기로 시간을 보냈다.

위트니가 다니던 클럽에서는 묘하고 음산한 침묵이 돌았다. 그 비극에 대해 드러내놓고 말하는 건 품위없는 행동이라 여긴 걸까? 하지만 그것 말고 달리 얘기할 게 또 뭐가 있었을까?

모든 게 폭로되던 그날이었는지 아니면 그 후였는지, 해리 시몬즈는 이런 말을 했다. "전 너무나 큰 충격을 받았습니다. 리차드 위트니가 그런 일을 저질렀다니 너무 놀랍고 도저히 납득이 안 갑니다. 정말 있을 수 없는 일이에요." 듀크 웰링튼은 "위트니가 그런 일을 저지를 줄은 몰랐다"고만 했고, 롤랜드 레드몬드는 "내가 아는 다른 누구보다도 그 사람의 인격을 믿고 있었는데……"라고 했으며, 위트니의 오랜 친구인 로저 멜리크는 "내가 아는 한 위트니보다 더 정직한 사람은 없었다"라고 말했다. 위트니보다 사회적으로 낮은 지위에 있던 사람들은 얼마 전 존 맥마누스가 놀라서 단언했듯이 위트니를 세상에 있는 모든 훌륭한 것들의 결정체라고 생각했었다는 말들만 되풀이하고 있었다. 자기 코 밑에서 어떤 일이 벌어지는지도 몰랐던 위트니의 출납담당 직원 로버트 로젠탈은 감정이 북받친 목소리로 이렇게 말했다. "믿을 수가 없어요. 지금 안개 속을 헤매는 기분이에요. 제가 어떻게 위트니씨를 의심했겠습니까? 그 분은 제가 결코 의심할 수 없는 단 한 사람이었어요. 그 분이 원하신다면 제 팔이라도 떼어드릴 정도로 그 분을 생각해왔다구요."

물론 이런 말들은 자기 방어의 측면을 가지고 있었다. 더구나 이들 대부분이 위트니에게 돈을 빌려주어 이 사건에 물려 있었다는 사실을 생각해 보면 일견 코미디 같다는 생각도 든다. 그러나 그렇다해도 이들 목소리에서 느낄 수 있는 연민과 마음 아파하는 심정은 의심의 여지가 없다.

3월 17일, 거래소의 집행위원회는 예정대로 청문회를 열어 만장일치로 위트니를 거래소에서 제명했으며, 복없는 파트너 모건과 미개트에게는 3년 간의 자격정지 조치를 내렸다. 위트니는 출석하지도, 항변서를 내지도 않았다.

경기침체에 질려버린 채, 거부들의 몰락을 갈망하던 일반 대중들의 입장에서 보면 이 사건은 페코라 청문회에서도 얻을 수 없던 기막힌 카타르시스였다. 「네이션」 *Nation*지는 "월가는 설사 JP 모건이 세인트 존(St. John the Divine) 성당의 헌금함에서 돈을 슬쩍하다가 붙잡혔어도 이보다 더 곤혹스러워하지는 않았을 것"이라고 썼다. 위트니 사건은 신화에 가까운 믿기 어려운 이야기였지만, 사실이었다. 질투나 공격성, 복수심 같은 인간 내면의 바람직하지 못한 욕구를 너무나 잘 만족시켜주는 얘기였을 뿐 아니라, 상상으로도 만들어내기 힘들 그런 얘기였다. 1938년 3월 이전에 위트니 사건 같은 가공의 일화를 써낸 추문 캐내기식 소설이 출간되었더라면, 아마도 지나치게 공상적인 내용이라고 무시되었을 게 틀림없다. 마치 이 사건을 대중의 입맛에 꼭 맞추려는 듯 여자도 등장했다. 행실 나쁜 여비서나 그렇고 그런 여배우가 아니라, 부자에다 미인이며 가문도 좋은 귀부인으로, 위트니만큼이나 거만한 여자였다. 검찰은 위트니의 금전거래에 대해 아는 바가 있는지 그녀도 조사했다고 언론에 알렸지만, 사실 알아낸 건 별로 없었다. 그녀는 언론의 취재를 완강히 거부했으며, 일시적으로 파란을 일으킨 뒤 사람들의 시야에서 곧 사라졌다.

고소해 하던 일반인들도 얼마 지나지 않아 고소해 했던 걸 부끄럽게 여기기 시작했다. 사건이 공개되어 충격에 싸인 지 1주일도 채 못 되어 신문의 사설들은 위트니의 개인적인 비극에 초점을 맞춰 가라앉은 논조로 "그 가련한 사람이 자기의 죄값을 조용히 치르게 하자"고 쓰기 시작했다.

일반 여론을 누구보다 민감하게 읽을 줄 알던 루스벨트는 이번에도 여론의 향방을 느끼고는 위트니의 추락을 정치적으로 이용하려 들지 않았다. 위트니와 같은 동부의 명문 그로튼 고등학교 출신인 데다 완고한 보수주의자들의 혐오 대상이었던 루스벨트는 이 일에 대해 입도 한번 뻥긋하지 않았다.

고소해 하는 건 쉬운 일이었다. 그리고 위트니는 아직도 점잖게 행동하고 있었다.

그랬다. 그는 고집스럽다 할 만큼 그가 속한 계층의 규범을 따르고 있었다. 사실 그는 그 규범에서 한 번도 벗어난 적이 없었다고 볼 수 있었다. 예로부터의 전통이기도 했고, 사립고교에서 가르치던 규칙이기도 했으며, 신사들이 모이는 클럽이나 월가 보수파들의 불문률이기도 했던 그 규범은 무자비한 탐욕이나 도둑질과 같은 행동에 대해서는 애매모호한 점이 있었다(그래서 그 계층에 속한 많은 사람들은 도둑질과 크게 다를 바 없는 관행에 의해 자신의 자리를 유지하고 있기도 했다). 그러나 한번 꼬투리가 잡히면 융통성없이 확실하게 다루어졌다. 어떤 순간엔 마치 위트니가 마지막 장면을 연기할 기회를 스스로에게 주고자 심리적 기벽을 발휘해 기이한 드라마를 각색해낸 게 아닌가 싶기도 했다.

3월 14일, 검찰의 혐의내용을 인정한 그는 이전의 성명에 이어 700자로 된 자책의 글을 분명하고 확신에 찬 목소리로 기꺼운 듯 읽어내려갔다. 선고는 4월 11일로 예정되었다. 선고일까지의 4주 동안 보석상태로 있던 그는 관례에 따라 법원이 지정한 정신병원과 보호감찰관에게 각각 진찰과 조사를 받았다. 그가 3월 25일에 제출한 개인 파산 신청서 및 병원과 감찰관이 낸 의견서를 읽어보면 당시 위트니의 정신상태와 태도를 엿볼 수 있다.

정신과 진찰에 의하면, 위트니는 품위 있고 운동가적인 기질이 있으며, 그의 지적 능력은 인구의 1퍼센트 안에 드는 상위 집단에 속한다고 되어 있었다. 한마디로 그는 정신적인 결함이나 심리적인 불안이 전혀 없다는 얘기였다.

파산 신청서에 의하면, 시내 및 교외에 있는 집들과 생명보험 등이 모두 저당잡혀 있었으나, 그가 아끼는 뉴저지 목장의 가축들, 즉 7백 마리나 되는 암탉과 병아리들, 고품종 아이셔산 소들, 순종 버크셔 돼지 20마리, 또 사냥에 요긴하게 쓰일 개량종 말 20마리 등은 아직 그대로 있었다. 또한 그가 아직도 한 달에 5천불 이상을 지출하면서, 시내와 교외의 집에서 일하는 사람들도 그대로 두고, 가축관리인, 말 돌보는 사람, 기수 등등 12명이나 되는 사람들을 여전히 고용한 채 살고 있음이 드러났다. 이에 따르면, 그는 아직도 빨리 거부가 돼야 한다는 열망에 사로잡힌 희생자였으며, 좀더 나은 생활을 갈구하는 오래된 미국식 열정, 즉 모든 것을 가능케 하고 모든 것을 정당화시켜 주는 개척정신의 구닥다리 숭배자였다. 또한 그의 파산 신청서를 보면 그가 벌려놓은 사업들 중에는 쓸모 없는 사과주나 사이다뿐 아니라 녹을 없애주는 분무기 제조에 관한 특허준비와 매우 혁명적인 가능성을 가지고 있는 특허출원된 압축기 사업도 있었음을 보여주었다.

한편, 정신과 의사보다도 더 아부가 넘쳤던 보호감찰관은 위트니가 티 하나 없이 말끔한 사람이며, 침착하고, 말도 정확히 하며, 유머감각도 풍부하고, 자신이 겪고 있는 얄궂은 시련에 대해서도 잘 인식하고 있다고 평했다. 그의 보고서를 읽어보자.

그가 잘못을 저지르게 된 데는 자만심이나 고집뿐 아니라, 금융에 대한 자신의 판단이 옳다는 확고한 믿음, 그리고 도박본능 등이 작용했다. 눈에 띄게 자기중심적인 그는, 금융계에서 그렇게 이름을 날리며 경제에 관한 판단이 전문가 수준이던 자신이 개인적으로 이렇게 파산하게 되리라고는 믿기 힘들었을 것이다. 그는 남들과는 비교가 안 될 정도의 용기를 가지고 있으며, 신사로서의 명예감도 대단하다. 여기에 뛰어난 임기응변 능력과 스파르타식 불굴의 정신이 결합되어, 그는 이런 힘든 역경 속에서도 조금도 위축되지 않고 평정을 유지하고 있다.

예상 외로 문학적이 되어가던 보호감찰관은 끝에 가서 이런 결론에 도달했다. "위트니 성격의 내면을 이루는 본질은 첫째가 자부심이요, 둘째가 돈 빌리는 것에 관한 미코버(Micawber ; 영국의 소설가 찰스 디킨즈의 소설 『데이비드 카퍼필드』에 등장하는 인물로 낙천주의적인 인물의 대명사―옮긴이) 식의 수용능력이라고 할 수 있다." 보석기간중 위트니는 언론이나 대중들로부터 격리된 채 맨하탄 동부 73가에 있는 자택에 머물고 있었다. 그가 자신의 비교 대상이 된 미코버가 누군지 궁금해 한번도 읽어보지 않았던 먼지 쌓인 『데이비드 카퍼필드』를 펼쳐 읽고 있었을 것 같지는 않다.

그가 선고를 받기로 한 날인 4월 11일 9시, 그는 문앞까지 나온 집사의 예의바른 인사를 받으며 동부 73가 115번지를 나섰다. 거리에 모인 구경꾼들은 이 광경을 즐겼다. 위트니는 변호사 터틀(Tuttle)만을 대동하고 있었다. 그의 아내와 형 조지는 자기들이 모습을 나타내면 대중들 또는 판사들에게까지 감상적인 영향을 주지 않을까 하는 기대에 같이 가고자 했으나, 위트니가 이들을 말렸다. 동부 73가에 모인 사람들은 차차 흩어져 사라졌다. 하지만 그날 밤늦게까지 115번지 앞에는 위트니 부인에게 위로의 꽃을 전달하려는 리무진의 행렬이 간헐적으로 이어졌다.

이번 법정에서는 위트니도 긴장된 모습을 보였다. 지방검사 듀이가 판사에게 상당한 중벌을 요구하자, 수척한 얼굴의 그는 분명 경련을 일으키듯 손을 떨고 있었다. 터틀은 선처를 호소하는 잘 꾸며진 긴 변론을 통해, "위트니는 법을 피하려 하거나 겁쟁이처럼 국외로 도망가려 하지도 않았습니다. 그는 여전히 인격자입니다. 그리고 무척이나 어려운 일일텐데도 변함없이 친구들을 맞이하고 있습니다"라고 강조했다. 그러나 판사 오웬 보한(Owen Bohan)은 별로 감동을 받는 것 같지 않았다. 그는 선고를 내리기 전, 다음과 같이 준엄하게 위트니를 꾸짖었다. "당신의 행동은 계획적이고 의도적이었으며, 그 행동들이 타인에게 미칠 영향과 당신 자신에게 초래하게 될 결과를 알 수 있는 기회가 충분히 있었습니다." 그는 또 위트니를 "공익을 배반한 사람"이라고 부르기도 했는데, 이때 위트니는 얼굴이 빨개지기도 했다. 선고 결과는 단기 5년에서 장기 10년의 실형이었다. 그리고 위트니는 뉴욕 주에서 이제 다시는 유가증권 거래를 하지 못하게 되었다.

아침보다 더 많은 군중들이 형사법정에서 유치장으로 호송되는 위트니의 모습을 호기심에 찬 눈으로 쳐다보았다. 유치장에서 하룻밤을 지내는 동안 그는 자살기도를 우려한 경찰의 엄중감시를 받았으나, 결코 그런 짓은 하지 않았다. 그 다음날 아침, 수갑을 찬 위트니는 다른 두 명의 잡범과 함께 경찰차에 실려 그랜드 센트럴 역으로 이송되었고, 그 곳에서 허드슨 강을 거슬러 올라가는 기차에 올랐다. 약 5천 명으로 추정되는 구경꾼들이 그를 보기 위해 기차역 대합실을 메웠으나, 경찰은 그들을 피해 대합실 앞이 아닌 화물칸 옆에 차를 세웠다. 싱싱(Sing Sing ; 뉴욕 시 북쪽에 위치한 뉴욕 주립 교도소—옮긴이) 교도소 입구에도 역시 많은 구경꾼들이 모여 있었는데, 이번엔 달리 피할 방법이 없었다. 검은 코트를 입고 중절모를 쓴 위트니는 평정을 되찾아, 마치 이제까지 습관적으로 해온 것처럼 지금 당장에라도 수갑을 찬 동료나 간수에게 1주일 간 100을 꿔달라고 할 듯이 보였다. 하지만 그는 아무 말 없이 교도소 정문으로 들어갔다.

위트니가 교도소에 들어가던 4월 12일은 월가의 동료이자 옛 친구의 아들이며, 자신의 대자(代子)이기도 한 어떤 소년의 생일이기도 했다. 지난 수년 동안 위트니는 세심하게 그날에 맞추어 선물을 보냈었다. 금 소유가 금지되던 1933년 이전의 선물은 금붙이였고, 그 이후의 선물은 수표였다. 이 소년은 그 해 4월 12일에도 어김없이 돈을 받았는데, 돈과 함께 위트니의 비서가 보낸 쪽지에는 위트니씨가 안 계셔서 이번 선물은 자기가 대신 보낸다며, 대부(代父)께서는 이제 형편이 달라지셔서 앞으로는 수표를 보내지 못하게 되셨고, 이를 무척 안타깝게 생각하신다는 글귀도 씌어 있었다.

그 다음날, 하버드대학은 위트니를 경제학부의 외부감독위원회 이사직에서 해임한다고 발표했다.

III

지나간 무모한 시절 동안 선망 혹은 증오의 대상이었으며, 익살맞게 우상화되기도 했던 월가의 투기꾼들은 다 어디로 갔을까? 그 중 발전과 변화에 대한 가능성이 그 누구보다 뛰어났던 한 사람은 매우 색다른 삶을 살고 있었다. 런던에 있는 세인트 제임스(St. James) 궁정에 대사로 나가 있었던 그는, 마침내 시세 표시기를 중심으로 한 세계를 뛰어넘어 영광과 공포의 고지에 올랐다(조세프 케네디는 당시 영국대사였으며, 그후 그의 아들 존 케네디는 1960년에 미국의 제35대 대통령에 당선되었다―옮긴이).

한때 일반투자자들의 적이었던 벤 스미스는 어느새 월가에서 존경받는 인물이 되어 있었다. 하지만 다른 사람들은 이 두 사람보다 운이 없었다.

선상(船上) 증권회사를 운영하던, 그리고 그 유명한 라디오 주식 공동자금의 관리자였던 마이클 미한(Michael Meehan)은 이제 조락한 신세가 되어 있었다. 그는 시대 변화에 뒤처졌던 것이다. 그의 한 친구가 말한 대로 "그는 뉴딜 정책으로 인해 월가의 영업형태에도 근본적인 변화가 온 것을 모르고는 결국 파국을 맞았다." 하여간 그는 증권거래법이 통과된 뒤에도 계속 주가를 조작하다가 SEC에 적발되고 말았다. 1935년 5월 15일부터 1주일 동안, 그는 자신의 주특기인 야바위꾼 같은 수단을 동원해 벨랑카 비행기(Bellanca Aircraft)의 주가를 2.5불에서 거의 두 배로 올리는 데 성공했다. 그 뒤 주가를 5불 근처에서 유지시키면서, 미한과 공동자금 패거리들은 6월 10일에서 조가을 사이에 봄에 사들인 수십만 주를 다 처분했다. 그로부터 거의 1년이 지난 1936년 여름, 미한은 SEC가 그를 본격적으로 조사하고 있다는 사실을 알고는 갑자기 자취를 감춰 버렸다. 그가 다시 모습을 드러낸

건 4개월 뒤인 11월, 부유한 정신이상자를 위해 설립된 뉴욕 주 웨스트체스터 카운티(Westchester County)에 있는 호화스런 개인병원 블루밍데일(Bloomingdale)에서였다. 아직 호황을 누리던 그의 증권회사 파트너는 "미한은 병동에 감금되어 있지는 않습니다. 병에 걸린 지는 1년쯤 되었는데, 그 기간 동안은 일에 신경 쓸 수가 없었죠"라고 너스레를 떨었다. 하지만 블루밍데일에서 미한을 본 사람들은 그가 아픈 사람 같지는 않았으며, 더구나 정신이 쇠약해진 사람의 모습은 결코 아니었다고 했다. 오히려 그들은 미한이 옛 모습 그대로 원기왕성하며, 동료에게 관대하고, 으시대며 걸어다니고, 시가도 뿜어대는 등 변한 것 하나 없이 여전히 건방지고 활기찬 모습으로 지낸다고 했다.

1937년 6월, 미한은 블루밍데일을 나왔고, SEC는 문앞에서 기다렸다는 듯이 그를 반겼다. 그 해 8월, SEC는 벨랑카 주식과 관련하여 그를 증권거래법 위반으로 고발했으며, 모든 증권거래소에서 그를 축출시켰다. 한때 주식시장과 대중을 가깝게 만드는 데 가장 큰 역할을 한 사람이라는 평을 받기도 했던 인물의 월가 경력도 이렇게 끝이 나고 말았다.

블루밍데일에 입원한 미한을 비꼬아서 봐야 하는지, 아니면 동정을 해야 하는지, 다시 말해 그가 잔머리를 굴린 꾀병꾼이었는지, 아니면 격변하는 시대에 길을 잘못 들어선 가련한 사람이었는지는 알 수 없다. 우리가 알 수 있는 건, 그가 자기 침대에서 편안하게 수많은 재산을 남기고 죽을 거라는 사실뿐이다. 그는 시대의 변화에 맞추어가지는 못했지만, 과거의 한 부분을 계속 유지하고 보존시키려 노력한 사람이었다.

과거 월가에서 가장 냉혹하게 돈을 잘 벌던 사람인 제시 리버모어(Jesse Livermore)는 역시 가장 모진 최후를 맞이할 운명이었다. 대폭락 이후에도 상당한 재산을 유지했고, 1930년의 약세장에서도 몇 번 성공을 거두어 돈이 더욱 불어난 그는, 1931년 완벽하게 잘못된 베팅으로 과거에도 여러 번 그랬었듯이 제왕 같은 부자에서 한낱 채무자로 전락하기도 했다. 이미 거래(trading)의 게임을 즐길 수 있는 시대는 가버린 뒤였으므로 그는 다시는 큰 돈을 벌지 못했으며, 할 줄 아는 거라곤 그것밖에 없던 까닭에 자신의 주식투자 기법을 설명하는 책을 냈는데, 자신에겐 더 이상 먹혀들지 않던 그런 기법들을 소개한 셈이었다. 하지만 60대의 나이인 1930년대에도 이상하다 싶을 정도로 여전히 금발 머리를 간직했으며, 얼굴엔 주름살 하나 없었다. 그게 1907년 당시에 피어폰트 모건의 주목을 받기도 했던 젊은 투기꾼의 1938년 모습이었다. 2년 뒤인 1940년 11월의 어느 오후, 리버모어는 자신의 사무실을 나와 근처에 있는 셰리-네덜랜드(Sherry-Netherland) 호텔의 바에 들어가 칵테일 두 잔을 마시고는 1층 화장실에 들어가 머리에 총을 쏴 자살하고 말았다.

리버모어는 가치가 1만불도 안 되는 것으로 발표된 부동산 외에 애정이 담긴 참회의 쪽지를 아내에게 남겼다. 그 글에서 그는 "싸우는 데 지쳤어, 더 이상은 힘들어서 못하겠어, 난 실패한 인생을 살았어" 등의 말을 남김으로써 마지막 순간에 인간성을 회복한 듯한 흔적을 남겼다. 그 다음날 「타임즈」는 사설에 그의 묘비명을 썼다.

그가 어떤 좋은 일을 했고, 어떤 나쁜 일을 했으며, 그의 삶이 그 자신에게 그리고 타인에게 어떤 의미를 가졌던가 하는 질문들은 작가에게나 어울리는 질문이다. 그를 움직이게 했던 것은 열정이었다. 그는 투기가 어린애들의 동전 던지기처럼 보이던 그런 시기에 살았으며, 그는 영예를 남기진 않았지만 자신이 만들어낸 불행의 독기를 남기지도 않았다. 그가 활동했던 월가는 이제 그때의 모습이 아니다. 그의 죽음은 한 시대에 종지부를 찍었다.

IV

1938년, 월가의 포틴브라스(Fortinbras ; 셰익스피어의 「햄릿」에 나오는 노르웨이의 왕자. 아버지가 햄릿왕에 의해 살해당하자 빼앗긴 영토와 재산을 되찾기 위해 게릴라를 조직, 덴마크로 쳐들어갔다—옮긴이)로서, 대재앙이 지나간 후 뒷일을 수습하기 위해 나타난 인물은 매우 젊고, 신체건장하며, 솔직담백한 윌리엄 마틴 주니어(William Martin Jr.)였다. 그는 세인트 루이스 출신으로 리차드 위트니를 이사장직에서 물러나게 했던 그 선거에서 거래소 위원(governor)으로 뽑혔던 중개인이었다.

위트니 사건의 폭로는 보수파들로부터 그들의 기수를 빼앗아갔을 뿐 아니라 마지막 남은 정신적 무기인 사기마저도 앗아갔다. 용기와 씩씩한 기풍은 조롱의 대상이 되었으며, 이를 틈타 SEC는 월가를 궁지에 몰아넣었다. 저항세력은 무너졌고, 오랫동안 계속된 투쟁도 끝이 났다. 사건이 발표된 그 주에 집행위원회는 재빠르게 규칙을 제정, 거래소 회원인 회사들은 누구든 고객의 요청이 있을 땐 회사의 재정상태를 알려주도록 했다. 5월 9일, 보다 민주적인 절차에 의한 첫번째 선거에서 새로 뽑힌 인물들이 사실상 새로운 지휘체제를 구성했다. 40명의 이사들 중 13명만이 기존 인물들이었고, 과반수가 훨씬 넘는 나머지 27명은 스스로 진보파라고 공언하는 사람들이었다. 후보자 명단을 제출했던 추천위원회는 아예 솔직하게 자신들의 사명은 콘웨이 위원회 조사 보고서에서 천명한 원칙들이 실제로 적용될 수 있도록 한 걸음씩 나아가는 것이라고 발표하기도 했다.

게이를 대신하게 된 새 위원장은 윌리엄 마틴이었다. 그는 겨우 31살밖에 안 된 젊은이였지만, 벌써 두각을 나타내고 있었으며, 나중엔 더욱 명성을 떨칠 게 틀림없어 보이는 그런 사람이었다. 세인트 루이스 연준 총재의 아들로서 예일대학 출신인 그는 진지한 표정에, 올

빼미 같은 둥근 안경을 쓰고 다녔고, 술이나 담배도 안 했으며, 뉴욕의 예일대학 클럽에 있는 총각 기숙사에서 수수하게 생활하고 있었다. 그는 진보지식인들의 단체인 '사회연구를 위한 새 모임'의 관리인 역할도 맡고 있었으며, 야간엔 정기적으로 컬럼비아대학에 경제학 및 정치학 강의를 들으러 다녔다. 그는 어떤 일이건 자신의 방식대로 사고하기를 즐겼는데, 저녁 때 강의가 없는 날이면 타임즈 스퀘어의 애스터(Astor)에 있는 자기 방에서 혼자 생각에 잠기곤 했다. 몇 시간의 숙고가 끝나면 그는 길 건너 44번가에 있는 사디스(Sardi's)에 가서 따뜻한 초콜릿 음료를 한잔 주문하곤 했다. 그래서 그는 사디스의 주인이나 종업원 또는 다른 손님들에게 '미스터 초콜릿'으로 불려지기도 했다. 그리고 자정이 되면 그는 세인트 루이스로 장거리 전화를 걸어 그날 저녁에 생각했던 걸 아버지와 토론하곤 했다. 윌리엄 마틴은 리차드 위트니나 찰스 게이와는 너무나 다른 인물이었다!

마틴과 그의 새 위원들은 긴박하게 움직였다. 그들은 선출된 지 1주일 만에 콘웨이 위원회의 개혁조치들을 근간으로 하는 새로운 정관을 만들어 거래소를 사설클럽에서 공공기관으로 단번에 탈바꿈시켰다. 다음 과제는 누구를 이 새로운 체제의 중심인물로 할 것인가, 즉 광범위한 권한과 보수를 받는 독립적인 이사장직에 어떤 사람을 앉힐 것인가 하는 문제였다. 5월 중, 위원들은 여러 인물들을 후보 명단에 올렸다. 기업경영인, 정치가, 돋보이는 거래소 회원 등등. 하지만 5월 중순 경엔 그들 모두 젊은 빌 마틴(Bill은 William의 애칭—옮긴이)이 바로 그 이사장감 아니냐는 데에 의견이 일치하고 있었다. 따라서 그들은 마틴을 집행위원회 위원장 및 삼성석인 이사장으로 추대했다. 다음날, 즉 마틴이 새 임무를 맡아 취임하던 날, 언론 기자단은 사상 처음으로 위원장의 방에 들어갈 수 있었다. 그리고 6월 30일, 마틴은 정식으로 4만 8천불의 연봉을 받는 첫 유급 이사장에 취임했다. 취임

직후 그는 즉각 정관에 규정된 대로 자신의 증권회사에 가지고 있던 개인지분과 자신의 거래소 회원권을 팔겠다고 발표했다.

비슷한 시기에 SEC의 위원장 더글라스는 이렇게 말했다. "월가에 대한 강공은 이제 끝났습니다. 이제 월가의 번영은 국가의 번영과 그 길을 함께 할 것입니다."

월가와 워싱턴 사이의 투쟁은 정말 끝났다. 워싱턴 및 월가에 있는 진보파의 승리로 끝이 난 것이다. 변화된 거래소는 그 뒤 많은 사람들이 보여주었듯, 완전하지는 않았지만 그래도 민주사회에 맞는 역할을 해낼 수 있는 구조를 가지고 마침내 다시 태어나게 되었다. 하지만 발전이나 선(善)의 승리가 항상 그렇듯이, 이와 함께 없어진 것도 있었다. 보수파들이 험악한 외모 안으로 간직해 온 친절함과 고상함이 바로 그것이었다. 위트니를 심판대에 세우는 데 중요한 역할을 했던 점잖고 고상한 하울랜드 데이비스 같은 사람은 수년 뒤에 이런 말을 했다. "물론 개혁 이전의 거래소는 의심할 여지 없이 사설클럽 같은 거였죠. 그러나 전반적으로 볼 때, 거래소를 운영하는 사람들, 예를 들면 워렌 내쉬(Warren Nash)나 알렌 린들리(Allen Lindley), 게이어 도미니크(Gayer Dominick) 같은 사람들은 정말 훌륭한 분들이었습니다. 그들은 책임감을 가지고 거래소를 운영했으며, 남부끄럽지 않은 훌륭한 클럽을 만들어가려고 애썼습니다. 이분들은 누구나 마주 앉아 대화를 나눌 만한 사람들이었어요. 그 뒤엔, 전 모르겠습니다. 하지만 너무나 감정이 없는 비정한 거래소가 된 거 아닙니까?"

작게는 월가, 크게는 미국에서 사라져 버린 가장 훌륭한 것들은 여러 가지가 있지만, 그 중에서도 진수는 토마스 라몬트라는 사람에게서 구체적으로 발견할 수 있다. 67세가 된 그는 이제 경력의 최정상에 올라와 있었으며, 여전히 모건은행의 두뇌역할을 하고 있었다. 조금 과하다 싶긴 하지만 룬드버그(Lundberg)는 그를 가리켜 "서방세계에서 가장 영향력이 큰 사람"이라고 추켜세우기도 했다. 물론 자타가 공인하듯 그 자신이나 모건은행의 영향력은 이제 과거만은 못했지만, 아직도 모건은행은 특별한 대접을 받고 있었다. 그 당시의 금융지 기자들 가운데 가장 똑똑하다던 「타임」지의 벨(Bell) 기자는 "도덕적으로나 지적으로나 모건은행은 월가의 다른 은행들과는 그 격이 다른 은행입니다"라고 표현한 적도 있었다. 모건은행을 대표하게 된 라몬트는 사실 외모만으로 보면 그다지 경외할 만한 사람은 아니었다. 키도 작고, 말랐으며, 회색빛 머리카락에 등이 약간 구부정하기까지 했으니까. 하지만 그 나름대로 매력이 있었고, 세련되고, 매우 예의가 바른 사람이어서 그 누구에게도 퉁명스럽게 대한 적이 없는 노신사였다. 허드슨 강 중류 클래버랙(Claverack : 뉴욕 주 동부, 허드슨 강 동안에 있는 작은 마을—옮긴이)의 가난한 목사의 아내였던 그의 어머니가 날마다 기도로 바라던 그런 침착하고 강인한 아들의 모습이 그대로 이루어진 것이었다. 이탈리아를 열정적으로 좋아한 라몬트는 골동품이 된 멋진 이탈리아제 식당 테이블을 자기 사무실 책상으로 썼으며, 또한 기벽을 가진 사람답게 오랜 친구인 무솔리니(Mussolini)가 자필 서명한 사진을 보란듯이 사무실 벽에 걸어놓고 있었다. 1938년 당시에도 말이다(그 당시 무솔리니는 히틀러와 함께 동맹을 맺고 2차 대전을 일으키려 하고 있었다—옮긴이).

    4월 말, 위트니 사건을 조사하던 중에 월가의 고위층이 연루된 증거를 찾으려 애쓰던 SEC는 모건은행의 파트너들을 워싱턴으로 불러 증언하게 했다. 청문회장에서 순서를 기다리던 그들은 1933년의 도전적인 모습과는 달리 슬픔에 잠긴 침울한 모습이었다. 그런데 청문회 증인 자리에 그들과 함께 앉아, 그들의 편임을 과시해 보이려고 애쓰던 사람이 하나 있었다. 그는 바로 SEC의 위원이었던 존 헤인즈였다. 그는 모건은행으로 구현된 구시대적인 이상과, 이제 필수불가결하다고 판단되는 월가에 대한 진보적인 개혁이라는 이성 사이에서 방황해 온 지 오래였다. 그런 헤인즈에게 마침내 자신이 그 누구보다도 우상처럼 여겨온 사람들을 위해 뭔가를 할 수 있는 순간이 왔던 것이다. 다시 말해, 배반자라 불릴 위험을 감수하고라도 그들에 대해 자신이 어떻게 생각하고 있는지를 보여줄 수 있는 찬스가 왔던 것이다. 헤인즈는 수년 뒤에 이렇게 회상했다. "저는 청문회장에서 그분들과 함께 앉아 있었다고 많은 비난을 받았었습니다. 그러나 저는 전적으로 그분들의 아픔에 동감하고 있었죠. 까짓거, 알게 뭐예요. 전 라몬트씨 곁에 앉아, 할 수 있는 최대한의 도움을 드렸습니다."

오래지 않아 청문회는 모건은행의 파트너들 중 JP 모건과 라몬트 두 사람이 1937년이 가기 전에 이미 조지 위트니로부터 리차드 위트니의 비행에 대해 얘기를 들은 바가 있었음을 알아냈다. 조지 위트니가 비밀을 감추고 있었던 거야 그 누구보다도 냉혹하다는 SEC 심문관들에게도 이해가 갈 만한 일이었다. 누가 뭐래도 그는 리차드 위트니의 형이 아니던가? 그러나 다른 사람들은? 그들이 상징하고 있는 도덕적이고 지적인 우월성에도 불구하고 왜 JP 모건과 토마스 라몬트는 이를 털어놓지 않았던 걸까?

모건의 증언은 간결하고 체념한 듯했으며, 덧없는 말처럼 들렸다. 나이든 모건은 그 흉한 얘기들로부터 자신을 보호하려는 듯 시종일관 눈을 감고 앉아 있었다. 배반당한 뒤 권좌에서 물러나게 된 리어왕처럼 말이다. 그래서 그에게 질문을 던진 SEC의 선임검사 게하드 게젤(Gerhard Gesell)은 그를 심하게 닥달할 마음이 생기질 않았다.

이제 라몬트의 차례가 되었다. 그가 증인석에 앉자, 이미 모든 준비를 마치고 칼을 갈아온 게젤은 추수감사절 직전 화요일, 조지 위트니가 라몬트를 찾아와 공제조합 자산과 관련해 동생이 궁지에 빠진 얘기를 했던 일이며, 라몬트가 조지의 동생이 저지른 고객자산의 횡령을 덮어주는 데 필요한 백만불을 즉석에서 빌려주기로 한 일들을 조목조목 짚어 나갔다. 그러고 나서 게젤은 급소를 파고 들었다. 바로 그 당시에 라몬트가 한 행동이나 그 후에 그가 침묵을 지켰던 것은 도덕적으로 어떤 의미를 가지고 있는가 하는 점이었다. 라몬트는 이런 저런 답변을 했지만, SEC는 나중에 그의 증언이 "공공의 책임에 대해 고집스럽게도 무관심한 말들뿐"이었다고 꼬집었다. 라몬트는 자신의 증언을 통해 모건은행 및 보수파로 대표되는 품위의 진수를 보여주었다. 그런 품위를 무뚝뚝한 가운데 느껴지는 매력이나 차가움 속의 따스함이라고 표현하면 어떨까? 공식석상에서는 아마도 마지막으로 보게 될 그런 품위 있는 장면이었다.

게 젤: 당신은 시민으로서 혹은 거래소 회원사 은행의 중역으로서 다른 사람들에 대한 책임감을 고려했습니까? 아니면 조지 위트니씨에 대한 책임감만을 고려했습니까?

라몬트: 저… 게젤씨, 저의 동료 파트너는 자기 동생의 곤경에 대해 설명을 해주었습니다. 그는 그 일이 다른 일과 완전히 무관한 딱 한 번뿐인 일이라고 생각했지요. 그런 일이 다시 일어나리라고는 꿈도 꾸지 않았습니다. 그리고 그건 저도 마찬가지였습니다. 그는 그 사업을 매각시킬 거라고 하더군요. 제게는 그 이상의 다른 말은 필요없었습니다.

게 젤: 당신은 조지 위트니씨가 얘기해 준 일에 대해 거래소 당국과 관련된 누구에겐가 알려야 할 의무를 느끼지 않았었습니까?

라몬트: 아니요, 게젤씨. 그렇게 느낀 적은 없었습니다.

게 젤: 그 누구에게라도 말입니까? 어떤 공공기관이라도 찾아가서 그 일을 알려야겠다는 생각이 안 드셨단 말이지요?

라몬트: 그렇습니다.

게 젤 : 지방검사는 이 일에 대해 무엇을 알고 있었나요? 검찰당국이 이 일에 대해 알고 있는 건 무엇이었습니까?

라몬트 : 지금 제게 질문을 하신 겁니까?

게 젤 : 네.

라몬트 : 제가 아는 바로는 지방검사나 검찰당국은 아는 게 없었습니다. 하지만, 게젤씨께서는 제가 조지 위트니에게 "조지, 내가 해결하도록 도와줄게. 이 사건은 뭐 완전히 별개의 일이라면서? 하지만 말야, 난 지방검사한테 가서 당장 자네 동생 일을 얘기해 줘야겠어"라고 말했을 것 같습니까? 제가 그렇게 말했을 것 같냐구요?

게 젤 : 당신은 한 사람의 시민으로서 이 사실을 검찰당국에 알려야 할 의무감도 못 느꼈고, 거래소의 회원으로서 이 사실을 거래소에 알릴 의무감도 못 느꼈던 거군요?

라몬트 : 그러면 안 되나요, 게젤씨? 난 그런 의무감은 느끼지 않았습니다.

게 젤 : 라몬트씨, 우리 한번 뉴욕 시장이 구호기금을 유용했고, 당신이 그 사실을 알게 되었다고 가정해 봅시다. 그러면 당신은 구호기금 재단이 그걸 충분히 발견하리라 믿고, 따라서 아무한테도 얘기를 안 하시겠네요?

라몬트 : 게젤씨, 그건 가상의 질문일 뿐입니다. 솔직히 말씀드리면, 전 그 질문에는 관심이 없습니다.

증언의 후반부에 라몬트가 "전 리차드 위트니를 절대적으로 신뢰하고 있었습니다"라는 발언을 하자, 게젤은 곧 이를 물고 늘어졌다.

게 젤 : 그러면 당신은 추수감사절 직전의 만남 이후에도 리차드 위트니씨에 대해 절대적인 신임을 가지고 있었단 말인가요?

라몬트 : 네, 그랬습니다. 일의 진상이 밝혀졌던 3월 초에 마침 저는 해외

에 있었는데, 그 소식을 듣고 무척이나 충격을 받았었습니다.

게 젤 : 1937년 11월 23일에 이미 위트니가 약 백만불 가량의 유가증권을 도둑질하고 있다는 사실을 알고 계셨지 않습니까?

라몬트 : 게젤씨, 지금 무슨 말씀을 하시는 겁니까? 전 그런 식으로… 지금 말씀하시는 그런 식으로 말한 적이 없습니다. 무슨 얘긴지 아시겠습니까? 전 한번도…

게 젤 : 그래도 뭔가 옳지 못하고, 적절치 못한 일이라고는 생각하셨을 거 아닙니까?

라몬트 : 아닙니다. 그렇게 생각하진 않았어요.

게 젤 : 그게 불법적이란 건 알고 계셨겠죠?

라몬트 : 물론입니다. 하지만 '도둑질'이라고 표현하셨습니까? 전 리차드 위트니가 도둑질을 하리라고는 생각할 수가 없었습니다. 다만 저는 그가 아주 고약한 지경에 빠지게 되었고, 그래서 부적절하고 불법적인 방법으로 유가증권을 사용하게 되었다고 생각했습니다. 그래서 형이 나서서 동생을 구해주려 하고 있다고 생각했던 거죠. 저는 그 정도로만 생각한 겁니다. 그래서 제가 해외에서 그 소식을 접했을 때 정말 태어나서 가장 큰 충격을 받았던 겁니다. 그가 끝까지 형을 속이고, 파트너들을 속이고, 아내와 이웃들도 속였다는 사실을 알고는, 정말 너무 놀라 병이 들 정도였지요. 정말이지 그건 상상할 수도 없었어요.

게 젤 : 라몬트씨, 당신은 1937년 11월에 알게 된 그 사실들을 사실상 받아들이려 하지 않았던 것 같군요.

라몬드 : (무응답)

게 젤 : 인정하시는 겁니까? 당신은 조지 위트니씨가 당신에게 한 얘기를 듣고도 믿으려 하지 않았던 거죠?

라몬트 : 전 그렇게 생각하지 않습니다. 게젤씨. 죄송하지만, 전 아까 드린

말씀을 다시 해야 할 것 같습니다. 즉, 제가 변호사였다거나 아니면 변호사를 거느리고 있었다면 좀 다른 생각을 했을지도 모르겠습니다. 하지만 제가 다른 생각을 했어야 할까요? 전 잘 모르겠습니다. 전 변호사도 아니고, 변호사와 상담하지도 않았고, 다만 마음이 내키는 대로 했을 뿐입니다.

그리하여 우리의 이야기에 등장했던 사람들 중 가장 위대한 인물인 토마스 라몬트는 리차드 위트니가 도둑질을 할 사람이라곤 생각지도 않았으며, 일이 밝혀진 뒤에도 그 일의 공적인 의미 때문이라기보다는 자기 동료 파트너의 동생이 형과 파트너들과 아내를 속였다는 것 때문에 큰 충격을 받았던 것이다. 라몬트는 이탈리아의 이디오피아 강제점령 사건 이후에도 옛 친구라면서 무솔리니의 사진을 벽에 그냥 걸어둔 사람이었다. 그의 말마따나, 마음이 내키는 대로 하는 사람이었던 것이다.

V

싱싱 교도소에서 간수가 소리쳤다. "목요일, 금요일, 토요일, 월요일, 화요일에 온 사람들, 그리고 위트니씨도 방에서 나오세요." 그 '위트니씨'는 다른 죄수들과 마찬가지로 똑같은 독방을 썼지만, 동료죄수들뿐 아니라 간수들조차도 모두 그에겐 모자를 벗어 경의를 표했고, 자필서명을 부탁하기도 했다. 위트니는 이런 대접을 악용하거나 하진 않았다. 그는 원래 주제넘게 구는 사람은 최대한 야비하게 눌러놓곤 했지만, 반대로 그렇지 않은 사람들에겐 매우 호의적으로 대해 주는 사람이었다. 이런 원칙 덕에 싱싱에서도 그는 잘 적응해 나갔다. 위트니는 처음엔 교도소를 쓸고 닦는 의무를 부여받았는데, 위엄을 잃지 않는 가운데 그 일을 신속하게 해냈으며, 두 달 만에 그는 교도소 내의 학교에서 재소자 교습을 맡게 되었다. 얼마 안 되어 그는 또 그 학교의 야구단에서 1루수를 보게 되었는데, 재소자 학교팀과 싱싱 내의 또 다른 야구팀 간에 있었던 1938년 6월 25일의 경기에서는 3타석 2안타에 수비수 역할도 흠없이 해냈다고 기록되어 있다.

5월에는 한때 신성한 것으로 여겨졌으며 위트니가 암흑의 목요일에 '미국 철강 주식 205불에 매수'라고 주문을 냈던, 그리고 1930년 이래로 쭉 리차드 위트니 회사의 사무실 로비에 전시되어 왔던 거래소의 2번 주문대가 그의 사무실에 있는 다른 물품들과 함께 경매에 부쳐져 5불에 팔렸다.

그 자신과 더불어 한 시대를 마감시킨 그 인물에 대해 또 어떤 이야기가 남아 있을까? 믿기 힘들 정도로 신의 있던 그의 형이 그가 빌리거나 횡령한 돈을 한 푼도 빼놓지 않고 결국 다 갚았다는 얘기? 그가 망한 뒤 증류수 회사가 조용히 문을 닫았다는 얘기? 그가 싱싱에서 계속 모범수였으며, 새로 들어오는 죄수들에게 형님 같은 노릇을 하면서 담배도 나누어 주었다는 얘기? 그리고 규정상 자격이 되던 1941년에 바로 가석방되어 나왔으나, 시내와 교외에 있는 그의 부동산들이 이미 다 딱지가 붙어 팔려버린 바람에 아르벨라 호를 타고 미국에 온 그의 선조들이 하선했던 지점에서 그리 멀지 않은 곳에 있는 케이프 코드(Cape Cod ; 매사추세츠 주의 해안—옮긴이)의 친척집에 한동안 머물러야 했다는 얘기는 또 어떨까? 아니면 그 이후 남은 여생을 조용하게 법을 잘 지키며 살았다는 얘기는? 물론 그의 아내 게트루드 셸든 위트니(Gertrude Sheldon Whitney)는 변치 않고 끝까지 그와 동고농락했다(위트니는 1974년 12월에 사망했다). 그뿐만이 아니다. 그가 80세 되던 1968년, 어느 만찬석상에서 어떤 여자가 바로 옆에 앉아 있는, 나이는 들었지만 아직 돋보이던 노인의 이름이 소개되자, 깜짝 놀라기도 했다는 얘기는 재미있을까? 그의 배경과 교육, 그리고 인간관계 등을 볼 때 분명히 원하기만 했다면 그는 그런 평지풍파를 일으키지 않고도 그가 바라는 풍요로운 삶을 살 수도 있었을 거라는 그런 얘기는 또 어떨까? 하지만 그에게 일어났던 일들을 되돌아볼 때, 1931년 조지 산타야나(George Santayana)가 미국인의 생활에 대해 던진 다음과 같은 말은 한번 생각해 볼 만하다. "갖가지 훌륭한 도덕성을 겸비한 설교자들이나 교수들은 많지만, 미국이란 열심히 일하고, 친절하며, 스포츠맨처럼 규칙도 지켜가는 가운데 스스로 좋아서 하는, 그리고 그에 따라 보상도 받는 그런 나라이다."

그리고 이 얘기도 빼놓을 수 없다. 1938년 여름에 싱싱으로 위트니를 방문한 사람은 그의 팬이자 오랜 조언자이기도 했던, 또한 아직도 변치 않고 그를 좋아하던 미국판 아놀드 박사(Arnold ; 영국 학교에 현대식 개혁을 가져온 영국인 교육자―옮긴이) 즉 과거 그로튼 고교의 교장이었던 엔디코트 피바디(Endicott Peabody) 목사였다. 피바디 목사는 그가 맡았던 또 다른 학생 프랭클린 루스벨트의 대통령 취임식에 두 번이나 참석하기도 했었다. 취임식 때마다 그는 루스벨트에게 끊임없는 기도와 조언을 약속했는데, 루스벨트도 감사를 표하며 학교시절에 대한 기억은 대통령으로서 여러 가지 힘든 책무들을 수행하는 데 큰 도움이 된다고 말하기도 했다. 이제 또 다른 옛 제자와 조금 덜 유쾌한 자리에서 다시 만나게 된 피바디 목사는 이번에도 똑같이 기도와 조언을 약속하며, 그 외에 뭐 더 도와줄 게 없냐고 물었다.

위트니는 이렇게 대답했다. "예, 선생님. 부탁이 하나 있어요. 왼손잡이 1루수 글러브가 하나 있으면 좋겠어요."

지은이 존 브룩스 John Brooks

미국 시사주간지 『뉴요커』*The New Yorker* 의 기고가로서 그의 경영 및 월가에 관한 몇몇 글들은 대단한 호평을 받은 바 있다. 대표 작품으로는 『골콘다』를 비롯해, 『신나는 시대』*The Go-Go Years*, 『게임의 명수들』*The Game Players*, 『경영의 모험』*Business Adventures*, 그리고 『에드셀의 운명』*The Fate of Edsel* 등이 있다.

옮긴이 이동진

서울대학교 경제학과 졸업. 1985년 미시간주립대학 MBA 과정을 마치고 뱅커스트러스트(Bankers Trust)에 입사하며 금융 관련 일을 시작했다. 홍콩상하이은행(HSBC)의 부대표를 역임했다.

골콘다

초판1쇄 펴냄 2001년 10월 15일
초판4쇄 펴냄 2023년 12월 06일

지은이 존 브룩스
옮긴이 이동진
펴낸이 유재건
펴낸곳 (주)그린비출판사
주소 서울시 마포구 와우산로 180, 4층
대표전화 02-702-2717 | **팩스** 02-703-0272
홈페이지 www.greenbee.co.kr
원고투고 및 문의 editor@greenbee.co.kr

편집 이진희, 구세주, 송예진, 김아영 | **디자인** 이은솔, 박예은
마케팅 육소연 | **물류유통** 류경희 | **경영관리** 윤혜수

이 책의 한국어판 저작권은 에릭양 에이전시를 통해 저작권자와 독점계약한 (주)그린비출판사에 있습니다.
저작권법에 의하여 한국 내에서 보호를 받는 저작물이므로 무단전재와 무단복제를 금합니다.
책값은 뒤표지에 있습니다. 잘못 만들어진 책은 구입처에서 바꿔 드립니다.
ISBN 978-89-7682-062-4 03320

독자의 학문사변행學問思辨行을 돕는 든든한 가이드 _(주)그린비출판사